SPORTS

&

FITNESS

应用型高校

体育与健康教程

主　编　秦德平　徐新建　马荣超

副主编　廖晓斌　廖玉冰

编　委（按姓氏笔画）：

张凌阁　宋　睿　范俊雄　胡　映

姚　敏　廖俊辉　潘昊凯

厦门大学出版社 XIAMEN UNIVERSITY PRESS 国家一级出版社 全国百佳图书出版单位

图书在版编目（CIP）数据

应用型高校体育与健康教程 / 秦德平，徐新建，马荣超主编. -- 厦门 ：厦门大学出版社，2021.6(2022.7 重印)
ISBN 978-7-5615-8262-6

Ⅰ. ①应… Ⅱ. ①秦… ②徐… ③马… Ⅲ. ①体育－高等学校－教材②健康教育－高等学校－教材 Ⅳ. ①G807.4②G647.9

中国版本图书馆CIP数据核字(2021)第116367号

出 版 人 郑文礼
责任编辑 施建岚

出版发行 厦门大学出版社
社　　址 厦门市软件园二期望海路 39 号
邮政编码 361008
总　　机 0592-2181111　0592-2181406(传真)
营销中心 0592-2184458　0592-2181365
网　　址 http://www.xmupress.com
邮　　箱 xmup@xmupress.com
印　　刷 厦门集大印刷有限公司

开本 787 mm×1 092 mm　1/16
印张 19.5
字数 500 千字
版次 2021 年 6 月第 1 版
印次 2022 年 7 月第 2 次印刷
定价 45.00 元

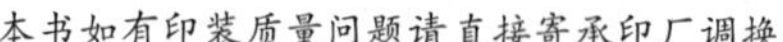
本书如有印装质量问题请直接寄承印厂调换

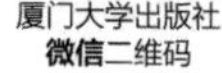

厦门大学出版社
微博二维码

前　言

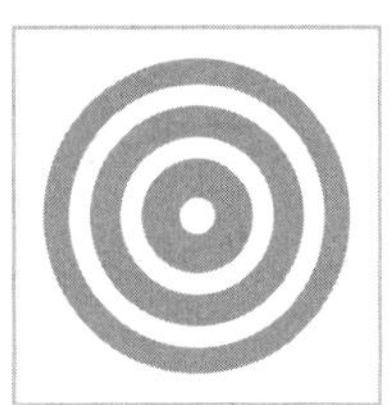

中共中央、国务院于2016年印发了《"健康中国2030"规划纲要》，作为今后15年推进"健康中国"建设的行动纲领，将维护人民健康提升至国家战略的高度。

以党的十九大精神和习近平新时代中国特色社会主义理论为引领，学校体育必须贯彻落实党和国家的相关文件精神，始终把学生健康摆在优先发展的战略地位，把健康教育作为所有教育阶段素质教育的重要内容。健康是促进人的全面发展的必然要求，是经济社会发展的基础条件，是实现国家富强、民族振兴、国民健康长寿的重要标志，也是全国各族人民的共同愿望。

高校体育必须坚持以学校体育为中心的发展思想，增强学生参与意识，提高体育文化素养，掌握必要的运动技能，学习必要的体育健康知识，最终达到促进健康、增强体质和养成终身锻炼习惯的总目标。

大学体育课程的教材建设是高校体育教育教学工作的基本建设内容之一。本教程是为了适应高等学校体育改革与发展的需要，进一步提高大学体育课程的教学质量，增强大学生的体质，根据教育部印发的《全国普通高等学校体育课程教学指导纲要》关于全面深化课程改革、落实立德树人根本任务的意见，以及《高等学校体育工作基本标准》《普通高等学校健康教育指导纲要》《"健康中国2030"规划纲要》的有关精神和《国家学生体质健康标准(2014年修订)》的有关规定，结合我校体育教育教学工作的实际情况而编写的。本教程以"以人为本、健康第一、终身体育"为指导思想，力求做到健身性与科学性、时尚性与民族性、教育性与实用性相结合，重视课程内容的体育文化与体育人文含量；同时，根据学校所处的地域特点和实际情况，力求做到选择性与实效性、发展性与多样性、地域性与文化性相结合，使课程内容贴近学生、贴近生活，为学生的身体锻炼提供较大的选择空间。

本教程分“理论基础篇”和“实践技术篇”两大部分，“理论基础篇”主要阐述大学体育、健康教育、体育锻炼、《国家学生体质健康标准》以及运动竞赛等相关知识；“实践技术篇”主要介绍田径、三大球运动、三小球运动、武术运动、体操、水上运动等项目。

本教程由秦德平、徐新建、马荣超任主编，廖晓斌、廖玉冰任副主编。全书共12章，由秦德平负责分工与统稿，各章内容编写主要安排如下：第一章、第二章、第八章由徐新建负责（约13万字），第四章、第九章、第十章、第十二章由马荣超负责（约20.5万字），第六章由秦德平负责（约3.2万字），第七章、第十一章由廖晓斌负责（约7万字），第三章、第五章由廖玉冰负责（约5万字）。

在本教程的编写过程中，参考、吸收与引用了一些其他教材的内容与资料，借鉴了一些专家、学者的研究成果，也得到了范俊雄、宋睿、姚敏、张凌阁、潘昊凯、廖俊辉、胡映等的帮助，在此一并表示衷心的感谢！由于水平有限，书中难免有错漏与不妥之处，真诚地欢迎广大师生、专家、学者提出批评与建议，以便我们改正、提高。

编者

2021年5月

目 录

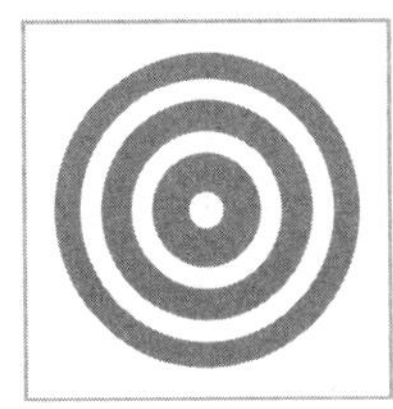

第一篇 理论基础篇

第一章 大学体育运动概述 / 3 /

第一节 体育概念、构成与功能 / 3 /

第二节 大学的体育文化传承 / 7 /

第三节 普通高等院校体育课程 / 9 /

第二章 健康教育 / 14 /

第一节 健康的意义和内涵 / 14 /

第二节 健康的特征与影响因素 / 18 /

第三节 健康素养和健康基本技能 / 21 /

第三章 体育锻炼 / 25 /

第一节 体育锻炼的原则与方法 / 25 /

第二节 体育锻炼对人体身心健康的促进作用 / 32 /

第三节 大学生终身体育锻炼意识 / 34 /

第四章 运动营养与保健 / 37 /

第一节 营养素与身体成分 / 37 /

第二节 赛事项目对食物营养的要求 / 41 /

第三节 运动损伤的成因 / 48 /

第四节 运动与现代文明病 / 52 /

第五节 体育与康养 / 57 /

第五章 国家学生体质健康标准与测试 / 60 /

第一节 《国家学生体质健康标准》概述 / 60 /

第二节 《国家学生体质健康标准》评价指标和测试方法 / 61 /

第三节 《国家学生体质健康标准》评分表 / 63 /

第四节 三明学院《国家学生体质健康》测试的理念与注意事项 / 67 /

第五节　申请免测的流程与申请表 / 75 /
第六章　体育竞赛 / 77 /
第一节　体育竞赛的意义与分类 / 77 /
第二节　常用竞赛方法 / 79 /
第三节　体育竞赛的组织与管理 / 81 /
第四节　大学生体育竞赛的内容与形式 / 83 /
第五节　大学生与奥林匹克运动 / 85 /

第二篇　实践技术篇

第七章　田径运动 / 97 /
第一节　田径运动概述 / 97 /
第二节　跑的基本技术和练习方法 / 97 /
第三节　跳的基本技术和练习方法 / 103 /
第四节　投掷的基本技术和练习方法 / 108 /
第五节　田径竞赛规则简介 / 111 /
第八章　三大球运动 / 117 /
第一节　篮球运动及规则 / 117 /
第二节　排球运动与规则 / 139 /
第三节　足球运动及规则 / 152 /
第九章　三小球运动 / 175 /
第一节　乒乓球运动及规则 / 175 /
第二节　羽毛球运动及规则 / 191 /
第三节　网球运动及规则 / 203 /
第十章　武术运动 / 214 /
第一节　武术的基本功及动作名称 / 214 /
第二节　青年长拳 / 219 /
第三节　24 式简化太极拳 / 230 /
第四节　散打运动 / 238 /
第五节　跆拳道 / 248 /
第十一章　体操类运动 / 260 /
第一节　基本体操 / 260 /
第二节　健美操 / 262 /
第三节　瑜伽运动 / 276 /

第十二章 游泳运动 / 284 /
第一节 游泳运动概述 / 284 /
第二节 游泳运动的特点和对人体的作用 / 285 /
第三节 游泳运动技术及其训练 / 287 /
第四节 游泳运动竞赛规则 / 299 /
第五节 游泳时的注意事项 / 301 /
第六节 游泳救护 / 301 /

第一篇

Chapter 1

理论基础篇

第一章
大学体育运动概述

第一节　体育概念、构成与功能

一、体育的概念

“体育”一词最早出现在1760年的法国报刊上，1762年法国启蒙思想家卢梭在其名著《爱弥儿》中也运用了“体育”这个词。1903年，清朝大臣荣庆、张百熙、张之洞在给光绪皇帝的奏章《学务纲要》中提道：“国外学堂，于智育、体育外，尤重德育。中外固无二理也。”这是我国出现“体育”一词较早的记载。

体育作为一种社会活动现象，以多种形式在社会各领域内广泛地开展，但是，人们在对“体育”概念的理解和名词的使用上，意见尚不统一。学术界曾多次对体育的概念进行研究与讨论，有的认为，不以增强体质为目的的身体运动，不属于体育；以增强体质为目的，不以运动为手段的，同样不属于体育。有的认为，体育是人类特有的一种社会现象，它通过各种身体运动，锻炼人们的身体，增强体质，提高运动艺术，丰富文化生活，使人身心健康，服务于社会。有的学者把体育概念划分为广义和狭义两种，但不赞成把狭义体育说成是专指作为教育组成部分的那种体育，因为那种体育不过是学校体育，而用“学校体育”无法还原成“狭义体育”，学校体育具有健身、竞技、娱乐等多种体育特征，它本身只代表一个具体的体育活动领域，在体育概念体系中是更低一层次的概念；广义体育之下，只有健身体育具备原发性与核心性，所以，广义体育就是健身体育。有的专家紧紧把握卢梭创立体育的初衷，坚持认为体育的真义是身体教育，是增强体质的教育。

（一）广义的体育概念

广义体育亦称体育运动，是指以身体练习为基本手段，增强体质，提高运动技术水平，进行思想教育，丰富社会文化生活而进行的一种有意识的身体运动和社会活动。它属于社会文化教育的范畴，受一定社会政治经济的影响和制约，也为一定社会的政治经济服务。从广义体育的内涵来看，体育包括两个基本部分和基本属性：一是作为体育方式、手段和方法的人体运动部分，具有继承、交流、借鉴、吸取的自然属性；二是运用这种手段和方法，来实现社会所规定的体育的目的、法令和制度部分，具有社会属性。体育的本质就是这两种属性相结合的产物。体育既作用于人体，使人身心俱健，又作用于社会，促进社会的物质文明和精神文明的发展，这是体育的自然属性和社会属性统一和作用的结果。

(二)狭义的体育概念

狭义体育亦称身体教育，它是一个促进身体发展，增强体质，传授锻炼身体的知识、技术和技能，培养道德和意志品质的过程，是教育的组成部分。其目的在于培养人的全面发展，发展人的身体，增强体质。

二、体育的构成

广义体育的概念充分表明，不同内容和范围的“体育”，它们都以身体运动为基本手段，都要全面发展身体和增强体质，都包含教育、教学和竞赛等因素。体育是人类特有的一种社会文化活动，其内容随着社会的进步和人们对现代体育认识的不断深化而日益丰富。我们从现代体育的不同属性或关系比较出发，根据目的、对象和社会给予的不同影响，对现代体育进行分类。目前普遍认为，体育(即现代体育运动)主要由学校体育、竞技体育、大众体育三个部分构成。

(一)学校体育

也称体育教育，它是教育的组成部分，与德育、智育、美育相互联系，密切配合，是培养全面发展人才的一种重要手段。学校体育是学校教育的重要组成部分，是通过体育手段来增强体质，传授体育的基本知识、技术、技能，培养学生道德和意志品质的有目的、有计划的教育过程。为了达到教育、教养及发展身体的总目的，不同层次的学校体育按不同教育阶段和年龄特征，通过体育课和课外体育活动这两种基本组织形式，围绕“增强体质”这一中心，全面实现学校体育的各项任务。

随着人类社会向知识经济时代的发展，人才的竞争成为时代的主旋律。人要与自然竞争，与对手竞争。这种竞争对当今社会人们的生产、生活、工作、学习、思维方式以及教育、经营管理、领导决策诸项活动产生了极大的影响，促使体育教育向着社会化、娱乐化、终身化及竞技化的方向发展。因此，现代学校体育要考虑如何增强学生体质，如何培养竞争意识，如何培养学生在走向社会后仍然坚持参加体育锻炼，树立现代健康观，为国家和人民的事业努力工作几十年。学校体育除了促进受教育者全面发展之外，必须对民族素质的提高起积极的推动作用，同时为学生的终身体育思想、卫生保健意识奠定良好的基础。

(二)竞技体育

竞技体育又称为竞技运动，也有人称为精英体育，是依据规则、高水平的、以取胜为目的的竞赛性和娱乐性的体育活动。为了最大限度地发挥和提高个人和集体在体格、体能、心理和运动能力等方面的潜力，取得优异成绩，竞技体育必须进行科学的、系统的训练和竞赛。这种竞赛必须按照一定的规则进行，具有激烈的对抗性和高度的技艺性，竞赛成绩应为社会所承认。高水平竞技体育是体育的一种特殊形态，成为一种专业化或职业化的社会体育现象。其特点是：高超技艺、富有竞争性、统一规则。

（三）大众体育

大众体育又称为群众体育或社会体育，是指以健身、医疗、娱乐为目的，内容丰富、形式多样、因人而异的一种群众性的健身的体育活动。如：

（1）医疗康复体育。它以治疗伤病、恢复人体机能为目的，采用恢复身体功能的保健医疗体操、防病治病的太极拳等进行康复治疗。

（2）娱乐、休闲体育。即在闲暇时间里提高、充实人的精神境界的体育活动。如打高尔夫球、康乐球，下棋，打牌，钓鱼等。

（3）矫正体育。用以矫正人的身体的各种不正确姿态，如坐、立、行走等的不正确姿态及身体各部分的不平衡现象，促使身体各部分协调发展及体态优美的体育活动。如各种特殊体操、健美操等。

（4）民间体育。全国各族人民根据本民族自身的特点，在生产劳动和日常生活中创造了各种各样的体育活动和健身方法，形成了具有民族特色的体育运动形式。民间体育活动方法简便易行，规则简单且富有趣味性，在田间、地头、场院，在劳动之余、课间休息时，均可进行。民间体育形式有角力、拔河、跳板、爬竿、荡秋千、踢毽子、跳绳、打陀螺、骑射、叼羊等。

三、体育的功能

随着现代社会的发展，体育在精神和文化中的作用日益凸现。体育的功能可以归纳为六个方面：教育、健身、娱乐、政治、经济、军事。

（一）教育功能

体育的教育功能是最本质的功能。马克思和恩格斯在其著作中不止一次地论及体育的教育功能，他们把体育视为教育不可缺少的组成部分，认为“生产劳动同智育和体育相结合，不仅是提高社会生产的一种方式，而且是造就全面发展的人的唯一方法”。这一观点是我们论述体育教育功能的理论依据。从原始社会萌芽开始，体育一直是作为教育手段而流传于世的。古希腊哲学家亚里士多德的教育思想认为，体育、德育、智育互相联系。智力的健全依赖于身体的健全，因此体育应先于智育。今天，在世界任何一个国家或地区，均强调德、智、体的全面教育。尽管存在教学内容的差异，但体育始终是教育不可缺少的组成部分。体育教育在传授生活技能、教导社会规范、培养竞争意识、提高适应能力等方面发挥着巨大的作用。随着现代社会的发展，现代体育并不仅仅局限于学校体育，而在竞技体育和社会体育中均显示出其教育功能。如竞技体育的训练本身就是教育的过程，竞赛的过程更具有广泛的教育意义，通过竞赛培养国人的爱国主义热情，顽强拼搏、无私奉献的精神；在社会体育中，从学习健身、娱乐、保健等技能看，都含有教育的因素。现代体育教育已不仅是促进生长发育、增强体质，也不仅是锻炼身体、提高素质、掌握技能，还重在培养人终身从事体育锻炼的兴趣和习惯，以适应现代社会发展的需要。

（二）健身功能

人类在很早以前就已认识到，身体直接参与体育活动，不仅可以改变自身的生理功能，而且还可以改变自身的心理状态。研究者的大量科学实验证明：体育运动可以促使有机体的生长发育，改善各器官系统的机能，培养良好的心理素质；可以增进健康(生理健康和心理健康)，增强体质，防治疾病，提高有机体的工作效率。体育的健身功能具体表现在：能改善和提高中枢神经系统的工作能力，使人头脑清醒、思维敏捷；能促进有机体的生长发育，提高运动能力乃至细胞的繁殖和细胞间质的增加，从而带来形体上的变化；能使人体内能量消耗增加，代谢产物增多，新陈代谢加快，血液循环加速，从而使血液循环系统、呼吸系统、消化系统、排泄系统的机能都得到改善；能调节人的心理，使人朝气蓬勃，充满活力；能增强人的免疫力，提高对疾病的抵抗能力，提高对外界环境的适应能力；可以防病治病，推迟衰老，延年益寿。

(三)娱乐功能

体育具有游戏性、大众性、艺术性、惊险性，能满足社会不同人的各种需要，起到丰富社会文化生活、愉悦人们身心的作用，即体育具有娱乐功能。体育的娱乐功能体现在两个方面：一是观赏(观赏也是一种参与)，二是直接参与活动。随着运动技艺日益向高、尖、新、难的方向发展，运动员巧妙地结合时间与空间、健与美、韵律与节奏，使人们在观看比赛时，犹如欣赏优美的舞蹈、线条明快的雕塑、光线谐和的摄影艺术品，得到美的享受。正因为体育有如此魅力，所以常常吸引广大观众，锁住频道“集焦”于电视机前，吸引广大体育爱好者身临其境观看比赛，运动员每一个精彩的动作或意外的失误，均会引出观众的欢呼雀跃或叹息，人们的心被紧紧地牵动着。人们直接参与活动，特别是自己喜爱和擅长的运动项目，能够在完成各种复杂练习的过程中，在征服自然障碍的斗争中，体验到一种非常美妙的快感。这种心理状态可以激发人的自尊心、自信心、自豪感，满足人们与同伴交往、合作的需要。

(四)政治功能

第一，为国争光，提高民族威望，振奋民族精神。国际体育竞赛是和平时期国与国竞争的舞台，也是展示一个国家政治、经济、文化水平的窗口。我国体育健儿多年来在奥运会赛场上频频传出捷报，从“零”的突破到金牌总数 51 枚，从中国女排“五连冠”到中国乒乓球队囊括“世界乒乓球锦标赛”所有比赛项目的金牌，中国人扬眉吐气。因此，体育具有为国争光、提高民族威望、振奋民族精神、促进民族团结的政治功能。

第二，为外交斗争服务。体育能超越语言和社会障碍，通过体育交往可以促进各国人民之间的了解和友谊，加强国与国之间的文化交流和团结。比如我国的“乒乓外交”曾打开了中美建交的大门，促进了中美关系的正常化，达到了“小球转动大球”的政治外交目的。

第三，促进国内政治一体化。体育运动具有群众性的特点，通过各种群众性的竞赛活动，群众性的登山、野营活动，工余课间的业余体育活动，街头公园中老年人的健身活动等，可以满足人们交往的需要，改变人们的观念，加深邻里之间的感情，密切单位与单位之间的联系，使个人同集体达到和谐，化为一体。这个集体小至一个班一个队，大至一个民族一个国家，体育是促进这种一体化的有效手段。

(五)经济功能

体育的经济功能是近期被认识和开发的社会功能，由体育与经济相互促进的作用所决定。实践证明，伴随着体育社会化、娱乐化和终身化程度的不断提高，为满足体育人口不断扩大的需要，各种运动器材、体育场地设施、体育用品的生产和供应，乃至体育健身、体育娱乐和体育旅游业都在迅速发展，已在国民经济中逐渐形成一个庞大的体育产业体系。竞技体育和商品经济的联系更为密切。比如，一场精彩的体育比赛可以吸引成千上万的观众，既可直接获取门票收入，也可带动旅游、商业、交通、电信和新闻出版等行业的发展，还可以通过出售电视转播权，发行彩票、邮票、纪念币，收取广告费等，得到相当可观的经济效益。随着商品经济浪潮的猛烈冲击，即使是奥林匹克运动会亦难免卷入其中，使之表现出鲜明的商业化倾向。比如，在奥运会期间，世界各国财团都在利用其影响，进行巨额投资，从事商业性活动。有关这方面的成功尝试，当首推 1984 年在美国洛杉矶举行的第二十三届奥运会。这届首次由民间主办的奥运会，在金融界人士彼得・尤罗斯的领导下，一改以往奥运会亏损的局面，不仅节约了原定的 5 亿美元的耗资，反而从中获得 2.5 亿美元的盈利。尽管不少人基于奥林匹克原则，对此颇有微词，但正如时任国际奥委会主席萨马兰奇所说："我们并不想阻止商业化，因为我们认为商业化对体育运动具有非常重要的作用。我们所要避免的是将商业化的利益置于体育之上。"

（六）军事功能

体育军事功能的存在，主要是由于战争和训练士兵的需要。从史前时代部落间为争夺土地、牧场和血亲复仇引起的暴力冲突，到原始社会末期以掠夺财产为目的的奴隶战争，由于不断推动着武器的演进，不仅为以后的健身活动提供了广泛的运动器材，也促进人们积极从事军事操练和与之有关的身体训练。进入封建社会之后，统治者为争夺领土引起的频繁战争，使体育和军事的结合变得愈加紧密。随着资本主义的发展，西方体育经过"文艺复兴"和宗教改革运动后，开始竭力主张将跑、跳、投掷、摔跤等活动引入学校，要求学生掌握未来军事生活所必需的一些基本技能。在这期间，特别是欧洲教育改革后的传统体操，更以它极具实用价值的体育形式风靡欧洲。由于这种身体活动对培养动作技能，使人行动一致，以及掌握当时流行的线性作战方法极为有利，因此在美国南北战争及普法战争中，都发挥过重要的作用。现代社会，随着尖端武器的发展和部队机动性的提高，以及新战略战术的运用，更需要士兵在短时间内掌握复杂的军事技能，并最大限度动员人的精神和身体能力。因此，在全面进行体育训练的同时，掌握部分体现军事实效的体育项目，如游泳、爬山、攀岩、滑雪、划船、摔跤、格斗、骑马、拳击及队列操练等，已经成为军事训练所必需的内容，专门为军事服务的军事体育也就应运而生了。

第二节　大学的体育文化传承

文化传承是高等教育的重要职能。当今，文化是一个国家经济社会发展的主要支撑，有时也被称为软实力。守护、传承、创新文化，已是大学必须承担的新功能。这个功能实现得如何，不仅决定着大学的水平与质量，也在一定程度上决定着国家和民族的存亡。

一、体育文化的内涵

《中国大百科全书》对文化的定义是："文化即人类在社会实践过程中所获得的能力和创造的成果。"其将文化分为广义、狭义两种。广义的文化，是指人类所创造的物质财富和精神财富的总和；狭义的文化，是指人类社会意识形态及与之相适应的制度和设施。

体育也是人类文化的一个重要方面。体育是一种通过身体运动谋求个体身心健全发展的竞技性、娱乐性、教育性的社会活动，体育文化则是一种以人的体育行为为特征的社会现象，包括多种复杂的精神和物质因素。我国体育社会学家卢元镇教授对体育文化做了如下阐述：体育文化是关于人类体育运动的物质、制度、精神文化的总和。体育文化大体包括体育认识、体育情感、体育价值、体育理想、体育道德、体育制度和体育物质条件，一般由体育物质文化、体育制度文化和体育观念文化三个层面组成。它是体育活动中所建立起来的一整套规范体系和价值体系。

二、中华体育精神

中华体育精神是中国一代又一代体育工作者为正在进行的中华民族复兴贡献的一份特殊礼物。江泽民同志指出："中华体育精神是我国社会主义精神文明的重要组成部分，是中华民族的宝贵财富。"新中国成立以来，在不同的历史时期，体育都为中国社会发展贡献了精神力量，极大地鼓舞着各行各业的社会主义建设者，也向世界展示了中华民族顽强不屈的奋斗精神，这就是中华体育精神。

中华体育精神已经成为全民族的宝贵财富，突出表现在以下两个方面：

一是顽强拼搏。这是最能代表体育运动特点的一种精神。从容国团的"人生能有几回搏。此时不搏，更待何时？"到中国改革开放之初中国女排的拼搏精神，再到 2008 年我国体育健儿在北京第二十九届奥运会上取得金牌第一的辉煌成绩，无不体现出中国运动员在竞技赛场上和日常训练中战胜自我、不畏强手的顽强拼搏精神。高水平竞技体育比赛要求在日常训练中最大限度地发挥运动员的潜能，在比赛中不畏强手，具有战胜对手的勇气。只有顽强拼搏，才能取得胜利，这是竞技体育的本质。国际体育竞赛既是运动技术、战术的较量，也是心理、意志品质的较量，要有"两军相遇勇者胜"的勇气。这些都说明拼搏精神是中华体育精神的基础和灵魂。

二是为国争光。"升国旗、奏国歌"是中国运动员参加国际大赛时的光荣与梦想，是运动员顽强拼搏的根本动力和主要目标。为祖国赢得荣誉是中国运动员参加重大国际体育竞赛的使命，是爱国主义的生动体现，也是中国人民团结奋斗的一面旗帜。中国运动员刻苦训练、不畏强手、顽强拼搏的精神动力和精神支柱就来自对祖国、对人民深深的热爱，具有爱国主义的伟大情操，才能在国际体育赛场上屡创佳绩，为祖国赢得世人的尊敬。所以，为国争光是中华体育精神中具有鲜明特征的一个重要组成部分。

三、大学体育精神文化传承

大学体育作为大学生综合素质提高的重要手段，是"人文"和"人本"的有机统一。在大学生由"自然人"向"社会人""文明人"的过渡中，作为社会情绪的导流阀，体育精神文化是大学生在社会转型的精神冲突中，所寻求的价值观、思想意识和行为方式等积极的自我救治与自我教育，是大学文化建设的重要内容和手段。

很长一段时期，大学体育在社会"物"的诱导下，一直在教学过程、运动技术传授等"物"的层面运行，"有体无育"现象十分普遍。这从表面看是受经济、政治、体制及观念的影响和制约，从本质上看则是文化问题。现今社会，体育将被视为大学生必需的文化修养和教育活动。"以人为本、拓展素质"将成为大学体育的发展理念。大学体育通过文化渗透和价值观影响实现对大学文化体系的构建和传承，这种构建主要从大学体育教育的指导思想、课程设置、教育手段、机构设置以及师资培养等方面得以实现。

第三节　普通高等院校体育课程

一、普通高等院校体育的目标

《中华人民共和国宪法》中规定教育的目的是“培养青年、少年、儿童在品德、智力、体质等方面全面发展”。根据宪法中规定的教育目的以及教育法中提出的教育方针，普通高等院校体育教育的目的应该是：促进青年学生在品德、智力、体质等方面全面发展，使其成为社会主义现代化事业的专门人才。

（一）高校体育课程的基本目标

基本目标是根据大多数学生的基本要求而确定的，分为五个目标。

运动参与目标：积极参与各种体育活动并基本形成自觉锻炼的习惯，基本形成终身体育的意识，能够编制可行的个人锻炼计划，具有一定的体育文化欣赏能力。

运动技能目标：熟练掌握两项以上健身运动的基本方法和技能；能科学地进行体育锻炼，提高自己的运动能力；掌握常见运动创伤的处置方法。

身体健康目标：能测试和评价体质健康状况，掌握有效提高身体素质、全面发展体能的知识与方法；能合理选择人体需要的健康营养食品；养成良好的行为习惯，形成健康的生活方式，具有健康的体魄。

心理健康目标：根据自己的能力设置体育学习目标；自觉通过体育活动改善自己的心理状态，克服心理障碍，养成积极乐观的生活态度；运用适宜的方法调节自己的情绪，在运动中体验运动的乐趣和成功的感觉。

社会适应目标：表现出良好的体育道德和合作精神，正确处理竞争与合作的关系。

（二）体育课程的发展目标

发展目标是针对部分学有所长和有余力的学生确定的，也可作为大多数学生的努力目标，是对基本目标要求的提高。

运动参与目标：形成良好的体育锻炼习惯，能独立制定适用于自身需要的健身运动处方，具有较高的体育文化素养和观赏水平。

运动技能目标：积极提高运动技术水平，发展自己的运动才能，在某个运动项目上达到或相当于国家等级运动员水平，能参加有挑战性的野外活动和运动竞赛。

身体健康目标：能选择良好的运动环境，全面发展体能，提高自身科学锻炼的能力，练就强健的体魄。

心理健康目标：在具有挑战性的运动环境中，表现勇敢顽强的意志品质。

社会适应目标：形成良好的行为习惯，主动关心、积极参加社区体育事务。

上述体育课程的五个基本目标与五个发展目标，是国家对高等学校体育教育工作的基本要求。

二、普通高等院校体育的任务

体育是高校教育的组成部分，是培养德、智、体全面发展合格人才的一个重要方面。其总任务是：以健康为核心，以育人为根本，以育体为己任，以身体练习为基本手段，有效地增强学生体质，促进学生身心全面发展。

普通高等院校大学体育课程有以下几项具体任务：

1.全面锻炼身体，增强学生体质

根据学生的生理和心理状态，结合专业特点以及未来职业要求，有计划、有组织地实施体育教学和课外体育活动，教育学生热爱生命、关心健康；促进学生身体正常发育，塑造健美的体格、体形，使学生形成正确的身体姿态；提高身体素质和生理机能，增强学生适应环境和抵抗疾病的能力。

2.提高学生体育素质，为终身体育奠定基础

通过各种体育途径，向学生传授体育与健康的基础知识、基本技术和基本技能；促进学生积极、主动地进行学习，并能自我锻炼和自我评价；提高学生的体育意识和能力，使其熟练掌握1～2 项运动项目技能和锻炼方法，养成终身锻炼的兴趣和习惯。

3.发展学生运动才能，提高学生运动水平

在上好体育与健康课的基础上，针对学生的特点、爱好和体育才能，进行系统的训练；开展多种多样的运动竞赛，进一步增强学生体质，提高运动水平；培养学生组织体育活动的基本能力，使学生在校时成为推动学校体育运动的骨干，走向社会后成为推动社会群众性体育运动的主导力量。

4.进行思想品德意志教育，培养学生健康的心理素质

结合体育特点，寓思想品德教育于体育活动之中，对学生进行爱国主义、集体主义和职业道德与行为规范教育，提高学生社会责任感；培养学生创造力、竞争力，团结协作、热爱集体、助人为乐的精神，以及服从组织、遵守纪律与社会公德的品质。

三、高等院校体育的实施

（一）体育课程

体育课程是完成大学体育工作任务的主要组织形式，是高等学校教学计划中所规定的必修课之一，属于基础课范畴。体育课程除了给学生传授体育理论知识外，更主要的是进行各种身体练习和活动。根据体育课的任务、内容和性质，体育课程分为理论课和实践课两部分。

理论课是在课堂内组织的体育教学，使学生明确高校体育课程学习的目的和任务，传授体育理论知识、科学锻炼身体的方法，使学生广泛地了解体育的本质，激发学生参加体育锻炼的兴趣。

实践课是指在体育运动场所进行的身体练习课，通过身体练习向学生传授提高身体素质和基本活动能力的方法，使学生掌握不同体育运动项目的基本技术、技能，提高学生基本活动

能力和运动能力，最终达到增强学生体质、增进学生身心健康的目的。

我国高校体育课程是以教育部下发的《全国普通高等学校体育课程教学指导纲要》为依据组织实施的。根据学校教育的总目标和体育学科的规律，可以有针对性地开设以下几种类型的体育课：

(1)必修课。专为高校一、二年级学生开设。通过体育的基础知识、技术、技能的学习和全面的身体素质训练，提高学生的身体素质和运动能力，改善其身体形态、机能，增进健康，树立正确的体育观，为体育锻炼奠定好基础。

(2)选项课。在提高学生身体素质的基础上，根据学生本人的爱好和特长，以某一体育运动项目为主，使学生掌握该项运动的基础知识和技术、技能，提高学生的体育特长的运动技术水平，养成体育锻炼的兴趣和习惯，达到增强体质的目的。

(3)选修课。对高校三年级以上学生开设。在必修课的基础上，根据学校体育场地器材条件和学生的个人爱好，学生自主选择一项体育运动来学习。其目的是进一步提高学生体育专项运动理论和技术水平，培养学生独立锻炼身体的能力，为养成终身体育锻炼打好基础。

(4)保健课。是对身体异常和病弱学生开设的必修或选修课，有针对性地进行体育医疗、保健和康复教学。

(二)课外体育

课外体育是体育课的延续和补充。有组织的课外体育活动和辅导，能使课堂教育与课外活动互补，形成课内、课外有机组成的课程结构，是体育课程的重要构成内容。

《学校体育工作条例》规定："普通高等学校除安排有体育课、劳动课的当天外，每天应当组织学生开展各种课外体育活动。"原国家教委关于《贯彻〈全民健身计划纲要〉的意见》中提出："要抓好体育课、早操、课间操、课外体育活动等学校体育工作的各个环节，保证学生每天参加一小时的体育锻炼。"高校课外体育主要有以下几种形式：

1.晨练

晨练或称早操，是高校作息制度中的重要组成部分，也是构建科学、文明、健康的生活方式的基本因素。大学生坚持晨练，是保持合理的生活作息制度，养成良好生活习惯的有效措施。科学证明，晨练能提高大脑皮层的兴奋性，使人以良好的身心状态进入一天的学习和生活，有利于提高学习效率。开展晨练，对形成良好的校风、学风、班风，加强个人的组织纪律性，促进校园精神文明建设具有重要意义。

2.课间体育活动

课间体育活动是指利用课间所进行的身体活动。它的主要目的在于活动躯体，进行积极性休息，消除大脑和久坐产生的疲劳，适时地调节大脑的兴奋与抑制机能，使身体更具充沛的精力。

3.学生单项体育协会和体育俱乐部

大学生的单项体育协会和体育俱乐部，是大学生根据自己的兴趣、爱好，自主选择、自愿参加的群众性课余体育组织。它是贯彻实施《全民健身计划纲要》的重要组织形式，其宗旨是宣传、发动、组织、指导所属成员参加体育锻炼，开展群众性体育活动，以及组织单项运动训练和竞赛，提高运动技术和健身技能。

(三)体育竞赛

体育竞赛是各种体育项目比赛的总称，是推动学校体育工作的重要组成部分。目前常开展的体育竞赛有以下几种：

1.学校运动会

《学校体育工作条例》指出：学校每年至少举行一次以田径项目为主的全校性运动会。全校性田径运动会规模大，参加人数多，是检查学校体育工作和学生体育运动水平的盛会，对推动田径运动知识的普及与提高有着重要的作用。

2.传统项目比赛

各校根据自己的实际情况，设置一项或几项传统项目长期开展比赛。如篮球、排球、乒乓球、足球、羽毛球、网球、健美操、拔河、跳绳等比赛。要求学生积极参加锻炼和训练，定期举行传统项目比赛。

3.达标测验赛

按照《国家体育锻炼标准》，各校应定期举行达标测验赛。达标赛不仅可以检验学校体育工作开展的情况，也有利于增强学生体质，全面发展学生运动素质，调动学生锻炼的积极性和参加比赛的热情。

4.教学比赛

教学比赛经常安排在体育课中进行。比赛中要求学生综合运用体育课所学的知识、技术、技能。通过比赛，全面检查教学效果，提高学生学习的兴趣。

5.体育知识比赛

可采用问卷、口答、有奖竞猜、小型文艺表演等形式，或以专业、班级为单位组成代表队开展一些形式活泼多样的体育知识竞赛活动，既很好地普及体育知识，又丰富学生的课余文化生活。

四、高校体育教育的基本要求

1.全面贯彻党的教育方针，摆正高校体育的位置

体育是高等教育的重要方面之一，必须给予足够的重视。实践证明：只要高校体育工作指导思想端正，位置摆对，体育活动就能广泛开展，校园就能生机勃勃，大学生就能身心健康地学习和生活。但由于陈旧落后的传统观念影响，目前社会上还存在忽视体育的种种倾向，致使有的高校还未把体育摆在应有的位置，措施不力，效果不好，严重地影响了高校教育的质量。对此，必须进一步端正办学思想，加强领导，采取得力的措施，保证全面贯彻党的教育方针，切实开展和做好高校体育工作，促进大学生德、智、体全面发展。

2.面向全体大学生，全面开展高校体育工作

为了实现高校体育的目的，高校应面向全体大学生，动员和组织大学生自觉地参加体育课及各种体育活动，并建立相应的规章制度，提供各种保证。体育课教学是体育基本的组织形式，必须按规定开课，改革教材和教法，努力提高教学质量。由于高校体育工作的复杂性，必须课内课外相结合，普及与提高相结合，训练与竞赛相结合，开展多种多样的体育活动，以保证大学生每天一小时的体育活动。

影响学生身心健康发展的因素是多方面的，为此，高校体育要与大学生正当的社会活动、合理的作息制度、适宜的学习负担和营养卫生条件等方面有机地结合起来，使高校体育工作与其他工作协调发展。

要加强体育宣传，在体育实践中传播体育与保健知识，使大学生不断增强体育意识，把身

体好与学习好、工作好统一起来，以自觉积极的行动参加体育活动。

3.加强科学研究，不断改革高校体育

高校体育必须坚持改革，在改革中发展和提高质量。要充分利用高校自身的优势与条件，有目的、有计划、有组织地开展体育科学研究。同时，要特别重视研究改革中的新动向、新问题，使科研的成果直接与改革中的问题相联系，并为深化改革高校体育服务。高校体育改革是高校教育改革的一部分，必须加强体育过程中教育思想、教育内容、教育办法的研究，不断探索我国高校体育规律，按照我国社会主义特色来发展高校体育工作，培养更多德、智、体全面发展的人才。

4.加强教师队伍建设，不断提高教师素质

体育教师是高校体育工作的组织者和执行者，体育教师队伍是否健全，素质是否全面，直接关系到高校体育工作的开展与质量的提高。为了适应高校教育改革的发展，高校体育教师在充实人员编制的同时，对师德、知识、能力等方面的要求必须全面提高。有关部门应在政治上、业务上、工作上、生活上全面关心体育教师，帮助他们解决各种实际困难，为他们的政治思想和业务进修以及教学工作创造条件。体育教师要热爱本职工作，洁身自爱，艰苦奋斗，坚持改革，勇于创新，发扬献身精神，形成一支奋发向上、生机勃勃的教书育人的队伍，使高校体育工作更上一层楼。

5.加强领导，实施科学管理

高校体育是高校整体工作的一部分，必须健全组织领导机构，形成自上而下的组织管理指挥系统，实施科学管理。在校内，在主管体育的校长领导下，体育室（部）必须积极参与，各级行政部门、群众团体必须密切配合，统一认识，统一步调，才能做好高校体育工作。在具体管理工作中，要对高校体育加强计划，及时检查和总结，不断改进；要从实际出发，建立高校体育的规章制度和体育工作的评价标准，包括对大学生体质、健康的测试和评估等规定；要统筹安排，创造条件，保证体育经费、场地、器材设施得以落实，以满足高校体育的实际需要。

第二章 健康教育

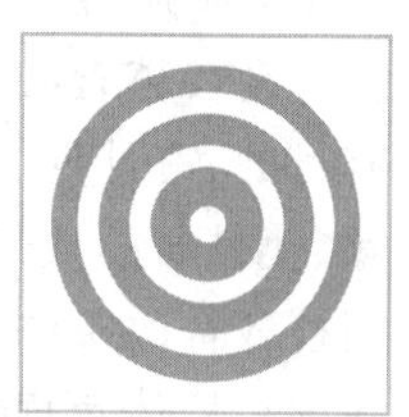

第一节 健康的意义和内涵

一、健康的意义

(一)健康是人全面发展的基础

健康是人全面发展的基础,是经济社会发展的必要保障和重要目标,也是人民群众生活质量改善的重要标志。一个民族、一个国家的兴衰与国民的体质息息相关,只有健康的体魄才能实现民族的振兴和国家的富强。近年来,我国在全面建设小康社会和构建社会主义和谐社会的进程中,高度重视提高全民健康素质,坚持以人为本和为人民健康服务的根本宗旨,大力开展健康教育与健康促进工作,在传播健康知识的同时,更加关注人民群众维护健康的内在动力和基本能力,注重发挥人民群众促进健康的潜能,引进健康素养的概念,围绕当前主要健康问题,积极研究探索健康素养对健康相关知识、态度和生活方式的影响,努力提高人民群众应对健康问题的能力,并开始以健康素养监测和评价个体、群体的健康状况,取得了积极成效。

我国是一个疾病负担沉重的国家。近些年来,随着经济全球化和我国工业化、城镇化以及环境变化,影响健康的因素越来越多;人口老龄化、疾病谱变化又进一步加重了疾病负担。解决这些突出的健康问题,必须以科学发展观为指导,全面落实预防为主的各项干预措施。提高全民健康素养,是依靠群众促进健康的最具普惠性、最具成本效益原则的预防措施。必须把提高公民健康素养作为深入贯彻落实预防为主的卫生工作方针,改善卫生服务公平性、可及性的重要公共卫生行动,坚持不懈地抓下去。

(二)健康是人类追求的共同目标

著名教育学家陶行知先生说:“我们深信健康是生活的出发点,也是教育的出发点。”前人曾把健康比作数字“1”,事业、家庭、地位、钱财是“l”后面的“0”,有了“1”,后面的“0”越多则越富有;没有“l”,则一切皆无。“1”是不能倒的,是基础。世界卫生组织总干事马勒博士指出:“健康并不代表一切,但失去了健康,便丧失了一切。”这句话阐明了健康在人体中的重要地位以及健康与生活、事业的辩证关系。健康似乎很容易做到,但一生中始终能拥有健康者则微乎其微。健康是人生最宝贵的财富。无论是人自身的发展、自我价值的实现，还是社会发展的参与和社会发展成果的享有，都必须以身体健康为前提。倘若没有健康的身心，一切都无从谈起，更无法实现。

我国早在古代，就有许多思想家、医学家孜孜不倦地探讨生命的本质，创立了形形色色的传统医疗观、养生观，并以此作为早期人类向自然、向自身疾病抗争的武器。遗憾的是，随着人类社会的不断进步与发展，发达的科技在给人们带来优越生活条件的同时，也带来了人体功能的退化和健康水平的下降，因此保持健康显得尤为重要。人们为了获得健康所要付出的不应是金钱，而应是参与运动的热情。积极参加体育活动，不仅可以愉悦身心，更是一种科学的生活方式。

保持健康的重要性还在于它是人力资源开发的一种重要投资形式。随着科学技术的发展与运用，西方发达国家的投资重点已经由物质转向人力，人力资源的投资包括教育、技术培训、保健和体育等。美国著名经济学家舒尔茨在论证人力资源的投资时，把"延长公民的寿命和增强他们的体质"这一保健措施列为首位。

二、健康的内涵

(一)健康行为的三维结构

我国学者郑希付等人认为健康行为包括生理、心理和社会三个方面，即三维结构(图 2-1)。

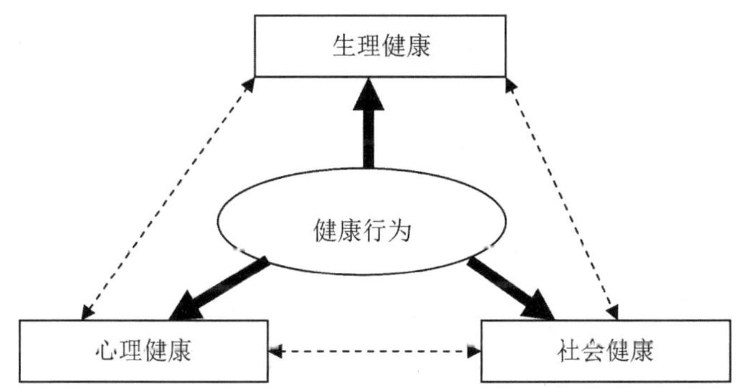

图 2-1 健康行为的三维结构

资料来源：郑希付.健康心理学[M].上海：华东师范大学出版社，2003.

1.生理健康

生理健康的主要内容包括：(1)身高、体重、外貌等正常；(2)感觉器官包括视觉、听觉、嗅觉、味觉和肤觉等灵敏；(3)神经系统的强度、速度平衡；(4)身体机能稳定。

2.心理健康

心理健康的主要内容包括：(1)智力健康，有正常的认识事物和分析事物的能力，有做出判断、解决问题的能力；(2)情绪健康，有识别他人情绪的能力，有合理表达自己情绪的能力，有情绪调控的能力等；(3)精神健康，有积极健康的价值观，有乐观的人生观，有自己的信仰。

3.社会健康

社会健康的主要内容包括：(1)能正确认知社会角色；(2)具备一定的社会交往能力、合作能力等。

(二)健康行为的五维结构

格林伯格和高德认为健康行为应该关注五个根本方面,即生理健康、社会健康、心理健康、情绪健康、精神健康,任何一个方面的欠缺都不是完整的健康。

1.生理健康

所谓生理健康就是指自己的生理特点以及自己身体的机能状态。没有疾病是生理健康的重要组成部分,同时生理健康的重要意义还在于日常生活中自己有精力完成作业或其他工作任务。

2.心理健康

所谓心理健康是指自己能够用开放性的方式获得新的知识和经验,有一种自我价值感,能容忍事物之间的差别,能够对待危机和紧张。

3.社会健康

社会健康是指形成和保持和谐人际关系的能力,具体而言,是指在社会生活中有朋友,有可以讨论问题的人,可以和他人,包括自己的同事,自己的上级、长辈,自己的下属、晚辈等有正常的交往。

4.情绪健康

情绪健康是指自己能够合理地表达自己的情绪,能控制和调节自己的情绪,认识到虽然生活中经常有一些消极情绪,但是这些情绪是人们心理生活的重要组成部分。

5.精神健康

所谓精神健康是可以充分发挥自身的精神潜能,发现生活的意义,能很平静地对待自己和周围的人。

健康行为的五个维度是相互联系、相互影响的(见图 2-2)。例如,生理不健康会导致情绪不健康,缺乏精神上的健康会引起生理、情绪和心理的不健康等。

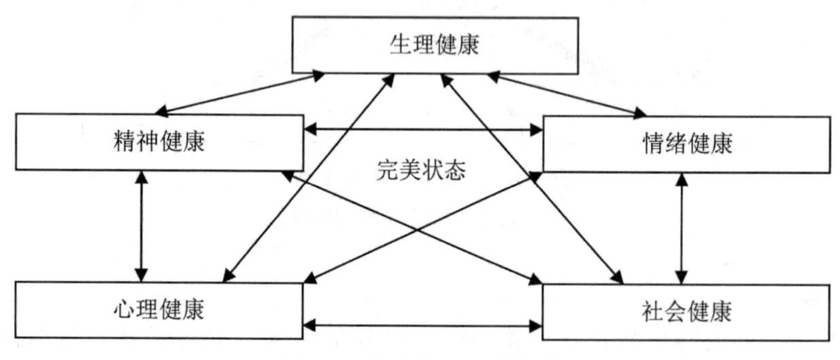

图 2-2 健康行为五维结构

(三)生理健康、心理健康和社会健康

健康行为不管是五维模式,还是三维结构,概括而言,实际上是身体、心理、社会之间的关系。就三者关系而言,生理健康是基础,是首先要达到的健康目标。

虽然生理健康还没有准确的科学定义,但人们通常认为生理健康有以下几种特点:

食得快:食得快并不是狼吞虎咽,而是吃饭时不挑食,不偏食,没有难以下咽的感觉。

便得快：能很快排泄大小便，且感觉轻松自如，便后没有疲劳感，说明胃肠肾功能良好。

睡得快：晚间定时有自然睡意，上床后能很快入睡，而且睡得深；醒后头脑清醒，精神饱满。睡得快说明中枢神经系统的兴奋、抑制功能协调，且内脏无病理信息干扰。

走得快：诸多病变导致身体衰弱先从下肢开始。人患有一些内脏疾病时，下肢常有沉重之感；心情焦虑、精神抑郁或心理状况欠佳时，往往感到四肢乏力。走得快说明精力充沛，身体状况良好。

在生理健康的基础上，心理健康和社会健康是健康的核心成分。世界卫生组织制定的健康定义中提出了全面健康的三要素：无躯体疾病；无心理疾病；具有社会适应能力。这一定义促使人们树立健康的新观念。那么，一个人怎样才算是心理健康呢？目前，普遍的观点认为心理健康的主要表现是能够充分发挥个人的最大潜能，妥善处理和适应人与人之间、人与社会环境间的相互关系。具体地说，它包括两层含义：其一，是无心理疾病；其二，能积极调节自己的心态，顺应环境并有效地、富有建设性地发展完善个人生活。

"无心理疾病"是心理健康的最基本条件。那么人的心理怎样才算健康？以什么作为健康的标志？这是一个非常复杂的问题。因为心理健康和不健康之间不像躯体的生理活动，如脉搏、血压等，有一个明确的界限。目前，美国心理学家马斯洛等提出的10条正常人的健康标准，受到人们的普遍重视和引用，被认为是健康心理的"标准"，它包括：(1)有足够的自我安全感；(2)能充分地了解自己，并能对自己的能力做出适当的评价；(3)生活理想切合实际；(4)不脱离周围现实环境；(5)能保持人格的完全和谐；(6)具有从经验中学习的能力；(7)能保持良好的人际关系；(8)能适度地发泄情绪和控制情绪；(9)在符合集体要求的前提下，能较好地发挥个性；(10)在不违背社会规范的前提下，能恰当满足个人的基本要求。

参照上述心理健康的一般标准，结合我国学生的心理特征及社会角色，我们认为学生心理健康的标准可概括为：

(1)完整的人格。即具有相对稳定的人生观和生活信念。表现为具有正常的行为和意志，能够将自己的愿望、信念同行动统一起来，并保持与环境的相对协调性。心理健康的学生具有统一的社会态度、合理的社会情感及协调的社会行为，能够准确地根据其社会角色需要对行为做出选择与判断。他们乐于学习，性格开朗，对生活充满信心与希望。

(2)正常的智力水平。正常的智力水平也是健康心理的基本要素之一。具有与年龄相适应的智力水平是学生进行正常学习和生活的最起码条件。学生拥有正常的智力，才能胜任繁重的学习任务，才能提高自信心和自我认识能力，从而避免由于智力低导致的心理压力或可能出现的自卑心理与挫折感。

(3)和谐的人际关系。心理健康的学生乐于与人交往，能认可别人存在的重要性和作用。能融入集体，在与人相处时，积极的态度(如友善、同情、信任)总是多于消极的态度(如猜疑、嫉妒、敌视)，因而在社会生活中有较强的适应能力和较充分的安全感。一个心理不健康的学生，则总是与周围的人格格不入，远离集体。

(4)正确认识自己、接纳自己。一个心理健康的学生，应能够体验到自己存在的价值，既能了解自己又能接受自己，对自己的能力、性格和优点能做出恰当、客观的评价，不会对自己提出苛刻、非分的期望与要求；同时，努力发展自身的潜能，面对自己无法补救的缺陷，也能安然处之。一个心理不健康的人则缺乏自知之明，由于目标定得不切实际，易过高或过低估计自己，总是将自己陷于自傲、自卑的漩涡中从而心理无法平衡。

(5)稳定、乐观的情绪。即能适度地控制自己的喜怒哀乐和生活规律，不随意地放纵自己的心情。在应激状态，情绪稳定的学生身心处在协调、有效的控制之中，中枢神经的兴奋与抑制保持平衡、稳定。心理健康的学生心胸开阔，情绪稳定，热爱生活，对未来充满希望，较少出现情绪波动。

(6)坚强的意志。坚强的意志在行动上表现为果断、坚决，有较强的抗挫折能力，能够较好地控制自己的情绪及欲望，有较强的满足延宕能力。意志坚定的学生自主能力较强，不过分依赖别人，面对挫折和困难能够调整自己的心态，采取合理、积极的解决办法。爱因斯坦曾说过："优秀的性格和钢铁般的意志比智慧和博学更为重要。"智力上的成就很大程度上依赖于性格上的伟大，这一点往往超出人们通常的认识。意志坚强的人，其心境一般都是比较健康的。

(7)能较好地适应现实环境。心理健康的学生能面对现实、接受现实，并能主动适应现实、改造现实；对周围事物和环境能做出客观的认识评价，并能与现实环境保持良好的接触；对生活、学习和工作中的各种困难和挑战都能妥善处理。心理不健康的学生往往以幻想代替现实，不敢面对现实，没有足够的勇气接受现实的挑战；总是抱怨自己"生不逢时"或责备社会环境对自己不公平，怨天尤人，因而无法适应现实生活。

(8)适度的社会心理反应能力。心理健康的人对于社会刺激拥有正常的心理反应能力，反应敏捷但不过于敏感，反应迟缓但并非没有反应。

生理健康、心理健康和社会健康之间是相互作用的，生理健康水平影响到心理健康和社会健康，如疾病状态影响到人的情绪，同时也会影响其人际关系，甚至影响其社会角色和社会地位等。心理健康也影响人的生理健康和社会健康，引发身心疾病的原因之一就是人的情绪和心理状态，这是心理影响生理的典型表现；同时心理健康水平必然影响其人际关系，影响其交往的层次。社会健康影响生理健康和心理健康，交往是人的需要，缺少交往或剥夺交往，人不仅会表现出突出的生理异常，也会表现出典型的心理异常。

第二节　健康的特征与影响因素

一、现代健康观的基本特征

从健康的分类可以看出，随着人们对健康的认识的逐步深化，健康的基本特征表现在以下三个方面：

(一)健康的多维性

传统的健康观认为，健康只有两个维度，而世界卫生组织提出的健康的基本维度有四个，即生理、心理、社会适应能力和道德。每个维度相互区别，既可单独测量各维度，也可综合测量各维度组合成的综合状态。实际应用时，并非每项研究都可以把这些内容包括进去，要根据研究目的与用途、测量对象的可接受性等因素确定测量的内容。如《学生体质健康标准》的测试，其目的是测量学生的生理健康状况，不应包含心理、社会适应及道德方面的内容。

（二）健康与疾病的相对性

健康与疾病是相对的，两者实质上不存在绝对的界线。病人本身也包含健康的成分，而健康人也同时含有疾病的因素，因此绝对的健康是不存在的，绝对的疾病就意味着死亡。人一旦死亡，疾病与健康就失去了存在的客体。因此健康与疾病并存于同一个体中，良好的健康状态在一端，严重的疾病在另一端，随着时间的推移，机体不断地变化着。亚健康状态就是介于健康与疾病之间的一种状态。

（三）健康的连续性

从良好的健康状态到最差的健康状态或死亡是个连续变化的过程。

健康的多维性和连续性可以用表 2-1 健康状态的多维分类系统表示。表内有三个维度，即心理方面、身体方面和社会方面。每个维度又有三个水平，这样可形成 3×3×3＝27 种状态。这 27 种状态从好到坏排列成一个连续变化的频谱。

表 2-1 健康状态的多维分类系统

心理方面	身体方面	社会方面
健康	健康	健康
亚健康	亚健康	亚健康
不健康	不健康	不健康

二、影响健康的因素

判断一个人是否健康是一个非常复杂的问题，也是一个十分重要的问题。影响健康的因素是多方面的，归纳起来主要有四个方面的因素，即环境因素、生物学因素、行为和生活方式因素，以及卫生保健服务因素。

（一）环境因素

1.自然环境

自然环境是人类赖以生存的物质基础。环境污染对人的健康产生直接、间接或潜在的危害，环境污染对健康的危害具有机制复杂、周期长、范围大、后果重的特点。当前全球性环境问题主要有：二氧化碳过量排放造成的温室效应；镉、汞、硫、氮氧化物过量排放造成的酸雨；氟利昂造成的臭氧层空洞和放射性污染问题；等等。这些污染物严重地破坏地球的生态系统，直接威胁着人类的生存和发展。例如，酸雨使全世界森林面积每年以 2 000 公顷的速度递减，加速了土地沙化，每年沙化土地面积达 40 多万公顷。噪声、大气、水源、土壤污染无时不在困扰着人们的日常生活。噪声对健康的危害主要是听力损伤及其连锁反应。噪声使成年人精神紧张，工作能力降低，出现神经衰弱、自主神经功能紊乱、内分泌失调的现象，甚至导致精神疾患。大气污染的慢性中毒常引发呼吸道炎症、哮喘和肿瘤。水源污染可造成流域人群集体中毒。环境污染治理与环境保护是全人类面临的重大问题。我国政府把保护环境定为基本国策，力行可持续发展政策。环境教育是学校健康教育的重要内容。

2.社会环境

社会环境包括政治、经济、文化、教育等多方面。不良的社会环境直接或间接地危害着人们的健康。政治制度对健康至关重要。新中国成立后，人民是国家的主人，国家卫生事业为人民健康服务，使我国人民健康水平有了很大的提高。

经济是社会进步和社会生活的基础。人们的劳动方式、生活方式、营养状况和人口状态无不受经济的制约，因此，经济是影响人类健康的重要因素。大量调查证明，社会经济状况与人民健康水平成正比。就发达国家与发展中国家而言，人民健康水平存在明显差距。每年全球低体重出生儿 2 200 万，其中 95%是在发展中国家。就国家内部的不同阶层而言，其健康水平也是差距明显。随着我国经济的发展，人民营养状况明显改善。

文化是社会的上层建筑，享有文化和接受教育的权利是人全面发展的重要前提，也是享有健康的前提。人群的文化水平与人群的健康水平之间存在着正相关关系。受教育程度和文化素养决定着人的健康观和健康价值观，决定着人是否能做出有益于健康的决策。不良的行为和生活方式常与较低的教育程度相联系。

(二)生物学因素

引起传染性疾病、感染性疾病的病原微生物和导致遗传疾病及伤残与障碍等遗传和非遗传的内在缺陷，为生物学致病因子。目前虽然人类疾病谱和死因顺位的变化把关注健康问题的目光引向了“生活方式病”和“行为致病因子”，但生物因子对健康的危害依然存在，而且不断引发新问题。

世界卫生组织最近发表报告警告说：“艾滋病、结核病、淋巴腺鼠疫和黄热病等新出现的或卷土重来的传染病对人类健康的威胁正在上升。而且病原微生物的抗药性已成全球性问题，一些简单的感染有时都很难找到有效的治愈方法。”据世界卫生组织估计，全世界已有艾滋病病毒感染者 1 400 万，艾滋病患者 200 多万；全世界每年各种传染病患者有 6 亿。一些新的病原微生物被确认，如引起出血性结肠炎的 O157∶H7 大肠杆菌、与溃疡病有肯定关系的螺旋杆菌、导致淋巴腺癌的非洲淋巴细胞瘤病毒等。今天，我们仍不可忽视病原微生物的危害。

由生殖细胞或遗传物质突变所引起的疾病称遗传病。非遗传的、出生时伴有缺陷的疾病称先天性疾病，如母亲感染风疹病毒造成的胎儿患先天性心脏病。目前已知遗传性、先天性疾病有 4 000 种以上。我国新生儿出生缺陷率为 1.307%，即每年约有 26 万缺陷疾病患儿出生，其中 70%～80%由遗传因素所致。遗传因素在影响人类健康时，常与环境因素、行为因素共同作用、相互制约。如精神分裂症的发病，遗传因素占 2/3，环境因素占 1/3。

(三)行为和生活方式因素

生活方式是指人的生活式样，是生活活动的总和，包括生活态度、生活水平和生活惯常行为。作为一种致病因素的不良行为和生活方式，是指人们自身的不良行为和生活习惯给个人、群体和社会的健康带来直接或间接的危害。这种危害具有潜伏性、积累性和广泛影响性的特点。有报告称美国死亡率在前十位的病症中，行为和生活方式在致病因素中占 70%。美国通过 30 年的努力，使冠心病的死亡率下降 40%，脑血管疾病的死亡率下降 50%，其中 2/3 是通过改善行为和生活方式而取得的。现在人们通常把行为和生活方式致病因子所致的疾病如心脏病、中风、癌症等慢性病称为“生活方式病”。1993 年 4 月在北京召开的世界卫生组织慢性非传染病控制综合规划中心主任会议预计，到 2015 年死于“生活方式病”的人数占发展中国家总死亡人数的60%，发达国家达到75%，“生活方式病”将成为人类的头号杀手。作为青年高职学生，要重视培养良好的行为和生活方式，避免不良生活方式的危害。其中最重要的危害因素就是吸烟、酗酒、膳食结构不合理、缺少运动和不洁性生活。其次是滥用药物、安全事故和暴力等。不健康的行为和生活方式已成为影响各国经济和人民健康的重要因素。

（四）卫生保健服务因素

卫生保健服务指卫生机构和卫生专业人员针对个人、群体和社会的健康需要所提供的必要的、可能的服务。良好的卫生服务对健康起促进作用，反之，则危害健康。良好的卫生服务包括健全的医疗卫生机构、完善的服务网络、充足的卫生资源及其合理配置与平等分配。但是，卫生服务的投入与效益并非成正比，个人对卫生服务的利用能力是影响卫生投入效益的重要因素。所以，对卫生服务的利用是健康教育的重要内容之一。

第三节　健康素养和健康基本技能

一、健康素养

1.健康不仅仅是没有疾病或虚弱，而且是身体、心理和社会适应的完好状态

“健康不仅仅是没有疾病或虚弱，而且是身体、心理和社会适应的完好状态”，载于世界卫生组织（WHO）宪章的这个定义提示人们，健康不仅仅是无疾病、不虚弱，它还涉及身体、心理和社会适应三个方面。

2.每个人都有维护自身和他人健康的责任

每个人都有获取自身健康的权利，也有不损害和（或）维护自身及他人健康的责任。

每个人都可以通过采取并坚持健康的生活方式，获取健康，提高生活质量。预防为主，越早越好，选择健康的生活方式是最好的人生投资。提高每个公民的健康水平，需要国家和社会全体成员共同努力，营造一个有利于健康的支持性环境。

3.健康生活方式主要包括合理膳食、适量运动、戒烟限酒、心理平衡四个方面

健康生活方式，是指有益于健康的习惯化行为方式。主要表现为生活有规律，没有不良嗜好，讲求个人卫生、环境卫生、饮食卫生，讲科学、不迷信，平时注意保健，生病及时就医，积极参加健康有益的文体活动和社会活动；等等。

合理膳食指能提供全面、均衡营养的膳食。食物多样，才能满足人体各种营养需求，达到合理营养、促进健康的目的。卫计委发布的《中国居民膳食指南》为合理膳食提供了权威的指导。

适量运动是指运动方式和运动量适合个人的身体状况，动则有益，贵在坚持。运动应适度量力，选择适合自己的运动方式、强度和运动量。健康人可以根据运动时的心率来控制运动强度，一般以每分钟150～170（次）减去年龄为宜，每周至少运动3次。

吸烟的人，不论吸烟多久，都应该戒烟。戒烟越早越好，任何时候戒烟对身体都有好处，都能够改善生活质量。

过量饮酒，会增加患某些疾病的风险，并可能导致交通事故及暴力事件的增加。建议成年

男性一天饮用的酒精量不超过 25 克，女性不超过 15 克。

心理平衡，是指一种良好的心理状态，即能够恰当地评价自己，应对日常生活中的压力，有效率地工作和学习，对家庭和社会有所贡献。乐观、开朗、豁达的生活态度，将目标定在自己能力所及的范围内，建立良好的人际关系，积极参加社会活动等均有助于个体保持自身的心理平衡状态。

4.劳逸结合，每天保证 7～8 小时睡眠

生活规律，对健康十分重要。要注意劳逸结合、起居有则。工作、学习、娱乐、休息、睡眠都要按作息规律进行。一般成人每天要保证 7～8 小时睡眠，睡眠时间不足不利于健康。

5.保健食品不能代替药品

保健食品是指具有特定保健功能，适宜于特定人群食用，具有调节机体功能，不以治疗疾病为目的的食品。

卫生行政部门对审查合格的保健食品发给《保健食品批准证书》，获得《保健食品批准证书》的食品准许使用保健食品标志。保健食品标签和说明书必须符合国家有关标准和要求。

6.环境与健康息息相关，保护环境促进健康

人类所患的许多疾病都与环境污染有很大的关系。无节制地消耗资源和污染环境是造成环境恶化的根源。每个人都有爱护环境卫生，保护环境不受污染的责任。

要遵守保护环境的法律法规，遵守讲求卫生的社会公德，自觉养成节约资源、不污染环境的良好习惯，努力营造清洁、舒适、安静、优美的环境，保护和促进人类健康。

7.献血助人利己，提倡无偿献血

献血救人，是人类文明的表现。无偿献血利国，利己，利家人。

适量献血是安全、无害的。健康的成年人，每次采集的血液量一般为 200～400 毫升，两次采集间隔期不少于 6 个月。

《中华人民共和国献血法》规定，“国家提倡十八周岁至五十五周岁的健康公民自愿献血”，“对献血者，发给国务院卫生行政部门制作的无偿献血证书，有关单位可以给予适当补贴”。

血站是采集、提供临床用血的机构，一定要到国家批准采血的血站献血。

8.维持正常血压、体温、呼吸、脉搏

成人的正常血压为收缩压低于 140 毫米汞柱，舒张压低于 90 毫米汞柱；腋下体温 36～37℃；平静呼吸 16～20 次/分；脉搏 60～100 次/分。

9.避免不必要的注射和输液，注射时必须做到一人一针一管

注射和输液等医疗操作都有一定传播疾病的风险，因此在治疗疾病时应做到：遵从医嘱，能吃药就不打针，能打针就不输液。

与他人共用注射器可传播乙型肝炎、丙型肝炎、艾滋病等疾病。必须注射或者输液时，应做到“一人一针一管”，即每一个人每次注射时都必须单独使用一次性注射器或经过消毒的注射针管、针头，不能只换针头不换针管。

10.接种疫苗是预防一些传染病最有效、最经济的措施

疫苗指为预防、控制传染病的发生、流行，用于人体预防接种的预防性生物制品。相对于患病后的治疗和护理，接种疫苗所花费的钱是很少的。接种疫苗是预防传染病最有效、最经济的手段。

疫苗分为两类：一类疫苗，指政府免费向公民提供，公民应当依照规定受种的疫苗；二类疫苗，指由公民自费并且自愿受种的疫苗。

11.肺结核主要通过病人咳嗽、打喷嚏、大声说话等产生的飞沫传播

肺结核病是由结核杆菌(结核菌)引起的呼吸道传染病。痰中有结核菌的病人有传染性,具有传染性的病人咳嗽、打喷嚏、大声说话时,结核菌会通过喷出的飞沫传播到空气中。健康人吸入带有结核菌飞沫的空气,结核菌就会进入体内。如果此时抵抗力低或结核菌毒力强,就可能得结核病。

出现咳嗽、咳痰2周以上,或痰中带血,应及时检查是否得了肺结核。早期诊断肺结核病可以提高治愈率,减少传播他人的可能性。连续2周以上咳嗽、咳痰,通常是肺结核的一个首要症状;如果经过抗感冒治疗2周以上无效,或同时痰中带有血丝,就有可能是得了肺结核病。其他常见的症状还有低热、盗汗、乏力、体重减轻等。坚持正规治疗,绝大部分肺结核病人能够治愈。

12.艾滋病、乙肝和丙肝通过性接触、血液和母婴三种途径传播

艾滋病、乙肝和丙肝病毒主要通过血液、性接触和母婴途径传播,不会借助空气、水或食物传播。日常工作和生活中与艾滋病、乙肝、丙肝病人或感染者的一般接触不会被感染。艾滋病和乙肝、丙肝一般不会经马桶圈、电话机、餐饮具、卧具、游泳池或公共浴池等公共设施传播,不会通过一般社交上的接吻、拥抱传播,也不会通过咳嗽、蚊虫叮咬等方式传播。

13.遇到呼吸、心搏骤停的伤病员,可通过人工呼吸和胸外心脏按压急救

心肺复苏(CPR)可以在第一时间恢复病人呼吸、心跳,挽救伤病员生命,主要用于心脏性猝死等危重急症以及触电、淹溺、急性中毒、创伤等意外事件造成的心跳、呼吸骤停。方法是:以心前区叩击、自动体外心脏除颤器及胸外心脏按压等方法来恢复心跳,以开放气道、口对口吹气人工呼吸等来恢复呼吸。

14.重视和维护心理健康,遇到心理问题时主动寻求帮助

每个人一生中都会遇到各种心理卫生问题,重视和维护心理健康非常必要。如果怀疑有明显心理行为问题或精神疾病,要及早去精神专科医院或综合医院的心理科或精神科咨询、检查和诊治。

精神疾病是可以预防和治疗的。被确诊患有精神疾病者,应及时接受正规治疗,遵照医嘱全程、不间断、按时按量服药。积极向医生反馈治疗情况,主动执行治疗方案。通过规范治疗,多数患者病情可以得到控制,减少对正常生活的不良影响。

15.每个人都应当关爱、帮助、不歧视病残人员

艾滋病、乙肝等传染病病原携带者和病人,精神疾病患者,残疾人等,都应得到人们的理解、关爱和帮助,这不仅是预防、控制疾病流行的重要措施,也是人类文明的表现,更是经济、社会发展的需要。

在生活、工作、学习中,要接纳艾滋病、乙肝等传染病病原携带者和病人,不要让他们感受到任何歧视。要鼓励他们和疾病作斗争,积极参与疾病的防治工作。对精神疾病患者,要帮助他们回归家庭、社区和社会。对残疾人和康复后的精神疾病患者,单位和学校应该理解、关心和接纳他们,为他们提供适当的工作和学习条件。

二、健康基本技能

1.需要紧急医疗救助时拨打120急救电话

需要紧急医疗救助时,拨打120急救电话求助。

电话接通后应当简要说明需要救护者的病情、人数、所在地址以及伤病者姓名、性别、年

龄、联系电话以及报告人的电话号码与姓名。

2.会测量腋下体温

腋下体温测量方法：先将体温计度数甩到 35℃以下，再将体温计水银端放在腋下最顶端后夹紧，10 分钟后取出读数。

3.会测量脉搏

脉搏测量方法：将食指、中指和无名指指腹平放于手腕桡动脉搏动处，计 1 分钟搏动次数。

4.会识别常见的危险标识

为了减少伤害，应该远离高压、易燃、易爆、剧毒、放射性、具有生物危害等危险物。识别常见的危险标识（见图 2-3）是保护自身安全的关键。危险标识是由安全色、几何图形和图形符号构成的，用以表达特定的危险信息。使用危险标识的目的是提醒人们对周围环境加以注意，以避免可能发生的危险，防止事故的发生，起到保障安全的作用。但要注意，危险标识只起提醒和警告的作用，它本身不能消除任何危险，也不能取代预防事故的相应设施。

图 2-3 危险标识

5.抢救触电者时，应首先切断电源

发现有人触电，要立即关闭电源，也可以用不导电的物体将触电者与电源分开。千万不要直接接触触电者的身体，防止救助者发生触电。

触电者触电后应当尽可能自救，可以一边呼救，一边奋力跳起，使流经身体的电流断开，并抓住电线的绝缘处用力拉出，摆脱电源。如果引起触电的电器是固定在墙上的，可以用脚猛力蹬墙，同时身体后仰，摆脱电源。

6.掌握火灾时的逃生技巧

突遇火灾时，如果无力灭火，应当不顾及财产，迅速逃生。由于火灾会引发有毒烟雾，所以在逃生时，应当用潮湿的毛巾或者衣襟等捂住口鼻，用尽可能低的姿势，有秩序地撤离灾害现场。

到陌生场所应先熟悉安全通道。发现火灾，应立即拨打 119 火警电话报警。

第三章 体育锻炼

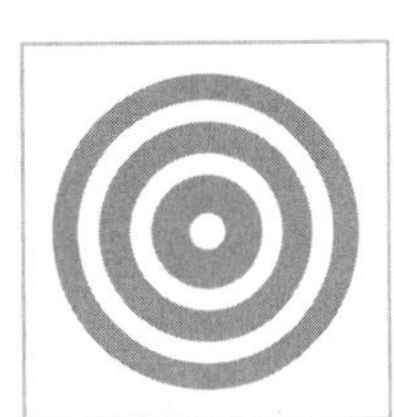

第一节　体育锻炼的原则与方法

一、体育锻炼的原则

体育锻炼的原则是体育锻炼过程中客观规律的反映，是人们在长期从事体育锻炼中成功经验的总结和概括，是每个参加体育锻炼的人，必须遵循的准则。

体育锻炼原则对锻炼者掌握体育锻炼知识、技能，培养锻炼兴趣，选择符合自身条件的锻炼项目和锻炼内容，正确使用科学方法进行锻炼具有指导作用。

体育锻炼原则有自觉积极原则、讲求实效原则、持之以恒原则、循序渐进原则、全面性原则、适宜运动负荷原则。

（一）自觉积极原则

自觉积极原则指体育锻炼者有明确的健身目标，充分认识到体育锻炼的价值，自觉积极地从事体育锻炼活动。体育锻炼是一个自我锻炼、自我完善，并需要克服自身惰性，战胜各种困难的过程。同时，还要有一定的作息制度作保证，把体育锻炼当作生活中不可缺少的一部分，才能奏效。自觉地参加体育锻炼，能使大脑处于适宜的兴奋状态，由于神经中枢处于最佳的工作状态，肌体糖原增多，体力充沛，动作协调，加快学习掌握动作技术条件反射的形成过程，从而提高体育锻炼的效果。因此，体育锻炼在人们健身、健美和延年益寿方面显得尤为重要。为此锻炼者必须做到：

(1)明确“生命在于运动”的科学道理，树立正确的锻炼目标，把体育锻炼当作日常学习和生活的需要，激发锻炼的主动性，从而调动锻炼的积极性。

(2)培养兴趣。兴趣是人们认识事物和从事活动的倾向，当一个人对一项体育活动产生兴趣时，就会对这项体育活动表现出极大的主动性和自觉性，做到身心融为一体。

(3)选择符合自身条件、兴趣的运动项目，正确使用科学方法进行锻炼，培养终身体育意识。

（二）讲求实效原则

讲求实效原则是指必须根据个人的性别、年龄、职业、健康状况、锻炼的爱好、要求和原有的体育基础，以及生活条件、季节特点等实际情况，决定行之有效的锻炼项目、方法、运动负荷、强度、练习次数等，按科学方法进行锻炼，以取得最佳的锻炼效果。为此锻炼者必须做到：

(1)根据自己职业特点、身体健康状况，设计一套适用可行的锻炼计划或运动处方，计划或处方应当严谨，执行应当严格，并注意阶段性的调整。

(2)选择锻炼内容时，要注意它的健身价值，要选择有针对性的锻炼内容与方法。不要追求动作的形式，在力所不及的情况下从事高难度技术动作的训练，而应选择简便易行、锻炼价值大、效果好的身体练习，作为身体锻炼的主要内容。

(3)安排运动负荷时，以锻炼者能承受和克服的难度，一般以自我感觉舒适和不影响正常学习、工作和生活为准。但在锻炼中要克服怕苦、怕累和怕羞等思想障碍。

(三)持之以恒原则

持之以恒原则是指体育锻炼必须经常性进行，使之成为日常生活中的重要内容，长期地、不间断地进行锻炼。

众所周知，“生命在于运动，运动贵在坚持”，体育锻炼对人体各器官系统给予刺激，每次刺激都会促进体内异化作用的加强，继而得到同化作用的加强，加快体内物质的合成，从而使肌体内部的物质得以补充、增加和积累。这种积累使机体结构和机能产生新的适应，体质就会不断增强，动作技能形成的条件反射也会不断得到强化。因此，体育锻炼贵在坚持，不能幻想在短时间内取得显著效果。为此锻炼者必须做到：

(1)建立个人的锻炼常规，合理安排锻炼间隔，确定锻炼次数和锻炼时间。体育锻炼的效果并非一劳永逸，如果锻炼间隔的时间长，锻炼的效果就不明显。因此，每次锻炼的间隔要合理。锻炼要有长期计划、短期安排，计划安排要根据锻炼者身体适应运动负荷的能力来制订。

一般情况下，轻微的运动和中强度的锻炼，间隔要短，最佳效果为天天练，隔日锻炼也有效果；强度大的锻炼，安排的次数可少些。

(2)强化锻炼意识，定期保证有一定的体育锻炼时间，逐步养成习惯，使体育锻炼成为生活的重要组成部分。

(3)根据个人能力，确立一个能够实现的体育锻炼目标(不宜太高)，制订一个切实可行的锻炼计划(能长期坚持)。

(四)循序渐进原则

循序渐进原则是指体育锻炼必须遵循人体自然发展、机体适应的基本规律，从不同的主客观实际出发，合理安排运动负荷，在渐进的基础上提高锻炼水平。在体育锻炼过程中，运动负荷的大小直接影响人体机能的变化，负荷是否适宜，对锻炼效果起很大的作用。运动负荷的大小因人、因时而异。即便是同一个人，在不同的机能状态、不同的时间，人体对负荷的承受能力也不尽相同。因此，进行体育锻炼时应循序渐进，运动量从小到大，技术动作由易到难、由简到繁，逐步提高锻炼水平。为此锻炼者必须做到：

(1)力戒急于求成。必须根据锻炼者自身的实际情况确定运动负荷，做到量力而行，尤其要注意锻炼后疲劳感的适度。

(2)运动负荷应由小到大，逐步提高。刚开始从事体育锻炼或中断体育锻炼后恢复锻炼时，强度宜小，时间宜短，密度适宜。

(3)注意提高人体已经适应的运动负荷，使体能保持不断增强的趋势。一般应在逐步提高“量”的基础上，再逐渐增大运动强度，使机体适应，感到胜任的愉快，然后再相应地调整。随时加强自我监督，密切注意身体机能的不良反应。

(4)锻炼开始时，重视准备活动；锻炼结束后，做好放松整理活动。

(5)缺乏一定体育锻炼基础的人，或中断体育锻炼过久的人，不宜参加紧张激烈的比赛活动。

(五)全面性原则

全面性原则是指运用各种身体练习和手段，通过锻炼使身体形态、机能、身体素质及心理素质等方面得到全面协调的发展。人体是一个有机的整体，各机能之间既互相联系又互相制约。体育活动与人体各器官、系统都有着直接的内在联系。

体育锻炼能促进人体新陈代谢的提高，使身体各系统、组织、器官和谐发展，达到身体相对的完善和完美。因此，既要重视身体锻炼，又要重视精神锻炼，这样才能收到良好的效果。为此锻炼者必须做到：

(1)身心全面发展，要从适应社会环境、抵御疾病、改善机体形态、提高机体功能、陶冶情操、愉悦心理、丰富文化生活等方面着眼。

(2)体育锻炼的内容、方法要尽可能考虑身体的全面发展，一般以一些功效大、兴趣较浓的锻炼项目为主，以其他项目为辅进行全面锻炼。

(3)注意全身的活动，不要限于局部。

(4)在全面锻炼的基础上，有目的、有意识地加强专业实用性的体育锻炼。

(六)适宜运动负荷原则

适宜运动负荷原则是指根据每个锻炼者的实际情况，合理地确定其运动负荷和强度。

适宜的生理负荷是指在体育锻炼时的运动强度，锻炼持续的时间及锻炼的频率。适宜的运动负荷能收到良好的锻炼效果。运动负荷不足或过大不仅不能获得理想的效果，还可能损坏健康。为此锻炼者必须做到：

(1)锻炼时要量力而行，遵循客观规律，注意自我感觉。要把自我感觉和生理测定相结合，使锻炼具有针对性。

(2)要根据年龄、性别、气候、劳动强度、营养、睡眠、兴趣等综合因素，合理安排运动负荷和运动的间歇。

(3)逐步增加运动负荷，并接受医务监督，使机体能力不断提高。

确定运动负荷标准的方法较多，脉搏是掌握运动负荷比较实用的方法。通常以180次/分钟减去锻炼者的年龄，作为锻炼时每分钟平均脉搏数。

以上各项原则是相互联系的，在实际运用中，不可顾此失彼。

二、体育锻炼的方法

体育锻炼的方法、手段很多，内容也很丰富，形式也很灵活。运用体育锻炼方法，应从实际出发，灵活运用，防止形式主义。

(一)常用体育锻炼方法

1.重复锻炼法

重复锻炼法,是指按一定的负荷标准重复进行某项练习,以获得健身效果的途径。

重复的次数和时间是决定健身的关键。过量会导致疲劳积累,不及则于健康无益。确定和调节重复的次数和时间应考虑项目特点,如健身跑、太极拳、广播操等就不同于踢足球、篮球。

重复锻炼要注意克服厌倦情绪,防止机械呆板。每次重复都应达到运动负荷的有效价值范围,身体反应超过上限时,可减少重复或暂停,不足时应予以增加和变换。

2.循环锻炼法

循环锻炼法是一种把各种类型的动作,具有不同练习效果的手段,组成锻炼项目,按一定的顺序,循环往复进行锻炼的方法。

循环法所布置的各个练习点,内容要慎重搭配,动作应是已经掌握的、简单易行的,并应规定好练习的次数、规格和要求。由于各练习的动作器械不同,花样翻新,交替进行,可激发兴趣、减轻疲劳、提高密度,有显著的健身价值。

3.变换锻炼法

变换锻炼法是指在锻炼过程中,采取变换环境、变换条件、变换要求等,以提高锻炼效果的一种方法。

采用变换锻炼法,可以有效地调节生理负荷,提高锻炼情绪,强化锻炼的意向,克服疲劳和厌倦情绪。

变换锻炼法经常采用各种辅助性、诱导性和转移性练习,并应注重颜色、乐曲、日光、空气和水的利用。

4.间歇锻炼法

间歇锻炼法是指重复锻炼之间的合理休整。它是一种提高锻炼效果的常用锻炼法。

间歇时间的长短,主要以负荷的有效价值范围为准。一般来说,负荷超过上限时,间歇时间应长些,以防止负荷继续上升,造成体力消耗过量;在下限时,间歇时间应短,密度应大,后次锻炼应在前次锻炼的效果未减退时进行,倘若间歇过长,在效果消失后再进行,就失去意义了。

(二)发展身体素质的锻炼方法

身体素质是人体活动的一种能力,是指人体在运动、劳动和生活中所表现出来的力量、速度、耐力、灵敏性及柔韧性等机能,是一个人体质水平的重要标志。

1.发展力量素质的方法

力量素质是指肌肉紧张或收缩时所表现出来的一种能力。力量素质是身体素质的基础。发展力量素质应根据目的的不同采取不同的方法。按肌肉收缩的性质,力量可分为静力性力量和动力性力量两种:静力性力量肌肉做等长收缩,肢体不产生明显的位移;动力性力量肌肉做等张收缩或拉长,肢体产生明显位移,或推动运动器械进行运动。按肌肉表现出的力量与本人体重的关系,可分为绝对力量与相对力量:绝对力量与体重无关,而相对力量则为每公斤体重表现出的力量。

由于存在力量类别的不同,因此发展力量素质的方法也有所不同。静力性力量练习,对提高肌肉的绝对力量有明显效果,其具体方法有:(1)身体处于特定的位置,用最大力量的一半做等长收缩，坚持 5～10 秒，重复 5～10 次，每天(或隔日)练习一次；(2)慢速做举重物或做负重蹲起。做静力性力量练习时要注意间歇时肌肉的放松。

动力性力量练习方法有：(1)用本人最大负荷量的 60%～70%(中等强度)，每组练习 5～10 次，练习 4～6 组，每组间歇 2～5 分钟。这种练习对发展速度力量比较有效。(2)用本人的 50%负荷(小强度)快速完成练习，每组 20～30 次，每组间歇 1～2 分钟。这种练习对发展爆发力效果比较好。

发展力量素质应注意：(1)静力性和动力性练习相结合，不要片面发展；(2)力量练习的间隔一般为隔日；(3)力量练习时要注意运用正确的呼吸方法；(4)练习前要做好准备活动，练习后要做调整性或放松练习。

2.发展耐力素质的方法

耐力素质是指有机体长时间工作克服疲劳及疲劳后快速恢复的能力。按运动的外在表现，耐力可分为速度耐力、力量耐力、一般耐力；按所影响的器官分为心血管耐力和肌肉耐力等；按能量供应特点分为有氧耐力和无氧耐力等。练习时，应强调意志品质、呼吸深度和呼吸方法。

(1)发展有氧耐力的方法：主要是提高心肺功能。整个锻炼过程以有氧代谢为主，运动时间要求在 15 分钟以上(至少为 5 分钟)，1～2 小时为佳。一般采用 2～4 分钟的连续练习，或 5～20分钟跑和 2～20 分钟间歇跑(跑 1 分钟间歇 1 分钟，跑 2 分钟间歇 2 分钟，直到跑完 5 分钟为一组)，或采用较长距离的跑、跳绳、球类、骑自行车、溜冰、划船等。

(2)发展无氧耐力的锻炼方法：无氧耐力是指在缺氧情况下，进行肌肉活动的能力。提高无氧耐力的方法主要是采用短时间高强度的练习。强度为 75%，心率大约在 170～180 次/分钟，一般采用短距离跑、游泳、打篮球等较为剧烈的比赛和时间短、强度大的运动。

发展耐力素质应注意的问题：

(1)从适当的运动负荷开始，使练习的运动负荷与耐力素质的提高相适应。练习遵循渐进原则。

(2)耐力练习既艰苦又枯燥，应采用多种方法和手段，同时注意意志品质的训练和培养。

(3)发展耐力素质要求机体供氧充分，因此应掌握正确的呼吸方法，根据具体情况将无氧耐力练习与有氧耐力练习相结合。

3.发展速度素质的方法

速度素质是指人体在单位时间内移动的距离和快速做某一运动的能力。速度可分为反应速度、动作速度、移动速度。各种速度素质练习，都应在体力充沛、精力饱满的情况下进行。

(1)反应速度是指人体对外界各种刺激反应的快慢。提高反应速度可采用各种突发信号，让练习者做出相应反应。如起跑、突停、停跳、转身等。

(2)动作速度是指人体完成某一动作和成套动作时间的快慢。减小难度法(顺风跑、下坡跑等)、加大难度法(跳高前的负重跳等)和时限法(按一定节拍或跟随别人较快的节奏等)，是常用的发展动作速度的方法。

(3)移动速度是指人体在单位时间内位移的距离。一般是在很短的时间内反复快速地进行练习，如快速跑、加快动作频率和发展下肢爆发力量。

4.发展灵敏素质的方法

灵敏是指在外界条件多变的情况下，人体迅速、准确、灵活、协调地改变身体位置的能力。它是人体各种活动技能和运动素质在运动中的综合表现。发展灵敏素质的方法有在跑跳中迅速、准确、协调地完成各种动作，各种综合练习，各种变换方向的追逐性游戏及球类活动等。

5.发展柔韧素质的方法

柔韧性素质是指人体关节活动的幅度，肌肉、肌腱、韧带等软组织的伸展能力。一般采用静力性拉长肌肉和结缔组织的方法发展柔韧素质成效较快。静力性练习要求保持8～10秒钟，重复8～10次，如压、搬、劈、蹦、体前屈、转体、绕环等动作，并以感到酸、胀、痛为限。控制在5～30次之间的动力性拉伸练习如踢腿、摆腿、甩腰等，也是发展柔韧素质的方法之一。

发展柔韧素质应将静力性练习与动力性练习、主动练习与被动练习相结合，坚持细水长流，勿用力过猛。

（三）简易健身锻炼方法

健身方法是为了达到增强体质、增进健康、调节感情、丰富课余文化生活等体育活动目的而选择运用的各种途径、办法等。根据大学生的年龄特点和学校进行体育锻炼所能提供的条件，可选择如下方式进行健身锻炼。

1.早操健身法

人在睡眠时，整个大脑处于“抑制”状态，身体各器官的活动降至很低水平，新陈代谢下降，呼吸减慢，心搏减慢，血压降低，肌肉松弛。早晨起床后，尤其是爱睡懒觉的人，常常感到全身没劲，精神不振作，这是大脑的抑制状态还没有完全消除，全身各个器官的机能活动还处于较低的水平，不能马上投入紧张的学习。特别是晚上“开夜车”睡得晚时，这种状态就更明显。要想尽快摆脱这种精神不振的状态，也就是尽快使大脑由抑制状态过渡到兴奋状态，起床后做早操的确是一种很好的办法。做早操，能使大脑神经细胞很快进入兴奋状态，身体各部分的机能也能很快提高，可以呼吸到新鲜空气，有助于振作精神，从而为新的一天学习或工作准备良好的身体条件。早操健身锻炼应该根据个人体质状况及生活习惯来安排，注意运动量的控制。一般而言，大学生要进行一个上午的紧张学习，早操的锻炼不宜过激，应适度控制运动量。

2.走步健身法

走步锻炼有益身心健康。俗话说“饭后百步走，活到九十九”。国外也有许多关于走步锻炼法的论述，一位美国体育专家曾说过：“作为一种户外活动，走路在锻炼身体方面的作用完全可以同剧烈的运动媲美。”走步、散步不仅能锻炼身体，而且还有助于活跃思维。走步健身法分为普通散步法和快速步行法两种：普通散步法，每小时走3～4千米，每分钟走60～90步，每次散步30～60分钟，适用于保健；快速步行法，每小时步行5～7千米，每分钟90～120步，每次步行30～60分钟。

3.跑步健身法

跑步健身法是最简单的有氧运动之一，能够促进机体大量摄取氧气，最有效地增强心肺机能。一些跑步俱乐部，甚至取名为“为生命而跑”“为预防梗死而跑”。有的国家还建立了“要为健康而跑”的专门委员会，跑步已成为世界性运动。研究结果证明，慢跑吸进体内的氧气大幅度增加，比坐着时要多10～12倍，肺通气量增加10倍。由于吸入体内的氧气增加，使体内新陈代谢更加旺盛，从而有效地提高了健康水平。作为有氧代谢的慢跑，强度不宜太大，心率应掌握在每分钟120～140次，运动持续时间在30分钟左右为宜。

4.韵律操健身法

韵律操以操为体、以舞为形，融体育与艺术为一体，集健与美于一身，深受大学生们的喜爱，尤其符合女生对美的爱好和追求心理，在音乐的旋律中，做着姿态优美的动作，是发展协调能力最自然、最有效的方法之一。置身于旋律活动中，能激发人的精神力量和体力。通过锻炼既能达到强身健体的目的，又能在锻炼中得到美的陶冶和享受，消除学习紧张而产生的疲劳。采用韵律操健身法，一般可在早晨、傍晚进行。做韵律操时，首先要做3～5分钟的热身运动，主要使身体四肢和躯干的关节和肌肉伸展开，如果气温较低，还应做些慢跑活动。总之，要使身体暖和后，再开始在音乐的旋律中，做各种动作，动作幅度应由小到大。

5.课间十分钟健身法

学校里每节课之间都有10分钟的休息时间，这是学校生活制度中一项合理的活动。因为在上课时，学生的注意力十分集中，神经系统处于高度的兴奋状态，但兴奋一定时间以后，神经细胞本身就自然地转入抑制，降低了接受能力，并削弱了神经细胞的工作能力，表现为注意力不集中，理解力、思考力降低。课间十分钟，要在教室外或通风较好的地方，适当地做做操、踢踢腿、伸伸腰等。这种活动性的休息能起到缓解疲劳的作用，从而在下一节课上能有较充沛的精力去学习。

6.日光浴健身法

使人体皮肤直接暴晒在日光下，按照一定顺序和时间要求进行系统照晒，就叫作日光浴。阳光中的紫外线是一种肉眼看不见的光线，它能够加强血液和淋巴循环，促进物质代谢，使血液中的红细胞数增多，皮肤里麦角固醇转变为维生素D，调节钙磷代谢，促使骨骼正常发育。大量的紫外线照射，能使皮肤细胞的蛋白质释放出类组织胺进入血液，刺激造血系统，增加红、白细胞和血小板，使吞噬细胞更加活跃。紫外线还能起到消毒皮肤和刺激汗腺分泌的作用。红外线约占太阳光的60%，能使照射部位血液循环加快，振奋精神，使人心情舒畅。

采用日光浴锻炼，一般用直接照射法。采取坐姿和卧姿均可。照射的顺序为先照下肢和背部，然后照上肢和胸、腹部。照射的时间，夏季中午的日光最强，时间应短；冬天紫外线量约为夏季的1/6，照射时间应延长。一般情况下，日光浴可以从5分钟开始，以后每次增加5分钟，若全身反应良好，可延长到1～2小时。日光浴时应注意：不应在饭前或饭后进行；行浴时尽量裸露身体（只穿短裤），头戴草帽或白帽，必要时戴上墨镜；在行浴过程中如发生头痛、心跳、恶心等不舒服现象，应停止照射；在城市中，日光浴最好选在清洁、平坦、干燥、绿化较好、空气流通、向阳避风的地点进行，不宜在沥青地面和辐射反热太高的地方进行。

7.冷水浴健身法

冷水对皮肤的刺激，能反射性地使神经兴奋，激发机体各器官系统的生物功能，因而对增进健康、预防疾病有良好的作用。当全身皮肤接触冷水时，在神经支配下，皮肤血管急剧收缩，血管口径变细，大量血液被驱入内脏和深部组织，此时内脏血管扩张。稍停，皮肤血管又扩张，大量血液又从内脏流向体表。这样在一次冷水锻炼过程中，周身血管都将参与紧张收缩运动，既增加了血管弹性，又防止了血管硬化。随着锻炼的深化，管理血管的神经支配能力会更加敏捷、更加准确，一旦外界气候、气温有突变，也能做出有益的反应，使人体各器官、系统更加适应环境的变化。

冷水锻炼方法有如下三种：

（1）擦洗法。此方法多从夏季开始，经秋季一直坚持过冬。起初可在晨练后，用湿毛巾擦身1～2分钟，然后用干毛巾擦至皮肤微红为止。为了便于控制水温，可在头天晚上就寝前用水桶或洗脸盆接存所用的水。

（2）冲淋法。习惯了擦身法之后，可开始冲淋锻炼。水温从28℃左右开始，逐渐降低，通常是每隔3～4天降1℃直至相当于或略低于室温为止。冲淋时间从2分钟左右开始，视个人具体情况逐渐增加。是除头部外，全身都要受到冷水的冲淋。冲淋后用干毛巾擦干全身至皮肤呈微红为止。

(3)浸浴法。有条件时可进行冷水浸浴，通常水温 27℃～28℃，开始浸泡 2～3 分钟，根据个人锻炼水平逐渐加长时间，但必须在打寒战前结束。冬泳属浸浴的一种，其收效比静态的浸浴更明显。时间应随气温的下降，适时缩短。总之，浸浴应以浴后感到温暖舒适、轻松有力为适度。

第二节　体育锻炼对人体身心健康的促进作用

一、体育锻炼对人体健康的影响

(一)体育锻炼对消化系统的影响

消化系统属于内脏，内脏的概念有狭义与广义之分：广义的内脏指除皮肤、骨骼、关节、肌肉以外的人体其他部分；狭义的内脏指有管道与外界相通的器官系统，包括消化、呼吸、泌尿、生殖四个系统。

消化系统由消化管与消化腺组成。

消化管包括：口腔、咽、食管、胃、小肠和大肠。

消化腺包括：唾液腺、肝、胰及分布于消化管壁内的胃腺、小肠腺等。

消化系统的功能是摄取并消化食物，吸收养料，排出食物残渣。

人体通过消化系统的活动获取各种营养物质，为体育锻炼的完成提供必要的能量，而体育锻炼也对消化系统产生一定的影响，影响的大小和性质一般与体育锻炼项目和锻炼量有关。

1.体育锻炼对消化系统的影响

实践证明长期适量的体育锻炼对机体消化系统产生良好的影响。

(1)提高胃肠的消化和吸收。经常参加体育锻炼，体内物质能量消耗较多，锻炼后必须靠加强消化、吸收来补充营养。这时消化腺分泌消化液增多，消化管的蠕动加强，因此提高了胃肠的消化和吸收功能。

(2)增强食欲提高消化能力。锻炼时，由于呼吸加深加快，膈肌大幅度的升降活动以及腹肌的收缩和舒张活动，对胃肠起到按摩作用，消化系统的血液循环得到改善，胃肠的消化能力得到提高。

(3)提高对消化管疾病的预防。体育锻炼可加速肠道运送，减少肠黏膜与致癌物的接触，从而降低大肠癌的发病率。通过促进胆囊运动，影响胰岛素、缩胆囊素的分泌，减少胆石症的发生。同时体育锻炼可使结肠动力增加、胃肠道机械撞击增多，以及腹肌收缩乃至结肠压力增加，这些均可减少便秘的发生。因此，适量的体育锻炼对消化管疾病具有潜在的益处。

2.过度锻炼对消化系统的影响

作为一种应激原，剧烈、过量或违背体育卫生要求的体育锻炼会对消化系统产生不良的影响。

(1)胃黏膜出血和糜烂。锻炼疲劳可使胃排空延迟,剧烈锻炼使胃黏膜分泌减少而破坏胃黏膜的防御机能,因此导致胃黏膜出血和糜烂。

(2)胃肠道菌群结构稳态失衡。在人体进行竭力性耐力锻炼项目(如中长跑、自行车、足球和游泳)时,常见恶心、呕吐、反胃、腹痛、腹泻和便血等胃肠综合征的表现,虽然目前还不能确定其原因,但认为存在大强度锻炼导致胃肠道血流量急剧减少,胃排空减慢,胃肠受到强烈机械震荡损伤等因素。研究者认为与剧烈锻炼导致胃肠道菌群结构稳态失衡有关。

(二)体育锻炼对呼吸系统的影响

长期坚持科学合理的体育锻炼,对呼吸系统的结构和功能都有良好的影响。

1.呼吸器官的构造和机能发生变化

经常参与体育锻炼的人骨性胸廓发达,呼吸肌也发达,因此胸围增大。

2.呼吸肌力量增强

锻炼时,机体消耗大量的氧气和养料,同时也产生较多的二氧化碳,因此必须加强呼吸运动,这样可以增强呼吸肌的力量。有人实验,让受试者吹水银柱,运动员能使水银柱升高 100～200 毫米,一般人只能使水银柱升高 60～100 毫米。

3.肺活量、通气量增大

一般人肺活量平均值,男性为 3 500 毫升,女性为 2 500 毫升,而经常参加体育锻炼的人可达到 5 000 毫升以上。

4.呼吸差加大

呼吸差即深吸气时与深呼气时的胸围大小之差,一般人只有 5～7 厘米,运动员则有 7～11 厘米。

5.静态呼吸深度加强

呼吸深度是指每一呼吸周期中吸入或呼出的气量,一般人只有 400～500 毫升,运动员达到 500～700 毫升。

6.安静时呼吸频率降低

一般人每分钟 12～18 次,运动员每分钟 8～12 次。锻炼后,能较快恢复到正常呼吸速率。

7.肺泡血管数目增加

经常参与体育锻炼,肺的通气量增大,促进了肺的良好发育,使肺泡血管数目增加,交换气体功能增强,每次呼吸更有效,并且组织对氧的利用率能力得到提高,能够适应和满足锻炼对呼吸系统的要求。

二、体育锻炼对心血管系统的影响

经常从事体育锻炼,可以减慢静息时和运动时的心率,这样可以减少心脏的工作时间,增加心脏功能,保持冠状动脉血流畅通,更好地供给心肌所需要的营养,减少心脏病发生的概率。

(一)对心脏的影响

(1)经常参加体育锻炼的人,心肌发达,搏动有力,每搏输出的血量比一般人的要大,在安静状态下的心率比一般人的慢。

(2)体育锻炼能促进血液循环,加强对心肌的血液供应,使肌细胞获得更多的营养,使肌细胞逐渐变粗，体积增大，收缩力增强。

(二)对血管的影响

(1)体育锻炼可以增加血管壁的弹性，这从人健康的远期效果来说是十分有益的。人随着年龄的增加，血管壁的弹性逐渐下降，而可诱发高血压等退行性疾病。通过体育锻炼可增加血管壁的弹性，预防或缓解退行性高血压症状。

(2)体育锻炼可以促使大量毛细血管开放，加快血液与组织液的交换，加快新陈代谢的水平，增强机体能量物质的供应和代谢物质的排出能力。

(3)体育锻炼可以显著降低血脂含量(胆固醇、甘油三酯等)，改变血脂质量，有效地防治高血压和动脉粥样硬化等疾病。

三、体育锻炼对神经系统的影响

体育锻炼是发展和保持神经系统功能的有效手段。经常从事体育锻炼，对神经系统的形态、功能会产生不同程度的影响。体育锻炼时，一定要科学地安排好锻炼负荷，这对于保证神经系统的功能正常和预防锻炼中神经系统的损伤有重要作用。

(1)经常参加体育锻炼，可以促进神经系统功能的改善和发展，增强兴奋与抑制过程，提高神经活动的均衡性与灵活性，有利于大脑皮层神经细胞工作能力的提高和智力的发展。

(2)经常参加体育锻炼有利于神经系统的功能提高。体育锻炼能改善神经系统的调节功能，提高神经系统的判断能力，并及时做出协调、准确、迅速的反应。

(3)经常参加体育锻炼能有效地消除脑细胞的疲劳，提高学习和工作效率。神经系统是由神经细胞所构成的，其活动是依靠神经细胞的兴奋、抑制过程不断相互转化、相互平衡来实现的。例如，我们看书学习是由有关思维和记忆的大脑皮质细胞在接受外界刺激(书籍)下引起兴奋来完成的。那么在一定的强度下，经过一段时间就会随着细胞本身的能量消耗和长时间处于兴奋状态而产生疲劳，如出现头昏脑涨、看书效率降低等现象。出现这种现象，实际上就表明相应的细胞需要休息才能消除疲劳、恢复机能，而体育锻炼正是一种积极的休息方法。

第三节　大学生终身体育锻炼意识

一、培养大学生终身体育锻炼意识的重要性

社会的发展，对人才的要求也随之发生相应变化。现代社会紧张的生活、工作节奏对人才的要求也有了无形的提高，健康的体魄、心智的成熟、良好的道德品质和团队合作精神是必不可少的。近几年当代大学生身体素质的下滑是显而易见的，这种情况产生的原因是多方面的，但最不可忽视的原因是体育锻炼意识的淡薄。高等院校是培养人才、塑造人才的场所，也是培养大学生身心健康的关键环节。现阶段高校体育活动和体育教学还远不能很好地培养学生的终身体育锻炼意识，高校体育活动和教学也存在着缺陷和不足，所以培养大学生终身体育锻炼

意识并使他们养成终身体育锻炼的习惯，是目前高校体育教学改革的关键所在。

二、培养大学生体育锻炼意识的途径

学生体育锻炼意识主要是通过理论学习和长时间有效的身体锻炼逐渐形成和建立起来的。要使学生树立牢固的终身体育锻炼意识，应充分利用高校体育教学和体育设施一切可利用资源，比如，通过教学视频、网络图片等有效的途径来扩大学生对体育知识、技能的了解，以此增强学生体育锻炼的自觉性，调动并激发学生自觉锻炼的热情。学校在有条件的情况下增加体育项目的各种比赛，并通过体育教学的实践活动，提高学生体育活动的积极性。同时要加强学校与学校、学校与社会之间的联系，扩大学校体育在社会中的影响力。

1.营造良好的学校体育氛围

学校是进行终身体育教育的最佳环境，体育宣传是实现培养学生自觉参加课外锻炼的重要手段，在无形中增强了学生体育锻炼的自觉性和热情。通过不定期开展各种体育活动，营造体育文化氛围，使学生加深对体育的理解，提高学生的体育意识。比如，举办体育知识系列讲座、体育欣赏等，形成良好的学校体育氛围，师生自觉参加体育锻炼的人数就会逐渐增多。与此同时，体育教学中应将理论传授与实际锻炼相结合，改变单一的理论教学形式，以多元化渠道向学生传授理论课，并在实践教学中加以运用，借以提高终身体育的意识。

2.培养学生自主锻炼意识

培养学生自我锻炼意识是学校体育教育的重要内容之一，也是养成与掌握终身体育锻炼意识、习惯和能力的学习过程。教师在课堂教学中，除了技术教学外，要着重培养学生的认识能力，使学生真正懂得体育锻炼的意义、作用和相关理论知识。要重视对学生体育兴趣的培养，体育兴趣是学生认识某种体育活动并积极参加某种体育活动的最大动力。在体育教学中要不断创造性地运用新颖灵活的教学方法、富于变化的体育教学组织形式与手段来激发学生的体育兴趣，要善于发现学生的“闪光点”，激发其锻炼的主动性。不同层次的学生有不同的运动需求，体育教师要根据学生的不同特点以及个人优势采用多元化的体育比赛，如篮球、排球、足球、拔河、乒乓球、跳绳等，通过校内、校外多元化的比赛，使学生们逐步建立思想上重视，行动上主动的体育观念，培养他们的终身体育意识。

3.指导学生掌握科学锻炼身体的方法

懂得和运用锻炼身体的基本原理和科学锻炼的方法，才能达到良好的锻炼效果。因此，体育教师在课堂教学过程中，应把科学锻炼身体的基本原理和方法传授给学生，让学生了解人体的基本构成，各系统器官的功能，身体锻炼的生理卫生常识，体育运动的规律特点，以及体育锻炼是如何影响人体生理变化的，引导学生进行科学的身体锻炼。只有这样才能逐渐形成学生良好的锻炼习惯。

三、教师自身素质的提高与多元化的教学对体育意识的影响

体育教师自身素质的高低与教学形式的多样化对学生终身体育意识的形成至关重要，作为合格的体育教师，必须具有全面的专业知识和技能，与此同时也要不断提高自身的专业技能，这样在教学中更能赢得学生们的信任、欢迎。体育教师还要充分运用现代化教育手段进行理论教学。随着多媒体、网络信息化进入课堂，体育教师应不断地自我进修，开拓多方面的体

育知识，在体育教学中应表现出创造的天赋和好奇心，使体育教学不断更新。要具备较强的科研意识，把最新的体育信息传授给学生，使学生感受到体育的氛围，进而产生极大的训练兴趣。这样，对学生终身体育意识的养成将起到潜移默化的作用。

在体育教学中，传统的体育教学方法已不能满足学生对知识学习的渴望。随着现代化多媒体教学逐渐渗透到各学科，多媒体也进入了体育教学的课堂，体育方法的改革正随着教学教育现代发展而不断推陈出新。如教师在一节课中抽出十分钟在现代化的媒体平台进行讲评、演示，充分体现现代技术教学的应用，发挥其整体功能。

第四章 运动营养与保健

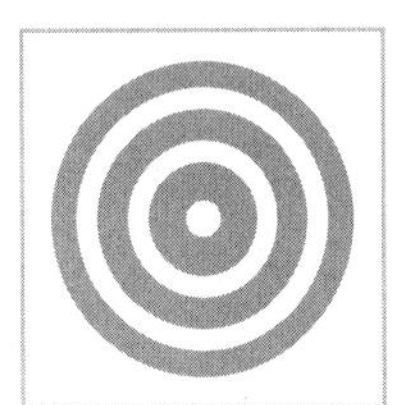

第一节　营养素与身体成分

一、人体所需的各种营养

(一)蛋白质

碳、氢、氧、氮、硫等多种元素构成多种氨基酸,20 多种氨基酸组成蛋白质。蛋白质是构成生命的物质基础,其功能主要是构成机体细胞和组织、促进生长发育、参加机体物质代谢、形成抗体、增强免疫能力和供给热能。每克蛋白质可提供 16.75 焦耳的热能,蛋白质供给量应根据不同年龄、生活及劳动环境而定。通常情况下,成人每日每千克体重的蛋白质需求为 0.8～1 克,如以摄入植物性蛋白为主,可酌情增量。一般来说,18～40 岁成年男性,体重以 60 千克计算,每日蛋白质的供给量应为 70～105 克;18～40 岁的成年女性,体重以 53 千克计算,每日蛋白质的供给量应为 60～85 克。蛋白质主要功能是帮助人类身体的成长和保养,给予执行维持生命的功能,如细胞的修补、血液的凝结和酵素的制造。蛋白质是由氨基酸组成的,人体需要 20 种不同的氨基酸作用,其中有 11 种是非必要的,因为人体本身可以制造,其他 9 种是人体必须吸收的,我们称之为必需氨基酸,当人类吃了它们,身体本身就可以制成完整的蛋白质。

(二)碳水化合物

碳水化合物主要是保持身体活力,单一成分的碳水化合物,如葡萄糖和果糖都是从水果和蔬菜中提炼出来的,它们是红细胞和大脑的主要补给燃料。单一成分的碳水化合物、纤维、淀粉和其他的复合碳水化合物结合形成复合组织,当人类的身体需要额外的热量时,就分裂复合碳水化合物的单一葡萄糖供给身体所需的更多热量。水果、蔬菜、谷类和面粉都含有丰富的复合碳水化合物,健康专家推荐要提升碳水化合物吸收量 55%～60%的能量消耗。纤维是复合碳水化合物,它来自植物类的食物,如水果、蔬菜和谷类,纤维可分为可溶解的和不可溶解的两种,不可溶解的纤维不能经由人体分解,它提供纤维性物质帮助肠子保持最佳的运作状况;可溶解的纤维可以经由人体分解,这种纤维质的运作就像海绵,可以将体内的有毒物质吸住,防止有毒物质借由血液的流动而到达身体各部位。

(三)维生素

1.维生素A

维生素A有助于提高免疫力,保护视力,预防癌症。一个成年男子每天需要摄入700微克维生素A,过量对身体也有害。含维生素A较多的食物有动物肝脏、乳制品、鱼类、西红柿、胡萝卜、杏、香瓜等。

2.含维B族

维生素B包括维生素B_1、维生素B_2、维生素B_6、维生素B_{12}、烟酸、泛酸、叶酸等。这些B族维生素是推动体内代谢,把糖、脂肪、蛋白质等转化成热量时不可缺少的物质。如果缺少维生素B,则细胞功能马上降低,引起代谢障碍,这时人体会出现怠滞和食欲不振。喝酒过多等导致肝脏损害,很多是和维生素B缺乏症并行的。

以下是含有丰富维生素B的食品:

①含有丰富维生素B_1的食品:小麦胚芽、猪腿肉、大豆、花生、里脊肉、火腿、黑米、鸡肝、胚芽米等。维生素B_1在人体内无法贮存,所以应每天补充。

②含有丰富维生素B_2的食品:七腮鳗、牛肝、鸡肝、香菇、小麦胚芽、鸡蛋、奶酪等。

③含有维生素B_6、维生素B_{12}、烟酸、泛酸和叶酸的食品:肝、肉类、牛奶、酵母、鱼、豆类、蛋黄、坚果类、菠菜、奶酪等。

若想全部摄取B族维生素比较困难,但是认真选择食物就可以简单且方便地摄取。上述含有维生素B的食物可以分为①和②③两组。看上述分类就可以明白,②和③全都含在大体相同的食物中。因此①作为一组食物,②和③合在一起形成一组食物,组合选择两组食物,基本上可以摄取到B族维生素。

3.维生素C

维生素C不但可以提高免疫力、保护牙齿,还可预防心脏病、中风,同时对男性不育的治疗有辅助作用。坚持服用维生素C还可起到延缓衰老的作用。维生素C含量最高的食物有花菜、青辣椒、橙子、葡萄汁、西红柿。据研究,每人每天维生素C的最佳摄入量应为100～200毫克,最低不少于60微克,即半杯新鲜的橙汁便可以满足每人每天维生素C的最低量,吸烟的人更应该多摄入富含维生素C的食物。

4.维生素E

富含维生素E的食物有果蔬、坚果、瘦肉、乳类、蛋类、压榨植物油等。果蔬包括猕猴桃、菠菜、卷心菜、菜塞花、羽衣甘蓝、莴苣、甘薯、山药;坚果包括杏仁、榛子和胡桃;压榨植物油包括向日葵籽、芝麻、玉米、橄榄、花生、山茶籽等植物油。此外,红花、大豆、棉籽、小麦胚芽、鱼肝油都含有一定量的维生素E,含量最为丰富的是小麦胚芽。

天然维生素E是一种脂溶性维生素,又称生育酚,是最主要的抗氧化剂之一。维生素E能溶于脂肪和乙醇等有机溶剂,不溶于水;对热、酸稳定,对碱不稳定;对氧敏感,对热不敏感,但油炸时活性明显降低。生育酚能促进性激素分泌,还可用于防治烧伤、冻伤、毛细血管出血、更年期综合征,在美容方面有很好的疗效。近来还发现维生素E可抑制眼睛晶状体内的过氧化脂反应,使末梢血管扩张,改善血液循环。

(四)钙、镁

1.含高钙的食物

(1)牛奶:半斤牛奶含钙 300 毫克,还含有多种氨基酸、乳酸、矿物质及维生素,能促进钙的消化和吸收。

(2)海带和虾皮:海带和虾皮是高钙海产品,并且它们还能够降低血脂,预防动脉硬化。

(3)豆制品:大豆是高蛋白食物,含钙量也很高。500 克豆浆含钙 120 毫克,150 克豆腐含钙就高达 500 毫克,其他豆制品也是补钙的良品。豆浆需要反复煮开 7 次,才能够食用。而豆腐则不可与某些蔬菜同吃,比如菠菜。

(4)动物骨头:动物骨头里 80%以上都是钙,但是不溶于水,难以吸收,因此在制作成食物时可以事先敲碎它,加醋后用文火慢煮。鱼骨也能补钙,但要注意选择合适的做法。干炸鱼、焖酥鱼都能使鱼骨酥软,可以直接食用,更方便钙质吸收。

(5)蔬菜:蔬菜中也有许多高钙的品种。雪里蕻 100 克含钙 230 毫克;小白菜、油菜、茴香、芫荽、芹菜等每 100 克钙含量也在 150 毫克左右。这些绿叶蔬菜每天吃上 250 克就可补钙 400 毫克。

2.含高镁的食物

蔬菜中的油菜、慈姑、茄子、萝卜等;水果中的葡萄、香蕉、柠檬、橘子等;谷类中的糙米、小米、鲜玉米、小麦胚芽等;豆类中的黄豆、豌豆、蚕豆;水产中的紫菜、海参、鲍鱼、墨鱼、鲑鱼、沙丁鱼、蛤蜊等;另外,松子、榛子、西瓜子也是高镁食品。

含镁的食物不可少,镁有助于调节人的心脏活动、降低血压,多喝水能促进镁的吸收。富含镁的食物宜与富含钙的食物搭配食用,当食物中镁与钙含量的比例为 2∶1 时,能让身体更好地吸收镁元素,而且还有利于对钙的吸收利用。而脂肪类食物、面粉、白糖则含镁较少。

(五)铁

食物中含铁丰富的有动物肝脏、肾脏,其次是瘦肉、蛋黄、鸡、鱼、虾和豆类;绿叶蔬菜中含铁较多的有苜蓿、菠菜、芹菜、油菜、苋菜、荠菜、黄花菜、番茄等;水果中杏、桃、李、葡萄、红枣、樱桃等含铁较多;干果有核桃;其他如海带、红糖、芝麻酱也含有铁。

食物中铁的吸收率平均在 1%~22%,动物性食物中的铁较植物性食物易于吸收和利用。动物血中铁的吸收率最高,为 10%~76%;肝脏、瘦肉中铁的吸收率为 7%;由于蛋黄中存在磷蛋白和卵黄高磷蛋白,与铁结合生成可溶性差的物质,所以蛋黄铁的吸收率不足 3%;菠菜和扁豆虽富含铁质,但是由于它们含有植酸(小麦粉和麦麸中也有),会阻碍铁的吸收,铁的吸收率很低。现已证明维生素 C、肉类、果糖、氨基酸、脂肪可增加铁的吸收,而茶、咖啡、牛乳、植物酸、麦麸等会抑制铁的吸收,所以膳食应注意食物的合理搭配。为增加铁的吸收,可吃些富含维生素 C 的水果及蔬菜(如苹果、番茄、花椰菜、马铃薯、包菜等)。

(六)锌

锌是人体酶的活性成分,能促进性激素的生成。建议每天摄入锌 11 毫克左右,过量会影响其他矿物质的吸收。100 克瘦肉、鲤鱼中含锌分别为 2.3 毫克、2.1 毫克。含锌较多的食物还有牡蛎、粗粮、大豆、蛋、海产品等。

二、身体成分

人的身体是由水、蛋白质、脂肪、无机质四种成分构成的，其正常比例是：水占55%，蛋白质占20%，体脂肪占20%，无机物占5%。人体成分的均衡是维持健康状态的最基本条件。

（一）水的平衡

人体内的水可分为细胞内液（intracellular-fluid）和细胞外液（extracellular-fluid），正常状态下人体的细胞内液（ICF）和细胞外液（ECF）的比例保持2∶1。这些体液占体重的50%～60%，是体内所占份额最大的成分，它作为载体为细胞提供营养和氧气，并将二氧化碳和体内垃圾溶在水里送到人体的各器官进行化学处理。体液在好几个方面维持着均衡，细胞内占2/3，细胞外占1/3，这一分布比例非常稳定，但是，如果新陈代谢出了问题，就会出现浮肿或脱水现象，原来的水分分布将失去均衡。一般来讲，出现这种现象时细胞外液的变化更为明显。换言之，出现浮肿时虽然细胞内液会有所增加，但细胞外液的增幅会非常大，以致在体液总量中扩大了细胞外液的比例；同样道理，脱水时细胞外液的减少量比细胞内液大得多。这是由于从维持生命的角度上看，细胞内液更为重要。各种疾病会扰乱正常的水分分布，可使细胞外液增多，出现浮肿。例如，造成肌肉萎缩的老年性疾病和慢性疾病患者，从表面上看不出浮肿，但人体内的细胞外液也会相对增多，出现营养缺乏型浮肿。

（二）蛋白质的平衡

蛋白质由多种化学物质以环状形态构成，是具有黏着性的人体成分。肌肉中含有大量的蛋白质，骨骼和脂肪里也溶入了一些蛋白质。蛋白质的匮乏意味着四肢的肌肉及形成脏器的肌肉不足。如果肌肉是利用人体的能源活动身体和脏器器官的话，那么肌肉的不足就意味体质弱，没有活力。癌症及慢性病患者中有很多人的直接死因是缺乏营养导致特定器官停止运动。虚胖的患者大部分虽然体重不轻，但经过体成分检查，就会发现肌肉量非常少。瘦人中有体弱者，相反也有强壮者。身体的强弱与否和体成分有密切的关系，虽然有个体差异，但健康的肌肉是由约73%的水和27%的蛋白质组成。人体肌肉量的多少比脂肪量的多少更重要，蛋白质在人体必要的热量缺乏时分解为能量。对于缺乏蛋白质的现象，各种慢性病患者应特别注意。

（三）脂肪的平衡

体内脂肪是将体内多余营养浓缩储藏在皮下和腹部内脏周围的体成分。人体中可作为能量使用的三大营养素是碳水化合物、蛋白质、脂肪。每一克碳水化合物或蛋白质可释放4千卡的热量，而脂肪却能释放9千卡的热量，且可以高密度储存。碳水化合物和蛋白质在体内以包含大量水分的状态存在，从这一点上就可以看出其在储存方面的劣势。通常人们认为肥胖就是单纯意义上的胖，而胖就说明脂肪多，但这并不是绝对的。体重很重的摔跤运动员就不能说他胖，而不少体重很轻的年轻女性中也有脂肪过多的人。肥胖应该以脂肪量和肌肉的比例来衡量。脂肪是储存和释放能量的体成分，而肌肉是使用能量进行运动的成分，两个成分之间的协调关系被打破，脂肪相对增多的情况叫作真正的肥胖。标准身体脂肪比率：女性为23%±5%，男性为15%±5%。

一般来说人体脂肪的分布50%在四肢，肌肉中有5%，躯干有45%。体成分测试报告中的腹部脂肪比率是用WHR方法测量的腰臀周径率(即腰围与臀围之比)，男子正常值为0.75～0.85，女子正常值为0.70～0.80。年轻女性和儿童、青少年中常见的情况是虽然不胖，体重处于标准或偏低的状态，但体成分检测的脂肪率较高，也就是说低肌肉型肥胖者居多。若体内脂肪与肌肉相比偏多，那么多于肌肉比例的脂肪成分就会在血液里流转至血管壁上，导致动脉硬化，动脉管壁逐渐变厚，就导致高血压，粘在血管壁上的血栓脱落随血液流转中可能堵塞脑血管或使其破裂，最终发展至中风。

体内脂肪是人体维持生命所必需的营养成分，人体内应存有一定量的脂肪，如果脂肪量不足，就说明营养状态不佳。但一般不以缺少脂肪来判断营养缺乏，而以肌肉量不足来判断，其原因是缺乏营养的症状首先出现在肌肉量的减少即蛋白质的减少。人体处于缺乏营养或饥饿状态，就会先将蛋白质分解以补充不足的营养素，所以蛋白质不足现象一般先于脂肪不足，从而出现营养缺乏症状。

(四)无机质的平衡

无机质是维持身体架构的支柱，它在大脑里是保护重要脑器官的盾牌。含蛋白质与钙质的无机质聚合组成坚固的骨骼。但如果钙质从骨骼组织中脱落随小便排出体外的话，骨骼的密度逐渐降低，就会导致骨质疏松症。骨质疏松症有时与特定激素代谢的副作用有关。但很多研究证明，无机质的多少和人体的肌肉量有着密切关系，骨质疏松症也和体脂肪过量和肌肉缺乏所引起的人体成分不均衡有关，从而导致骨质量的缺乏和骨密度低下。因此，一般来讲，喜欢运动的人，肌肉发达，体脂肪含量正常，所以不缺骨质量，不易患骨质疏松症。

第二节　赛事项目对食物营养的要求

一、运动需要的营养素

人体需要的营养素种类如图4-1所示。

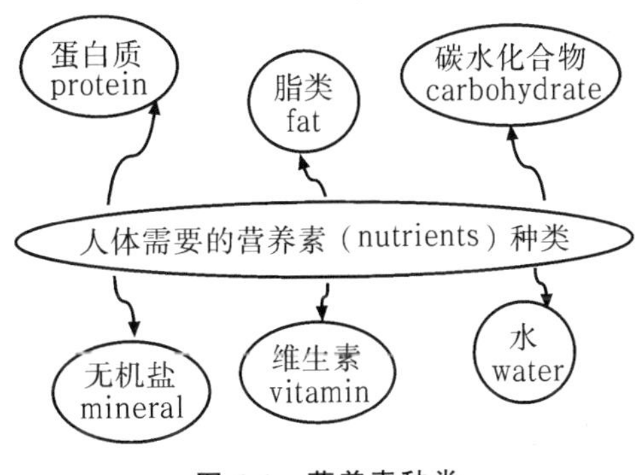

图4-1　营养素种类

蛋白质、脂肪、碳水化合物，作为人体的能量来源，供给人体所需的能量。

蛋白质、脂肪、碳水化合物、无机盐，作为建筑材料，构成和修补身体组织。

蛋白质、脂肪、碳水化合物、无机盐、维生素，作为调节物质，维持正常的生理和生化功能。

(一)蛋白质

蛋白质是生命的物质基础，机体中的每一个细胞和所有重要组成部分都有蛋白质参与。蛋白质占人体质量的16.3%，即一个60千克的成年人体内约有蛋白质9.8千克。人体内蛋白质的种类很多，性质、功能各异，但都是由20多种氨基酸按不同比例组合而成的，并在体内不断进行代谢与更新。被食入的蛋白质在体内经过消化分解成氨基酸，吸收后在体内主要用于重新按一定比例组合成人体蛋白质，同时新的蛋白质又在不断代谢与分解，时刻处于动态平衡中。因此，食物蛋白质的质和量、各种氨基酸的比例，关系到人体蛋白质合成的量，尤其是青少年的生长发育、孕产妇的优生优育、老年人的健康长寿，都与膳食中蛋白质的量有着密切的关系。

有些蛋白质是生物体的结构物质，有些蛋白质是生物体的功能物质。近年来的研究还指出蛋白质在遗传信息的控制，细胞膜的通透性以及高等动物的记忆等方面起了重要作用。

总而言之，一切重要的生理活动都离不开蛋白质，蛋白质是由生命现象最基本的物质基础元素组成：所有蛋白质都含有C、H、O、N四种元素，大多数蛋白质还含有少量的S，有些蛋白质还含有一些其他元素，如P、Fe、Cu、Mo、I等。

各种蛋白质的含氮量都很接近，都在16%左右，因此可通过测定生物样品中的含氮量计算出样品中蛋白质的含量，1克氮就相当于6.25克蛋白质。

蛋白质的功能：

1.蛋白质构成组织成分、活性物质和遗传物质

满足生长发育、组织更新和修复的需要。蛋白质是机体的重要物质基础，机体的每一个细胞和重要组成部分都要有蛋白质参与。如肌肉、骨骼、酶、激素、血红蛋白、免疫球蛋白、组蛋白、核蛋白等都是以蛋白质为主要物质基础。

2.调节生理功能

运输氧和营养素，如血红蛋白、运铁蛋白、维生素结合蛋白等。形成抗体，维持机体抵抗力。调节水盐代谢和调节酸碱平衡。

3.供给能量

蛋白质的主要功能是用于组织蛋白的合成和修复，但是当机体能量不足时，需要先供给能量以维持生命活动。

(二)脂肪

脂质是脂肪及类脂的总体，不溶于水而易溶于有机溶液，并能被机体利用的有机化合物。脂肪是三脂肪酸甘油或称甘油三酯，脂肪的生理功能是储存能量及氧化供能。类脂包括固醇及其脂、磷脂及糖脂等，是细胞膜结构的重要部分。人体由许多种类的细胞组成，其中包括脂肪细胞，其主要作用是贮藏脂肪。下面是脂肪主要的生理功能：

1.供给热能

脂肪是一种能量密度最高的营养素。1克脂肪在体内分解成二氧化碳和水并产生9卡(37.56千焦)能量，比1克蛋白质或1克葡萄糖高一倍多，体内1千克脂肪可贮存7 700卡能量。一般在合理膳食方案中，由脂肪所提供的能量应占总能量的20%～30%。

体内储存的脂肪是人体的能量库，亦是能量的浓缩形式。当人体热量供应不足时，即可动用储存的脂肪进行补充。所以，人在短期饥饿或绝食数十天时仍可依靠体内储存的脂肪提供能量维持生存。一般正常人体内的脂肪约占体重的10%～20%，主要存在脂肪组织中，称为储存脂肪，是体内过剩能量的一种储存方式。因其储存量可随人的营养状况和机体活动而增减，亦可以随年龄增长、饮食过量及运动量下降而增加，故又称为“动脂”。

2.构成身体组织及某些生物活性成分

脂类是人体组织重要的组成成分，在维持细胞结构和功能中起着重要作用。一般成年男女的脂肪各占体重的15%～20%和18%～25%。其中，脂肪多堆积在皮下组织及腹部，不仅有储存能量的功能，而且还能有效保护脏器、组织和关节，即有“脂肪垫”功能。皮下脂肪可防止体温过多向外散失，减少身体热量散失，维持体温恒定；也可阻止外界热能传导到体内，有维持正常体温的作用。

类脂约占总脂量的5%，是细胞结构的基本原料，一般不参与供能。如细胞膜就是由磷脂、糖脂和胆固醇等组成的类脂层；脑髓及神经组织中含有磷脂和糖脂；固醇类物质又是体内固醇类激素合成的必需原料。通常，体内的类脂含量相当稳定，不受饮食和运动的影响，故又称为“定脂”。

3.供给必需脂肪酸

必需脂肪酸包括亚油酸和亚麻酸。因其必须由食物供给，又是合成磷脂及前列腺素的重要成分。故必需脂肪酸的缺乏可导致细胞结构与功能异常、前列腺素合成障碍等问题。必需脂肪酸还与胆固醇的代谢有密切关系，补充不足可致胆固醇代谢异常。此外，必需脂肪酸的缺乏亦会引起儿童生长发育迟缓、生殖障碍、皮肤受损及肝、肾、神经、视觉等多种疾病。

4.促进脂溶性维生素的吸收

脂肪不仅是脂溶性维生素的携带者，又可刺激胆汁分泌，促进脂溶性维生素的吸收和利用。若长期油脂或动物脂肪摄入不足或消化吸收不良，均可导致脂溶性维生素的缺乏，从而形成病变。鱼肝油和奶油富含维生素AD，许多植物油富含维生素E。

5.增进食欲，增加饱腹感

烹调油脂可以改善食物的色、香、味等感观性质，以增进人的食欲，达到开胃的目的；同时，多量油脂有抑制胃液分泌、延长食物在胃中的停留时间等作用，使人的饱腹感增强，能有效减少进食量。

6.脂肪也是肝和脑组织中必不可少的成分

脂肪能使皮肤润滑、体态丰满，使女性体型具有魅力和性感的曲线。尽管女性体内的脂肪比男性还要少20%左右，但女性体内的脂肪分布不同于男性，女性因脂肪而颇具丰姿。

（三）碳水化合物

碳水化合物是多羟基醛、酮、醇、酸及它们的衍生物，以乙缩醛形式连接的高分子化合物，它是人和动物的主要能源，能够彻底分解成CO_2和H_2O。人们每天摄入大量的碳水化合物，但体内碳水化合物的储备不到人体体重的2%。多余的碳水化合物则转变成脂肪储存，脂肪不能再变成碳水化合物。

1.碳水化合物

也称糖类，是由碳、氢、氧三种元素（部分还含有氮或硫）组成的一大类化合物。它在人体主要为生命活动提供燃料，是人体能量的主要来源（55%～65%）。

2.碳水化合物的主要生理功能

(1)供给和储存能量;

(2)构成机体细胞和组织;

(3)节约和保护蛋白质;

(4)抗酮体生成作用;

(5)解毒作用;

(6)提供膳食纤维;

(7)其他。

3.能量消耗的基本组成

(1)基础代谢率:占总能量约60%;

(2)食物特殊动力作用:占总能量约10%;

(3)活动消耗占总能量约30%。

实际需要量(克)=所需能量(千卡)×(0.55~0.65)/4

=所需能量(千焦)×(0.55~0.65)/16.7

4.碳水化合物的功能

(1)可消化吸收的碳水化合物

①供给能量;

②维持血糖浓度:正常为80~120毫克/分升,高血糖为大于130毫克/分升,低血糖为小于70毫克/分升,小于45毫克/分升则会引起昏迷;

③节约蛋白质;

④参与脂肪代谢,抗生酮作用;

⑤护肝解毒;

⑥构成体内重要物质:核糖、黏多糖、黏蛋白、葡萄糖醛酸、糖蛋白、糖脂、氨基糖。

(2)未消化吸收的碳水化合物

①促进蠕动;

②增加粪便重量;

③保持水分;

④降低消化率;

⑤降低胆固醇。

5.碳水化合物不足和过量的危害

(1)碳水化合物不足的危害

碳水化合物不足会使脑组织和红细胞等工作效率下降,红细胞携氧能力下降,病人表情淡漠、反应迟钝、胃肠道功能下降等。其他非糖物质转化为酮体供能,导致酮症酸中毒。

当碳水化合物摄入不足,而蛋白质和脂肪摄入过多时,可引起慢性代谢性疾病如脂肪肝、肥胖、高脂血症等。

碳水化合物不足伴能量及蛋白质、脂肪不足时,可导致较为严重的蛋白质-能量不良。

(2)碳水化合物过量的危害

碳水化合物摄入过多,刺激胰岛素分泌,导致胰岛得不到充分休息,长期可致糖代谢能力下降。

已有糖尿病的患者，碳水化合物摄入过多不利于血糖控制，高血糖引发相关并发症。

碳水化合物输入过多，且总能量摄入过多时，机体将多余的碳水化合物通过糖异生途径转化为脂肪，可致肥胖、高脂血症等慢性代谢疾病。

(四)糖类

1.糖的定义及概述

糖是一类化学本质为多羟酮及其衍生物的有机化合物。在人体内糖的主要形成是葡萄糖及糖原。葡萄糖是糖在血液中的运输形式，在人体糖代谢中占据主要地位；糖原是葡萄糖的多聚体，包括肝糖原、肌糖原和肾糖原等，是糖在体内的储存形式。葡萄糖和糖原都能在体内氧化提供能量。食物中的糖是人体中糖的主要来源，被人体摄入经消化成单糖吸收后，经血液运输到各组织细胞进行合成代谢和分解代谢。

人体内糖的代谢途径主要有葡萄糖的无氧酵解、有氧氧化、磷酸戊糖途径、糖原合成与糖原分解、糖异生以及其他已糖代谢等。

2.糖的生理功能

糖分是我们身体必不可少的营养成分之一。人们摄入谷物、蔬菜等，经过消化系统转化为单糖(如葡萄糖等)进入血液，运送到全身细胞，作为能量的来源。血液中所含的葡萄糖，称为血糖。体内各组织细胞活动所需的能量大部分来自葡萄糖，所以血糖必须保持一定的水平才能维持体内各器官和组织的需要。

正常人在清晨空腹血糖浓度为80～120毫克/分升。空腹血糖浓度超过130毫克/分升称为高血糖，如果血糖浓度超过160毫克/分升，就有一部分葡萄糖随尿排出，这就是糖尿。血糖浓度低于70毫克/分升称为低血糖，可见于饥饿时间过长，持续的剧烈体力活动，严重肝肾疾病，垂体前叶机能减退、肾上腺皮质机能减退等。低血糖时，脑组织首先对低血糖出现反应，表现为头晕、心悸、出冷汗以及饥饿感等。如果血糖持续下降到45毫克/分升以下，就会发生低血糖昏迷。如果从食物中摄取的糖一时消耗不了，则转化为糖原储存在肝脏和肌肉中，肝脏可储存70～120克，约占肝重的6%～10%，细胞所能储存的肝糖是有限的。如果摄入的糖分过多，多的糖即转变为脂肪。当食物消化完毕后，储存的肝糖即成为糖的正常来源，维持血糖的正常浓度。在剧烈运动时，或者长时间没有补充食物，肝糖也会消耗完，此时细胞将分解脂肪来供应能量。人类的大脑和神经细胞必须由糖来维持生存，必要时人体将分泌激素，把人体的某些部分(如肌肉、皮肤甚至脏器)摧毁，将其中的蛋白质转化为糖，以维持生存。

3.生物技术在糖类中的应用

由于血糖高和血糖低对人体来说都是有害的。为此，有关科学家为了保证人体内糖类的正常供应，对低血糖人群提供含有浓缩糖的含片和糖果，开发浓缩糖技术，保证他们维持血糖浓度恒定；而对高血糖患者，则用降血糖药物加以控制。

在临床上静脉滴注葡萄糖过快，也会出现血糖升高的现象。所以对于血糖过高的病人点滴速度不应过快，而这些也都基于一定的生物技术基础之上。

二、不同运动需要不同的营养

不同运动项目，能量消耗有所不同，其膳食补充要求不同。无氧代谢型项目注重糖、肌酸及碱性食物、优质蛋白质及维生素的补充；有氧代谢型项目注重糖、无机盐、水及蛋白质以及维生素 C、维生素 B、脂肪的补充，同时增加锌及抗氧化剂食品的补充。

(一)田径运动项目

长跑：长时间、低强度的有氧耐力运动，以糖和脂肪的有氧代谢供能为主。

短跑：时间短、强度大，使肌肉的活动达到最大强度，并使整个机体处在极紧张和严重缺氧的状态中。以无氧代谢供能为主要的供能方式。

中跑：速度比短跑略小，但持续时间较短跑长，兴奋过程强度大。以糖的无氧和有氧代谢为主。

1.速度型项目

其营养特点：

(1)膳食中应供给含有丰富而易于吸收的糖、磷、肌酸；

(2)应供给含蛋白质丰富的食物；

(3)由于为使体内碱储备充足，应多吃蔬菜和水果等碱性食物。

2.力量型项目

体内蛋白质代谢速度较快，同时由于骨骼肌内蛋白质增长的需要，健身者对蛋白质营养要求较高，其供给量每日每千克体重可达 25 克，其中优质蛋白质应占 1/3 以上。

其营养特点：以优质蛋白质及维生素补充为其特点。

3.耐力型项目

这些运动项目的特点是总能量消耗很大，体内的物质代谢以有氧氧化为主。

其营养特点：

(1)饮食中应供给充足的糖，以增加体内的糖原储备；

(2)同时供给丰富的蛋白质和铁营养，如瘦肉、鸡蛋、绿叶蔬菜等，以保证健身者的血红蛋白和呼吸酶维持在较高水平；

(3)为缩小食物的体积，减轻胃肠道负担，膳食中可供应适量的脂肪，约占总热量的 30%～35%为宜。

(4)还应供给充足的水、无机盐、维生素 C 和维生素 B 族，以促进疲劳的消除和体力恢复。

(二)球类运动项目

1.球类运动项目的特点

球类运动项目繁多，包括篮球、足球、排球、乒乓球、羽毛球、网球、手球、棒垒球等数十种项目，它们对身体各种素质要求较全面，对力量、速度、耐力和灵敏等素质要求较高。球类运动项目大多属于有氧代谢类型的项目。

2.球类运动项目的营养特点

球类项目能量消耗较高，食物中要含有丰富的蛋白质，糖以及各种维生素(尤其是维生素 A)、矿物质、水分。

(三)武术运动项目

1.武术运动项目的特点

由于武术动作内容丰富、套路繁多、复杂多变，运动量大小差异很大，运动强度不尽相同，一般是长器械练习强度大，短器械次之，各式拳路较小。

2.武术项目的膳食特点

(1)膳食构成基本上还是以糖类、蛋白质为主;

(2)三餐膳食的安排。武术练习多在清晨,所以应调整一日三餐热量摄入的分配比例,要增加早膳的热能供给,一般增30%为宜;

(3)另外适当安排一个间餐。因为健身者多是青少年,正处于身体发育阶段,应使膳食摄入量略大于每日的能量消耗量。

(四)体操运动项目

1.体操运动项目的技术特点

体操项目种类繁多、技能复杂、难度高超,动作节奏起伏明显、变化多样,动作衔接要求准确、自然。对健身者力量、速率、灵巧、准确、平衡、协调性要求甚高。

2.体操运动项目的营养特点

应尽量做到食物量少质高,维生素B、维生素C、维生素P、钙和蛋白质供给量充足。

体操健身者膳食原则上应考虑以下几点:

(1)要避免摄入过多的脂肪或引起胃液失常的食物;

(2)体操健身者,膳食总热量要控制;

(3)健身者的膳食计划中都必须安排好充足的水。

(五)游泳运动项目

1.游泳运动项目的特点

游泳的能量消耗与健身者的年龄、体质,游泳时的姿势、速度、时间、熟练程度,或水的温度、阻力状况,个人训练方式、饮食习惯等都有关系。短距离游泳要求速度和力量,长距离游泳要求较大的耐力。

2.游泳运动项目的营养特点

要求膳食中热能较高,在膳食中要含有丰富的蛋白质、糖类、维生素、矿物质等。此外,根据游泳时机体散热的特点,略为增加食物中脂肪的比例是合适的,脂肪在体内贮存可起到保温作用。

3.游泳运动项目膳食注意事项

(1)运动训练中补充较高的膳食热量。要防止不吃早餐进水训练,同时注意训练中低血糖的出现。

(2)入水前应多吃些碱性食物。如海带、豆腐、牛奶、卷心菜、黄瓜、茄子、胡萝卜等,可减轻疲劳过早出现。

(3)游泳后不宜马上吃东西。运动时大脑皮层中枢处于高度兴奋状态,血液流向肌肉,使胃肠的蠕动减弱,血液供应相对减少,如果上岸后立即进食,胃肠道的负担突然增加,久之容易患肠胃病。

(六)冰雪运动项目

1.冰雪运动项目的技术特点

主要包括速滑、花样滑冰、冰球、越野滑雪等运动项目,要求具备力量、速度、耐力、柔韧性、协调性等身体素质。

2.冰雪项目的营养要求

脂肪、糖、蛋白质、维生素(尤其 VA)、矿物质、水。

(七)举重运动项目

1.举重运动项目的特点

从能量消耗角度看,举重运动是强度大的运动项目,主要是以发展力量为主的动力性力量练习,对健身者的爆发力要求很高。

2.举重运动项目的营养特点

在举重训练的初期,即肌肉增长时期,应当额外增加膳食中蛋白质的供给量。蛋白质中的优质蛋白(动物蛋白)和无机盐类(包括 K、Na、Ca 等),是保持肌肉力量正常所不可缺少的营养物质。

目前国内外的举重健身者多采用高蛋白、低脂、低糖、低能饮食,蛋白质摄入量要充足。蛋白质需要量占总热量的比例为 15%～22%。

第三节　运动损伤的成因

(一)运动损伤的概念和分类

定义:体育运动中,造成人体组织或器官在解剖上的破坏或生理上的紊乱,称为运动损伤。

分类:运动损伤按时间可分为新伤和旧伤;按病程可分为急性损伤和慢性损伤;按性质可分为开放性损伤和闭合性损伤;按程度可分为轻度、中度和重度损伤。

(二)运动损伤发生的原因

(1)认识不足,措施不当。对运动损伤预防的重要性认识不足,未能积极地采取有效的预防措施,易导致运动损伤的发生。

(2)准备运动问题:①不做准备活动就进行激烈的体育活动,易造成肌肉损伤、扭伤;②准备活动敷衍了事,神经系统和各器官系统的功能尚未达到适宜水平;③准备活动不得当;④过量的准备活动致使身体功能不是处于最佳状态而是有所下降。

(3)不良的心理状态:缺乏经验、思想麻痹、情绪急躁;或在练习中因恐惧、害羞而产生犹豫不决和过分紧张等。

(4)体育基础差、身体素质差,或动作要领掌握不正确,一时不能适应体育活动的需要,或不自量力,容易发生损伤事故。

(5)不良的气候变化。如过高的气温和潮湿的天气,导致大量出汗失水;在冰雪寒冷的冬季易发生冻狎或其他损伤事故。

(6)组织纪律混乱和违反活动规定也是造成伤害事故的原因。

（三）运动损伤的预防

（1）学习运动创伤的预防知识，克服麻痹思想。

（2）遵守纪律，听从指挥，做好组织工作，采取必要的完全措施，如：检查运动场地和器材，穿着合适的服装与鞋子。

（3）在激烈运动和比赛前都要做好准备活动。

（4）要根据自己的情况选择活动内容，适当控制运动量。

（5）掌握运动要领，加强保护和帮助。

（6）加强医务监督，提高自我保健意识。

（四）常见运动性损伤的处理

1.擦伤

（1）原因与症状：因运动时皮肤受挫致伤，如跑步时摔倒，体操运动时身体摩擦器械受伤。擦伤后皮肤出血或组织液渗出。

（2）处理小面积擦伤，用红药水涂抹伤口即可。大面积擦伤，先用生理盐水洗净，后涂抹红药水，再用消毒布覆盖，最后用纱布包扎。

2.撕裂伤

（1）原因与症状：在剧烈、紧张运动时，或受到突然强烈撞击，造成肌肉撕裂。其中包括开放伤和闭合伤两种，常见有眉际撕裂、跟腱撕裂等。开放伤顿时出血，周围肿胀；闭合伤触及时有凹陷感和剧烈疼痛。

（2）处理轻度开放伤，用红药水涂抹伤口即可；裂口大时，则需止血和缝合伤口，必要时注射破伤风抗毒血清，以防破伤风症。如果肌腱断裂，则需手术缝合。

3.挫伤

（1）原因与症状：因撞击器械或练习者之间互相碰撞造成挫伤。单纯挫伤在损伤处出现红肿、皮下出血，并有疼痛感。脏器官损伤时，则出现头晕、脸色苍白、心慌气短、出虚汗、四肢发凉、烦躁不安，甚至休克。

（2）处理：在 24 小时内冷敷或加压包扎，抬高患者肢体或外敷中药。24 小时后，可按摩或理疗。进入恢复期可进行一些功能性锻炼，如果怀疑脏器损伤，则做临时性处理后，送医院检查和治疗。

4.肌肉拉伤

（1）原因与症状：通常在外力直接或间接作用下，使肌肉过度主动收缩或被动拉长时引起肌肉拉伤。特别是在准备活动不充分、动作不协调时，以及肌肉弹性、伸展性、肌力差者更易拉伤。损伤后伤处肿胀、压痛、肌肉痉挛，触诊时可摸到硬块，严重的肌肉拉伤是肌肉撕裂。

（2）处理轻者可即刻冷敷，局部加压包扎，抬高患肢。24 小时后可施行按摩或理疗。如肌肉已大部分或完全断裂者，在加压包扎急救后，立即送医院手术治疗。

5.肩关节扭伤

（1）原因与症状：一般因肩关节用力过猛以及反复劳损所致。也有的因技术错误，违反解剖学原则而造成损伤，如投掷、排球扣球、大力发球时常出现这类损伤。其症状有压痛、疼痛，急性期有肿胀，慢性期三角肌可能出现萎缩，肩关节活动受限。

（2）处理单纯韧带扭伤，可采用冷敷、加压包扎。24 小时后可采用理疗、按摩和针灸治疗。

出现韧带断裂时，应立即送医院缝合和固定处理。当肩关节肿胀和疼痛减轻后，可适当施行功能性锻炼，但不宜过早活动，以防止转为慢性。

6.踝关节扭伤

（1）原因与症状：运动中跳起落地时失去平衡，使踝关节过度内翻或外翻致伤。在准备活动不充分，场地不平坦的情况下，更易造成这类损伤。主要症状为伤处疼痛、肿胀、韧带损伤处有明显压痛、皮下淤血。

（2）处理：受伤后，应立即冷敷，用绷带固定包扎，并抬高伤肢。24 小时后，根据伤情采取综合治疗，如外敷伤药、理疗、按摩等，必要时做封闭疗法。待病情好转后，施行功能性练习，对重患者，可用石膏固定。

7.急性腰扭伤

（1）原因与症状：运动时，身体重心不稳定或肌肉收缩不协调，引起腰部损伤。多数因腰部受力过重，或脊柱运动时超过了正常生理范围。

（2）处理：腰部急性扭伤后，让患者平卧，一般不应立即扶动。如果剧烈疼痛，则用担架抬送医院治疗。处理后，应卧硬板床或腰后垫一个枕头，使肌肉韧带处于放松状态。也可针灸、外敷药物或按摩。

8.关节脱位

（1）原因与症状：因受外力作用，使关节面失去正常的连接关系，叫作关节脱位，又称脱臼。关节脱位可分为完全脱位和半脱位（或称错位）两种。重的关节脱位，伴有关节囊撕裂，甚至损伤神经。运动中发生的关节脱位，大都是间接外力撞击所致。关节脱位后，常出现畸形，与健肢相比不对称，因软组织损伤而出现炎症反应，局部疼痛、压痛和关节肿胀，并失去正常活动功能，甚至发生肌肉痉挛等现象。

（2）处理：用长度和宽度相称的夹板固定伤肢。如果没有夹板，可将伤肢固定在自己的躯干或健肢上，防止震动，随后及时送医院治疗。必须指出，如果没有把握做整复处理时，切不可随意做整复手术，以免再度增加病情。

9.脑震荡

（1）原因与症状：运动中，头部受到了外力打击或碰撞后，脑组织发生一时性功能障碍。脑震荡发生时，患者会立即出现神志昏迷、意识丧失，脉搏、呼吸较弱，并有不同程度的头痛、恶心、呕吐症状。

（2）处理：脑震荡发生后，应立即让受伤者平卧，绝对保持安静。禁摇晃、牵扯、移动，同时用毛巾冷敷头部，身体盖些衣物以保暖。对神志不清者可用手指压按人中、合谷穴，重者即刻平稳送往医院救治。

10.骨折

（1）原因与症状：运动中，身体某部受到直接或间接的暴力撞击时，造成骨折。例如，在踢足球时，小腿被踢造成胫骨骨折；摔倒时手臂直接撑地引起尺骨或桡骨骨折；跪倒时造成髌骨骨折等。骨折是比较重的损伤，但发生率较低。骨折分不完全性骨折和完全性骨折两种。常见的骨折有肱骨骨折、小腿骨折、肋骨骨折、脊柱骨折和头部骨折等。骨折发生后，患处立即出现肿胀，皮下淤血，有剧烈疼痛（活动时加剧），肢体失去正常功能，肌肉产生痉挛，有时骨折部位发生变形，移动时可听到骨摩擦声。重骨折时，伴有出血和神经损伤、发烧、口渴，甚至休克等症状。

（2）处理：若伴有休克出现时，应先进行处理，即点按人中穴，并进行口对口人工呼吸或心

脏胸外按压；若伴有伤口出血，应及时实施止血和包扎。骨折后暂勿移动患肢，应用夹板或其他代用品固定伤肢，及时护送医院检查和治疗。

11.鼻出血(鼻部受外力撞击而出血)

处理：应使受伤者坐下，鼻用纱布塞住，暂时用口呼吸，用冷毛巾敷在前额和鼻梁上，一般即可止血。

12.肌肉痉挛

(1)肌肉痉挛俗称抽筋，表现为肌肉发生不自主的强直收缩。其症状是：肌肉僵硬，疼痛难忍，痉挛肌肉所涉及的关节，伸屈功能有一定的障碍。运动中最容易发生痉挛的肌肉为小腿腓肠肌，其次是足底的屈踝和屈趾肌。

发病原因：

①寒冷刺激：肌肉受到低温的刺激，兴奋性增高，易使肌肉产生强直性收缩，如游泳时，未事先用冷水淋湿身体，突然受到冷水刺激；冬季户外锻炼时受到冷空气刺激，都可能引起肌肉痉挛。

②电解质丢失过多：运动排汗，长时间剧烈运动或夏天运动时(产生脱水)，使电解质从汗液中流失。此时，神经、肌肉的兴奋性增高，容易引起肌肉痉挛。

③肌肉连续收缩过快，放松时间太短，使肌肉的收缩与放松不能协调交替，因而引起肌肉痉挛，这在自行车和短跑运动中较多见。

④疲劳：运动会使肌肉产生大量乳酸，肌肉中堆积的大量乳酸就不断地对肌肉的收缩物质起抑制作用，久而久之肌肉便开始疲劳致使痉挛产生。身体疲劳时，特别是局部疲劳状态下再进行剧烈运动或做些突然用力的动作，就容易产生肌肉痉挛。

(2)处理和治疗不太重的肌肉痉挛，只要向相反方向牵引痉挛的肌肉，一般都可使其缓解，例如腓肠肌痉挛，可伸直膝关节，用力将踝关节背伸；屈踝和屈趾肌痉挛时，可用力将足和趾背伸；牵引时切忌暴力，用力宜均匀、缓慢，以避免造成肌肉拉伤，采用揉捏等手法，促使症状缓解。加强身体训练，提高机体的耐寒能力和耐久力。运动前必须做好准备活动，对容易发生抽筋的肌肉可事先做适当的按摩。冬季锻炼时，要注意保暖；夏季进行剧烈运动或长时间运动时，要注意电解质的补充和维生素 B_1 的摄入；疲劳或饥饿时不宜进行剧烈运动。

13.运动中腹痛

(1)原因及症状：是由激烈运动引起的一时性的机能紊乱，不应是疾病，随着运动停止，症状可以逐渐缓解。其产生的原因如下：

①胃肠痉挛多因饮食不当、暴饮暴食、吃得过饱或离比赛时间过近、喝得过多(尤其是冷饮)，或因吃的是产气食物和不易消化食物(豆类、薯类、牛肉等)而发病。此种原因引起的疼痛多在上腹部，疼痛的性质多为钝痛、胀痛，重者可产生绞痛。运动训练安排不当(如空腹训练、胃酸分泌过多或吸入冷空气等)，可能引起胃部痉挛。另外有些因素可能引起宿便，使粪便过于干燥，刺激肠黏膜而引起痉挛疼痛，这类疼痛多发生在左下腹。蛔虫或其他寄生虫所致疼痛，多发生在脐围。

②肝脾区疼痛。

③腹直肌痉挛多在运动后发生，诊断容易，发生位置表浅，用手可触及腹直肌痉挛情况，主要是由于运动时大量排汗，盐分丧失，水盐代谢失调所致。

④腹部慢性疾病运动者原有慢性阑尾炎、溃疡病、慢性盆腔炎或肠道寄生虫等，参加激烈活动时，由于受到振动和牵扯会在运动中产生疼痛，这种腹痛部位与原来病痛部位一致。

⑤原因不明的右上腹痛,此类运动中腹痛有如下特点:运动员主诉“肝区痛”已持续甚久,大多数安静时不痛,运动时痛,其疼痛程度与运动量大小及运动强度成正比,减慢速度,减小运动强度或做深呼吸、按压腹部后,疼痛可减轻。除腹痛外无其他特异性症状,检查肝功能、肝脾超声波或胆汁检查等未见异常,各种“保肝”药物治疗无效。

(2)处理:

①可降低运动强度,如减慢速度加深呼吸,进行球类运动就暂时停下休息。并用手按压疼痛的部位并弯腰跑一段距离,做几次深呼吸,疼痛会减轻或者消失。

②腹部局部按摩和指压穴位。若处理效果不明显,应停止运动去医院诊治。

③如果没有好转,应送医院处理。尤其值得一提的是,对于不明原因的运动腹痛,不能自己盲目治疗,应及时就医。

第四节　运动与现代文明病

一、现代文明病

(一)概论

现代文明病并非由细菌或病毒所引起的,而是一种由生活上的压力与紧张以及营养的失调,缺乏运动,长期积累而来的代谢病,如高脂血症、脑动脉硬化、高血压、冠心病、糖尿病、慢性胃炎、胆石症、肥胖症等,现代文明病分为:“结构病”“能量过剩病”和“精神疾病”。现代医学研究证明,高血脂、高血黏度、高血糖是导致冠心病、脑血栓、糖尿病等病的祸根。当我们在享受现代文明时,越来越多的现代文明病逼近我们的生活。现代文明病的诱因是吃得多动得少!为何人们的生活条件越来越好,而患病的概率却越来越高呢?简而言之,就是吃得多,动得少,从而导致能量过剩。首先,人体每时每刻都在进行新陈代谢,依靠进食而获取构成人们身体的物质和维持生命活动所需要的能量。谁都知道,人不吃饭会饿,能量摄入不足会影响健康,甚至患病。但很少人知道,能量过剩也会影响健康,也会患病。只有当摄入的物质和能量与人体的需要基本相等时,人才会健康。其次,社会的进步,工作的紧张,竞争的激烈,给现代社会的人们构成了巨大的压力。这样强大的压力是人类的祖先们所不能想象的。现代人类在努力地适应这样的生活和工作环境,适应不了时代的人,精神就可能出现问题。过量的精神压力对人的身体和神经都是有害的,而体育手段可以用来缓解精神压力,且十分有效。总之,现代文明病产生于高度现代化的社会带给人们严重的环境污染、饮食污染以及舒适的生活环境和慵懒的生活方式。

(二)现代文明病的种类及危害

1.心脑血管疾病

我国每年发病达 200 万人次,死于脑卒中者达 150 万左右。冠心病死亡率近 8 年在城市中增加了 53.4%。以上两种病的经济损失达人民币 1 000 亿元,称为头号杀手。其病因均与高血压、高血脂、高胆固醇血症、糖尿病、肥胖、吸烟、长期缺钙、运动少有关。

2.癌症

波及各阶层，发病呈上升势头、趋年轻化，发病率和死亡率很高，给社会、家庭、个人造成巨大损失，属于第二号杀手。

3.糖尿病

因紧张、劳累、精神刺激、病毒感染、肥胖、外伤、手术、分娩等其他重大疾病，以及升高血糖的药物，致使胰岛素缺乏或拮抗胰岛素的激素增加，或胰岛素在靶细胞内不能发挥正常生理作用而引起的葡萄糖、蛋白质及脂肪代谢紊乱的一种综合征，其主要表现是典型的“三多一少”症状。

20 世纪 70 年代患病率小于 1%，1996 年 3.2%，目前已达 4 000 万，每年增加 120 万，每天增加 3 000 人，到 2010 年我国糖尿病患者已达 1.2 亿，发病率呈年轻化。祖父母 60～70 岁患病，父母 40～50 岁患病，子女 20～30 岁患病，因此，防治糖尿病已迫在眉睫。

4.传染性疾病

(1)非典型肺炎：由新型冠状病毒引起的呼吸道传染病，国家和 WHO 高度关注。

临床症状：有接触史，起病急，发热为首发症状(个别初期无发热，多为 38℃以上)，畏寒、伴头痛、全身酸痛、乏力，多咳、少痰，偶有血丝，重者呼吸加速、气促，甚至有呼吸窘迫综合征。

检查所见：肺部体征不明显，部分有干、湿啰音，或肺实变体征。实验室检查白细胞不高，或降低，肺部 X 线或 CT 检查有片状、斑片状浸润性阴影或网状改变，少数人呈大片阴影；阴影吸收、消散较慢。抗菌药物治疗对本病无明显效果。

防治：以预防为主，增强免疫力、注射预防疫苗，治疗多为对症处理、抗病毒治疗。

(2)病毒性肝炎：甲、乙、丙、丁、戍等型肝炎。

全球 6.9 亿肝炎患者，乙型肝炎的发病率 10%。我国每年死于肝癌的 30 万人中，15 万人由肝炎所致。国外已将肝炎纳入慢性病范畴，血液和接触为主要传染渠道。

治疗：抗病毒、护肝、增强免疫力为主。

(3)艾滋病：2000 年全球已达 4 000 万人次，亚洲占 2 500 万。血液传播、性传播和母婴传播是艾滋病的主要传播途径。

二、现代运动健身观

世界古代史上最伟大的哲学家、科学家和跑步教育家——亚里士多德对身体保健颇有见地：“运动太多和太少，同样地损伤体力；饮食过多与过少，同样地损害健康；唯有适度可以产生、增进、保持体力和健康。”可见，健身是有一定的遵循规律和科学之道的，否则会适得其反，损害健康。

首先，要树立健康意识。没有把健康理念放在第一位的人，怎么能珍惜自己的生命，谈何顾及自己的健康。只有自己关注了健康，认识了健康，才有可能重视保健或健身。

其次，健身之前先养“心”。“心为体之魂”，心态不好，心理不平衡，再好的保健措施也会失灵。“细推物理须行乐，何为浮名绊此身。”这就是积极、乐观、平常心态的境界！只有当精神上保持了良好的状态，才能有效保障机体功能的正常发挥，从而才有达到防病健身、延年益寿的可能。

最后，“顺其自然”，养成不养之养的健康习惯。高智慧的健身之道，不是刻意地定什么健身计划和目标，进行一些有名目的健身项目锻炼，循规蹈矩反而束缚自己活得更累。而真正的健身之道，是把适应自身生理和心理需求的良性活动，无意间将其“规律”地融入了生活，久而久之，自然地成为自己的一种生活方式和健身之法，这才是不养之养的长寿之道。

所以健身不要简单地去模仿别人，人为亦为；也不要羡慕别人如何健壮、如何健美。要善于总结自己的生活习惯和积极培养良好的生活方式，在自己良好的习惯中顺水推舟地提炼成适合自己的健身之道，这样才能顺其自然、健康延年，愉悦而健康地度过自己的一生。

三、不良体态纠正

长时间伏案已经和低头使用电子产品成为现代人最主要的工作生活方式，加之缺乏运动、肥胖等问题，不良体态和由此带来的健康问题，比如颈肩腰腿痛已经成为现代人最为头痛的问题之一。

（一）损害脊柱的不良姿势

1.低头看手机

低头姿势会给颈椎带来较大负担。当头部低至60°时，颈椎承受的重量为34.4千克，相当于给颈椎挂上了两个超级大西瓜。

2.不良颈肩姿态——上交叉综合征

伏案工作低头幅度可能不如看手机，但伏案工作会带来别的问题，例如：

头部前探：为了看清屏幕，我们会不自主地让头距离屏幕更近，导致头部前探，这样头部就难以保持在中立位，同样会导致颈椎压力增加；

耸肩：工作时胳膊肘得架在桌子上，由于桌椅高度不合适，往往会耸肩导致颈肩部肌肉长期紧张，得不到舒张，肌肉弹性下降，僵硬强直；

含胸：低头看屏幕加之手臂始终放在身体前面，势必导致上半身出现含胸，久而久之无法保持上背部挺直，引发驼背；

康复专家将伏案人群的上述常见体态异常称作上交叉综合征，因为颈肩部肌肉可以排列为从左上至右下的一条线，以及从右上至左下的一条线。颈肩部不适的低头伏案一族，这两条交叉线上的肌肉呈现截然相反的特点：

正是因为两条交叉线上的肌肉不均衡，一条线上的肌肉因为长期紧张而僵硬，一条线上的肌肉因为缺乏锻炼而过于薄弱松弛，两条线上的肌肉失衡加剧了颈肩部不适，颈肩不适引发的姿态异常又使得肌肉更加失衡，这时恶性循环就产生了，使得颈肩不适变得越来越严重。

3.坐姿欠佳

由于大部分职业人群都采用坐姿工作，如果坐姿不佳，显然不利于脊柱健康，臀部没有完全坐满椅子坐垫、腰部缺乏有效支撑，弓背，躯干侧屈都是常见的不良坐姿，这些不良坐姿是导致腰痛的重要诱因。

4.“葛优躺”

“葛优躺”是我们平时躺着看电视、休息的常用姿势，为什么大家都“葛优躺”？因为觉得很放松啊，但葛优躺时，身体重量集中于腰椎，导致腰椎压力增加。

5.骨盆前倾引起“伪翘臀”——下交叉综合征

下交叉综合征的体态特点——挺肚子，撅屁股，用专业术语来说即非常明显的骨盆前倾和腰椎过度前弯。其实正常人体都会存在轻度的骨盆前倾，同时人体腰椎也会有正常的生理前凸，但是如果骨盆前倾和腰椎前凸过度了，就形成了所谓下交叉综合征。

那么是哪些原因造成了这种姿势异常？其中最常见的原因是由于我们长期伏案工作，导致髋部前方肌肉——髂腰肌被缩短，久而久之导致这些肌肉伸展性、弹性下降，导致这一肌肉拉动骨盆向前旋转从而引发骨盆前倾，加之久坐导致臀肌无力，无法对抗骨盆的过度前倾。

孕妇，那些有啤酒肚的人，穿高跟鞋的办公室女性经常出现这样的体态。无论是啤酒肚、鞋跟过高还是胎儿原因，由于重心前移，就会将身体拉向前方，但是正常走路时不可能弯着腰，于是会用腰的力量将身体拉回来，最后就造成了“前挺后撅”的“伪翘臀”姿态，这就导致腰肌长时间处于紧张状态引发腰肌劳损。

(二)消除不良体态的三个步骤

不良姿势会伤害身体、有损健康，所以通过正确的矫正方式。消除不良姿势对人体的影响需要按照以下三个步骤进行。

1.避免长时间保持一个姿势，经常变换姿势

错误姿势有害身体，但只要经常性变换姿势，其危害就大大降低。那么，怎样才叫经常性变化姿势呢？以伏案工作为例，每半小时应当起身休息一下，无论是上个洗手间、从座椅上起来，动动胳膊动动腿都是有益的，活动时间最好能达到3～5分钟，然后再继续工作。最长连续工作时间不得超过1小时，就应该休息一下。如果你连续伏案两三个小时都不挪挪窝，那么颈肩腰腿痛就离你不远了。

2.经常性运动

对于缺乏运动的现代人来说，缺乏运动不仅导致颈肩腰腿不适，也带来身体机能的全面退化。经常性地、规律地参加体育锻炼，不仅可以有效改善全身机能，更可有效消除颈肩腰臀痛。其实，很多时候并不是某项运动对于颈椎、腰椎特别好，而是经常性运动，改变了自己久坐不动的生活方式，至少也让自己不是总处于不良姿势中，那么也就间接有益脊柱健康。国内外大量研究也表示，快走这样一项看似不是针对腰痛的运动，也大大降低了腰痛的发生，其实就是这个道理。

对于大多数久坐不动的人群来说，运动并非一定要累到气喘吁吁才有效果，那样反而让运动体验很差，导致很难坚持。其实只要中等强度运动半小时（比如快走就是典型的中等强度运动）就可以显著改善健康。什么是中等强度？运动时心跳呼吸加快，身体出汗，但还可以自如说话，这样的强度就是中等强度，中等强度下运动身体感觉非常舒适，是推荐给大多数人首选的运动强度。

3.加强核心力量

广义的核心是指除四肢以外的部位，也即从肩部一直到髋部，整个躯干都属于核心。加强核心力量，可以增强脊柱稳定性，对抗不良姿势对身体的影响，并提高身体适应能力。对于以增强躯干力量为主的核心训练主要应当加强上背部训练和腰腹训练。

强化上背部力量——缓解颈肩不适的训练方法：对于颈肩不适，最重要的训练是针对肩胛骨。我们常常说要挺胸收腹，你以为挺胸真是靠胸吗？错！是靠肩胛骨周围肌肉牢牢锁住肩胛骨，专业术语称为肩胛骨后缩，只要肩胛骨稳定了，自然就挺胸，含胸驼背状态也就消失了。以下训练都是针对肩胛骨周围肌肉的训练动作。

动作1：肩胛骨和肩肘腕紧贴墙壁，手臂沿着墙壁上下缓慢运动，体会两侧肩胛骨靠拢的感觉。

动作2:手臂前伸保持不动,体会两侧肩胛骨靠拢的感觉。

动作3:快速小幅度扩胸动作,同样体会两侧肩胛骨靠拢的感觉。

动作4:不同角度小幅度直臂肩后缩动作,体会两侧肩胛骨靠拢的感觉。

动作5:肩关节画弧运动,在从高处下落过程中,体会两侧肩胛骨靠拢的感觉。

动作6:招财猫动作。手持两个矿泉水瓶做招财猫动作,该动作主要锻炼肩部肌肉,提高肩部稳定性。16次1组,完成2~4组,注意保持肘关节不动。

强化腰腹深层肌肉力量——缓解腰痛的训练方法:以下动作可以提高脊柱阶段稳定性,且腰椎压力较小,适合腰痛人群练习。

动作1:腹横肌激活训练。仰卧,屈髋屈膝,正常情况下人体由于腰椎存在生理性前凸,所以腰部无法完全接触地面。腹横肌用力,骨盆后倾,感受将肚脐和腰部之间收紧的感觉,将腰部贴于地面。静力性收缩维持15~20秒,动作性动作重复12~16次。该动作是一个经典的腹横肌激活动作,刚开始较难掌握,或者无法感知哪里用力,你可以将手放置在腰部,感受腰部压手的感觉。

动作2:腹横肌激活训练之手交替举放。该动作是上述腹横肌激活训练的进阶练习,要求在腹横肌激活,腰部贴于地面情况下,手交替举放完成类似摆臂动作。往往出现的错误动作是当手开始举放时,腰部拱起。重复12~16次,完成2组。该动作的核心要领是在当手举放时,腰椎避免拱起。

动作3:腹横肌激活训练之腿交替举放。该动作与手举放动作类似,要求在腹横肌激活,腰部贴于地面基础上,腿交替举放。往往出现的错误动作是当腿开始举放时,腰部拱起。重复12~16次,完成2组。

动作4:多裂肌腹横肌训练之猫和骆驼式。采用手膝跪位,充分塌腰,骨盆前倾,呈现骆驼双峰特征,然后腹横肌用力,将腰部充分拱起,骨盆后倾,呈现发怒的猫的特征,这个练习可以理解为胸腰椎灵活性训练,也可以体会胸腰椎微小的节段运动,激活多裂肌和腹横肌。

动作5:臀桥。臀肌也是核心肌群的重要组成,屁股往腰上长,可以起到保护腰部,减轻腰部负荷的作用,同时臀部外侧的臀中肌,下可以控制膝关节稳定,上可以控制骨盆稳定,骨盆稳定了,其上方的腰椎才能稳定。臀桥动作完成12~16个,2组。

(三)适当采用防护性器具能帮助维持良好体态

不良体态造成的颈肩腰腿痛不仅仅是难治和影响工作生活,反复发作,时好时坏也是其重要特征。举例来说,为什么经过治疗和康复,腰痛应该来说已经得到很大程度缓解,但过段时间又会再次发生,问题出在哪里呢?这还是跟我们的生活方式有关,治疗和康复对于腰痛当然是有好处的,是建设性的,但治疗和康复毕竟是短暂的,当我们回到日常工作生活中后,我们往往又变成长时间伏案工作、腰弯驼背的状态,这对于腰椎又变成破坏性的了,因此,我们总是陷入破坏—康复—再破坏—再康复的循环中,这就是腰痛容易反复的根本原因。

因此,在日常工作生活中如何最大程度避免错误姿势对于腰部的压力,就成为预防腰痛,避免腰痛反复发作的重中之重。所以,你需要下图所示的良好姿势。

良好姿势的维持需要的是良好的臀部和腰背部支撑,而一般普通椅子能提供的支撑是非常有限的,因此你需要麦肯基腰部支撑卷!它由腰痛康复领域的国际大师麦肯基先生研发,针对一般座椅缺乏腰部支撑问题,给予腰椎足够支撑,这对于保持腰椎正常生理曲线,减少腰部压力、预防和缓解腰痛很有用。它可用于普通办公桌椅、沙发、汽车座椅等,方便携带。

晚上睡眠时，由于腰部肌肉紧张和不良体态的影响，我们的腰椎往往也处于紧张状态，七八个小时里你的腰部都得不到放松，难怪一早起床你会感觉腰部不适。麦肯基先生发明了夜用支撑卷，它可以让腰椎得到充分支撑和放松，让你第二天生龙活虎。

第五节　体育与康养

一、康养的概念

目前康养的概念还没有一个明确且被广泛接受的界定。伴随人口老龄化、亚健康、生态环境等问题备受重视，社会康养需求和市场消费急速膨胀，加上国家层面全力推进"健康中国"战略和"美好生活"建设，康养成为一个热门研究话题；是针对涵盖健康、养老、养生、医疗、旅游、体育、文化、地产、田园等诸多业态的康养。关于"康养"，本质上说不是养老，也不是康养旅游，而是康养旅居，找一个山清水秀之地，住下来颐养。这种颐养包含身心两方面，不同于医院，也不等同于养老院，是在心情愉悦中调理身体健康。

二、体育运动融入康养产业的发展机遇

在城市生态不断恶化和全球近75%的人处于亚健康状态的大背景下，如何实现人与自然可持续健康发展成为全球的热门研究，健康产业也被推到阳光产业的风口浪尖。习近平同志在全国卫生与健康大会上指出，要大力发展健康产业，加快推进健康中国建设。《"健康中国2030"规划纲要》提出：到2030年健康服务产业规模目标突破16万亿元。2019年国家林业和草原局等四部门发布《关于促进森林康养产业发展的意见》提出：到2035年，建成全国森林康养服务体系，让民众享有充分的森林康养服务。在一系列政策助推下，康养产业迅猛发展，尤其是以融合林业、医疗、养老、体育等产业于一体的森林康养，成为国内最受欢迎的健康体验模式之一。

2016年，习近平总书记主持中央政治局会议，审议通过《"健康中国2030"规划纲要》，提出推进健康中国建设，要坚持预防为主，推行健康文明的生活方式，营造绿色安全的健康环境，减少疾病发生。健康中国建设的提出是基于我国70%的人处于亚健康状态，15%的人处于疾病状态的背景下提出的。未来，人口老龄化加剧，慢性病的扩展，养老的个人及政府财政压力，让我们更加清醒地认识到：民众对于健康和养生的需求已不再局限于单纯治病疗养，表现在体育锻炼康复、医疗诊治、康养保健三融合的产业融合新模式，必须从原来的传统治疗转向预防和康复保健，健康事业是未来全面建成小康社会的重要内容。

1.政策红利

《养老服务设施用地指导意见》《关于加强养老服务设施规划建设工作的通知》《关于推进医疗卫生与养老服务相结合的意见》等不断出台的政策，明晰了医疗、健康服务业及养老的用地范围、年限等，鼓励政府按照法规合理规划康养用地。对于农村养老设施，规定农村集体经济组织可依法使用本集体所有土地，为本集体经济组织内部成员兴办非营利性养老服务设施等。

2.健康消费

随着我国人均收入的提高、国民健康意识的增强,2014—2017 年年均健康消费的增长率保持在 40%左右。这个增长率非常惊人,同时也要求健康产业应不断提高供给能力。

3.老年消费

从我国人口数据分析预测看,50 岁以上人口是唯一在增长的群体,并且年龄越大的部分,增长速度越快。以 65 岁为界限,50～64 岁为乐活老人,65 岁以上为安享老人,需求很不一样。老年人的消费实力已经被低估了,对于现在的老年群体来说,可谓称得上"有钱又有闲"。这一群体早已摆脱了满足温饱的基本生理诉求,开始追寻健康与精神上的更高需求。对于一大部分老年消费者来说,健康消费支出是其他年龄段的 4 倍,中国的储蓄年龄结构重心集中在中老年层,未来老龄康养将会是康养消费的主体。

三、森林体育康养

(一)森林康养

森林康养是以森林资源开发为主要内容,融入旅游、休闲、医疗、度假、娱乐、运动、养生、养老等健康服务新理念,形成一个多元组合,产业共融、业态相生的商业综合体,是大健康产业一种连锁经营新模式。森林康养产业与中医药最大的交汇点在预防和养生保健上,这应该是森林康养和中医学的重要共通点。这两大产业的融合与共生,是新常态下我国大健康产业的新业态、新商业模式,具有广阔的市场空间和发展前景。世界中医药学会联合会国际健康旅游专委会副会长、中国中医药研究促进会健康旅游分会执行秘书长、全国森林康养专家智库专家刘牧樵从森林康养和中医学、预防和养生保健方面详细介绍人与自然的关系:好的自然环境,好的自然条件,可以促进人的身心健康;同时强调充分挖掘森林旅游资源优势和特色,创造具有特色的森林旅游产品,开发具有强大生命力的森林旅游产品。

(二)森林康养的基本原则

1.坚持生态优先

坚持把保护放在优先位置,在严格保护生态的前提下,统筹考虑森林生态承载能力和发展潜力,科学发展森林康养产业,既不破坏生态,又能利用生态。各类森林康养设施尽量建在山边林缘,做到"近林不进林",实现在发展中保护,在保护中发展。

2.做到规划先行

将全域森林康养产业发展列入国民经济和社会发展规划,编制市县区域规划、森林康养基地规划,做到整体规划、科学布局、分项目设计、分阶段实施。规划编制要符合上位规划控制要求,与城乡规划、旅游规划、交通规划等多规融合、统筹实施。支持森林公园、自然保护区将森林康养纳入总体规划,在符合规划的前提下进行森林康养项目建设。

3.防止大拆大建

充分利用农民进城后农村闲置的房屋和土地,以及山边林缘可以利用的旅游经营场所,植入森林康养元素,进行改造提升。不搞大拆大建,不搞过度建设,防止一哄而上、遍地开花,做到节约利用、集约使用。

4.注重特色发展

围绕区域品牌化、基地差异化和产品定制化，做好森林康养产品设计，引导发展康养旅居、医养结合、普惠养老、保健养生、休闲度假、森林体验、生态研学等多层次、多种类产品，因地制宜地打造“森林＋长寿养生”“森林＋温泉休闲”“森林＋静心修养”“森林＋山地运动休闲”“森林＋亚健康疗养”“森林＋慢性病康养”等一批特色精品，避免同质化。

5.明确市场定位

立足市场需求，将森林康养消费市场定位在大众化消费水平，辅以中高端消费。消费对象以大众化消费为目标，特别是城市离退休人群和中产阶层群体，让多数消费群体不仅住得起、留得住，还能经常来。

(三)体育康养

体育康养是基于康养产业融合背景下的新方向、新业态。康养产业被国际经济学界誉为“永不缩水”的朝阳产业，“十二五”期间连翻两番，产业资产由 3.8 万亿增至 16 万亿人民币。森林康养是大健康背景下，康养产业最能拉动经济、促进健康的重要引擎，以优良的森林资源和环境为基础，以医学为支撑，开展以森林医疗、疗养、康复、体育保健、养生锻炼为主，并兼顾休闲、游憩和度假等一系列有益人类身心健康的活动，其产业包括地产、体育、医疗、养生、旅游、餐饮、养老服务等。

(四)体育康养的价值

1.疾病的辅助治疗

“运动能让 NK 细胞更快更高效地进入肿瘤内部对肿瘤细胞进行扑杀。”顶级科学杂志《自然》(*Nature*)报道了这项发表在《细胞》上的成果。这项研究由丹麦、瑞典、德国、美国的团队共同参与。其实不光在治疗癌症领域，在心血管病领域以运动为手段进行的治疗也有惊人的表现。运动作为一种治疗方式，已经得到更多医疗机构及专家的运用和认可。

2.康复治疗的重要手段

国家女排每逢大赛前经常去北仑集训，北仑是宁波的一个新区，女排为什么会选择在这里训练呢？是因为北仑的康复基地有力量训练区、水疗室(SPA)、恢复室，里面的设备都是世界一流。经过一天的高强度训练，姑娘们先拉伸放松，然后进到水疗室，可以再坐上按摩椅按摩，多项康复治疗结合，这样能让女排姑娘们比较快速有效地缓解训练的疲劳。同时北仑的运动医学康复条件也很好，能让运动损伤得到更快的恢复。在国家大力推动大健康产业发展的背景下，人们对于“看病”和“健康”的认知观念也在改变，康复治疗和康复服务越来越被大众接纳，运动康复中心和产后康复中心等逐渐成为有相应康复需求人群的新宠。

3.健康修复及提升

人的一生都是在平衡健康与运动的关系中度过的，对保持和促进健康的重要性认识，对运动的任何一种态度都会直接影响身体的健康状况。最新的研究显示，生命在于运动，而如何进行运动则大有学问。现代社会生活中，尤其是在节奏紧张、竞争激烈的大都市中，人们忙碌于工作、学习、人际交往、家庭事务，忽略了运动，很难抽出时间锻炼身体，由于缺少运动所导致的亚健康症状及各种疾病日益显现。而运动是延缓衰老、防病抗病、延年益寿的重要手段。以亚健康人群、老年人群为主要客群的社区运动医学服务驿站、医疗运动联合体、运动＋医学旅游综合体等新项目、新业态正在不断涌现。

第五章 国家学生体质健康标准与测试

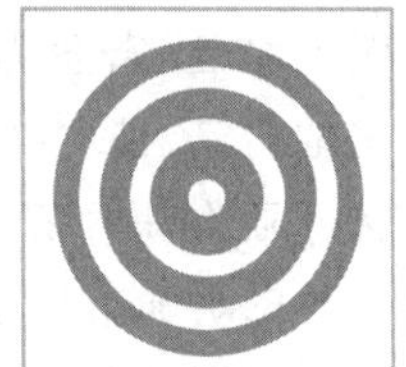

第一节 《国家学生体质健康标准》概述

为建立健全国家学生体质健康监测评价机制，激励学生积极参加身体锻炼，教育部印发《国家学生体质健康标准(2014年修订)》(简称《标准》)，要求各学校每学年开展覆盖本校各年级学生的《标准》测试工作，并根据学生学年总分评定等级。只有达到良好以上的学生，方可参加评优与评奖。

新修订的《国家学生体质健康标准》适用于全日制普通小学、初中、普通高中、中等职业学校、普通高等学校的学生，将学生按照年级划分为不同组别，身体形态类中的身高、体重，身体机能类中的肺活量，以及身体素质类中的50米跑、坐位体前屈为各年级学生共性指标。

1.《国家学生体质健康标准》是国家学校教育工作的基础性指导文件和教育质量基本标准，是评价学生综合素质、评估学校工作和衡量各地教育发展的重要依据，是《国家体育锻炼标准》在学校的具体实施，适用于全日制普通小学、初中、普通高中、中等职业学校、普通高等学校的学生。

2.本标准的修订坚持健康第一，落实《国家中长期教育改革和发展规划纲要(2010—2020年)》、《国务院办公厅转发教育部等部门关于进一步加强学校体育工作若干意见的通知》(国办发〔2012〕53号)和《教育部关于印发〈学生体质健康监测评价办法〉等三个文件的通知》(教体艺〔2014〕3号)有关要求，着重提高《标准》应用的信度、效度和区分度，着重强化其教育激励、反馈调整和引导锻炼的功能，着重提高其教育监测和绩效评价的支撑能力。

3.本标准从身体形态、身体机能和身体素质等方面综合评定学生的体质健康水平，是促进学生体质健康发展、激励学生积极进行身体锻炼的教育手段，是国家学生发展核心素养体系和学业质量标准的重要组成部分，是学生体质健康的个体评价标准。

4.本标准将适用对象划分为以下组别：小学、初中、高中按每个年级为1组，其中小学为6组、初中为3组、高中为3组。大学一、二年级为1组，三、四年级为1组。

5.小学、初中、高中、大学各组别的测试指标均为必测指标。其中，身体形态类中的身高、体重，身体机能类中的肺活量，以及身体素质类中的50米跑、坐位体前屈为各年级学生共性指标。

6.本标准的学年总分由标准分与附加分之和构成，满分为120分。标准分由各单项指标得分与权重乘积之和组成，满分为100分。附加分根据实测成绩确定，即对成绩超过100分的加分指标进行加分，满分为20分；小学的加分指标为1分钟跳绳，加分幅度为20分；初中、高中和大学的加分指标为男生引体向上和 1 000 米跑，女生 1 分钟仰卧起坐和 800 米跑，各指标加分幅度均为 10 分。

7.根据学生学年总分评定等级：90.0 分及以上为优秀，80.0～89.9 分为良好，60.0～79.9 分为及格，59.9 分及以下为不及格。

8.每个学生每学年评定一次，记入《〈国家学生体质健康标准〉登记卡》。特殊学制的学校，在填写登记卡时可以按规定和需求相应地增减栏目。学生毕业时的成绩和等级，按毕业当年学年总分的 50%与其他学年总分平均得分的 50%之和进行评定。

9.学生测试成绩评定达到良好及以上者，方可参加评优与评奖；成绩达到优秀者，方可获体育奖学分。测试成绩评定不及格者，在本学年度准予补测一次，补测仍不及格，则学年成绩评定为不及格。普通高中、中等职业学校和普通高等学校学生毕业时，《标准》测试的成绩达不到 50 分者按结业或肄业处理。

10.学生因病或残疾可向学校提交暂缓或免予执行《标准》的申请，经医疗单位证明，体育教学部门核准，可暂缓或免予执行《标准》，并填写《免予执行〈国家学生体质健康标准〉申请表》，存入学生档案。确实丧失运动能力、被免予执行《标准》的残疾学生，仍可参加评优与评奖，毕业时《标准》成绩需注明免测。

11.各学校每学年开展覆盖本校各年级学生的《标准》测试工作，《标准》测试数据经当地教育行政部门按要求审核后，通过“中国学生体质健康网”上传至“国家学生体质健康标准数据管理系统”。测试和数据上传时间由教育行政部门确定。

12.本标准由教育部负责解释。

第二节　《国家学生体质健康标准》评价指标和测试方法

一、评价指标与权重

2014 年 7 月 18 日，教育部公布了最新修订的《国家学生体质健康标准》，要求初中、高中、大学学生的必测项目全部一致：身高、体重、肺活量、50 米跑、坐位体前屈、立定跳远、1 分钟仰卧起坐（女）/引体向上（男）、800 米跑（女）/1 000 米跑（男）。该评价指标权重如表 5-1 所示。

表 5-1　《国家学生体质健康标准》评价指标与权重

单项指标	权重/%
体重指数（BMI）	15
肺活量	15
50 米跑	20
坐位体前屈	10
立定跳远	10
引体向上（男）/1 分钟仰卧起坐（女）	10
1 000 米跑（男）/800 米跑（女）	20

注：体重指数（BMI）＝体重（千克）/身高^2（米^2）。

二、测试项目的内容与方法

1.身高

(1)受试者赤脚,“立正”姿势站在身高计的底板上,上肢自然下垂,足跟并拢,足尖分开约成60°角,脚跟、骶骨部及两肩胛骨(三点)紧靠身高计的立柱。

(2)测量者站在受试者一侧,移动身高计的水平板至受试者的头顶,使其松紧度适当,即可测量出身高。测试人员读数时双眼应与压板水平面(两点)等高进行读数。

(3)测试单位为厘米,保留小数点后一位。

2.体重

(1)连接体重测试仪的电源接口,并检查电源线及接口是否牢固,按工作键液晶屏显示“0”即表示机器进入工作状态,预热1分钟后测试为佳。

(2)受试者赤足,身着轻装立正姿势站在体重测量仪的底板上(上肢自然下垂,足跟并拢)。测量时不要左右摇晃,等体重值锁定后,仪器会显示相应的数值,测试者记录数值,而后进入下一轮的测试。

(3)测试单位为千克,保留小数点后两位。

3.肺活量

(1)房间通风良好,使用干燥的一次性口嘴。肺活量计主机放置于平稳桌面上,检查电源线及接口是否牢固,按工作键液晶屏显示“0”即表示机器进入工作状态,预热5分钟后测试为佳。

(2)首先告知受试者不必紧张,并且要尽全力,以中等速度和力度吹气效果最好。令被测试者面对仪器站立、手持吹气口嘴,面对肺活量计站立试吹1至2次,首先看仪表有无反应,还要试口嘴或鼻处是否漏气,调整口嘴和用鼻夹(或自己捏鼻孔);学会深吸气(避免耸肩提气,应该像闻花式的慢吸气)。受试者进行一两次较平日深一些的呼吸动作后,更深地吸一口气,屏住气向口嘴处慢慢呼出至不能再呼为止,防止此时从口嘴处吸气,测试中不得中途二次吸气。

(3)吹气完毕后,液晶屏上最终显示的数字即为肺活量毫升值。每位受试者测两次,每次间隔15秒,记录两次数值,选取最大值作为测试结果。

(4)测试以毫升为单位,不保留小数。

4.坐位体前屈(男、女)

(1)受试者脱鞋在测试仪器板上呈直角坐,两腿并拢伸直,两脚平蹬抵住测试的纵板,上体前屈,两臂伸直向前,用两手的中指逐渐向前推动游标,直至不能前推为止。

(2)测试的纵板内沿平面为0,向后为负值,向前为正值,读取游标上的数值。

(3)测试单位为厘米,保留小数点后一位。

5.50米跑(男、女)

(1)一般两人一组,受试者站在50米起跑线后,听到测试人员发出“各就位——跑”的口令时采用蹲踞式或者站立式起跑姿势均可,迅速跑向终点,距离为50米,直至胸部冲过终点线为止,记录所用的时间。

(2)测试过程中,不得穿钉子鞋,不得抢跑和串道,否则成绩无效。

(3)测试单位为秒,保留小数点后一位。

6.立定跳远(男、女)

(1)以起跳板为起点,受试者双腿稍分开。双脚蹬地,双臂向上摆动,而后双臂向后摆动,双腿弯曲,双臂向前上方摆动的同时,双脚用力蹬地,大腿向前上方收起的同时,双臂向前下方落下。

(2)距离是以起点到落地后离起跳点最近的距离。正常情况下计算到脚后跟的距离,如果跳出去以后人又摔倒回去,就得按身体着地的部位点来计算,比如手或者屁股。

(3)测试单位是厘米,保留小数点后一位。

7.一分钟仰卧起坐(女)

(1)受试者仰卧于垫上,两腿稍分开,屈膝呈 90°角左右,两手指交叉贴于脑后。另一同伴压住其踝关节,以固定下肢。受试者双手放置头后保持不动,利用腹肌收缩,直至坐起时两肘触及或超过双膝为完成一次。

(2)仰卧时背部必须触垫。测试人员发出“开始”口令的同时开表计时,记录 1 分钟内完成次数。1 分钟到时,受试者虽已坐起但肘关节未达到双膝者不计该次数。

(3)测试单位为个数。

8.引体向上(男)

(1)受试者位于杠下,跳起双手正握杠,直臂悬垂,身体保持静止状态,而后屈臂向上引体直至下颚超过杠的下沿,恢复直臂悬垂后为完成一次。

(2)为避免测试者肘关节受伤,肘关节可适当微屈。从双手握杠开始,直至双手离杠为考试结束,计算完成的引体次数。

(3)测试单位是个数。

9.800 米跑(女)和 1 000 米(男)

(1)一般 8～10 人一组,受试者站在 800 米(女)或 1 000 米(男)起跑线后,听到测试人员发出“各就位——跑”的口令时采用蹲踞式或者站立式起跑姿势均可,迅速跑向终点,距离为 800 米(女)或 1 000 米(男),直至胸部冲过终点线为止,记录所用的时间。

(2)测试过程中,不得穿钉子鞋,不得抢跑和串道,否则成绩无效。

(3)测试单位为秒,保留小数点后两位。

第三节　《国家学生体质健康标准》评分表

测试成绩的评价,使用 2014 年新修订的评分表进行。表 5-2 为大学男生、女生体重指数单项评分表;表 5-3、表 5-4 为大一、大二大学男生、女生各单项评分表;表 5-5、表 5-6 为大三、大四大学男生、女生各单项评分表。

表 5-2　大学男生、女生体重指数(BMI)单项评分表

单位：千克/米²

等级	单项得分	男生	女生
正常	100	17.9～23.9	17.2～23.9
低体重	80	≤17.8	≤17.1
超重		24.0～27.9	24.0～27.9
肥胖	60	≥28.0	≥28.0

表 5-3　大学男生各单项评分表(大一、大二)

等级	单项得分	肺活量/毫升	50 米跑/秒	坐位体前屈/厘米	立定跳远/厘米	引体向上/次	1 000 米/(分·秒)
优秀	100	5 040	6.7	24.9	273	19	3′17″
	95	4 920	6.8	23.1	268	18	3′22″
	90	4 800	6.9	21.3	263	17	3′27″
良好	85	4 550	7.0	19.5	256	16	3′34″
	80	4 300	7.1	17.7	248	15	3′42″
及格	78	4 180	7.3	16.3	244	14	3′47″
	76	4 060	7.5	14.9	240		3′52″
	74	3 940	7.7	13.5	236	13	3′57″
	72	3 820	7.9	12.1	232		4′02″
	70	3 700	8.1	10.7	228	12	4′07″
	68	3 580	8.3	9.3	224		4′12″
	66	3 460	8.5	7.9	220	11	4′17″
	64	3 340	8.7	6.5	216		4′22″
	62	3 220	8.9	5.1	212	10	4′27″
	60	3 100	9.1	3.7	208		4′32″
不及格	50	2 940	9.3	2.7	203	9	4′52″
	40	2 780	9.5	1.7	198	8	5′12″
	30	2 620	9.7	0.7	193	7	5′32″
	20	2 460	9.9	−0.3	188	6	5′52″
	10	2 300	10.1	−1.3	183	5	6′12″

表 5-4 大学女生各单项评分表(大一、大二)

等级	单项得分	肺活量/毫升	50 米跑/秒	坐位体前屈/厘米	立定跳远/厘米	1 分钟仰卧起坐/次	800 米/(分·秒)
优秀	100	3 400	7.5	25.8	207	56	3′18″
	95	3 350	7.6	24.0	201	54	3′24″
	90	3 300	7.7	22.2	195	52	3′30″
良好	85	3 150	8.0	20.6	188	49	3′37″
	80	3 000	8.3	19.0	181	46	3′44″
及格	78	2 900	8.5	17.7	178	44	3′49″
	76	2 800	8.7	16.4	175	42	3′54″
	74	2 700	8.9	15.1	172	40	3′59″
	72	2 600	9.1	13.8	169	38	4′04″
	70	2 500	9.3	12.5	166	36	4′09″
	68	2 400	9.5	11.2	163	34	4′14″
	66	2 300	9.7	9.9	160	32	4′19″
	64	2 200	9.9	8.6	157	30	4′24″
	62	2 100	10.1	7.3	154	28	4′29″
	60	2 000	10.3	6.0	151	26	4′34″
不及格	50	1 960	10.5	5.2	146	24	4′44″
	40	1 920	10.7	4.4	141	22	4′54″
	30	1 880	10.9	3.6	136	20	5′04″
	20	1 840	11.1	2.8	131	18	5′14″
	10	1 800	11.3	2.0	126	16	5′24″

表 5-5 大学男生各单项评分表(大三、大四)

等级	单项得分	肺活量/毫升	50 米跑/秒	坐位体前屈/厘米	立定跳远/厘米	引体向上/次	1 000 米/(分·秒)
优秀	100	5 140	6.6	25.1	275	20	3′15″
	95	5 020	6.7	23.3	270	19	3′20″
	90	4 900	6.8	21.5	265	18	3′25″
良好	85	4 650	6.9	19.9	258	17	3′32″
	80	4 400	7.0	18.2	250	16	3′40″

续表

等级	单项得分	肺活量/毫升	50米跑/秒	坐位体前屈/厘米	立定跳远/厘米	引体向上/次	1 000米/(分·秒)
及格	78	4 280	7.2	16.8	246	15	3′45″
	76	4 160	7.4	15.4	242		3′50″
	74	4 040	7.6	14.0	238	14	3′55″
	72	3 920	7.8	12.6	234		4′00″
	70	3 800	8.0	11.2	230	13	4′05″
	68	3 680	8.2	9.8	226		4′10″
	66	3 560	8.4	8.4	222	12	4′15″
	64	3 440	8.6	7.0	218		4′20″
	62	3 320	8.8	5.6	214	11	4′25″
	60	3 200	9.0	4.2	210		4′30″
不及格	50	3 030	9.2	3.2	205	10	4′50″
	40	2 860	9.4	2.2	200	9	5′10″
	30	2 690	9.6	1.2	195	8	5′30″
	20	2 520	9.8	0.2	190	7	5′50″
	10	2 350	10.0	−0.8	185	6	6′10″

表 5-6 大学女生各单项评分表(大三、大四)

等级	单项得分	肺活量/毫升	50米跑/秒	坐位体前屈/厘米	立定跳远/厘米	1分钟仰卧起坐/次	800米/(分·秒)
优秀	100	3 450	7.4	26.3	208	57	3′16″
	95	3 400	7.5	24.4	202	55	3′22″
	90	3 350	7.6	22.4	196	53	3′28″
良好	85	3 200	7.9	21.0	189	50	3′35″
	80	3 050	8.2	19.5	182	47	3′42″
及格	78	2 950	8.4	18.2	179	45	3′47″
	76	2 850	8.6	16.9	176	43	3′52″
	74	2 750	8.8	15.6	173	41	3′57″
	72	2 650	9.0	14.3	170	39	4′02″
	70	2 550	9.2	13.0	167	37	4′07″
	68	2 450	9.4	11.7	164	35	4′12″
	66	2 350	9.6	10.4	161	33	4′17″
	64	2 250	9.8	9.1	158	31	4′22″
	62	2 150	10.0	7.8	155	29	4′27″
	60	2 050	10.2	6.5	152	27	4′32″

续表

等级	单项得分	肺活量/毫升	50 米跑/秒	坐位体前屈/厘米	立定跳远/厘米	1 分钟仰卧起坐/次	800 米/(分·秒)
不及格	50	2 010	10.4	5.7	147	25	4′42″
	40	1 970	10.6	4.9	142	23	4′52″
	30	1 930	10.8	4.1	137	21	5′02″
	20	1 890	11.0	3.3	132	19	5′12″
	10	1 850	11.2	2.5	127	17	5′22″

第四节　三明学院《国家学生体质健康》测试的理念与注意事项

2019 年 6 月，中共中央、国务院发布《关于实施健康中国行动的意见》(简称《意见》)，提出了为加快推动以治病为中心转变为以人民健康为中心，动员全社会落实预防为主方针，实施健康中国行动。《意见》提出把高校学生体质健康状况纳入高校的考核评价，高校学生体质健康测试是促进学生体质健康提升，保证全民健康的重要支持。高校大学生体质健康测试工作已经成为各类高校考核评价的重要标准，受到学校领导的高度重视。体质健康测试结果已经成为衡量学生体质健康水平的重要指标，成了各种体育运动或心理干预对促进学生体质健康水平效果大小的衡量标准。历经 17 载，学生体测工作经历不断的改革与创新，现已经成为学校的一项政策性事宜。近些年，虽然体质健康测试工作抓得很紧，但学生的体测成绩却不理想。中国青少年体质健康百度词条显示，我国青少年体质健康状况呈现 20 年以来连续下降趋势。2007 年 5 月 7 日中央发布《中共中央　国务院关于加强青少年体育增强青少年体质的意见》(中发〔2007〕7 号)，文件提出了关于加强青少年体育增强青少年体质的 9 条措施、9 点要求。2014 年，国内一家疾病控制中心发布了 1985 年到 2014 年我国中小学生服用高热量食物，导致肥胖比例激增，超重男生增长了 9.4 个百分点，超重女生增长了 12.5 个百分点。新标准落地后，学生体质健康问题再次被推向新高度，学生评价、评估是各级行政部门关注的焦点。在本行政区域内统筹开展面向全体学生的体质健康测试，逐步建立健全包括学校测试上报、部门逐级审查、随机抽查复核、动态分析预测、信息反馈公示、评价结果应用等相关制度和管理措施在内的学生体质健康监测评价体系。现阶段的评价体系仅仅显示优秀、良好、及格和不及格四个等级，学生体质测试评价方式多样，分析方式也各不相同，缺乏有效的分析与评价。

一、研究对象分析

本研究以三明学院为例，对三明学院 2014—2018 年学生体质测试情况进行 RANK 分析，并提出一些对策建议。三明学院参加学生体质测试的在校生约 14 000 人左右，女生略多于男生，由于 TOPSIS 评价分析前需对基础数据进行筛选，剔除不符合规定的学生数据(免考、缺考、作弊)，具体学生信息如表 5-7 所示。

表 5-7 三明学院 2014—2018 年参加体测学生基本信息表

年级	2014	2015	2016	2017	2018
男生数量(人)	7 220	7 041	6 790	6 245	6 215
女生数量(人)	7 356	7 472	7 405	7 425	7 795

2014 年 6 月教育部印发《学生体质健康监测评价办法》和《高等学校体育工作标准》等多个文件,并制定了《国家学生体质健康标准(2014 年修订)》。三明学院于 2004 年招收本科学生,2014 年成立学生体质健康测试中心,2014—2018 年的学生体质测试成绩具有明显的代表性与可评价性。本次评价指标选取三个维度,第一维度是大学生体质测试基本指标,第二维度是性别变量,第三维度是年度变量。依据国家学生体质健康标准(2014 年修订)规定,三明学院选取大学生体质测试基本指标包含体重指数、立定跳远、肺活量、50 米跑、坐位体前屈、引体向上(男)/1 分钟仰卧起坐(女)、1 000 米跑(男)/800 米跑(女)共七项指标。由于男女学生体测指标不一致,无法进行 RSR 编秩,因此性别指标用于对三明学院男、女学生的不同数据评价时,按性别进行分析。年度指标分析 2014—2018 年三明学院学生体质测试的情况,以三明学院全校体质测试数据为样本,进行大数据处理分析。

二、研究方法

本研究查阅了大量的学生体测相关文献,运用 Excel 数理统计分析法、TOPSIS 评价分析及秩和比分析法,对三明学院 2014—2018 年学生体测的水平进行评估,针对相关研究指标进行技术处理,通过 TOPSIS 分析法消除不同变量纲,本次测试中的原始数据的信息作为评估对象(2014—2018 年)的等级优劣,通过 RANK 排序和归一化处理后,形成原始矩阵,找出最优项和最劣项的欧氏距离。

(一)评估对象的 TOPSIS 排序

TOPSIS 分析是一种逼近最理想化的方法,比较的是最优和最劣的距离,近年来广泛应用于各个领域。其原理是将评价对象的指标分别与正理想值和负理想值进行距离比较,并通过指标权重的赋值分析评价对象的优劣。比如:传统体测评价方法在评价学生体测成绩时,仅仅将各项指标的分值累加,忽略了各项指标的权重值,身高体重影响与 1 000 米跑的影响价值是不相等的。而 TOPSIS 分析法就是对各项维度矩阵化,并根据权重值赋值计算优劣。具体步骤如下:

第一步:创建评估原始矩阵。将原始数据进行分析后以矩阵形式展现在 Excel 表格中,根据 $n_{ij}=\dfrac{X_{ij}}{\sqrt{\sum\limits_{i=1}^{m}x_{ij}^{2}}}(j=1,\cdots,n)$ 公式,通过原始数据开平方,全样本求和,再开平方得到一个新的矩阵,原始数据与新矩阵中的对应数据的比值就是归一化处理后的目标数据。

第二步:计算加权值 v_{ij},并求 max 值与 min 值。在 $D+$、$D-$ 值之前首先要对各个指标进行加权,并计算加权值 v_{ij},计算公式是 $v_{ij}=w_{j}n_{ij}(i=1,\cdots,m,j=1,\cdots,n)$($w_j$ 指维度权重,指标权重一致时可不处理权重)。形成新矩阵后分别求出各指标的 max 值与 min 值。

第三步:通过获取评价对象与最优解和最劣解之间的欧式距离算 $D+$、$D-$ 值,并通过计

算 $D-$ 与所占的比重，体现评估对象的贴近度 C_i，而 C_i 值贴近度越高，计算公式如下：

$$d_i^+ = \left\{\sum_{j=1}^{n}(v_{ij}-v_j^+)\right\}^{1/2}(i=1,\cdots,m)$$

$$d_i^- = \left\{\sum_{j=1}^{n}(v_{ij}-v_j^-)\right\}^{1/2}(i=1,\cdots,m)$$

$$c_i = \frac{d_i^-}{(d_i^+ + d_i^-)}(i=1,\cdots,m)$$

第四步：按 C_i 大小排序，给出评价结果。

(二)评估对象的秩和比(RSR)评价分级过程

秩和比综合评价法基本原理：在一个 n 行 m 列矩阵中，通过对每个元素的秩进行运算，获得无量纲统计量 RSR。在此基础上，运用参数统计分析的概念与方法，研究 RSR 的分布；以及 RSR 值对评价对象的优劣直接排序或分档排序，从而对评价对象做出综合评价。秩和比运用是在 TOPSIS 模型中得出的各个评价对象的 C_i 值，并将其值作为 RSR，避免 RSR 模型进行秩和转换过程中的信息丢失缺点。同时，利用 RSR 将评价对象分档，结合各项指标的评估得出对应措施。体测数据中 RSR 秩和比算法步骤如下。

第一步：编秩。确定评价目标的排列，根据原始矩阵编秩出各个评价指标各评价对象的秩，并获得 2014—2018 年体测数据的秩矩阵，计算公式为：$R=(R_{ij})n\times m$ 。通过原始矩阵编秩形成的秩矩阵要注意区分指标组合，明确高优指标、低优指标和中有指标。

第二步：通过回归方程计算秩和比(RSR)。根据运算公式 $RSR_R = \sum_1^m R/m \times n$ 进行计算，计算该值时要注意加权处理，学生体质测试变量应对重要程度需进行加权，每一个样本秩附一个权值，就可以求得加权秩和比(RSR_w)，可运用公式：$RSR_w = \sum R_w/n$ ，编制得到 RSR(或 WRSR)频率分布表，列出各组频数 f_i，以累积频率所对应的概率单位 probit 为自变量，以 $WRSR_i$ 值为因变量，计算直线回归方程，即：$RSR(WRSR)=a+b\times probit$ 。

第三步：完成分档排序。将评估的 RSR 值对照常用分档情况下的百分位数 P_x 临界值表完成分档。本研究中因为对 2014—2018 年数据进行分档，采用 P 值四档分法，A 档 $P_x>6.5$，B 档 $5<P_x<6.5$，C 档 $3.5<P_x<5$，D 档 $P_x<3.5$。

三、实证分析

(一)2014—2018 三明学院学生体质测试现状分析

三明学院大学生体质测试自 2014 年开始成立专门的管理机构，测试时间放在每年 9－11 月份。根据《国家学生体质健康标准》测试指标及权重分析，男生与女生的测试项目略有不同，因此不能在同一条件下进行评价分析，故本文按性别对 2014—2018 年体测成绩进行评价分析，基本信息见表 5-8，表中数据显示为原始数据的平均值(长跑项目以评分记)。

表 5-8　2014—2018 年学生体质测试各指标基本信息表

年度编号	身高/厘米		体重评分/分		肺活量/毫升		50 米/秒		立定跳远/厘米		坐位体前屈/厘米		1 000、800 米/分		引体、仰卧/个	
	男	女	男	女	男	女	男	女	男	女	男	女	男	女	男	女
2018	173.9	161.5	93.5	95.9	4 368.5	2 969.6	7.7	9.3	224.5	173.8	9.7	13.9	52.1	58.1	8.7	36.9
2017	173.6	161.6	94.6	95.6	4 267.9	2 915.2	7.6	9.2	220.6	169.4	9.1	13.2	61.7	66.3	10.8	37.0
2016	173.2	161.2	94.0	96.1	4 266.9	2 879.9	7.7	9.4	222.2	167.3	9.2	13.5	55.9	62.2	9.7	36.4
2015	173.2	160.9	93.9	96.4	4 134.4	2 773.7	7.6	9.4	225.4	166.5	9.3	13.4	58.1	63.1	10.2	36.2
2014	172.8	160.8	93.1	95.0	3 999.3	2 695.6	7.5	9.3	224.6	165.0	10.0	12.3	58.3	62.3	10.8	34.1

* 注：表中数据均为 $\overline{X}$，不包含免考考生和作弊考生成绩在内的男、女生体测基础数据。

分析学生基础数据不难发现，学生平均身高变化幅度介于±0.5 之间，体重比评分变化幅度介于±1 之间，肺活量变化幅度介于±200 之间，立定跳远变化幅度介于±4 之间，长跑项目变化幅度介于±1.5 之间，引体向上(仰卧起坐)变化幅度约为±2。由于 2014 版《标准》评分等级较 2007 版有了提高，优秀分不低于 90 分，良好分不低于 80 分，及格分不低于 60。从基础数据看，说明近几年学生整体差异性并不明显，三明学院体测成绩趋于稳定。由于评价权重的问题，2014—2018 年学生体测成绩等级评估有待进一步分析。

(二)三明学院 2014—2018 年学生体测成绩的 TOPSIS 综合评价分析

1.学生体测基础指标高优/低优指标的归一化处理及同趋势化分析

由于男女身体素质有差异，所以在进行评价分析时应区别对待。本研究分别对 2014—2018 年男女学生体质测试成绩进行评估，并得出准确评级。三明学院体测指标男女各为 7 个，5 项基础指标一致，区别在于 1 000 米/800 米跑和引体向上/仰卧起坐指标上，7 项基础指标有 2 项呈现低优性，5 项呈现高优性。在进行 TOPSIS 同趋势化处理时要有区分，通过比较男生指标归一化处理可以发现，由于权重值(weight)的存在，归一处理后的数据发生了变化。对基础数据进行归一化处理后，要确定男、女指标的最优解 V+与最劣解 V-，即每个指标在各个评价对象的 max 值和 min 值。

2.2014—2018 年三明学院学生体测成绩评估方案的最优程度

评价学生体测结果的优劣，就要分析欧氏距离的大小，根据 TOPSIS 分析法的要求，要评估三明学院 2014—2018 年学生体测成绩与最优方案的接近程度，首先要计算每一个评价对象与 $V+$ 和 $V-$ 的距离 $D+i$ 和 $D-i$，从而得出 2014—2018 年的各个评价对象的 C_i 值。评估值趋向于 1 表明与最优项距离最近，解最优。计算结果见表 5-9。

表 5-9　时间-性别矩阵下学生体测的整体评价分析表

年级编号	男生组			R	女生组			R	RSR	排序
	$D+$	$D-$	C_i		$D+$	$D-$	C_i			
2018	0.017 8	0.006 6	0.270 0	1	0.011 8	0.009 4	0.442 5	2	0.30	5
2017	0.004 8	0.018 2	0.790 0	5	0.002 8	0.013 9	0.8335	5	0.95	1
2016	0.011 3	0.008 7	0.434 8	2	0.007 1	0.008 9	0.556 1	4	0.60	2
2015	0.008 1	0.011 7	0.592 7	3	0.007 4	0.008 7	0.540 8	3	0.60	2
2014	0.008 0	0.014 2	0.639 6	4	0.011 0	0.006 2	0.360 2	1	0.50	4

根据表 5-9 可知，在三明学院学生体测中，2017 年体测成绩达到最优解，男生 C_i 值为 0.79，女生 C_i 值为 0.833 5，成绩表现突出。男生成绩评估最差的是 2018 年，C_i 值为 0.27，相对较低，2014 年 C_i 值为 0.639 6 排在第二位，2015 年 C_i 值为 0.592 7 排在第三位，2016 年 C_i 值为0.434 8排在第四位。女生成绩评估最差的是 2014 年，C_i 值为 0.360 2，2016 年 C_i 值为 0.556 1排在第二位，2015 年 C_i 值为 0.540 8 排在第三位，2018 年 C_i 值 0.442 5 排在第四位。通过对比 2014—2018 年学生体测成绩发现，2018 年学生成绩相对较低，处于最差等级，究其原因参考表 5-8 可以发现，2018 年学生体测项目中中长跑的成绩相对较差，男生仅获得 52.1 的平均分，女生 58.1 分的平均分，两项成绩均为倒数第一，而中长跑在体测中占得 0.2 的权重比，对成绩影响较大，这也是导致该评估对象成绩相对较低的主要原因。

通过 TOPSIS 分析获得 C_i 值以后，男女生评价维度就趋于统一，可以在统一指标表下进行秩和比分析。因此，以男生 C_i 值和女生 C_i 值作为两个变量，默认为权重均等的情况下，进行编秩，并运用公式 RSR$=\sum_{1}^{m}R/(m\times n)$ 计算出 2014—2018 年学生体测成绩的 RSR 值，得出表 5-4 中 RSR 值。可以看出，2014—2018 年体测成绩的 RSR 排名依次为 RSR2017＝0.95、RSR2016＝0.60、RSR2015＝0.60、RSR2014＝0.50、RSR2018＝0.30。接下来可根据 RSR 值计算 probit 值，并对评估对象进行等级评估。

(三)2014—2018 年三明学院体测成绩综合评估

利用 RSR 法的综合评价原理和等级划分标准可对 2014—2018 年三明学院学生体测进行评级，通过利用 RSR 的分布确定概率的方法，计算累计频率($\bar{R}/n$)100%，由于最优解的比值是 1，需进行按照($1-1/4n$)校正矫正处理，得出数值通过查阅正态分布表，获得所对应的标准正态离差 U，对 U 值加上 5，得出概率单位 probit 值(见表 5-10)。结合表 5-8、表 5-9 得出，2017 年学生体测成绩 probit 值为 6.65，2015 年、2016 年同级，probit 值为 5.52，2014 年 probit 为4.75，2018 年 probit 为 4.16。基于常用分档 probit 值表(见注解)，按四档划分标准，分档依据为：A 档，$P>6.5$；B 档，$5<P<6.5$；C 档，$3.5<P<5$；D 档，$P<3.5$。所以 2017 年评级为 A 级，2015 年、2016 年评为 B 级，2014 年、2018 年评为 C 级。由于全部数据均高于 3.5，所以没有出现第四档的年份，这也说明，2014—2018 年三明学院学生体质测试成绩基本趋于稳定，并没有明显的涨落现象。

表 5-10　2014—2018 年男生体测成绩的 RSR 分析

对象	RSR(w)	f	$\sum f$	R	$\bar{R}$	$\bar{R}/n$	probit	等级
2018	0.30	1	1	1	1	0.20	4.16	C
2014	0.50	1	2	2	2	0.40	4.75	C
2015、2016	0.60	2	4	3，4	3.5	0.70	5.52	B
2017	0.95	1	5	5	5	0.95	6.65	A

*注：基于常用分档情况下百分位数 p_x 临界值及其对应的概率单位 probit 值表，按四档划分标准，分档依据为：A 档，$P>6.5$；B 档，$5<P<6.5$；C 档，$3.5<P<5$；D 档，$P<3.5$。

(四)各级学生大学四年体测数据追踪分析

引起学生体质健康数据差异性的因素有很多,其中学生自身素质就是非常重要的一项。通过追踪分析各级学生大学四年的体测情况,能够有效地区分学生身体素质因素对体测数据的影响干扰。2014—2018 年三明学院学生体测工作共涉及 2011 级至 2018 级的学生,但是 2011 级仅有 2014 年的大四年度体测数据,2018 级仅有 2018 年大一年度的体测数据,样本量太少缺乏比较价值,因此本次研究不予追踪分析。2012 级仅参与 2014 年度(大三)测试和 2015 年度(大四)测试,根据前述文章分析,大三、大四体测成绩下降比较严重,没有太多代表性,也不予追踪分析。因此本研究的追踪分析对象确定为 2013 级(大二至大四)、2014 级、2015 级、2016 级(大一至大三)、2017 级(大一、大二)。具体数据如图 5-1 至图 5-6 所示。

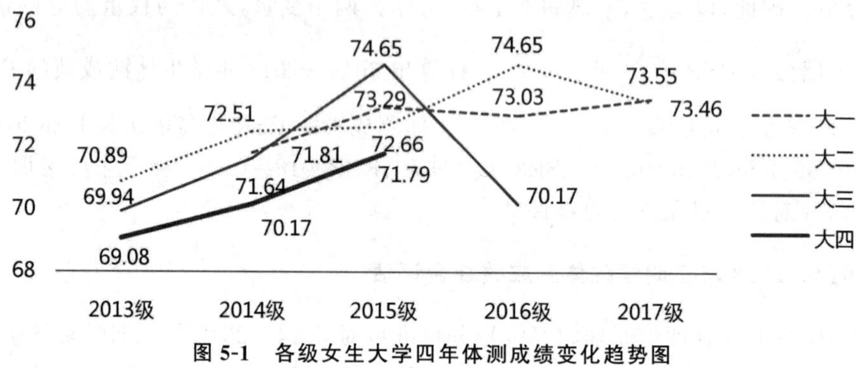

图 5-1　各级女生大学四年体测成绩变化趋势图

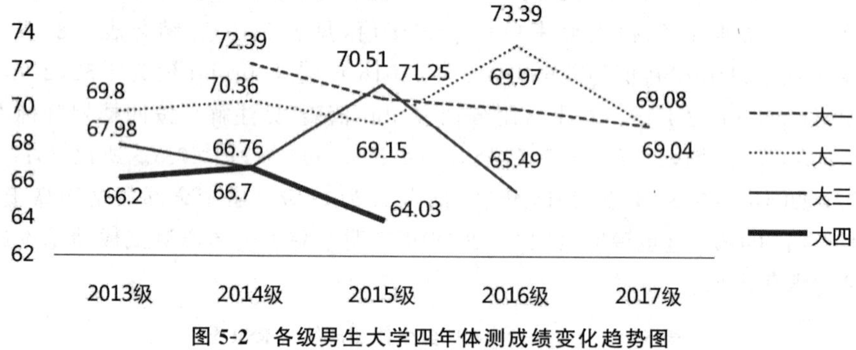

图 5-2　各级男生大学四年体测成绩变化趋势图

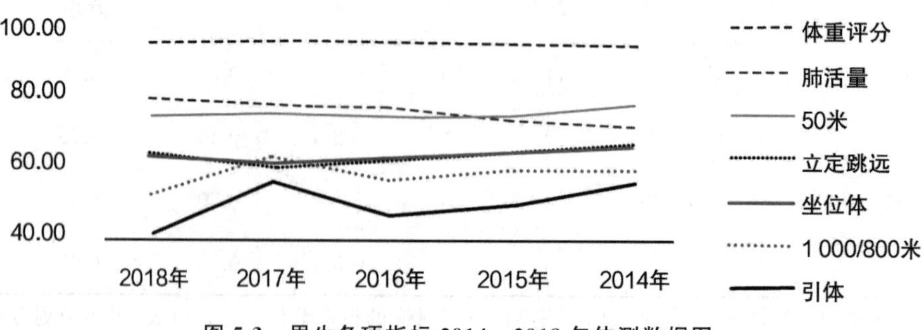

图 5-3　男生各项指标 2014—2018 年体测数据图

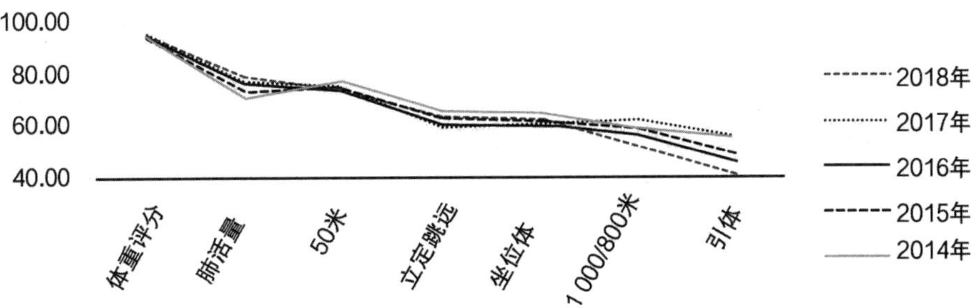

图 5-4　男生各项指标 2014—2018 年体测成绩变化规律

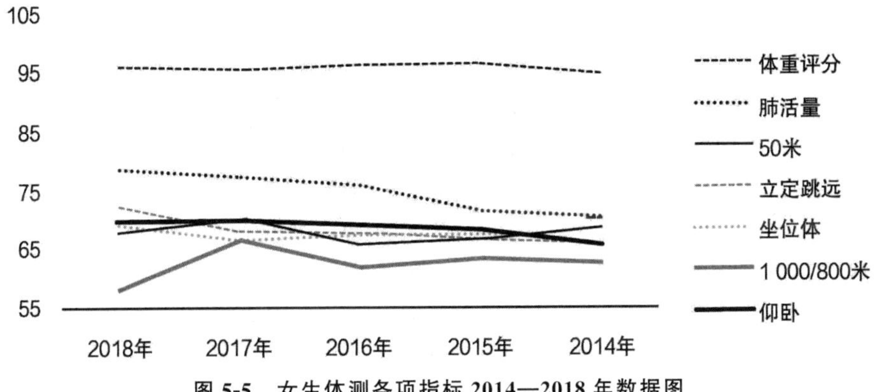

图 5-5　女生体测各项指标 2014—2018 年数据图

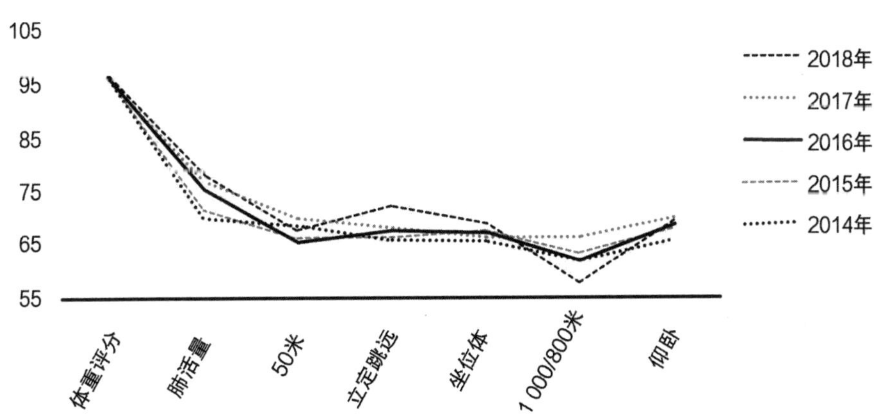

图 5-6　女生体测各项指标 2014—2018 年变化规律

综合男女生体测数变化规律不难发现，三明学院男生体质健康测试各学年测试总评平均值整体水平处于 64～74 之间，女生体质健康测试各学年测试总评平均值整体水平处于 69～75 之间，各级学生在不同年度测试结果均出现波动，没有明显的线性变化。男生体测成绩平均水平低于女生，最低分低了近 5 分，峰值也低于女生的 75 分，2015 级、2016 级男生体测分别在大三、大四学年度出现低峰分值降到 65 分以下，对于三明学院学生整体体测成绩影响巨大。近几年各级学生体测成绩均存在身体素质“先升后降”趋势。通过对 2014—2018 年学生原始体测数据的及格率、良好率、优秀率查询发现，2014 年及格率 89.3%、良好率 10.4%、优秀率

1.1%，2015 年及格率 89.6%、良好率 10.3%、优秀率 1.0%，2016 年及格率 84.7%、良好率 11.3%、优秀率 1.7%，2017 年及格率 92.4%、良好率 10.7%、优秀率 1.9%，2018 年及格率 85.1%、良好率 10.2%、优秀率 2.2%，男生及格率低于女生，但是男生的优秀率要高于女生。三明学院学生体测成绩一般在大三之后下滑比较严重，这并非偶然，通过对现有在线大学体测情况调研发现，对于即将走向社会的大学生面临着就业压力大的困境，心境的成熟让学生更多地考虑未来，个体精力更多地放在学习与创业上，日常参与体育运动的次数明显下降。随着《新标准》实施后，及格线的放宽，加分项的增多及学校对体测的要求发生变化，学生在进行体测时不会尽全力去参加测试，而是本着应付了事、及格就好的心态，这些因素都是导致学生体测成绩下滑的主要原因。

（五）男、女生 2014—2018 年各项体测指标变化规律研究

2014—2018 年三明学院符合条件的体测学生人数始终维持在 14 000 人左右，女生人数逐渐增多，平均身高亦逐年增长。体重评分相对较高，说明学生的体重比比较正常。除身高体重指标外，三明学院学生体质测试男女均需再测试六项，男生为肺活量、50 米、立定跳远、坐位体前屈、1 000米跑、引体向上，女生后两项区别为 800 米跑、仰卧起坐，六项权重分别为 0.15、0.2、0.1、0.1、0.2、0.1。这六项测试项中耐力跑为加分项，占比值也最高，男生成绩相对较低的原因也是耐久跑成绩较低，说明三明学院男生耐力素质有待加强，因为耐力素质测试是核心测试，所以想要提高学生体测成绩就必须提高学生的 1 000 米跑成绩。

分析七项体测数据发现，测试指标在近几年的体测过程中基本稳定，男生除引体向上指标 2017 年（年度平均值排名第一）、2018 年出现大的波动外，其他数据基本持平。除体重评分外的六项体测指标平均值在 40～75 分，尤其是引体向上、1 000 米跑的数据低于 60 分，说明三明学院男生整体体测水平相对较低，有明显的弱项，上肢力量与耐力素质处于较低水平，应引起相关领导部门的高度重视。根据数据图显示大致可以分为四档，分别是：第一档身高体重比评分，均值在 90 分以上；第二档肺活量、50 米跑，均值在 70～80 分；第三档立定跳远、坐位体前屈、1 000 米跑，均值在 55～65 分，1 000 米跑项目在 2017 年和 2018 年出现波峰值和波谷值；第四档引体向上，均值在 40～55 分。800 米同样是女生体测的弱项，但整体成绩要好于男生。仰卧起坐数据对应男生的引体向上数据，在女生七项中成绩始终保持在 70 分左右，是女生的高优项。比较男女生体测数据变化规律可以发现，体测评分女生要高于男生，除了因为女生对待体测考核更加重视以外，女生的各项体测数据相较于男生数据更容易得分，尤其是仰卧起坐和引体向上相比差距更是明显。男生引体向上平均分 58 分左右，女生仰卧起坐接近 68 分，所以仅此一项男女生体测成绩差距就拉开了，这也是女生体测成绩优于男生的主要原因。

四、结论与建议

（一）结论

三明学院学生体测情况受生源素质、学校政策的因素影响，体测成绩各有不同，针对受测对象分析结果发现学生体测成绩受年级、项目影响较大，主要表现为以下几方面：

第一，受测对象在男女成绩分析中均出现评估值与学生数呈反比状态，在 2014—2018 年学生体测成绩的整体 RSR 分析中可以发现，总体评价趋向于 3 个等级，2017 年男女成绩均为

最优解，独占一档记为 A 级，2015 年、2016 年为 B 级，2014 年、2018 年为 C 级，由于全部数据均高于 3.5，所以没有出现第四档的年份，这也说明，2014—2018 年三明学院学生体质测试成绩基本趋于稳定，并没有明显的涨落现象。运用 TOPSIS-RSR 法对体测成绩进行评估具有一定的可靠性，但研究维度和研究样本量还有待进一步加大，这样才能进行更深入的分析。

第二，通过追踪分析各级学生大学四年的体测情况发现，三明学院女生体质健康测试各学年测试总评平均值整体水平处于 69～75 分，男生体质健康测试各学年测试总评平均值整体水平处于 64～74 分，各级学生在不同年度测试结果均出现波动，但没有明显的线性变化，三明学院学生体测成绩一般在大三之后下滑比较严重。综合男女生体测数变化规律不难发现，近几年各级学生体测成绩均存在身体素质"先升后降"的趋势，且女生体测成绩明显优于男生，2014—2018 年体测平均值女生呈现上升趋势，男生呈下降趋势，整体趋于稳定。

第三，七项测试指标在 2014—2018 年的体测过程中男生除引体向上指标 2017 年(年度平均值排名第一)、2018 年出现大的波动外，其他数据基本持平，根据男生体测数据图显示七项指标成绩大致可以分为四档，分别是：第一档身高体重比评分，第二档肺活量、50 米跑，第三档立定跳远、坐位体前屈、1 000 米跑，第四档引体向上。女生各项指标成绩表现较稳定，无明显的波动变化。

(二)建议

为促进三明学院学生体质健康测试工作的开展，充分发挥学生体测工作的健身监控功能，引导学生自觉进行身体锻炼，普通高校学生体测工作应加大体育课程改革力度，将体测工作融于体育教学，通过体育教学的推动，进一步提升学生身体素质。发挥体育康复的作用，在体测开展工作中加入专项技能的培训及体育科普知识讲座，强调人文关怀，让学生通过充分认识体测、了解体测，减少对参加体测的对抗心理。合理安排测试任务，做好体测工作的科学管理，顺应学校体育康养发展的需求，真正为了学生的健康而测试。

第五节　申请免测的流程与申请表

学生如因病或残疾不适合进行激烈运动的情况，经医疗单位证明，体育教学部核准，可免予测试，并填写"免予执行《国家学生体质健康标准》申请表"。

一、申请流程

1.进入官网下载免测申请表，如实填写免测申请表。

2.三甲及以上医院病历证明或复印件，该件能证明病情不宜参加《国家学生体质健康》标准测试。

3.学生持上述材料在学校安排体质测试期间交到体育教学部办公室或到体质测试现场交给测试老师办理免测手续。

4.凡办理免测的学生本学年《国家学生体质健康》成绩标记为免测。

二、注意事项

1.体质健康测试免测申请,一年一申请,一次申请只对本年度有效。

2.免测申请主要是针对因患有某种疾病而不适合进行激烈运动的小部分群体。

第六章
体育竞赛

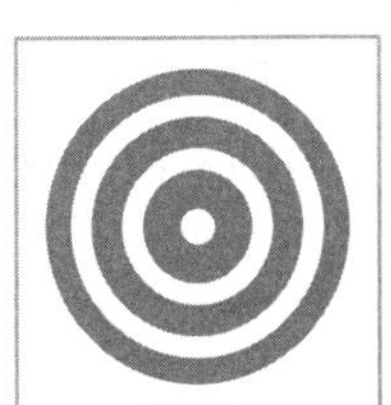

第一节　体育竞赛的意义与分类

一、体育竞赛的社会价值

体育竞赛是具有强烈抗争性质和游戏特点的竞技活动。长期以来，它一直是人类所关注的重要社会活动，在当今社会活动中越来越占有重要地位，竞赛结果将对社会、地区、民族产生巨大的影响效应。竞赛作为一种特殊的文化现象，它的发展对体育文化发展起着深刻而广泛的影响，进而影响着社会其他有关文化的发展，对当今社会实施全民健身计划将产生深刻的意义。

人类社会出现体育竞赛的原因是通过体育竞赛可以宣传体育运动，吸引和鼓舞人们参加体育锻炼，推动群众性体育运动的开展；可以检查教学和训练工作质量，总结交流经验，促进运动水平的提高；使观众受到高尚体育道德作风的熏陶与激励，振奋精神增添乐趣，丰富和活跃业余文化生活；加强国内各族人民之间的紧密团结，促进与世界各国人民之间的了解和友谊。比如：在古代奥林匹克运动会举行期间，实行“神圣休战”以示和平友好；中国在第 26 届世界乒乓球锦标赛中所取得的胜利，增强了人民克服国家暂时困难的信心；在第 21 届奥运会期间，约有 15 亿人通过卫星转播收看比赛实况。这些事例都从不同侧面说明了体育竞赛的重要意义和作用。

体育竞赛更有利于国与国之间的交流。奥运赛场上，各个国家通过比赛切磋体育技能、交流各自文化、增进了解和友谊，这正是奥林匹克运动的人文价值所在。奥运会是顶尖运动员的竞赛，但他们代表的则是自己的国家和地区，他们是在为祖国的荣誉而战。那些在平日里效力于各国体育商业组织的运动员，每逢奥运会都会听从祖国召唤，回归国家队征战奥运。比如赢得里约奥运会马术三项赛第八名的中国青年华天，为了能代表祖国出征奥运自愿放弃了英国国籍。

对金牌获得者而言，在颁奖仪式上，在全世界面前，国旗因自己而升起、国歌因自己而奏响，这是何等的荣耀！而这带给国人的，是激越澎湃的爱国心和自豪感。一个人的一生，能有一次让国旗因自己而升起、国歌因自己而奏响，就无愧于“国家英雄”的称号。

为国争光，永远是奥运赛场的主旋律、最强音。事实上，奥运竞技从来都是国力的比拼。

奥运比赛比的不仅是选手的运动天赋、艰苦训练、意志品质，更多的是运动员训练中的科技含量、装备设施、社会支持等，比的是国家对体育资源的动员和投入能力。

奥运奖牌榜不仅折射出各国历史文化传统的差异，反映出各国运动员身体条件、运动天赋方面的不同，更反映着各国综合国力的发展变化。

二、体育竞赛的分类

体育竞赛是人类的一种实践活动，它有一个特殊的过程，有明确的目的性，有鲜明的竞技特征，有完善的规则和一整套竞赛办法及决定竞赛胜负的法律依据。

体育竞赛的内容是十分丰富的，除竞技运动所包括的球类、田径、体操、拳击、游泳、射击、滑冰等各类运动的几百个竞赛项目之外，还有数百个甚至上千个表演项目（包括为数众多的民族传统项目）。

体育竞赛的形式，也是多种多样的，比较常用的形式有：

1.运动会

运动会是若干项目在同一时期内进行比赛。如奥林匹克运动会、亚运会、全运会、全军运动会、省运会，以及院校运动会，行业、系统运动会等。其特点是项目多、规模大、组织工作复杂，大多一年或几年举办一次。

2.单项比赛

指单独进行的一个运动项目的比赛，如世界杯足球赛、世界羽毛球锦标赛、世界田径锦标赛等。由于这种比赛形式能有效地促进单项运动水平的提高，对于运动员和观众有较大吸引力，故有时由企业赞助并以奖杯作广告宣传，如“柯达杯”“丰田杯”等。

3.对抗赛

两个以上的单位联合组织，并协商按同等条件参加的竞赛，如中日田径对抗赛等。其目的在于检验运动技术水平，交流经验，增进友谊。

4.友谊赛

为互相观摩学习，促进友谊和团结而举行的非正式比赛，如某厂际或校际的篮球友谊赛、排球友谊赛等。采用不定期的形式。

5.邀请赛

一个单位主办，邀请其他单位参加的竞赛。举办者为增进友谊和团结而举办比赛，以达到观摩技术、交流经验、共同提高的目的，如北京国际女子篮球友好邀请赛。

6.通讯赛

分散在几个地方进行，用通讯的方式把成绩寄给主办机关以评定优胜的竞赛。如儿童游泳通讯赛、少年田径通讯赛等。参赛的项目多是以时间、距离、重量等客观标准评定成绩，最后主办单位将成绩汇总后排列名次。

7.表演赛

为举行庆祝或纪念活动而组织的宣传性比赛，如武术表演赛、球类表演赛等。对宣传和普及某项运动有一定意义。

8.选拔赛

为选拔优秀运动员或组建成代表队而组织的比赛。通常是为参加更高水平的竞赛而举办的。如参加世界中学生运动会田径、游泳、体操代表队选拔赛。

9.测验赛或达标赛

为检查教学、训练效果而组织的比赛，如《国家体育锻炼标准》达标测验、体操健将级运动员达标赛等。以达到某项标准或测定成绩为主，一般不计名次。

10.晋级赛或联赛

按训练水平或等级分级别定期举行的比赛。其目的是检查训练成绩，排列稳定一个时期的等级名次。如全国三大球（篮球、排球、足球）甲、乙级联赛，美国职业队棒球、橄榄球、篮球联赛等。

除上述竞赛之外，还有类似锦标赛和“杯赛”的冠军赛，如欧洲足球冠军杯赛，以及根据性别、年龄分组别进行的竞赛等。

以上各种分类在实际应用中，要考虑其特点和意义。各类竞赛虽有其特点，但在实际应用中往往又综合渗透。譬如全国运动会，从竞赛任务看是综合性运动会，而从参加对象看，又分性别、年龄和项目，从参赛单位看是地区间的比赛，从计分性质看又有个人和团体之分。

体育竞赛的分类，将会随着体育事业的蓬勃发展而增添新的内容。

第二节　常用竞赛方法

常用的竞赛方法一般有五种。即淘汰法（单淘汰、双淘汰）、循环法（单循环、双循环、分组循环）、顺序法、轮换法和混合法。组织竞赛时，应根据比赛的宗旨、规模、时间、场地和组织以及不同项目的特点等情况选择不同的竞赛方法。

1.淘汰法

淘汰法是通过比赛逐步淘汰成绩较差者，最后决定优胜者的方法。这种方法有单淘汰和双淘汰两种：单淘汰就是在比赛中失败一次即被淘汰；双淘汰就是在比赛中失败两次即被淘汰。不同轮次中的获胜者继续比赛，直到最后决赛出冠、亚军为止。双淘汰可以弥补单淘汰的不足，给初次失败者增加一次比赛的机会。

淘汰法一般是在参加队数或人数较多，而比赛期限较短的情况下所采用的一种比赛方法。其优点是比赛进程快，节省时间。其不足是参赛队（人）因一败或两败即被淘汰，不能合理地反映参赛队（人）的实际水平。为了弥补淘汰法的不足，使比赛更合理，还可以采用种子法和补赛法。

（1）种子法

为避免强手之间过早地相遇而被淘汰，可把一些强队或强手确定为“种子”，抽签时把他们合理分开，使他们最后相遇，从而产生较合理的名次。种子的确定一般是根据参赛队（人）的实际技术水平和近期各种比赛的成绩，由组织者在赛前经过抽查和协商而确定的。比赛成绩好的队（人）将被确定为种子。每次竞赛种子数目的多少主要是根据参赛队（人）数的多少确定。种子的数目为 2 的乘方数。种子的位置应均匀地分布在标有顺序号的淘汰表的若干相等分区内，如：设 4 名种子，每个种子应分别进入不同的 1/4 区；设 8 个种子，每个种子应分别进入不同的 1/8 区。

（2）补赛法

补赛法是在最后一轮之后，用补赛的办法确定第二名以下的各个名次。例如单淘汰中决赛出第一、二名后，可让倒数第二轮的两名失败者补赛1次，以确定第三名和第四名（或不补赛，令其并列第三名），余者类推。采用补赛法应以种子法为基础，以便较合理地决定第二名以下的名次。

2.循环法

循环法就是在一次竞赛中，参加比赛的队（人）互相进行比赛的方法。这种方法的优点是使各队（人）都能有互相比赛的机会，能较好地反映各队（人）的实际水平。其缺点是比赛时间较长。球类和棋类比赛较多采用此法。循环法一般分为单循环、双循环和分组循环三种。

（1）单循环

参加比赛的队（人）均能相遇一次，最后按各队（人）在全部比赛中的成绩决定各队（人）的名次。

（2）双循环

参加比赛的队（人）均相遇两次，最后按各队（人）在全部比赛中的成绩决定各队的名次。如时间较充裕，参赛队（人）数又较少，可采用此法安排比赛。它比单循环增加一倍的比赛机会，因为全赛中每队（人）必须相遇两次，所以在编排第二循环时，可按第一循环次序重新比赛一遍，当然也可以重新抽签编排循环次序。

（3）分组循环

参加比赛的队平均分为若干小组，在小组中进行单循环比赛。按各队在本小组比赛的成绩，决定各队在小组的名次。这种方法多在参赛队（人）数较多，而竞赛时间较短时采用。为了较合理地赛出名次，避免较强的队（人）集中在一个小组，可根据分组情况，选出相应的几个种子队（种子选手），然后再用抽签的方法确定其他各队（人）所在组的位置。每个小组设1～2名种子队（种子选手）为宜。

分组循环一般分两个阶段进行：第一阶段是所分小组分别进行单循环比赛，决定每组名次；第二阶段有以下几种比赛方法。

第一种：将第一阶段各小组同名次的队（人）划为一组，进行决赛。例如第一阶段分4组，将各小组第一名划为一组，决出1～4名；将各小组第二名划为一组，决出5～8名；将各小组第三名划为一组，决出9～12名；将各小组第四名划为一组，决出13～16名。

第二种：如预赛分4组，将预赛各小组第一、二名划为一组，决出1～8名；将预赛各小组第三、四名划为一组，决出9～16名。或者只进行1～8名的决赛，其他队不再继续比赛。

第三种：采用交叉法。如8个队参赛，则第一阶段分为2个小组，每组4个队进行单循环比赛。第二阶段将第一组的第一名与第二组的第二名，第一组的第二名与第二组的第一名进行比赛，然后将两个胜队进行比赛决出第一名和第二名，两个负队进行比赛决出第三名和第四名。两组的第三名和第四名，采用同样的方法交叉比赛，决出第五名至第八名。

国际比赛多采用交叉法进行阶段比赛决出名次。总的说来是按各队在比赛中的积分多少决定名次，积分多者名次列前。如遇两队积分相等，如何决定其名次，由于项目不同，方法也不尽相同。这在各单项竞赛规则中都有规定。

3.顺序法

按参加比赛运动员的时间快慢、距离远近、分数多少等确定成绩而分出名次的方法。适用于田径、游泳、体操、举重等项目。在田径、游泳等项目中，由于参赛选手较多，可设立几个赛次。

4.轮换法

将比赛选手分成若干组,并在同一时间内分别进行各个项目的比赛,比赛完一个项目后,各组依次轮换再进行其他项目比赛(如体操比赛中按各单项分组轮换)。

5.混合法

混合法是将淘汰法与循环法结合起来进行比赛的一种方法。采用混合法,一般是将比赛分为两个阶段进行。第一阶段采用分组淘汰法,第二阶段采用分组循环法;或者相反,第一阶段采用分组循环法,第二阶段采用淘汰法。例如,乒乓球单打比赛,第一阶段采用分组单循环赛,第二阶段由小组的第一名进行单淘汰赛。

第三节　体育竞赛的组织与管理

一、赛前准备工作

1.制定组织方案

组织方案是体育比赛的依据,一般包括如下内容:确定比赛目标、任务;确定比赛的规模、比赛的项目、参加的人数;确定比赛名称和承办单位;确定比赛经费;成立比赛筹备委员会;等等。

2.成立组织机构

组织机构是比赛组织与管理工作的重要环节。机构的设置要合理,职能划分要明确。一般情况下,比赛组织机构的建立要与比赛的规模相一致。高等学校竞赛可根据具体的情况,简化领导组织机构,主要根据保证完成比赛任务来安排。较大规模的比赛设立组织委员会,一般还设仲裁委员会。组织委员会设主任、副主任、委员等。组织委员会下设竞赛处和秘书处。竞赛处下设竞赛组、裁判组、场地组。秘书处下设宣传组、会务组、保卫组、医务组、后勤组等。

3.制定竞赛规程

比赛规程是比赛的指导性文件,包括参赛办法及报名资格、运动员和教练人数、比赛项目、比赛办法、使用规则、报名日期、名次评定和奖励办法、抽签日期和地点、注意事项等。

4.比赛时间安排

比赛时间尽量安排在课外活动时。如果是简单的单项体育比赛,跳绳、踢毽等最好一次性地安排在一个时段里完成。如果是参赛队较多,赛制比较复杂的单项体育比赛,如篮球、排球、足球等,应控制好贯穿的时间,最好在两周内完成。在确定好比赛时间后,要考虑到比赛的场地设施,根据学校各院系的所在位置和体育设施的情况而定,尽量选择在学生比较容易集中的地方进行,便于大多数同学的参与和观摩,增加比赛的趣味性和影响力。

5.制定工作计划

根据比赛组织方案、规程安排比赛的工作日程,拟定各小组的具体工作计划。计划应包括:编排秩序册,裁判分工,检查比赛场地器材设备等。

(1)组委会的工作:按照各职能部门的工作计划检查落实情况,协议解决一些疑难问题。召集裁判员、领队及教练员联席会,由组委会通报竞赛工作的准备情况,解决与比赛有关的所有问题。

(2)竞赛组的工作:编排竞赛规程,编印秩序册,审查运动员资格及健康状况,检查场地器材,印制竞赛用的各种表格,安排好赛前对比赛场地的适应性练习,组织好辅助工作人员的培训。

(3)裁判组的工作:做好裁判员的培训工作,请裁判长检查场地和器材落实情况,进行裁判分组并确定负责人。

(4)宣传组的工作:做好赛会的宣传报道。

(5)保卫组的工作:根据赛会的需要安排赛前准备,确保赛会安全顺利进行。

(6)仲裁委员会工作:与组委会共同审查报名队和队员的参赛资格,组织仲裁成员学习《仲裁委员会条例》。

6.编制秩序册

秩序册是运动会竞赛组织和竞赛秩序的文字依据,它由运动会的竞赛部门负责编制,报组委会审定后印制,及时下发。秩序册一般包括:竞赛规程及补充规定;组织委员会名单;办事机构名单;技术代表、仲裁委员会名单;裁判员名单;各参赛队领队、教练员和运动员名单;运动员姓名号码对照表;竞赛日程;竞赛分组;比赛场地及练习场地示意图;运动会最高纪录及注意事项等。

二、赛中管理

1.全局一致,各方协调

竞赛活动是一项综合性工程,组织竞赛、临场管理、宣传报道、后勤保障、医护保卫等工作缺一不可。竞赛的组织者要与竞赛的各个环节保持信息的畅通,要深入赛场,掌握第一手材料,加强各方面的协调配合,不断改进工作,保证对竞赛全局的控制。一旦发现问题,就立刻进行解决,切实保证比赛的顺利进行。

2.加强临场管理

临场管理是组织体育竞赛的关键环节,它直接影响比赛的顺利进行。裁判员需要公正执法,运动员需要规范职业道德,工作人员需要做到热情服务。要及时发现临场比赛中出现的技术问题,违反体育道德的现象,场地器材、饮食卫生、安全保卫中可能出现的隐患,并尽快地给予解决。竞赛组织者要提倡、表彰精神文明,鼓励拼搏进取,同时对违规违法的人或事要坚决、严肃处理,不得徇私,不得延误,不得影响比赛。

3.完成成绩统计和处理工作

任何项目的竞赛都要对比赛的全过程及每个阶段的成绩做出准确的统计和记录,以此作为录取名次、决定比赛结果的依据,同时也便于成绩公告和汇编成绩册。有的项目还要把上一阶段的比赛成绩作为下一阶段比赛编排分组的依据,必须尽快完成。成绩的统计和处理工作一定要做到准确、快捷。

4.成绩公告

每项比赛结束后,各单项竞赛部门要将该项的比赛成绩尽快送交大会竞赛部门,再由大会竞赛部门将各项成绩汇总,准确、快捷地印制、发送当日的成绩公报,使参加竞赛的单位、运动员和观众及时了解竞赛的进程和结果,以便进行分析研究与宣传报道。

三、赛后管理

1.排定名次，做好颁奖工作

比赛结束后，竞赛部门要尽快核对各项比赛的成绩，排定名次，交裁判长在闭幕式上宣布。要根据竞赛规程的规定提前准备好奖品及奖金，以便在闭幕式进行颁奖。精神文明奖可在比赛进行中就开始评选，比赛结束时其评选活动也应结束，并和其他奖项同时颁发。

2.印发竞赛成绩册

竞赛组织者要对比赛的成绩进行审查核对，确认无误后装订成册，尽快发给各参赛单位。球类项目比赛的成绩可以在竞赛秩序册中记录，但田径、游泳等项目各赛次的成绩以及最后比赛的结果就需要有一本完整的成绩册。

3.做好总结工作

竞赛活动结束以后，竞赛有关部门要对竞赛工作做一个全面、认真的书面总结，肯定成绩，找出不足，提出建议，总结上交给主办单位。同时要将竞赛的各种文件、记录表格、原始成绩等一起归类存档，以便今后查阅。

第四节　大学生体育竞赛的内容与形式

一、大学体育竞赛项目及分类

综观高校开展的各种体育竞赛项目，如田径、体操、球类、游泳、滑冰、武术等，都是以竞争或对抗为其基本竞赛形式。因此，有人把高校体育竞赛项目分为竞争性体育竞赛项目和对抗性体育竞赛项目两种基本类型。由于不同体育竞赛项目的结果是运用不同的评定方法予以确定的，因此，也有人依据体育成绩的评定方法建立竞技项目的分类体系。依据运动成绩的评定方法，可将主要竞技运动项目分为测量类、评分类、命中类、制胜类及得分类五种类型。还有依据条件、教学要求组织进行的竞赛。

1.依据运动成绩的评定方法分类

①测量类竞赛项目，如田径、游泳、速度滑冰、滑雪、划船、举重等。

②评分类竞赛项目，如竞技体操、健身体操、健美操、技巧、跳水、花样滑冰、花样游泳、武术等。

③命中类竞赛项目，如篮球、足球、手球、水球、击剑等。

④制胜类竞赛项目，如摔跤、柔道、拳击等。

⑤得分类竞赛项目，如乒乓球、羽毛球、网球、排球等。

2.根据竞赛条件、教学要求组织进行的竞赛

在大学体育竞赛中，许多体育教师根据本校的体育竞赛条件、教学要求，创造了许许多多健身、健美的娱乐性强的竞赛项目，例如体育游戏；发展学生运动素质的项目，例如俯卧撑比赛、引体向上比赛等；提高学生基本活动技能的项目，例如掷沙包、攀登阶梯、搬运实物、登山、

跳绳等。对这些竞赛项目,也可参照上述分类方法予以划分,其目的是有利于制定比赛规则,有效地组织各种竞赛活动。

当前,我国各级各类高校为开展丰富多彩的体育竞赛活动,采用了许多民族体育项目、健身体育项目、娱乐体育项目。一些体育竞赛项目评定比赛成绩时,往往是既计算时间,又计算次数,还评定比赛的风格与运动员的道德品质,使竞赛成为一种综合性评定成绩的竞赛项目。

二、高校经常开展的体育竞赛

我国各级各类高校经常开展的体育竞赛项目,因高校层次、地区、条件的不同而异,就是在同一层次高校,由于场地、设备条件不同,开展的体育竞赛项目也不尽相同。从全国总体上看,高校经常开展的体育竞赛内容大致如下:

1.田径项目

田径项目是各级各类高校开展最为普及的竞赛项目,许多高校每年都举办盛大的全校性田径运动会。田径比赛中经常设置的项目有短跑、中长跑、接力跑、跨栏跑、跳高、跳远、铅球、标枪等。

2.球类项目

球类项目是各级各类高校学生十分喜爱的竞赛项目。球类比赛中经常设置的项目有篮球、足球、排球、乒乓球、羽毛球、网球等。有少数学校还引进了一些新型的球类运动项目,如台球、棒球等。

3.体操项目

广播体操、健美操、艺术体操是高校体育竞赛项目中的主要项目,有条件的高校也采用单杠、双杠、支撑跳跃中某个项目的比赛。

4.武术项目

武术比赛也是大学生所喜爱的体育竞赛项目。一些高校经常举办太极拳、长拳的比赛。

5.娱乐体育项目

高校还经常将竞技运动项目加工改造为娱乐项目,如三人篮球赛、七人足球赛等。另外还将交谊舞、台球等作为体育竞赛的内容。有条件的高校还把游泳、滑冰、滑轮作为比赛内容。由于我国各级各类高校场地器材设备条件、体育教师的条件以及学生年龄阶段、性别、身体与体育基础等不同,确定高校体育竞赛内容要因地制宜、因人而异,要使更多的学生能参加体育比赛。部分省市体委为抓好竞技体育的课余体育训练,对各级各类高校的体育项目进行了有计划的科学布局,使一些高校设置了传统体育竞赛项目。这种方法对于推动高校体育竞赛,提高体育训练水平具有重大意义。

第五节　大学生与奥林匹克运动

一、奥林匹克运动会

(一)古代奥林匹克运动会

1.古代奥林匹克运动会的起源

古代奥林匹克运动会的起源,实际上与古希腊的社会情况有着密切的关系。

古代希腊商品生产极为繁荣,这在以农业经济为主的人类古代社会是绝无仅有的。商品经济的繁荣,使生产力得到迅速发展,征服自然、改造自然的信念易于形成,社会生活内容也就丰富多彩,奥林匹克竞技活动就是其中的一部分。

商品经济的发展和开放的海洋地理环境使希腊人产生了外向、好动的性格。他们有独立不羁的人格、开拓的精神。这种充满自由、竞争精神的文化个性,鼓励人们参与各种竞争活动,激发了人们的竞争能力。

古希腊的城邦统治注重军事,更注重军事力量的主体——人的体力发展。古代奥林匹克运动会是一种泛希腊的宗教庆典,它与宗教习俗活动关系密切。这些机制的综合运行,产生了古代奥林匹克运动会,并持续了千余年,成为人类文明史上的一朵奇葩。

2.古代奥林匹克运动会的规定

(1)古代奥林匹克运动会的举办时间

古代奥林匹克运动会基本上是每四年举行一次,这一周期被称为“奥林匹亚德”。按此周期算,则从公元前776年到公元393年间共应举办293届,但实际上召开的次数要少得多。不过,古代奥林匹克运动会有规定,一个奥林匹亚德为一届,不管举行与否次数照算。古代奥林匹克运动会初期,竞赛项目不多,会期只有一天。后来随着比赛项目的增加,会期不断延长。从公元前472年的第77届奥林匹克运动会起,会期延长至5天。

(2)古代奥林匹克运动会的比赛项目

古代奥林匹克运动会的竞技比赛项目主要是田径。场地跑是古代奥林匹克运动会最早设立的竞赛项目,也是从第1届到第13届运动会上的唯一竞赛项目,距离是一个“斯泰德(stade)”,约为192.27米,这个距离是传说中的竞技之父——赫拉克勒斯神的脚的600倍。后来逐渐增加了中长距离跑、摔跤、五项全能、拳击、赛马、角斗,以及战车赛、武装赛跑等,最多时达23项。大多数比赛项目为现代运动项目的原始雏形,比赛规则简单,任意性很大,一些项目如最富有古希腊运动特色的角斗在现代运动中已经绝迹。此外,还举行文艺比赛,参加者为诗人、作家、艺术家和演说家等。文艺比赛是从公元前444年的第84届古奥林匹克运动会开始的,当时被誉为希腊“历史之父”的格罗多特宣读了他的名作《历史》中的某些章节,歌颂了公元前490年在马拉松河谷战役中打败波斯军队的希腊战士,最终赢得首次文艺比赛的桂冠。

(3)古代奥林匹克运动会的奖励

比赛结束时,在宙斯神坛前为各项目的优胜者举行庄严而隆重的发奖仪式。首先由裁判庄严宣布优胜者姓名和他们父亲的姓名、所属城邦，以及他们在奥运会获胜的项目，同时授予优胜者一枚棕榈，再由神的代表——奥运会的祭司授予神赐给人类的象征和平、幸福的橄榄枝花冠。每位奥林匹克冠军都是城邦的英雄，这一地位和荣誉是人间无与伦比的，即便是身在高位的将军也对此羡慕不已，宁愿以将军的头衔去换得那用橄榄枝编织的奥运会桂冠，尽管那只是一顶花环，而不是财富和权势。可见，在古奥林匹克繁荣时期，奥林匹克在人们心目中的地位是多么圣洁和高尚。最初的奖赏偏重于荣誉，以后逐渐发展成为优厚的物质奖赏，并授予某种特权。

(4)古代奥林匹克运动会的规定

古代奥林匹克运动会对运动员、裁判和观看者有着种种规定、特权与禁令。

古代奥运会对运动员资格审查是极为严格的，当时的规定是：只有希腊血统的自由民才能作为参赛者，而奴隶、外国人、犯过罪的人、对神不虔诚的人和有亵渎行为的人都不能参加。妇女不但无参赛资格，而且也不允许观看。古代奥运会的裁判官由伊利斯城邦在有名望的贵族中推举产生，大多由王公贵族担任，权力很大。最初只有1～2名裁判，到公元前348年的第100届奥运会上才确定为10名。裁判官负责向各城邦宣告“神圣休战令”开始，审查运动员资格，执行赛场纪律。裁判员不仅是赛场的执法者，也是整个大会的组织者。古代奥运会的比赛规则十分严格，古希腊人认为奥运会是神圣的，光明正大的取胜是光荣的；反之，则是对神圣事业的亵渎。这表现了古希腊人的荣辱意识。据说在第98届古奥运会上，一拳击运动员因买通另外3名敌手取胜，结果4人皆被罚重金，并用这4人的罚金雕刻了4尊宙斯像，其中一尊还刻上警语：奥林匹克的胜利不是可用金钱买来的，而需依靠飞快的两腿和健壮的体魄。

(5)古代奥林匹克运动会的特点

赤身运动是古希腊体育竞技的一大特色，表现出其独特的民族风尚和艺术风格，同时也显示出古希腊人对神的崇敬以及对美和力量的崇尚。因此，在比赛场上的运动员全身赤裸，涂擦上橄榄油，使皮肤富有光泽，肌肉更富有弹性，既有利于比赛，又显示出力量与美。

(6)妇女与古代奥林匹克运动会

古代奥林匹克运动会的禁令主要是针对妇女而言的，当时规定：女子不能参加或观看体育比赛，违者要受法律制裁，甚至处以死刑。不过，也有例外的情况。公元前396年第96届奥运会上，一位拳击世家的妇女——卡莉帕捷里娅女扮男装混入赛场，在教练员席上观看儿子的比赛。当儿子获得冠军后，她欣喜若狂跑入赛场热烈拥抱亲吻儿子，暴露了自己真实的身份。由于其父是第79届奥运会的拳击冠军，再加上长老的说情，她才免于一死，成为有历史记载的古代奥运会史上妇女违禁得以生还的罕见事例。

3.古代奥林匹克运动会的盛衰

古代奥林匹克运动会按其起源、盛衰，大致分为三个时期：

公元前776年至公元前388年，这一时期各城邦之间虽有纷争，但希腊是一个独立国家，政治、经济、文化都较发达，是古代奥林匹克运动会的黄金时期。

公元前388年至公元前146年，古代奥林匹克运动会开始衰落。公元前431年，在古希腊爆发了使古希腊民间丧失元气的伯罗奔尼撒战争，这场战争持续了近30年。战争不仅耗损了几乎所有希腊城邦的国力，而且嘲弄了希腊人凭奥林匹克竞技实现民族团结、精神统一的梦想。到了后来，马其顿人毫不留情地把这种梦想撕了个粉碎。

公元前146年至公元393年，古代奥林匹克运动会由衰落走向毁灭。公元393年罗马皇帝狄奥多西一世宣布基督教为国教，认为古代奥林匹克运动会有违基督教教旨，是异教徒活动，翌年宣布废止。

4.古代奥林匹克运动会的文化遗产

古代奥林匹克运动会虽然衰亡了，但它给人类社会留下了宝贵的文化财富，在世界体育史上有深远的影响，具体表现在：

（1）创造了一种竞技运动的组织模式

从单一项目的竞赛到大型综合性竞赛，从运动会的组织、活动内容到竞赛方法，都形成了独特的体系。

（2）积累了丰富的体育教育经验

延续了一千多年的古代奥林匹克运动会，促进了古希腊人身体训练制度的形成，使古希腊“对青年的教育原则中贯穿着竞技运动、神性与人性的精神”“在希腊文化的全盛期，运动锻炼一直是城邦生活的重要部分和教育的基本原则”，为人类积累了体育教育经验。

（3）在体育理论和实践上留下了宝贵财富

一千多年的古奥运会实践，在体育的功能、德智体美关系、运动生理、运动营养、训练周期、运动道德等方面都积累了丰富的经验。

（4）形成了一种价值体系——“奥林匹克精神”

古代“奥林匹克精神”主要内容为：①和平与友谊的精神。古代奥林匹克运动会反映了人民渴望和平的意愿。在“神圣休战”期间，各城邦人民可以自由交往、经商旅行，反映了人民对友谊的崇尚。②尊崇公正、平等、竞争的精神。运动员赛前宣誓：“不以不正当的手段取胜！”这既是一种社会对人的理想化的规范，也反映了人们对公正、平等、竞争的渴望与崇敬。③追求人体健美的精神。古代奥林匹克运动会不仅是体能的比赛，也是健美的比赛，它体现了古希腊人对人体健美的追求。④追求奋进精神。古代奥林匹克运动会是古希腊人展示自我、表现自身价值的一种形式。运动员来到赛场，就是要胜过别人，成为冠军。这是一种鼓舞人奋进向上、不断探索和推动社会进步的可贵动力。

（二）现代奥林匹克运动会

1.现代奥林匹克运动会的起源

现代奥林匹克运动会兴起于欧洲资本主义工业时代。它以坚实的社会经济、政治、文化基础为依托，顺应了社会发展的需要和体育发展的潮流，极大地丰富了体育的内涵，扩大了体育的作用。

18 世纪中叶，欧洲兴起了文艺复兴、宗教改革和启蒙运动。人文主义者颂扬古奥运会的崇高竞技精神，引起了史学界、文化体育界对奥林匹克的重视和神往。1859—1889 年在希腊人杜巴斯的倡导下举行过 4 次奥运会，但都没有多大影响。

法国教育家、活动家、史学家皮埃尔·德·顾拜旦（1863—1937）被称为现代奥林匹克运动会的创始人。从 1888 年开始，顾拜旦就倡议复兴奥林匹克运动会，并走遍欧洲各国宣传呼吁。在他的推动下，1894 年 6 月 23 日，国际奥林匹克委员会在法国巴黎成立。

国际奥林匹克委员会是奥林匹克运动会的领导机构，委员会的委员以个人身份当选，不代表国家，主席由委员选举产生，任期 8 年，连选时再任 4 年。第一届奥林匹克代表大会选举希腊诗人维凯拉斯为第一任主席，顾拜旦为大会秘书长，决定 1896 年 4 月在希腊雅典举行第一届现代奥林匹克运动会，以后每 4 年举办一届。

2.现代奥林匹克运动会的发展

从1894年国际奥委会成立至今，奥林匹克运动会已经走过了100多年的历程，这期间无论是奥林匹克运动本身，还是它存在的社会环境都发生了巨大而深刻的变化。奥林匹克运动会的发展过程按其特征大体上可以分为四个阶段。

(1)奥林匹克运动会初创时期(1894年至第一次世界大战)

这是世界政治经济关系发生急剧变化的时期，各种民族主义、种族主义和排外心理严重妨碍了正常的国际交往。现代运动项目仅在少数欧洲国家有所发展，世界范围的体育竞赛活动很少进行，奥运会尚未形成一定的举办规模。1908年奥运会实施了标准化和规范化管理，为此后奥运会的举办构建了基本框架。1912年奥运会从参赛国家、运动员人数、场地设施到组织工作都有了较大发展，第一次实现了顾拜旦所期望的没有事故、没有抗议、没有民族种族仇恨的奥运会。

这一时期，国际奥委会、国际单项体育组织还只是一个松散的机构。国际奥委会在委托某一城市承办奥运会时，还缺乏领导和监督权力，以至于奥运会的一切事宜均由东道主随意安排。由于不允许妇女参加奥运会，不但使奥运会的广泛性存在重大的缺陷，而且也使女子体育发展受到阻碍。

(2)奥林匹克运动会推广时期(1914年至第二次世界大战)

因第一次世界大战而中断的奥运会于1920年重新进行。奥运会的基本框架、运行机制和基本特征在这一时期形成，比赛项目的设置逐渐趋向合理，比赛设施进一步完善，会期基本固定，申办、举办程序基本确立，基本解决了有关运动员的参赛资格问题。自1928年起，女子田径项目纳入正式比赛，这一重大变化对奥林匹克运动的普及性和号召力起到了推动作用。1924年第一届冬季奥运会的诞生也使奥林匹克运动的覆盖面变得更广。

这一时期，奥林匹克运动的组织机构得到发展，国际奥委会成员由第一次世界大战前的29个增加到60个，为奥林匹克思想在世界各地的传播做出了重要贡献。与此同时，各国际单项体育组织相继成立，使国际奥委会摆脱了具体技术事务，而更多地在领导、协调、决策等更高的层次发挥作用。而此时期政治对奥林匹克运动的影响日益加重，如1936年柏林奥运会成了希特勒向世界炫耀自己实力的工具，违背了奥林匹克和平、友谊、进步的宗旨。

(3)奥林匹克运动会发展时期(1946—1980年)

第二次世界大战结束后，各国经济振兴、科技发展，促进了奥林匹克运动的发展。由于苏联及新兴独立国家的参加，奥运会每届参赛国家和人数以及竞赛项目都在增加；顾拜旦关于在各大洲轮流举办奥运会的设想得以实现；各洲范围的运动会、残疾人奥运会相继产生。随着奥林匹克运动的普及，竞技运动水平也迅速提高，在奥运会上形成了美国和苏联争强的局面。这一时期奥运会向大型化、艺术化方向发展；先进的电子设备，以及违禁药物检查，使比赛的公正性得到加强。

这一时期，政治对奥运会的影响更加明显、复杂，各种势力集团都想通过这个舞台达到自己的目的。此外，兴奋剂问题、奥运会承办国财政负担过重等问题都提上重要议程。

(4)奥林匹克运动会改革时期(1980年至今)

进入20世纪80年代，在萨马兰奇的领导下，国际奥委会针对奥林匹克运动所面临的各种问题进行了大规模的变革。过去的那种“独立性”原则，即在经济上不谋利、政治上不同政府联系的做法已不适应新时期的需要。人们对奥林匹克运动的要求不只限于4年一届的奥运会，奥林匹克运动已渗透到更加广阔的领域。国际奥委会在文化教育、科学技术方面注重了奥林匹克思想的传播，并建立了长驻机构——洛桑总部，保证了总部机构对各方面的领导。1981年国际奥委会第一次有了正式的法律地位，从而以法人的身份开始参与处理各种重大事务，经济上大胆地进行商业性开发，为奥林匹克运动的发展创造了一个良好的经济基础。从第23届奥运会开始，连续几届的奥运会主办国均未出现财政赤字。经济上的盈利，极大地调动了主办国家搞好奥运会的积极性。

这一时期，在肯定商业化的同时，对商业化采取一定的限制措施，废除了参赛者业余身份的原则，使奥运会向所有优秀的运动员开放。这种务实的态度，促进了奥林匹克运动向健康的方向发展。

3.现代奥林匹克运动会的特色和精神

(1)宗旨

奥林匹克运动鼓励作为体育运动基础的身体素质和优良道德品质的发展；通过体育运动，以相互了解和友好的精神教育青年，从而有助于建立更加和平美好的世界；在全世界传播奥林匹克精神，以建立国际的亲善；在每4年举办一次的奥林匹克运动会上，"更快、更高、更强"的口号使全世界优秀运动员友好相会。

(2)格言

奥林匹克运动的格言是"重要的是参与而不是取胜""更快、更高、更强"。第一条格言是启迪参与者要为友谊、团结、和平而参加体育盛会。第二条格言是激励参与者要为提高运动竞技水平而不断拼搏，从而树立崇高的理想和不断进取的精神。也就是说，运动员在拼搏中要勇于向困难挑战，向极限挑战，在竞技中展示蓬勃向上的青春活力和永不终止的奋斗精神。

(3)圣火和火炬

奥林匹克宪章规定："奥林匹克圣火是在国际奥委会许可下在奥林匹亚点燃的火焰"，"奥林匹克火炬是用奥林匹克圣火点燃的火炬或由它复燃的火炬"。1896年第一届现代奥运会的开幕式上，为了纪念奥运会的复活，各国选手高举火炬入场，以祝福运动会光明长存。现代奥林匹克运动为了把希腊和平化身的精神永远传播下来、继承下去，圣火和火炬仪式于1928年第九届奥林匹克运动会上被确认正式实施。

(4)会徽

会徽由五个奥林匹克环组成，五环颜色从左到右为蓝、黄、黑、绿、红，上面是蓝、黑、红环，下面是黄、绿环，象征着五大洲的团结和全世界的运动员在奥林匹克运动会上相聚一堂。

(5)会旗

会旗是白色无边的绸布，上面镶锈着五个彩色的奥林匹克圆环。它是根据顾拜旦1913年的构思设计的。正式会旗保存在瑞士洛桑的国际奥委会总部，而每届奥运会开幕式升起的会旗则是一面代用品。每届奥运会开幕式都要安排隆重的会旗交接仪式，由上届奥运会举办城市的代表，将这面旗帜交给举办本届奥运会的城市的市长。奥运会举办完毕以后，会旗则存放在该市的市政府里，保留4年，直至递交给下届奥运会举办城市。

(6)奥林匹克精神

通过运动会及其他活动，体现出世界各国人民之间友好团结、和平以及奋发向上的崇高精神，强调要具有相互理解的精神、友好的精神、团结互助的精神和公平竞赛的精神。其特点是：追求世界的和平与美好；提倡人的和谐发展、全面发展，以及体质、精神、品德协调发展；倡导在参与中奋斗，在奋斗中求欢乐；强调普遍性、多样性、全球性、持久性；追求"更快、更高、更强"的进取精神；崇尚公正性、正义性，反对暴力、药物；发挥榜样的教育作用。

4.现代奥林匹克运动会赛事

(1)夏季奥运会

每4年举办一届,每届比赛时间不超过16天,从1896年至2021年东京奥运会,按4年一届计算已是32届,但实际只举办了29届,第6、12、13届因为两次世界大战而被迫停办。第一届仅有13个国家、311名男运动员参加9个大项43个单项的比赛,2021年东京奥运会上有200多个国家和地区的1万多名运动员参加。

(2)冬季奥运会

也是4年一届,每届时间不超过12天,自1924年在法国多蒙尼举办第一届至今,已举办了23届。目前比赛项目有:冰球、冰壶、现代冬季两项(滑雪和射击)、滑雪(高山滑雪、越野滑雪、跳台滑雪、自由式滑雪、单板滑雪)、滑冰(速度滑冰、花式溜冰、短道速滑)和雪橇(有舵雪橇、无舵雪橇、俯式雪橇)等。

(3)残疾人奥运会

残疾人体育活动是从第一次世界大战后发展起来的。英国人古特曼首创了残疾人体育竞赛。1960年意大利举办夏季奥运会时,第一次同时组织了残疾人奥运会。此后,伴随着4年一届的夏季奥运会,残疾人奥运会也同时在奥运会主办国举行。

二、中国与奥林匹克运动会

(一)早期的中国奥运(1911—1949年)

中国与奥林匹克运动的联系最早可以追溯到1894年。当时,中国清政府曾经接到了希腊王储和近代奥运会发起人顾拜旦代表国际奥委会发出的邀请书。但由于昏庸的清政府不知“体育”为何物而未做答复。

1904年,许多中国报刊曾报道过第3届奥运会的消息。

1906年,中国的一家杂志介绍了奥林匹克历史。

1907年10月24日,著名教育家、中国奥委会第一任主席张伯苓先生在天津学界运动会发奖仪式上,以“奥林匹克”为题发表了著名的演说。他指出,虽然许多欧洲国家的获奖机会甚微,但仍然派出选手参加奥运会。他建议中国组队参加奥运会。

1908年伦敦奥运会后,天津一家报纸再次介绍了奥林匹克运动的历史,还提出要争取这一盛会在中国举行。天津体育界人士用幻灯片展示了伦敦奥运会的盛况,举办了奥林匹克专题演讲会。

1910年10月18日至22日,在“争取早日参加奥运会”和“争取早日在中国举办奥运会”口号的鼓舞下,在南京举办了中国历史上第一次全国性运动会。

1913年开始举办的远东运动会(最初名为“远东奥林匹克运动会”),是奥林匹克运动在亚洲的先驱,中国是发起者之一。在远东运动会上中国运动员取得了较好的成绩,表现了良好的体育道德。

1915年,国际奥委会致电远东运动会组委会,承认了远东体协,并邀请中国参加下届奥运会和奥委会会议。

1922年我国的王正延当选为国际奥委会委员。

1924年中华全国体育协进会成立后,中国陆续加入了田径、游泳、体操、网球、举重、拳击、足球、篮球 8 个国际单项体育联合会。在第 8 届奥运会上，我国 3 名选手参加了表演赛。

1928 年第 9 届奥运会上，我国派观察员宋如海参加，并进行了考察工作。

1931 年，当时的中华全国体育协进会被国际奥委会承认为"中国奥林匹克委员会"。中国正式参加奥运会的历史由此开始。

1932 年，第 10 届奥运会在美国洛杉矶举行，刘长春、于希渭作为运动员，宋君复为教练员，沈嗣良为领队，代表中国参加奥运会。在开幕式上，刘长春执旗前导，沈嗣良、宋君复以及中国留学生和美籍华人刘雪松、申国权、托平 6 人组成了中国代表团。于希渭因日方阻挠破坏，未能成行。刘长春在 100 米、200 米预赛中位于小组的第五、六名，未能取得决赛权，但他以我国第一位参加奥运会的选手而留名于中国奥运会史。

1936 年，第 11 届奥运会在德国柏林举行，中国派出了 140 人组成的代表团，其中运动员 69 人，参加篮球、足球、游泳、田径、举重、拳击、自行车 7 个项目的比赛。另外，还有 11 人的武术表演队和 34 人组成的体育考察团。其中篮球比赛胜过法国队，撑竿跳选手符宝卢取得复赛权。中国武术队的多次表演轰动了欧洲。

1945 年抗日战争胜利后，中国第一位国际奥委会委员王正延和体育家袁敦礼、董守义等人提出请求第 15 届奥运会(1952 年)在中国举行，引起了国人的兴奋。

1948 年，第 14 届奥运会在英国伦敦举行，我国派出 33 名男运动员参加了篮球、足球、田径、游泳和自行车 5 个项目的比赛，但没有一人进入决赛。奥运会结束后，代表团在当地华侨总会的帮助下解决了路费，才得以返回祖国。

(二)奥林匹克运动在新中国广泛开展(1949—1979 年)

新中国的成立为奥林匹克运动在中国的开展提供了广阔的空间，中国的历史从此翻开了崭新的一页。体育战线上成立了中华全国体育总会，同时成立了下属的 23 个全国性单项体育协会，这些单项协会，都是新中国开展奥林匹克运动所必需的组织机构。

1.新中国迎来首次奥运会参赛机会

中国作为一个主权国家受邀请参加奥运会是顺理成章、天经地义的事。然而在东西方冷战的年代，把体育也政治化了。1952 年第 15 届奥运会前夕，中华全国体育总会(北京)、台北的"中华全国体育协进会"都宣布自己是中国的唯一合法代表，中国在联合国的合法席位，依然被台湾当局占据。国际奥委会邀请中华人民共和国运动员和台湾运动员共同参加第 15 届奥运会。台湾声称："如果大陆参加，台湾将退出比赛。"在这种情况下，中华人民共和国接到第 15 届奥运会组委会主席欢迎我代表团参加第 15 届奥运会的邀请信。但这已是大会开幕的前一天。面对万里之外的赫尔辛基，周恩来总理高瞻远瞩，当机立断，批示："要去！"

为了新中国的荣誉，为冲破国际社会某些人的阻挠，让鲜艳的五星红旗飘扬在奥运会赛场上空，以示中国人民追求和平、友谊的愿望，中国决定迅速组团参赛。开幕后的第 5 天，中国体育代表团宣布成立，有男子篮球队、足球队、游泳选手吴传玉等共 40 人。开幕后的第 7 天，中国体育代表团乘坐二架小型螺旋桨飞机，经四天的飞行到达奥运村，中午便举行了升旗仪式。此时距闭幕还有 5 天，大部分比赛项目已近尾声，只有游泳运动员吴传玉赶上百米仰泳比赛，因此他也就成了新中国正式参加奥运会的第一名选手。由于比赛成绩列小组第五名未获得决赛权。篮球、足球未能赶上正式比赛，后与芬兰的球队进行了多场友谊赛。传播了友谊，宣告中华人民共和国在亚洲的存在与崛起，也不虚此行。

2.无法与国际奥委会合作,全面退出奥委会

第15届奥运会后,我国继续要求国际奥委会承认中华体育总会为中国唯一合法代表。在1954年雅典的国际奥委会第49届全会上,国际奥委会终于以23∶21投票通过决议,承认"中华全国体育总会"为中国国家奥委会。但是1952年新当选的国际奥委会主席、美国人布伦戴奇在未经任何讨论的情况下,将台湾的体育组织以"中华民国"的名义,列入国际奥委会承认的国家奥委会之中,明目张胆地制造"两个中国",粗暴地干涉中国内政。在之后的一段时间里,我国就此问题一再提出抗议。

1956年第16届奥运会在澳大利亚墨尔本举行。我国运动员早已做好参赛的准备,运动员一行92人整装待发。就在这时,国际奥委会又邀请台湾以"中华民国"的名义参加本届奥运会。中国政府和中国人民忠于奥林匹克理想,但从不拿主权做交易。为了国家和民族的尊严,中华全国体育总会对此发表声明:由于国际奥委会违反奥林匹克宪章,坚持错误立场,邀请台湾以"中华民国"的名义参加大会,企图制造"两个中国",在数次抗议无效的情况下,中国体育代表团拒绝参加本届奥运会。1958年,中国奥委会发表同国际奥委会中断关系的严正声明。与此同时,中华全国体育总会被迫退出了国际游泳、田径、篮球、举重、射击、摔跤、自动车联合会及亚洲乒乓球联合会8个国际体育组织,董守义先生也辞去了国际奥委会委员的职务。从此,中国被迫与国际奥委会中断关系长达21年。

3.奥林匹克运动与中国再度合作

1971年10月,联合国恢复了中国在联合国的合法席位。1972年2月,尼克松总统访华,中美联合发表了《中美上海公报》;同年,对中国很不友善的国际奥委会主席布伦戴奇让位于爱尔兰人莫里斯·基拉宁先生。1979年10月25日,国际奥委会通过了恢复中国在国际奥委会合法席位的决议,确认中华人民共和国奥委会是中国全国性奥委会,设在台北的奥委会,作为中国的一个地方性机构留在国际奥委会内。11月26日得到全体委员的批准,这就是具有划时代历史意义的名古屋决议。根据一个中国的原则,既肯定了中华人民共和国的国家奥委会地位,又照顾到台北作为中国一个地区性奥委会存在,这也就是著名的"奥运模式"。

(三)中国重新登上奥委会赛场

"奥运模式"的创立,为海峡两岸中国人参加奥运会扫清了道路。1980年后,中国开始全面登上奥运赛场。1979年,中国恢复了在国际奥委会中的合法席位,对参加第二年举行的第22届奥运会也早做了参赛准备。由于苏联武装入侵阿富汗,践踏了国际法准则,很多国家提议更换比赛地点,但未能得到国际奥委会的支持,因此,在国际奥委会承认的140多个国家奥委会中,公开抵制和拒绝参加本届奥委会的达60多个国家,中国也在进行抵制的国家中。中国正式参加夏季奥运会是第23届洛杉矶奥运会。

三、世界青年奥林匹克运动

(一)世界青年奥林匹克运动的意义

青奥会是国际奥委会专门为年满14岁至18岁青少年设计的综合运动会,是在时任国际奥委会主席罗格的倡议下,国际奥委会于2007年决定创办的。青奥会每四年举办一届,分为冬季青奥会和夏季青奥会。2010年首届夏季青奥会在新加坡举行,2012年首届冬季青奥会在

奥地利因斯布鲁克举行。

青奥会旨在聚集世界范围内所有的具有天赋的青年运动员，以组织一项具有高度竞技水平的赛事；此外，还希望在奥林匹克精神方面成为一项具有教育意义的项目，让青少年们从运动中收获健康的生活方式。青奥会整合了教育和文化内容，鼓励青年人以奥林匹克的价值观来生活，并成为奥林匹克主义的大使。

(二)世界青年奥林匹克运动的特点

节俭办会：国际奥委会要求青奥会申办城市需要用现有的体育和文化教育设施，不需要新建设施，尽可能减少对城市市民生活的干扰。

重视文化教育交流：国际奥委会强调文化教育生活和体育竞技同样重要，并完美融合。青奥会应回归奥林匹克精神，呈现独特的魅力。因此，要求参加青奥会的运动员从开幕式到闭幕式都要参加体育竞赛和文化教育计划规定的活动，而不应离开青奥会。

树立奥林匹克精神：青奥会设想是基于青少年，为了青少年，在青少年中广泛传播“卓越、友谊、尊重”的奥林匹克精神，使之成为青少年的共同理想；树立健康向上的青少年榜样，鼓励和引导青少年积极参与体育运动，在参与、互动、共享氛围中快乐地成长。

凸显改革和创新：具体表现在城市举办、文化教育计划、适应青少年的竞赛项目和规则等方面，其宗旨是突出世界青少年之间的交流和合作。为了倡导融合和交流，青奥会不设官方奖牌榜。

(三)世界青年奥林匹克运动的目标

(1)将全世界的青年运动员们都集合起来，并为他们而欢庆。

(2)用一种独特而有力的方式推广奥林匹克精神。

(3)以一种创新的形式激发关于奥林匹克精神和社会挑战的教育和讨论。

(4)在节日般融洽欢快的气氛中分享世界各地的文化。

(5)向世界各地的不同青年团体推广奥林匹克精神。

(6)在年轻人之间提升体育运动意识和参与感。

(7)在奥林匹克发展运动中成为一个创新的平台。

(8)成为能代表国际最高运动水平的赛事之一。

(四)世界青年奥林匹克运动项目

1.夏季青奥会项目

夏季青奥会项目包括游泳(跳水、游泳)、射箭、田径、羽毛球、篮球(奥运项目篮球或街头篮球)、拳击、划艇、自行车(小轮车、山地自行车)、马术(障碍)、击剑、足球、体操、手球、曲棍球、柔道、现代五项、划船、帆板、射击、乒乓球、跆拳道、网球、铁人三项、排球(室内或沙滩排球)、举重、摔跤(女子自由式摔跤、男子古典式摔跤)共 26 个大项。最后确定项目应以官方发布内容为准。

2.冬季青奥会项目

冬季青奥会项目包括花样滑冰、滑雪、冰球、冬季两项(越野滑雪和射击)、冰壶、雪橇等 7 个大项。

第二篇

Chapter 2

实践技术篇

第七章 田径运动

第一节　田径运动概述

田径运动是历史上最古老的体育运动项目之一，人们在长期的生产和生活实践中为了生存和获得生活资料，在同大自然的斗争中，逐步学会和发展了快速奔跑、敏捷跳跃和准确投掷的技能。为了掌握和提高这些技能，并将其传授给下一代，人们在生活中经常重复这些动作，就逐渐形成了走、跑、跳跃、投掷的练习。随着工农业生产和教育、科学、文化以及社会生活发展的需要，田径运动的雏形逐步形成，开始由自发性的比赛逐渐发展到有组织的田径比赛。公元前776年在希腊奥林匹克村举行的古代奥运会上，第一次有了田径运动的正式比赛。1896年在希腊雅典举行的第一届奥林匹克运动会上，田径运动的走、跑、跳跃、投掷的一些项目，被列为大会的主要比赛项目。

田径运动分为竞走、跑、跳跃、投和全能5个部分共40多个单项。其中把以时间计算成绩的竞走和跑的项目叫径赛，以高度和远度计算成绩的跳跃和投掷项目叫田赛，全能是由跑、跳跃、投掷的部分项目组成的。

第二节　跑的基本技术和练习方法

一、短跑的基本技术和练习方法

（一）基本技术

短跑可分为起跑、起跑后加速跑、途中跑和终点跑四个阶段。

1.起跑

起跑必须采用蹲踞式起跑，并使用起跑器。蹲踞式起跑包括“各就位”“预备”和“鸣枪”三个阶段（见图7-1）。

（1）各就位

听到“各就位”口令后，走到起跑线前，屈体下蹲，两脚依次踏在起跑器抵脚板上，有力腿在前，后膝跪地；两手四指并拢，与拇指成八字形张开，虎口向前，支撑于起跑线后沿处；两手间距离比肩稍宽，两臂伸直，颈部放松，目视前下方40～50厘米处。

(2)预备

听到“预备”口令后，臀部平稳抬起，与肩同高或略高于肩，肩部略超出起跑线，重心置于两臂和前腿上，两脚紧贴起跑器抵脚板，集中注意力。

(3)鸣枪

听到枪声后，两手迅速推离地面，两臂屈肘有力做前后摆动，两脚用力蹬离起跑器，后腿迅速屈膝向前上方摆出，前腿快速有力地蹬伸髋、膝、踝三个关节，以较大的前倾姿势把身体向前推进。

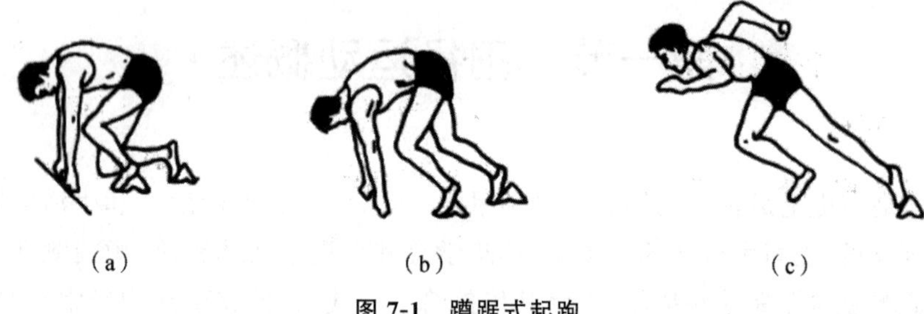

图7-1　蹲踞式起跑

2.起跑后加速跑

起跑后加速跑是从后腿蹬离起跑器到途中跑之间的一段，距离一般约为25～30米。

(1)两臂用力加速摆动，摆幅加大；摆动腿用力上抬向前摆动，支撑腿用力向后下方蹬伸，上体保持较大幅度前倾。

(2)步长逐渐加大，步频加快，上体逐渐抬起过渡到途中跑姿势。

3.途中跑

途中跑是短跑全程中距离最长、速度最快的一段。

(1)头和上体保持正直或稍前倾，两臂屈肘，以肩为轴前后协调摆动。

(2)摆动腿大腿抬高，积极前摆，带动同侧髋向前转动。

(3)当身体重心前移超过垂直位置后，支撑腿快速有力蹬伸，推动身体向前，当支撑腿蹬离地面时，身体进入腾空状态。

(4)支撑腿小腿随蹬地后惯性向大腿靠拢，大小腿成折叠姿势，原支撑腿转为摆动腿，用力前摆。

(5)同时，摆动腿大腿积极下压，小腿自然前伸，以前脚掌向后扒地，此时摆动腿转为支撑腿。

4.终点跑

终点跑是全程跑的最后一段，短跑的终点跑距离一般为终点线前15～20米。

上体前倾，两臂用力加速摆动，大腿抬高向前迈步，频率加快，距终点线约一步时，上体急速前倾，用胸部或肩部触压终点线，跑过终点。

(二)练习方法

1.起跑和起跑后加速跑技术

(1)起跑器安装

先学习普通式起跑器安装方法，学会后再根据个人特点和习惯，调整起跑时脚的前后长度与左右间隔距离。

(2)蹲踞式起跑练习

先练习原地站立慢慢前移身体重心，体会重心平衡点的位置以及平衡被打破时的感觉，当平衡被打破时，要求顺势小步跑出，体会加速跑过程；然后学习"各就位"技术，要求四肢着地，身体自然、轻松、稳定；再学习"预备"技术，注意重心的逐渐抬起和前移，做好臂超肩、肩超线的姿势。

(3)起跑后加速跑练习

注意起跑后的迅速加速，做到逐渐抬起身体重心，渐增步幅，两脚脚印渐成直线。可反复进行 10～30 米的起跑加速跑练习等。

(4)完整技术成组训练

如练习"各就位"和"预备"口令动作；听"预备"口令后，间隔不同时间的信号起跑练习；30～60 米蹲踞式起跑练习；起跑后最大速度跑、快慢速变化跑、速跑接惯性跑练习等。

2.途中跑技术练习

(1)跑的专门练习

摆臂：沉肩屈肘，以肩为轴前后摆，前摆高度不超过嘴角，后摆手腕过腰，左右不超过身体中线，摆臂时力求自然放松、大幅快频。

小步跑：步幅小、频率快，上体正直或稍前倾，大腿下压，小腿随大腿下压动作惯性前伸，并以前脚掌快速积极着地，着地后膝关节伸直，骨盆前送，两臂屈肘前后摆动，动作放松自然。

高抬腿跑：上体正直或前倾，保持高重心，摆动腿前摆，大腿抬平，膝关节放松，小腿自然下垂，随后大腿积极下压，小腿自然下落并用前脚掌着地。支撑腿髋、膝、踝三关节伸直，骨盆前送，两臂屈肘前后摆动。

后蹬跑：上体稍前倾，支撑腿以较小后蹬角快速有力蹬伸，摆动腿以膝领先，大腿带动髋部向前摆，然后大腿积极下压用前脚掌着地，两臂配合前后摆动。注意方向要正，重心移动平稳，动作轻快有弹性。

(2)专门练习的综合练习

结合摆臂练习的后蹬跑＋后踢折叠跑；后踢折叠跑＋高抬腿跑；高抬腿跑＋小步跑；后蹬跑＋后踢折叠跑＋高抬腿跑；后蹬跑＋后踢折叠跑＋高抬腿跑＋小步跑等，主要体会跑的专门练习技术之间动作如何合理正确地衔接。

(3)专门练习过渡到跑的练习

根据专门练习在短距离跑技术中的作用，进行专门技术的强化体验训练。一般是专门练习＋过渡＋完整跑练习，在过渡中体验专门练习动作技术在跑动中的运用，如先练习 10 米小步跑(或高抬腿跑，或后蹬跑等)，再进行 10 米过渡跑，最后是 10 米完整跑练习等。

(4)强化某一跑的动作训练

有负重摆臂、负重抬腿、扶肋木后蹬、推人前跑、牵引跑、跨跑低栏练习等。

(5)行进间技术训练

反复进行 30～80 米的慢跑、中距离跑、加速跑、快跑，30～60 米变换速度的波浪跑、惯性跑、往返跑、放松大步跑，30～50 米的行进跑等练习。

训练中要注意整体协调放松有弹性，大步快频节奏好，屈蹬快摆有力量，扒地、后蹬、高抬要到位。初练不宜比赛和计时，重点放在技术的正确与自然放松上。

3.弯道起跑和弯道跑技术的训练

(1)弯道起跑

要求按弯道起跑器安装方法安装起跑器,然后听口令练习弯道起跑。

(2)弯道跑

在半径 10～15 米小圆上用慢速跑、中速跑、快速跑进行练习,体会弯道跑技术;在弯道上用中速、加速、快速跑 60～80 米,体会和掌握弯道跑技术;练习由直道跑入弯道或由弯道跑入直道,体会和掌握进、出弯道的技术衔接等。

训练中要注意弯道跑是在直道短距离跑技术基础上进行的,应侧重掌握弯道途中跑的技术;在不同速度练习中,体会速度快慢与身体内倾程度的协调;在弯道跑时要强调整个身体的内倾,防止只有上体向内倾斜的缺点,并尽量保持直道途中跑技术和速度。

4.终点跑技术

(1)终点冲刺

反复训练 30～50 米的快速跑练习;60～100 米的计时或比赛训练:100 米、200 米、400 米等距离的全力跑等。

(2)终点撞线

根据个人特点选择用胸或肩撞线,再分别训练原地、上步、走几步、跑几步的撞线技术。也可用终点带练习。

(3)终点跑组合技术训练

用不同距离结合冲刺和撞线技术反复练习。训练中要注意掌握终点撞线时机,防止过早或太迟撞线,不要跳起撞线;强调终点撞线后不能突停,以免跌倒受伤。基本掌握撞线技术后,应结合全程跑技术训练,注意全程跑后程技术不变形,力争减小速度下降的幅度并及时撞线。

(三)巩固提高全程跑技术

训练方法有:途中跑的专门练习,如中速跑、加速跑、快速跑、行进间跑等;起跑和起跑后加速跑、弯道跑、终点跑的各种练习;全程跑并进行技评和比赛等。训练中要注意加强对基础技术的训练,如正确跑姿、正确着地动作和摆臂技术等;应注意培养放松协调的能力;要充分运用各种专门练习手段,诱导和提高运动员正确跑的技术;应根据运动员的特点发挥其个体特长;要严格执行安全第一的原则。

(四)赛前与比赛的技术训练

赛前训练应把技术的正确稳定、动作的协调放松贯穿始终。训练内容以专项为主,目的是熟练技术与节奏,保持和提高专项能力,巩固和稳定技术。上道前可回忆技术要领和体力分配以保证成绩发挥;起跑前想好第一步动作,注意积极的蹬摆和第一脚落点;跑动中要做到快摆快蹬加放松,技术动作不变形;比赛时要有不发挥成绩不罢休的拼搏精神。

二、中长跑的基本技术和练习方法

(一)基本技术

中长跑的技术动作与短跑基本相同,下面仅介绍中长跑需注意的技术要点。

1.起跑

中长跑采用站立式起跑，分为“各就位”和“鸣枪”两个阶段。

(1)各就位

两腿前后开立，有力脚在前，全脚掌着地，脚尖紧靠起跑线后沿，后脚脚尖着地；上体前倾，两膝弯曲；有力脚异侧臂置于体前，同侧臂放于体侧；身体重心落于前脚，目视前下方3～5米处，保持稳定姿势。如图7-2所示。

(a) (b)

图7-2 中长跑起跑

(2)鸣枪

听到枪声后，两腿用力蹬离地面，后腿蹬地后迅速前摆，前腿蹬直，两臂用力加速摆动，使身体快速向前冲出。

2.起跑后加速跑

中长跑起跑后的加速跑与短跑技术基本相同，不同的是上体前倾幅度和蹬摆力度稍小。加速跑的距离需根据项目、参加人数、个人训练水平和战术要求等情况而定。

3.途中跑

中长跑的途中跑与短跑技术相比，动作幅度略小，脚着地柔软而有弹性，一般由脚跟着地过渡到脚尖着地，跑步过程中保持匀速而有节奏。

4.终点跑

终点跑的距离需根据自己的体力情况、战术要求和临场情况而定，一般为到达终点前的100～200米。

5.中长跑的呼吸

中长跑体力消耗大，对氧气的需求量较大，因此呼吸时要有一定的频率和深度，并与跑步的节奏相配合，一般为2～3步一呼，2～3步一吸。

随着疲劳的出现，呼吸的频率会有所加快，此时应注意深呼气，以充分呼出二氧化碳，吸进大量新鲜氧气。

(二)练习方法

1.练习特点

中长距离跑运动员要想在跑的途中尽量节省体力，适宜地发挥身体素质的作用，那么合理地掌握技术是关键。

在技术训练中要重视掌握基本技术。要充分发挥个人特点，按适合自己的技术模式进行训练。步幅与步频，腾空与支撑，呼吸与跑的节奏，上下肢的配合等，都是中长距离跑技术练习不应忽视的方面。

2.练习方法

技术训练要贯穿于训练过程的始终。为了更好地掌握技术或改进技术细节,技术训练应在大量跑的练习中进行。还可根据运动员的技术情况,利用小步跑、高抬腿跑、后蹬跑等跑的专门性练习改进技术,发展腿部力量和协调性。此外,加速跑、支撑高抬腿跑、三人并列同步跑、跨步跳、多级跳、原地摆臂等练习,也是改进技术的有效方法。

三、接力跑的基本技术和练习方法

(一)基本技术

接力跑是由短跑和传接棒组成的集体项目。

1.起跑

(1)持棒起跑

第一棒运动员起跑时,需一手持棒,采用蹲踞式起跑。常用的持棒方法是用右手的中指、无名指和小指握住棒的末端,拇指和食指分开撑地。

(2)接棒人起跑

接棒人采用站立式起跑。接棒人站在预跑区内或接力区后端,头转向侧后方,注视传棒人和标志线,当传棒人到达标志线时,迅速起跑。

2.传接棒的方法

传接棒的方法一般有上挑式和下压式两种,见图 7-3。

图 7-3 传接棒方法

(1)上挑式

接棒人手臂自然向后伸出,掌心向后,四指并拢,虎口张开朝下。传棒人将棒由下向上挑,送入接棒人手中。

(2)下压式

接棒人手臂后伸,掌心向上,拇指向内,其余四指并拢向外,虎口张开朝后。传棒人将棒的前端由上向下压,放入接棒人手中。

3.传接棒的位置

接棒人起跑后,与传棒人先后跑进接力区,传棒人距接棒人约 1.5 米时,发出接棒信号,将接力棒迅速传给接棒队员。

(二)接力跑的练习方法

接力跑训练的内容主要有速度训练,传、接棒技术训练,传、接棒配合训练。

1.运动员的各种速度训练和弯道跑速度训练(同短距离跑方法)。

2.运动员持棒跑速度训练。

3.传、接棒配合训练(2～4 人为 1 组做快速传、接棒练习)。

4.不同距离的传、接棒比赛。

第三节　跳的基本技术和练习方法

一、跳高的基本技术和练习方法

(一)基本技术

跳高技术种类较多,目前较为常用的是背越式跳高技术。背越式跳高可分为助跑、起跳、过杆和落地四个阶段。

1.助跑

背越式跳高的助跑分直线跑和弧线跑两个阶段,助跑路线如图 7-4 所示。

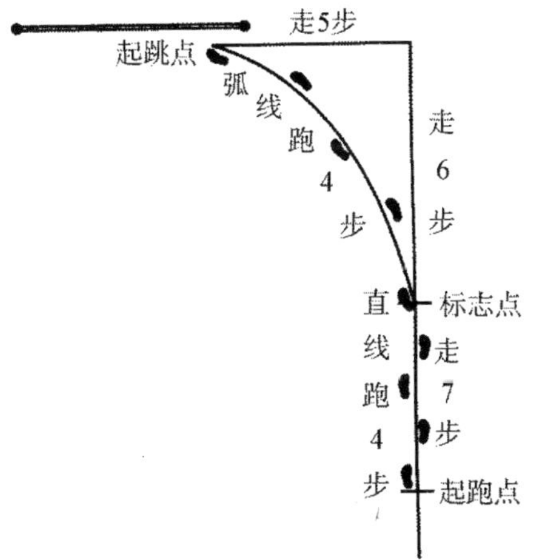

图 7-4　背越式跳高的助跑路线

(1)直线助跑一般为 4～5 步加速跑,两腿后蹬和前摆的幅度较大,身体重心较高,动作轻松、自然、有弹性。

(2)弧线助跑一般为 4～5 步,助跑时身体向圆心倾斜,脚落地时由脚跟过渡到前脚掌,摆臂与弯道途中跑相似。倒数第二步步幅稍大,用全脚掌着地;最后一步稍小,速度较快,准备起跳。

2.起跳

(1)背越式跳高以远离横杆的腿为起跳腿,向身体对侧迈出,踏上起跳点,以脚跟外侧着地,迅速过渡到全脚掌,屈膝缓冲,身体向起跳腿一侧倾斜。

(2)摆动腿大腿积极向前上方摆至水平位置,小腿自然下垂,身体转为正直。

(3)摆动腿屈膝内扣,向异侧肩上方摆动,并带动髋部向内转动,起跳腿迅速蹬伸髋、膝、踝关节，完成起跳动作。

3.过杆和落地

(1)保持起跳腿蹬伸，躯干充分伸展；上体转动成背对横杆，起跳腿自然下垂。

(2)当头和肩越过横杆后，迅速沉肩，两臂置于体侧，髋关节向上挺起，形成“背弓”，两膝自然弯曲，小腿自然下垂。

(3)当髋关节过杆后，大腿向上摆动，小腿上踢，使整个身体过杆，如图7-5所示。

图7-5 过杆

(4)两肩继续下潜，含胸收腹，自然下落，以肩部领先着垫。

(二)练习方法

1.助跑技术的训练

(1)4～6步弧线节奏跑练习，培养运动员助跑节奏和控制身体的能力。

(2)直线20米＋弧线20米节奏跑练习，提高运动员助跑速度、节奏感和控制身体的能力。

(3)全程助跑练习，提高运动员助跑速度、节奏感和控制身体的能力。

(4)30米弯道跑练习，提高专项速度素质。

(5)30米直道＋30米弯道跑练习，提高运动员助跑速度和控制身体的能力。

2.起跳技术的训练

(1)弧线上步起跳练习，掌握身体内倾放脚技术及摆腿、摆臂配合动作。

(2)弧线2步助跑起跳练习，掌握身体内倾放脚技术及摆腿、摆臂配合动作。

(3)弧线4步助跑起跳练习，掌握在保持良好身体姿势、助跑速度及助跑节奏基础上的快速起跳技术。

(4)半程助跑起跳练习，提高快速助跑与快速起跳能力。

(5)全程助跑起跳及摸高练习，提高快速助跑与快速全力起跳能力。

(6)全程助跑起跳跳上高台练习，提高快速助跑与快速全力起跳能力。

3.过杆与落地技术的训练(见图7-6)

(1)仰卧矮高台杆进行肌肉感觉练习，体会身体各部位在杆上时的肌肉感觉。

(2)利用助跳板做原地起跳躺上高垫练习，体会身体各部位伸展过杆动作。

(3)弧线4步助跑起跳躺上高垫练习。

(4)利用助跳板做短程助跑起跳过杆练习。

(5)半程助跑过杆练习。

(6)全程助跑起跳过杆练习。

图 7-6　过杆与落地技术训练

4.易犯错误与指导纠正方法

(1)助跑

易犯错误:①不能发挥正常速度;②直段、弧段助跑衔接不好;③弧线段助跑时身体不向圆心方向倾斜;④助跑步点不准;⑤踏不准起跳点。

指导纠正方法:①反复进行助跑练习,培养正确的助跑技术;②采用 15 米直径的圆圈跑练习,沿圆周练习加速跑;③直道进入弯道的加速跑练习;④丈量助跑距离,按助跑标志练习助跑,在教师的帮助下调整步点。

(2)起跳

易犯错误:①迈步起跳方向不正,起跳位置不适合;②最后一步助跑踏上起跳点时,身体不能保持向圆心方向倾斜的姿势;③起跳时屈髋;④身体过早倒向横杆;⑤起跳前已经背向横杆;⑥摆腿缓慢,动作不积极;⑦摆臂配合不好;⑧助跑与起跳技术衔接不好;⑨起跳不充分;⑩单脚起跳动作不协调。

指导纠正方法:①练习迈步起跳的基本功,提高熟练掌握技术的程度;②发展腿部力量;③提高摆腿动作质量,以摆腿带髋跳起后用头触碰悬挂物;④改进弧线助跑起跳技术,调整起跳位置;⑤培养助跑攻杆的意识;⑥反复练习助跑起跳,调整助跑起跳的节奏。

(3)腾空过杆

易犯错误:①坐臀过杆、侧身过杆、杆上髋部动作紧张;②起跳后身体旋转不顺利,不能与横杆形成交叉;③立体过杆,上体不能后仰下潜;④腿部紧张,小腿碰落横杆;⑤头或手碰落横杆。

指导纠正方法:①反复练习越杆动作,培养肌肉感觉、空间和时空知觉;②垫上仰卧挺髋后举腿练习;③利用肋木等器材做“背身成桥”练习;④跳高海绵包的练习,改进杆上动作;⑤短助跑跳高练习,降低横杆高度,改进动作。

(4)落点缓冲

易犯错误:①头先落垫或手撑垫后落垫;②落垫时腿碰面部;③侧身落垫。

指导纠正方法:①改进腾空动作;②过杆后舒展身体,放松落地。

二、跳远的基本技术和练习方法

(一)基本技术

跳远可分为助跑、起跳、腾空和落地四个阶段。

1.助跑

助跑距离一般为男子 35～45 米,女子 30～35 米。

(1)原地站立或行进中启动开始助跑,上体前倾,大腿积极摆动,后蹬充分,摆臂有力。

(2)助跑途中上体逐渐抬起,腿和手臂加速用力摆动,加快助跑速度,重心较高,身体平稳,节奏性强。

(3)助跑几步后步频加快,保持较高的身体重心和较快的助跑速度,准备起跳。

2.起跳

起跳动作是从助跑最后一步摆动腿后蹬开始,至起跳腿蹬离地面结束。

(1)助跑最后一步,摆动腿用力蹬地,使身体尽快向起跳板方向运动。起跳腿快速前摆,大腿积极下压,踏上起跳板,由脚跟过渡到全脚掌着地。

(2)起跳腿着地瞬间,髋、膝、踝关节被迫弯曲缓冲;同时,身体重心前移,起跳腿快速用力蹬伸,摆动腿大腿积极向前上方摆至水平位置,小腿自然下垂。

(3)起跳腿同侧臂屈肘向身体前上方摆动,异侧臂屈肘向体侧摆动,提肩,拔腰,向上顶头。

3.腾空

(1)起跳腿离地面后,上体正直,摆动腿保持起跳时水平姿势,小腿自然下垂,起跳腿自然弯曲留在体后,形成空中的跨步飞行。

(2)腾空的姿势分为蹲踞式和挺身式。

①蹲踞式:接近腾空最高点时,起跳腿屈膝上提,与摆动腿并拢;双腿屈膝,大腿靠近胸部,上体稍前倾;两臂由前向下、向后摆动;落地前,两小腿向前伸出,准备落地。见图 7-7。

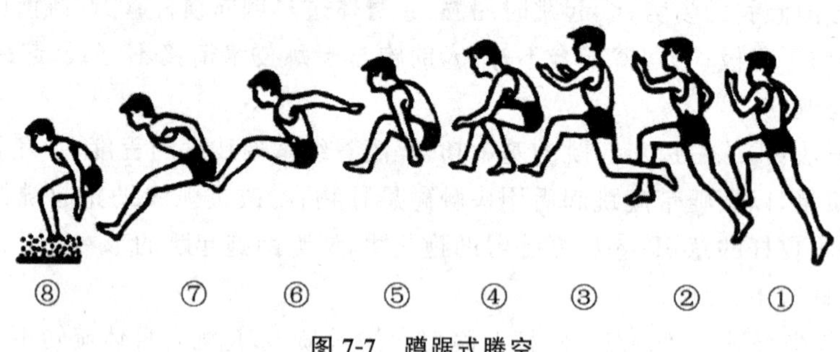

图 7-7　蹲踞式腾空

②挺身式:腾空后,摆动腿自然放下,小腿向后下方做弧形摆动;两臂向下,经体侧向后上方摆动;摆动腿与起跳腿并拢,髋部向前,胸、腰前挺,头、肩后展,成挺身展体姿势;落地前,两臂由后上方经体前向后摆动;同时两大腿上抬,收腹举腿,上体前倾,小腿前伸,准备落地。见图 7-8。

图 7-8　挺身式腾空

4.落地

（1）小腿尽力前伸，脚跟首先触地，前脚掌下压，两腿迅速屈膝缓冲。

（2）两臂屈肘前摆，身体向前或向侧方倒。

（二）练习方法

1.专项准备性练习

跳远的专项准备，除了弹跳力以外，还必须根据技术主要阶段的需要发展专项能力。

（1）用一条腿也能从较快的速度中起跳的能力。

（2）在长时间的腾空阶段保持平衡和定向的能力。

（3）从某一个标志起跳的能力（发展距离感）。

专项准备练习在任何情况下都必须是单脚起跳的跳跃，练习的基本形式是：

（1）直线助跑跳高：从快跑中单腿起跳，摆动腿充分折叠，上体正直，用摆动腿的脚落地。

（2）跑跳步：摆动腿和双臂的动作要大。

（3）连续的一步起跳：腾空步在空中下落过程中主动下放摆动腿，紧接着完成下一次腾空步动作。

2.技术训练的基本练习

经过充分的准备之后，进行跳远技术基本训练时就容易多了。各种跳远方式的助跑和起跳都没有区别。从一种方式改为另一种方式时很容易，已经掌握的助跑和起跳技术不会受到影响。初学者宜从简单的跨步式跳远技术学起。跳远技术强调合理起跳的所有基本动作，如快速起跳的腾空步、摆动腿的快速“跟摆”等。学习者切忌由于复杂的腾空动作而将他们的注意力脱离本质的练习。

通过基础训练，可以有效发展挺身式或走步式跳远。通过一定训练的跳远运动员应学会两种空中技术动作，以便能够根据本人情况选择特别适合的一种技术。

在安排练习顺序时应掌握先结合助跑训练起跳技术，之后再结合逐渐延长的助跑训练腾空和落地动作的原则。

3.发展挺身式跳远的基本练习

（1）原地模仿空中挺身动作

原地模仿起跳腾空步后，接着完成摆动腿下放、两臂绕摆与挺身的动作，以学习和强化挺身式跳远空中动作的用力顺序和动作路线。

（2）助跑腾空下放摆动腿练习

助跑 3～4 步起跳，以学习和强化挺身式跳远的空中技术，空中完成放腿挺髋展体动作。助跑起跳成腾空步后，迅速下放摆动腿，挺胸展体，双脚落地。

（3）起跳触吊球练习

4～6 步助跑起跳，保持腾空步，用手触吊球后开始放腿，使身体在空中伸展，以强化空中展体动作的运动条件反射，发展快速起跳能力，改进起跳技术。

（4）过障碍后挺身跳远

短程助跑起跳腾空步越过障碍后，完成挺身式跳远的空中动作和落地技术，以提高起跳效果，强化起跳与腾空步技术。

4.易犯错误与指导纠正方法

（1）助跑

易犯错误:①不能发挥正常跑的速度;②最后助跑身体前倾过大;③步点不准,步长不均。

指导纠正方法:①反复跑 30~40 米,按助跑节奏跑,体会跑的速度感觉;②按标志练习助跑,在教师指导下调整助跑距离。

(2)起跳

易犯错误:①踏板不准;②助跑起跳不连贯;③蹬伸不充分;④上下肢动作不协调。

指导纠正方法:①调整助跑距离,改进起跳腿上板技术,多做助跑 3~4 步的起跳练习;②发展弹跳力;③反复模仿起跳的练习。

(3)腾空

易犯错误:①摆动腿放不下来;②展体不充分;③上下肢动作配合不好。

指导纠正方法:①利用单杠等器材,悬垂并模仿摆动腿动作;②发展腰背肌力量;③助跑 4~6 步后从助跳板上起跳,体会挺身式动作。

(4)落地

易犯错误:①身体向前栽或向后坐;②落地时两脚前后距离大;③摆臂配合不好。

指导纠正方法:①练习中,控制落地时的小腿动作,直膝伸小腿落沙坑或伸向沙坑中的标志物;②维持落地前身体姿势平稳,两腿并拢,前伸沙坑屈膝缓冲,如图 7-9 所示。

图 7-9　挺身式跳远纠正方法

第四节　投掷的基本技术和练习方法

以下介绍推铅球的基本技术和练习方法。

一、基本技术

推铅球的技术有侧向滑步、背向滑步和旋转式三种,最普遍的是背向滑步。背向滑步推铅球可分为握球和持球、预备姿势、滑步、最后用力和维持身体平衡四个阶段。

1.握球和持球(以右手为例,下同)

(1)五指自然分开,手腕背屈,将铅球放在食指、中指和无名指的指根处,拇指与小指自然扶于球的两侧(见图 7-10)。

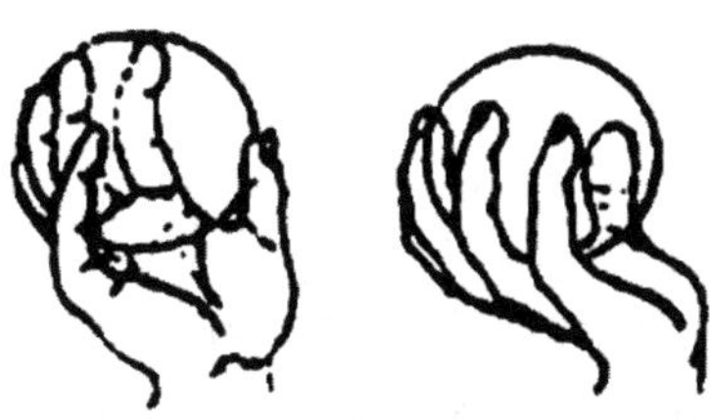

图 7-10 握铅球

(2)球握好后,屈肘,手持球放在肩上锁骨窝处,贴于颈部,右肘外展略低于肩,掌心向前,右臂自然上举(见图 7-11)。

图 7-11 持铅球

2.预备姿势

(1)持球后,背对投掷方向,两脚前后开立,相距 20～30 厘米。

(2)右脚尖贴近投掷圈后沿,脚跟正对投掷方向;左脚以前脚掌着地,自然弯曲;上体正直、放松。

(3)左臂自然上举,身体重心落于右腿上。

3.滑步

(1)滑步前需先做 1～2 次预摆。预摆时,左腿向投掷方向摆出,右腿协调配合向下蹬伸,上体前俯,左臂前伸;左腿收回靠近右腿,右腿屈曲,重心下降,预摆结束。

(2)左腿用力向投掷方向摆出,右腿用力蹬伸。

(3)当右脚蹬离地面后,身体向投掷方向快速平稳移动,此时迅速收拉右小腿,右脚尖向内转扣,以右前脚掌落于投掷圈中心附近;左脚迅速在抵趾板偏右侧位置以前脚掌内侧蹬踩着地,准备最后用力。

4.最后用力和维持身体平衡

(1)右脚用力向投掷方向蹬转,同时带动右髋向投掷方向转动,左臂向左侧摆动,上体逐渐抬起。

(2)随髋部扭转,身体重心逐渐移至左腿,上体向投掷方向转动,挺胸抬头。

(3)当左臂摆至体侧时制动,两脚积极蹬伸,右臂迅速用力将铅球向前推送。当铅球快离手时,手腕推送,手指拨球,将球推出。

(4)铅球离手后,两腿迅速换位,降低身体重心,以维持身体平衡。

二、练习方法

1.熟悉铅球性能的训练手段

(1)进行铅球的抓握、抛接等熟悉铅球性能的练习。

(2)持铅球做下蹲、跳跃、转体、侧倒、体前屈、滑步、旋转等各种控球能力的练习。

2.原地推铅球技术的训练手段

(1)原地推铅球基本姿势的训练方法

①按动作要领完成原地推铅球基本姿势。

②听教师口令后,徒手/持球完成原地推铅球技术的基本姿势。

(2)原地推铅球最后用力的训练方法

①起体动作技术的训练:撑蹬练习;臂推/拉髋练习;徒手和持球的原地起体动作练习;徒手和持球的行进间连续起体动作练习。

②满弓动作技术的训练:在教练的帮助下完成正确的满弓动作;利用肋木、橡皮条等辅助手段完成满弓动作;徒手和持球的原地满弓动作练习;徒手和持球的行进间连续满弓动作练习。

(3)用力与出手技术的训练

①成满弓状态的徒手用力练习;②成满弓状态的持不同质量铅球的用力练习;③推吊球技术练习;④对地拨球练习;⑤顺势拨球练习;⑥对空拨球练习。

(4)原地推铅球的完整技术训练

①徒手原地推铅球技术练习;②持轻器械原地推铅球技术练习;③持标准或超重器械原地推铅球技术练习;④原地下蹲对空推铅球练习;⑤控制推铅球距离的技术练习;⑥被动推伸投掷臂的原地推铅球技术练习。

3.推铅球助跑技术的训练

(1)单足跳下蹲团身/旋转站位预摆技术练习。

(2)徒手滑步/旋转技术练习。

(3)利用轻器械或辅助器材进行滑步/旋转技术练习。

(4)徒手或持轻器械进行连续的滑步/旋转技术练习。

(5)徒手或利用辅助器材进行提拉内扣收腿练习。

(6)利用上下坡、台阶等辅助条件进行滑步/旋转技术练习。

(7)徒手进行超长滑步/旋转距离的练习。

4.助跑与最后用力衔接技术的训练

(1)徒手或持不同质量的铅球进行两腿的插蹬配合练习。

(2)按口令节奏完成助跑与最后用力的衔接技术练习。

(3)在平地或一定高度的台阶上进行助跑、落地后保持原地推铅球姿势快速跳起练习。

(4)助跑后调控两脚落地距离的练习(两线练习法)。

5.推铅球完整技术训练

(1)徒手或持轻器械(轻铅球)的完整推铅球技术练习。

(2)持壶铃等超重器械(重铅球)的完整推铅球技术练习。

(3)先轻后重器械的完整推铅球技术练习。

(4)推过限定高度和距离的完整推铅球技术练习。

(5)利用各种恶劣气候(雨天、大风环境)进行完整推铅球技术的练习。

6.易犯错误动作与指导方法

(1)预备姿势动作紧张

指导纠正方法:①通过讲解、示范、个别指导等,使学生明确预备姿势包括持、握球,整个动作过程身体都要放松;②可以增加徒手或持轻器械的练习。

(2)滑步时身体重心上下起伏过大

指导纠正方法:①通过讲解、示范、观看教学视频等,使学生明确身体重心的移动轨迹,身体的移动要快,右腿不能离地过高;②反复进行徒手或持轻器械的滑步练习,加深体会身体重心先向投掷方向移动,然后左腿的摆和右腿的蹬密切配合,上体不能抬起,身体不左转。

(3)滑步后不能保持较正确的投掷姿势,与最后用力脱节

指导纠正方法:①通过讲解、示范等,使学生明确左腿摆动后要积极主动下压,迅速取得双脚支撑,使身体处于最后用力前的最有利姿势;②反复进行徒手或持轻器械的侧向滑步与最后用力的结合练习,加深体会当滑步左脚一着地就开始进行最后用力。

(4)出手时肘关节下降

指导纠正方法:①通过反复练习和重点提示,加深学生对"推"铅球的认识和理解,明确出手的瞬间,球不能离开锁骨窝,肘关节抬平,不能下降;②反复进行原地侧向推铅球的练习,体会铅球出手时,肘关节的位置。

(5)不能全身协调用力推铅球

指导纠正方法:①通过讲解、示范、观看教学视频等,使学生明确髋关节等大肌肉群先发力,右腿蹬地推动髋关节积极向投掷方向移动,左肩、左臂及时制动,蹬伸右腿,挺胸抬头,右臂向前上方推球;②反复进行铅球或实心球的前、后抛球练习,加深体会全身协调用力进行投掷,并发展学生的身体素质。

第五节　田径竞赛规则简介

一、跑类项目竞赛规则

(一)径赛场地

(1)场地:国际标准的径赛场地为400米半圆式田径场,其跑道由两段相等并平行的直段和两段半圆弯道组成,半圆的外沿直径为36.5米。

(2)跑道:每条跑道宽1.22米(包含右侧分道线),分道线宽5厘米。

(3)分道编号:从左手最内侧分道开始,从内向外依次为第1～8号跑道。

(4)跑进方向:左手靠内场,按逆时针方向进行。

(5)接力跑中,各跑段分界线的前后各10米为接力区,未到达接力区前有10米的预跑区。

(6)径赛各项目起点如图7-12所示。

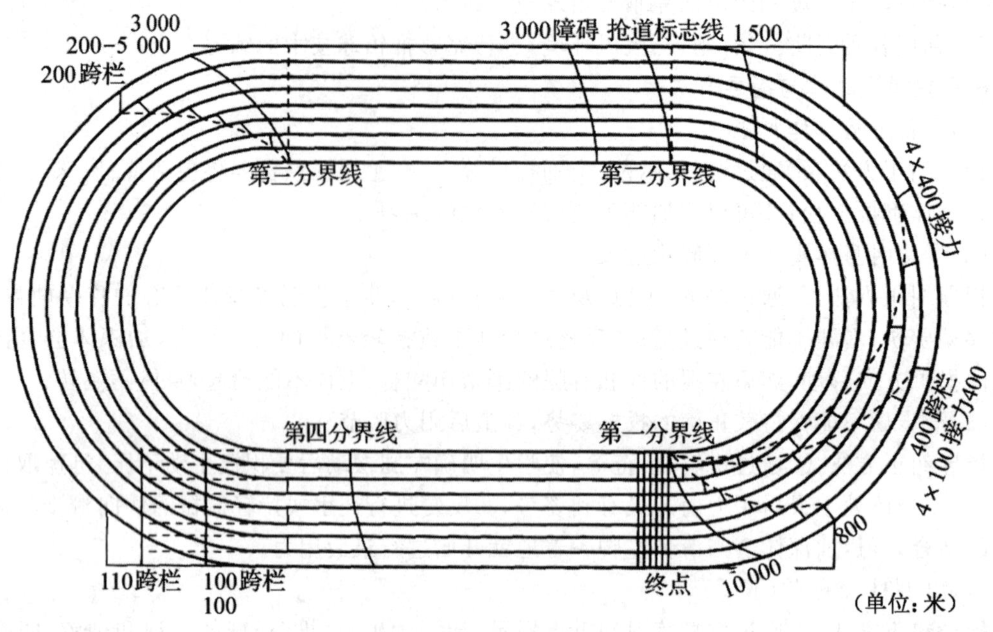

图 7-12　径赛各项目起点

(二)起跑器

起跑器主要包括两块倾斜的抵脚板,供运动员起跑时蹬踏。两抵脚板中轴之间距离为10～15 厘米;前后抵脚板与地面的夹角分别为40°～45°和 70°～80°;前后抵脚板的距离可以调整,通常为一脚半长。

(三)比赛规则

1.名次判定

参赛运动员的名次取决于其身体躯干(不包括头、颈、臂、腿、手、足)抵达终点线后沿垂直面为止时的顺序,以先到达者名次列前。

2.起跑

400 米及 400 米以下(包括 4×100 米及 4×400 米接力的第一棒)各径赛项目,必须采用蹲踞式起跑及起跑器。400 米以上径赛项目采用站立式起跑。

(1)在枪声响起前有任何起跑动作,均属起跑犯规。除此之外,在“各就位”口令发出后,以声音或动作扰乱他人,也应判为起跑犯规。

(2)起跑中犯规的运动员将被取消该项目的比赛资格(除全能项目之外)。

3.分道跑

(1)在分道跑和部分分道跑径赛项目中,参赛者越出跑道,获得实际利益或冲撞、阻碍其他参赛者,将被取消比赛资格。

(2)在 800 米和 4×400 米接力赛中,运动员通过抢道标志线以后才能离开自己的跑道,切入里道。

4.接力跑

(1)运动员必须手持接力棒跑完全程,如发生掉棒,必须由掉棒运动员捡起。

(2)接力棒的传递必须在接力区内进行。

(3)运动员在接棒之前和传棒之后,应留在各自分道或接力区内,直到跑道畅通;如果运动员跑离所在位置或跑出分道,故意阻碍其他接力队员,则取消该接力队的比赛资格。

二、跳跃类项目竞赛规则

(一)跳高场地及器材

1.助跑道:呈扇形,长度不限,最少为15米。

2.落地区:跳高落地区的长至少为5米,宽为3米。

3.跳高架:有足够的高度,须配有稳定放置横杆的横杆托,两立柱之间距离为4.00～4.04米。

4.横杆:跳高横杆全长为4米(±2厘米),最大重量为2千克。

(二)跳远场地及器材

1.助跑道:助跑道的长至少为40米,宽为1.22米。

2.起跳板:起跳的标志,长1.22米,宽20厘米,一般用木料制成,漆成白色。

3.起跳线:指起跳板靠近落地区一侧的边沿。

4.落地区:宽2.75～3米;跳远起跳线至落地区远端的距离至少为10米;落地区内应填充湿沙,沙面与起跳板齐平。

橡皮泥显示板:位于起跳板前,用来帮助裁判员判断运动员是否犯规。

(三)跳高比赛规则

跳高比赛中,有下列情况之一,即被判为犯规:

1.使用双脚起跳。

2.由于运动员的试跳动作致使横杆未能停留在横杆托上。

3.在越过横杆之前,身体触及立柱前沿垂直面以外的地面或落地区,但如果裁判员认为运动员并没有受益,则不应由此而判该次试跳失败。

4.试跳时,运动员有意用手或手指把即将从横杆托上掉下的横杆放回。

(四)跳远比赛规则

跳远比赛中,有下列情况之一,即被判为犯规:

1.运动员以身体任何部位触及起跳线之前的地面。

2.从起跳板两端之外起跳,无论是否超过起跳线的延长线。

3.触及起跳线和落地区之间的地面。

4.在落地过程中触及落地区以外的地面,而落地区外的触地点较落地区内的最近触地点更靠近起跳线。

5.在助跑或跳跃中采用任何空翻姿势。

6.运动员在试跳通知发出前进行试跳,不论成功与否,都被判为试跳失败。

三、投掷类项目竞赛规则

(一)铅球场地及器材

铅球场地如图 7-13 所示。

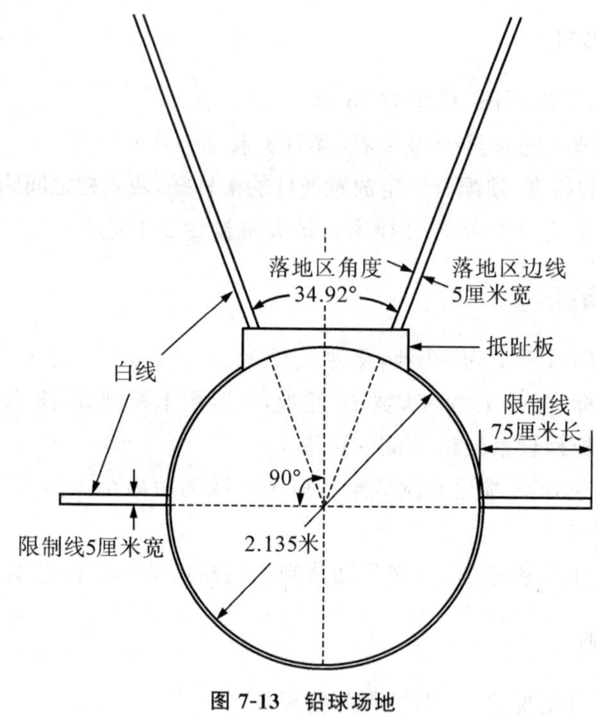

图 7-13 铅球场地

1.投掷圈:铅球投掷圈直径为 2.135 米,投掷圈外围金属镶边,厚度为 6 毫米,顶端涂白。

2.落地区:铅球落地区为了 4.92°的扇形区域。

3.抵趾板:投掷圈正前方木质挡板,长 1.21~1.23 米,用来防止运动员滑出圈外。

4.铅球:用实心的铁、铜或者其他任何硬度不低于铜的金属制成,表面必须光滑。男子铅球重量为 7.26 千克,女子铅球重量为 4 千克。

(二)标枪场地及器材

标枪场地如图 7-14 所示。

1.投掷区:标枪投掷区是一条宽 4 米,长约 30~36.5 米的助跑道。

2.边线:助跑道两边两条宽 5 厘米的边界线。

3.投掷弧:助跑道前端半径为 8 米的弧线。投掷弧可以画出,也可用木料或金属制成,弧宽 7 厘米,涂成白色,与地面齐平。

4.落地区:标枪的落地区为 29°的扇形区域。

5.标枪:标枪分枪身、枪头和缠绳把手。枪身是光滑的金属杆,两端逐渐变细;枪头是固定在枪身前端的锋利金属尖;缠绳把手包绕枪的重心。男子标枪重量为 0.8 千克,女子标枪重量为 0.6 千克。

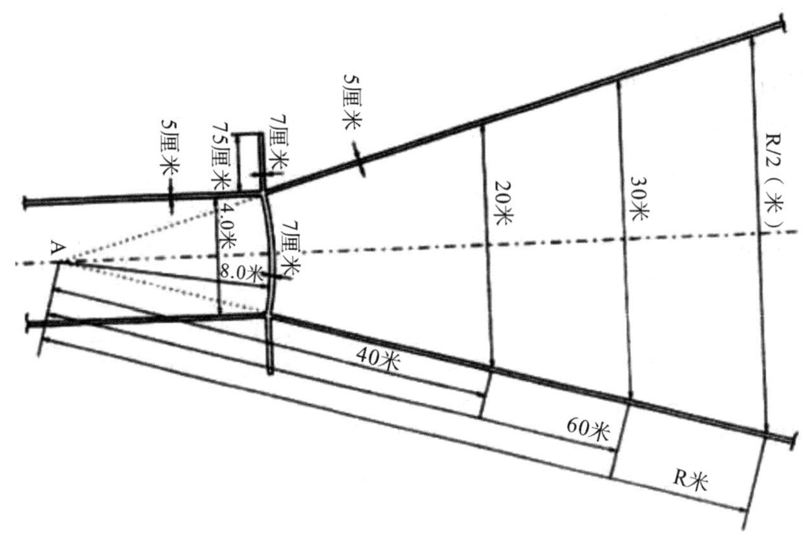

图 7-14　标枪场地

(三)竞赛规则

在比赛过程中，运动员违反下列规则，则被判为犯规，成绩无效：

1.投掷铅球和标枪技术不符合规则(规则要求铅球和标枪必须由单手从肩上掷出)。

2.在投掷铅球的过程中，身体和器械的任何一部分不得触及投掷圈上沿、圈外地面及抵趾板的上面，否则即为投掷失败。

3.在投掷标枪过程中，身体和器械的任何一部分不得触及投掷弧、延长线及线以外地面任何一部分，否则即为投掷失败。

4.只有当器械落地以后，运动员才允许离开投掷圈或助跑道。标枪运动员在投出的枪落地前，不能在投掷后转身完全背对其投出的标枪。

5.完成投掷后，铅球运动员必须从投掷圈后半圈的延长线后面退出；标枪运动员必须从投掷弧以及延长线后退出。

6.在没有犯规的情况下，参赛者可以中止已开始的试掷动作，将器材放下以后暂时离开投掷区，并重新开始，但是必须在规定的时限内完成投掷。

常用术语中英文对照

1.田径：track and field

2.短跑：sprint

3.中距离跑：middle distance running

4.长距离跑：long distance running

5.竞走：race walking

6.跨栏跑：hurdles race

7.接力跑：relay race

8.障碍跑：obstacle race

9.马拉松：marathon

10.竞走:heel-and-toe walking race
11.跳高:high jump
12.撑竿跳高:pole vault
13.跳远:long jump
14.三级跳远 triple jump
15.推铅球:shot put
16.铁饼:discus
17.标枪:javelin

第八章 三大球运动

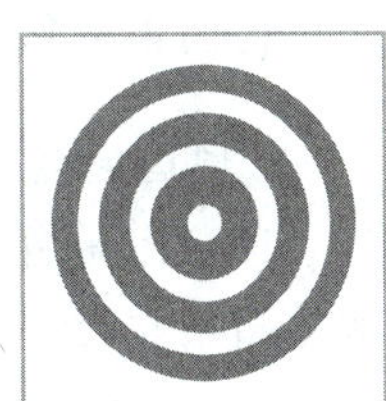

第一节　篮球运动及规则

一、篮球运动概述

(一)篮球运动的起源和发展

篮球运动是在1891年,由美国马萨诸塞州斯普林菲尔德市基督教青年会训练学校体育教师詹姆士·奈史密斯博士发明的。当时,在寒冷的冬季,缺乏室内进行体育活动的球类竞赛项目。奈史密斯从工人和儿童用球向"桃子筐"投准的游戏中得到启发,设计将两只桃篮分别钉在健身房内两端看台的栏杆上,桃篮口水平向上,距地面10英尺,以足球为比赛工具向篮内投掷,入篮得1分,按得分多少决定胜负。因为这项游戏最初使用的是桃篮和球,遂取名为篮球。1893年铁质球篮取代了桃篮并悬挂了线网。1895年篮筐开始固定在4×6英尺的篮板上并逐渐深入场内,到1913年将篮网剪开,形成了近似现代的篮板和球篮。

最初的篮球比赛规则很简单,对于场地大小、参加人数多少、比赛时间长短均无统一规定。1892年奈史密斯制定了第一部13条原始规则,目的是使篮球游戏在公平对等的条件下进行,同时不允许粗野动作的发生。1915年美国制定了全国统一的篮球竞赛规则,并翻译成多种文字,向全世界发行。1932年,刚诞生的国际篮联以美国大学使用的篮球规则为基础,制定了第一份世界统一的竞赛规则。随着篮球运动的发展,场地设备得到改进和完善,规则也不断地增删和变化,现行规则有50条和58个手势图。

(二)篮球运动的特点

篮球运动由跑、跳、投等基本技能所组成,具有复杂性和多变性。经常从事篮球运动能促进速度、力量、耐力、灵敏度等身体素质的全面发展,提高内脏器官和中枢神经系统的功能。

篮球运动具有较强的集体性和对抗性。它要求运动员具备勇敢顽强的斗志和集体主义精神,齐心协力,密切配合,敢于拼搏,才能争取比赛的胜利。

篮球运动简单易行,趣味性和观赏性都很强。参加者不受年龄、性别的限制,既能增强体质,又能丰富业余文化生活。队员之间通过比赛相互往来,可以加强了解和增进友谊。

篮球运动深受广大群众的喜爱，易于广泛开展与普及，在体育运动中占有重要的地位。

（三）重要篮球赛事介绍

1.奥运会篮球比赛

1904 年在第 3 届奥林匹克运动会上首次进行了篮球表演赛，但是效果并不是很好，相当多的国家并没有接受这项运动。1908 年美国制定了全国统一的篮球规则，并用多种文字出版，发行于全世界，篮球运动逐渐传遍美洲、欧洲和亚洲，成为世界性运动项目。

1932 年，阿根廷、意大利等 8 个国家的篮球协会，在瑞士日内瓦召开了第一次国际篮球会议，同年于罗马成立了国际业余篮球联合会（1990 年改名为“国际篮球联合会”），1936 年，国际奥委会决定在当年举行的第 11 届奥运会上将男子篮球列为正式比赛项目，并统一了篮球竞赛规则，当时有 21 个队参赛，开赛那天，篮球运动的开创者美国人奈史密斯为比赛首场开球。经过数十场争夺，最后美国队以 19∶8 的比分胜加拿大，获得首枚奥运会篮球金牌。这次比赛吸引了大批观众。由于对妇女权益的轻视导致女子篮球发展非常滞后，直到 1976 年第 21 届奥运会上，女子篮球才被列为正式比赛项目。

2.世界篮球锦标赛

奥运会篮球比赛的成功举行促使国际业余篮球联合会在 1948 年决定从 1950 年起开始举办 4 年一届的世界男子篮球锦标赛；1952 年又决定举办 4 年一届的世界女子篮球锦标赛，并于 1953 年在智利举办了首届比赛。为了纪念已故的篮球运动之父詹姆斯·奈史密斯，在 1950 年布宜诺斯艾利斯举行的首届男子篮球锦标赛期间举行的第一次会议上，决定以他的名字命名世界锦标赛冠军杯——奈史密斯杯。在那次比赛上，东道主阿根廷队获得冠军。

3.美国男子篮球职业联赛

由美国“全国篮球协会（简称 NBA）”创办的美国男子篮球职业联赛，其比赛的激烈程度和水平之高被世人公认为世界之最。

4.中国男子篮球职业联赛

中国男子篮球职业联赛（China Basketball Association），简称中职篮（CBA），是由中国篮球协会所主办的跨年度主客场制篮球联赛，是中国最高等级的篮球联赛。

5.中国大学生篮球联赛

中国大学生篮球联赛简称"CUBA" (Chinese University Basketball Association)，是由中国大学生体育协会主办、教育部官方认可的中国大学生五人制篮球联赛。联赛从 1996 年开始酝酿，1997 年建立章程，1998 年首届正式推行，男女组分设一级联赛、二级联赛、三级联赛，三个级别每年总计有 1 600 多支队伍参赛。

6.三人制篮球赛

篮球运动经过百余年的发展演变，已逐步走进大众的文化娱乐生活。起源于美国，流行于美国街头、社区和学校的三人制篮球赛，也称“三打三篮球”，俗称“斗牛”，具有浓郁的大众化色彩。虽然它的起源时间、地点很难考证，但是，由于其组织比赛简便，时间不受限制，适合于不同年龄、技术水平的篮球爱好者参加，因此倍受大众喜爱。20 世纪 90 年代以来，我国各大城市也广泛开展了这项运动，高校也开展得非常普遍，形成了寓健身与文化于一体的篮球运动大众化的独特景观。它具有普及性广、对抗性小、趣味性大、游戏性强、周期性短等特点。

二、篮球技术

(一)运球技术

1.运球技术分类

运球技术分类如图 8-1 所示。

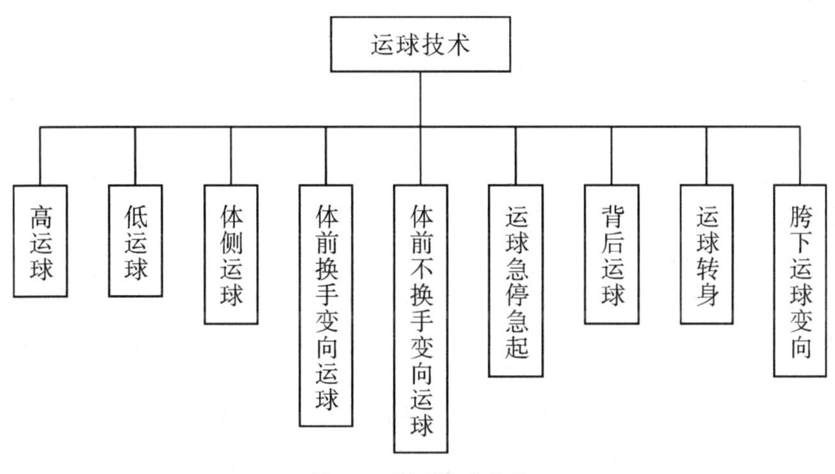

图 8-1　运球技术分类

2.运球技术分析

(1)基本姿势

运球时的身体姿势,两脚稍前后开立,两腿弯曲,高运球时弯曲的角度小一些,低运球或变向运球时弯曲的角度大一些,一般情况下膝关节角度为 135°左右。上体略前倾,头要抬起,两眼平视前方,运球的手臂在肘关节处弯曲,另一臂在身前自然抬起保护球。

(2)运球

运球手五指自然分开,用手掌外沿和指根以上部位触球,手心空出。运球时,运球臂以肘关节为轴上下摆动,手应随球上下迎送,用手指和手腕的力量向地面按压球。

(3)运球的部位

原地运球:按压球的正上方。

变向运球:向左变向时,按压球的右侧;向右变向时,按压球的左侧;如果向左前方变向,则按压球的右侧后上方;如果向左侧后方变向,就按压球的右侧前上方。胯下变向运球时,应按压球的侧前上方,击地点在胯下。背后变向运球,手指手腕触球的前上方,将球提拉起,从背后将球送到身体的另一侧,小指、无名指和中指以及手腕主要用力按压球,击地点在另一侧脚的外侧。

行进间运球:向前运球,按压球的后方。击地点在运球队员的侧前方。向后运球,按压球的前上方。行进间运球急停,也应按压球的前上方。后转身运球,提拉球的前上方做转身动作。

(4)运球的速度

运球移动速度取决于按压球时与地面的角度、用力大小和频率。推向地面的角度越小,用力越大,球反弹的距离越远,移动速度就越快,用手按压球的次数就越少。

(5)运球时手、脚的配合

在走动时,一般是走一步运一次球;跑动时,是跑两步运一次球。

(6)上肢的挥动

运球时,上肢的挥动有两种方法:一种是以肘关节为轴,前臂和手腕、手指挥动按压球以运球;另一种是以肩关节为轴,整个手臂和手腕、手指挥动按压球以运球。

(7)运球技术的动作关键

一是取决于队员手对球的控制能力;二是取决于队员脚步动作掌握的熟练程度;三是取决于手、脚、腰部配合的协调能力。

3.运球技术动作方法

以下择要介绍几种运球方法。

(1)高运球

动作用途:通常在没有防守队员时运用,是为了加快向前场推进的速度和在进攻中调整进攻速度以及进攻队员处于进攻位置时常采用的一种运球方法。其特点是按压球的力量大,反弹高度高,便于控制,行进速度快。

动作方法:如图 8-2 所示,两脚前后开立,两膝微屈,上体稍前倾,目视前方。运球手臂自然弯曲,以肘关节为轴,用手按压球的正上方,球落点在身体侧前方,球的反弹高度在腰、胸之间。

图 8-2　高运球

动作关键:手型正确,主动迎球,随球上引,前臂屈伸控制球的落点;手按压和脚步移动协调配合。

(2)低运球

动作用途:进攻队员在受到对手紧逼或抢阻时,常采用低运球以保护球或摆脱防守。

动作方法:如图 8-3 所示,两腿深屈,降低重心,上体前倾,用上体和腿保护球。手快速地按压球,球的反弹高度在膝关节以下,以便控制球和摆脱防守继续运球。行进间低运球压球的部位在球的后上方或后侧方。

动作关键:重心降低,上体前倾,按压球短促有力,控制好按压球的力量。

图 8-3 低运球

(3)运球急停急起

动作用途:在对方防守较紧而又不能利用快速运球超越时,利用速度的变化摆脱对方。

动作方法:如图 8-4 所示,运球急停动作是在快速运球行进中,采用一步或两步急停,两腿弯曲,身体重心下降,手按压球的前上方,使球停止向前运行,使球垂直反弹,高度控制在膝关节以下,目视前方,用身体保护球。急起时,两脚用力蹬地,上体迅速前倾起动,同时手按压球的后上方,人、球同步快速前进,加速运球超越对手。

图 8-4 运球急停急起

动作关键:急停稳,起动快,动、静变化突然;人和球速度步调一致,上体前倾和腿、脚的蹬地协调配合。

(4)体前变向换手运球

动作用途:在快速运球行进中,当对手堵截运球前进的路线时,突然向左或向右改变运球方向,借以摆脱防守。

动作方法:如图 8-5 所示,以右手体前变向换为左手为例,运球队员从防守队员右侧变向突破时,用右手运球先向自己的右侧加速突破或做突破的假动作,当对手移动堵截时,突然用右手按压球的右侧后上方,使球经自己的体前向左侧前方反弹,右脚向左前方跨出,上体向左侧扭转探肩,身体重心要降低,贴近防守队员,将球压低,当球反弹到腹部高度时换左手按压球的后上方,左脚跟着跨出,从对方的右侧突破。

动作关键:判断要准确,变向突然,手脚配合协调,变向、侧身、探肩、转体、跨步要一致、快速,保护球动作要明显。

图 8-5　体前变向换手运球

(5)运球后转身

动作用途：当运球前进向防守队员某一侧突破而路线被堵且距离较近，不便用变向运球突破时，迅速用运球后转身来突破防守。

动作方法：如图 8-6 所示，以右手运球为例，变向时左脚前跨一步为中枢脚，右手按压球右侧前方，随着后转身动作，将球拉向身体的后侧方，然后换左手运球，从对手的右侧突破后加速前进。

图 8-6　运球后转身

动作关键：重心要控制好，中枢脚脚跟提起，蹬地、转体、提拉球与肘贴身动作一气呵成，协调一致，控制好球的落点。

(6)胯下运球

动作用途：当防守队员贴身紧逼时，多采用胯下运球。胯下运球不需要转身，球的变向距离短而快。

动作方法：如图 8-7 所示，以右手为例，当防守队员有意要抢断进攻队员手中的球时，进攻队员向左前方迈出半步，右手按压球的右侧上方，将球从腿跨之间运至身体左侧，然后上右脚，换左手迎运球。

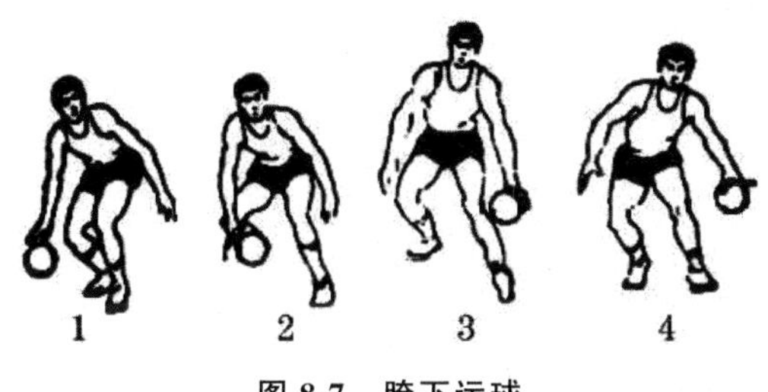

图 8-7　胯下运球

动作关键：变向时球的击地点在腿胯之间，变向后另一只手要快速迎运球。

(二)投篮技术

1.投篮技术分类

投篮技术分类如图 8-8 所示。

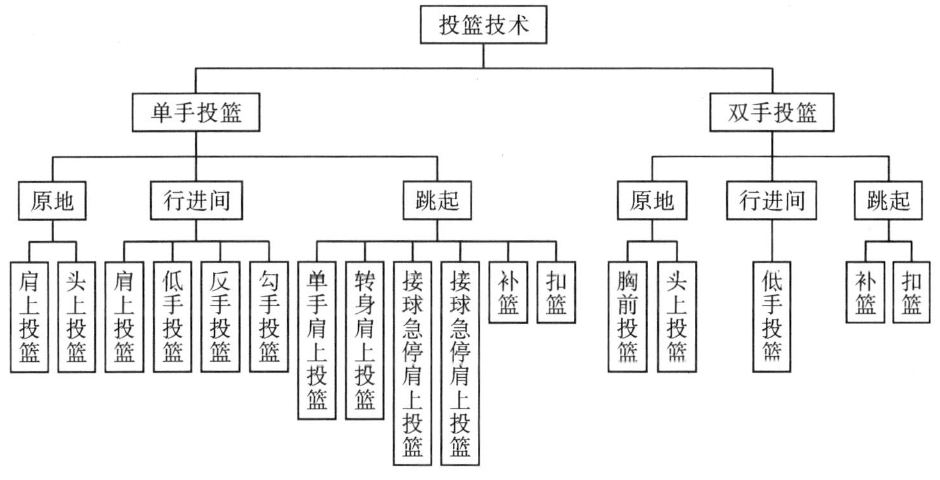

图 8-8　投篮技术分类

2.投篮技术动作方法

以下择要介绍几种投篮方法。

(1)原地投篮

它是篮球运动中最基本的投篮方法，是行进间投篮和跳起投篮的基础。其优点是身体重心稳，便于协调发挥全身力量，故一般在中远距离投篮和罚球时采用，也是投篮技术动作中最容易掌握的技术动作。

①双手胸前投篮

动作用途：它是双手投篮中最基本的投篮方法，是其他双手投篮技术动作的基础，便于和传球、持球突破技术结合，投篮的力量大，适用于中远距离，尤其是在女子比赛中较常采用。

动作方法：如图 8-9 所示，两脚前后开立，距离以身体重心平稳为原则，两腿微屈，上体稍前倾，两手手指自然分开，大拇指相对成“八”字形，用指根以上部位持球的两侧后方，手心空出，两臂自然屈肘，肘关节下垂，置球于胸前，两眼注视瞄准点。投篮时，两脚蹬地，同时腰腹伸展，两臂迅速向前上方伸出(球经脸前)，手腕外翻，拇指稍用力上顶，手心对着投篮方向。球出手后，身体充分伸展，重心移至前脚，脚跟提起，腕、指、臂放松，手心向下。

图 8-9 双手胸前投篮

动作关键：蹬伸、翻腕、手指拨球协调一致，肩、肘始终放松。

②单手肩上投篮

动作用途：它是现代篮球比赛中应用比较广泛的一种投篮方法，是行进间和跳起投篮的基础，具有出手点高、便于结合其他动作、不易被防守等优点，并能在不同的位置和不同的距离上应用。

动作方法：如图 8-10 所示(以右手投篮为例)，两脚前后开立，两腿微屈，右脚在前，上体稍前倾，右手五指自然分开，用手掌的外沿和指根以上部位托住球的后下方，手心空出，手腕后仰，球的重心落在食指和中指之间，右臂屈肘，前臂与地面基本垂直，肘关节自然下垂、朝前，置球于右肩的前上方，左手扶住球的左侧前下方，目视瞄准点。投篮时两脚蹬地，伸展腿和腰腹，右臂向前上方抬肘伸臂，手腕前屈，食指、中指用力拨球，通过指端将球柔和地拨出。球出手的瞬间，身体随投篮动作向上伸展，脚跟微提起。球出手后，手心向下，食、中指正对篮筐，腕、臂放松。

动作关键：持球方法正确，蹬、伸、屈腕、指拨球用力协调一致、连贯。

图 8-10 单手肩上投篮

(2)跳起投篮

跳起投篮简称跳投。它具有突然性强、出手点高、不宜被防守的优点。它可以与传接球、运球突破和其他技术动作结合运用，在原地和行进间急停完成投篮动作。不受位置和距离的限制，运用广泛。

①原地跳起单手肩上投篮(以右手为例)

动作用途：防守队员较远时，较常采用；或防守队员较近时，与传球、突破的跨步假动作结合运用，诱导防守队员后撤后，突然起跳投篮。

动作方法：如图 8-11 所示，持球成基本站立姿势，持球方法和准备姿势同原地单手肩上投篮。投篮时先屈膝降重心，两脚掌用力蹬地，同时双手举球至肩上，右手托球，左手扶球的左侧方，当身体接近最高点时，憋气瞄篮，这时身体成滞空状态，左手离球，右臂向前上方伸直，身体充分伸展，上体保持正直，下肢放松，最后手腕前屈，食指、中指拨球，通过指端将球投出。落地时前脚掌着地，屈膝缓冲。

动作关键：起跳蹬地有力，接近最高点时出手，球举在肩上，屈腕、拨指、用力协调。

图 8-11　原地跳起单手肩上投篮

②急停跳起投篮

动作用途：进攻队员向篮下移动接球或运球向篮下切入时，防守队员为了防止其切向篮下，往往采取远离或随其向后移动进行防守。进攻队员利用其移动惯性，果断采用急停跳投方法，摆脱防守，达到从容投篮的目的。

动作方法：如图 8-12 所示，在移动中用跨步或跳步接球急停，两膝微屈，重心下降，突然向上起跳，同时持球上举，当身体腾空至最高点时，前臂向前上方伸展，手腕前屈，食指、中指用力拨球，通过指端将球投出。

图 8-12　急停跳起投篮

动作关键:选择起跳时机,急停与起跳动作的衔接,调整起跳角度和起跳位置,以及调整与防守队员之间的距离,摆脱防守。其他同原地起跳动作。

(3)行进间投篮

行进间投篮一般多在快攻结束和切入篮下时运用,也可以在跑动中进行中距离投篮,即跑投。根据规则,行进间投篮的脚步动作的共同点是跨出第一步的同时接球,跨出第二步起跳,在空中投篮。

①行进间单手肩上投篮

动作用途:行进间单手肩上投篮是在比赛中切入到篮下时常用的一种投篮方法。优点是出手点高,易用身体保护球。

动作方法:如图 8-13 所示,以右手投篮为例,右脚向前跨一大步的同时接球,接着迅速上左脚蹬地起跳,右脚屈膝上抬,双手举球于右肩前上方,腾空后,上体稍后仰,左手离球,当身体跳到最高点时,右臂向前上方伸展,手腕前屈,食指、中指用力拨球,通过指端将球投出。球出手后掌心朝下,球向后旋转。

动作关键:节奏清楚,起跳充分,举球、伸臂、屈腕、拨球动作连贯,用力适度。

图 8-13 行进间单手肩上投篮

②行进间单手低手上篮

动作用途:行进间单手肩上低手投篮是在快速跑动中超越对手后或在空中探身超越对手后最常用的一种投篮方法。它具有起跳点远、伸展距离长、动作速度快、出手点离篮近且平稳的优点,多在快攻中或强行突破时应用。

动作方法:如图 8-14 所示,以右手投篮为例,跑中步法与行进间单手高手投篮基本相同,只是在接球后第二步要继续加快速度,向前上方跳起,右手将球引至右肩侧前上方,左手离球,右手五指自然分开,手心朝上,托球的下部。投篮时,借助身体上升的惯性,手臂向前上方伸展,用向上屈腕、挑指的动作,使球由食指、中指端向前柔和地投出。出手后掌心向上对篮,球向前旋转。

动作关键:向前上方蹬地起跳,腾空时身体向前上方充分伸展,保持托球的稳定性,腕、指上挑动作要协调、柔和。

图 8-14 行进间单手低手上篮

③行进间反手上篮

动作用途：多在沿球场端线突破越过篮下时采用。

动作方法：如图 8-15 所示（以从球篮的右侧沿端线越过篮下右手投篮为例），右脚跨出一大步的同时接球，左脚跨出一小步并蹬地起跳，起跳点在篮下，脚尖和上体稍内转，目视球篮，右手托球向球篮方向伸展，右前臂和手腕外旋，食指、中指、无名指拨球，将球投出，使球侧旋碰板入篮或上旋空心入篮。

动作关键：掌握好起跳点，脚尖和身体要稍内转，小臂和手腕外旋，用力柔和。

图 8-15 行进间反手上篮

④行进间勾手投篮

动作用途：侧向球篮的投篮方法，一般中锋在篮下附近运用较多。它具有使球远离对手、出手点高、不易受干扰的特点。

动作方法：如图 8-16 所示（以从球篮的右侧右手投篮为例），右脚跨出一大步的同时接球，左脚向球篮方向跨出一小步，使身体侧对球篮，左肩应正对篮圈起到保护球的作用，左脚蹬地起跳，右腿屈膝上抬，球由胸前经体侧，右手向右肩上方划弧线举球，当举至头的侧上方接近最高点时，屈腕，食指、中指拨球，通过指端将球投出。

动作关键：左脚用脚跟落地，迅速过渡到前脚掌，脚尖外旋，上体连转带挤，把防守队员压在侧后方，划弧举球，用力协调。

图 8-16　行进间勾手投篮

(三)移动技术

1.准备姿势(基本站立姿势)

基本站立姿势是队员在起动前的基本准备姿势。队员为了迅速完成不同方向起动和起跳,及时准确地完成动作,必须保证正确的基本站立姿势。

动作方法:两脚前后或左右开立,距离约与肩同宽,两腿微屈,身体重心落在两脚之间,略收腹含胸,屈肘,两手放于体侧前方。防守时站立姿势稍有不同,两脚开立略比肩宽,屈膝降低重心,含胸,两臂张开。

动作要点:屈膝,降低重心,抬头,目光注视全场。

2.起动

起动是队员在球场上由静止状态变为运动状态的一种动作,是获得位移速度的方法。进攻时,突然快速的起动,是摆脱防守的有效手段之一;防守时,突然快速的起动,可以抢占有利位置,盯防对手。

动作方法:从基本站立姿势开始,向前起动时以后脚、向侧起动时以异侧脚的前脚掌短促有力地蹬地,同时上体迅速前倾或侧转向跑的方向移动重心,手臂协调地摆动,充分利用蹬地的反作用力,迅速向跑的方向迈出。起动后的前两三步,两脚的前脚掌要短促用力蹬地,并配合以快速的摆臂动作,在最短的时间内充分发挥速度。在比赛中,起动多与跑结合运用,但有时为了抢占有利位置的移动,常结合上步、撤步、跳起、转身等动作完成。

动作要点:移重心,猛蹬地,快跨步,快频率。

3.跑

跑是为了完成攻守任务而争取时间的脚步动作。比赛中经常运用的跑有以下几种:

(1)变速跑

变速跑是队员在跑动中利用速度变化摆脱防守者的一种跑动方法。利用突然加速或减速破坏防守者的正确位置,及时地完成切入、接球、突破和投篮等动作。

动作方法:跑动中加速时,上体微前倾,前脚掌短促有力蹬地,步频加快,同时用力摆臂;减速时,步幅适当增大,上体直立,前脚掌用力抵地来减缓向前的冲力,从而降低跑速。

动作要点:加速时,上体前倾,步频加快,蹬跨有力;减速时,上体稍直立,步幅加大控制速度。

(2)变向跑

变向跑是队员在跑动中利用突然改变方向完成攻守任务的一种方法。

动作方法:从右向左变向时,右脚前脚掌内侧用力蹬地,同时脚尖稍内扣,迅速屈膝,腰部随之左转,上体向左前倾,移重心,左脚向左前方跨出,然后加速前进。

动作要点:变向时,前脚掌内侧用力蹬地,另一脚迅速朝变向方向迈出第一步。

(3)侧身跑

侧身跑是指队员在跑动中为了抢位,摆脱防守接侧向或侧后方传来的球,而采用的一种跑动方法。

动作方法:在跑动时,头部和上体转向侧面或有球的一侧,脚尖朝着跑动方向。跑动时,既要保持奔跑速度,又要保持身体平衡,双手自然放在腰间,密切注意观察场上情况。

动作要点:上体自然侧转,脚尖朝前。

4.急停

急停是指队员在快速移动中突然制动速度的一种方法,是各种脚步动作衔接和变化的过渡动作。比赛中急停多与其他技术结合在一起运用。急停分跨步急停和跳步急停两种。

(1)跨步急停

动作方法:急停时先向前跨出一大步,脚跟先着地并迅速过渡到全脚抵住地面,降低重心,身体稍后仰。第二步落地的同时,两膝深屈并内扣,身体稍侧转,两脚尖自然转向前方,前脚掌内侧用力抵住地面控制向前的冲力,上体稍后仰,两臂屈肘自然张开,然后上体迅速自然前倾帮助控制身体平衡。如图 8-17 所示。

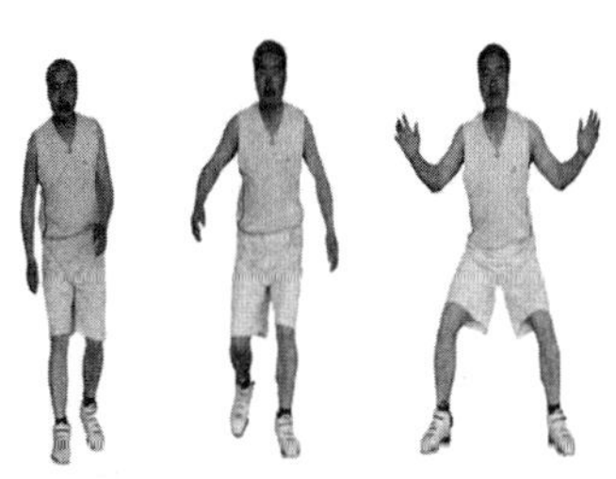

图 8-17　跨步急停

动作要点:第一步要用脚步外侧着地,微屈;第二步落地时用前脚掌内侧蹬地制动前冲速度,屈膝降低重心,腰胯用力。

(2)跳步急停

动作方法:跑动中用单脚或双脚起跳,使双脚稍有腾空。上体稍后仰,两脚平行或前后落地(略宽于肩)形成进攻基本站立姿势。如图 8-18 所示。

图 8-18　跳步急停

动作要点:落地时动作轻盈,身体在空中稍侧转,以缓和前冲速度,落地后迅速降低重心,保持身体平衡。

5.转身

转身是指队员以一脚做中枢脚进行旋转,另一脚蹬地向前后跨出,改变原来身体方向的一种动作方法。它可与急停、跨步、持球突破结合运用,有效地摆脱防守以创造传球、投篮机会。转身分为前转身和后转身。

(1)前转身

动作方法:移动脚向中枢脚脚尖方向跨出改变身体方向。转身时,中枢脚前掌用力碾地,移动脚蹬地并迅速跨步,同时转腰转肩并保持身体平衡。如图 8-19 所示。

图 8-19 前转身

动作要点:转体蹬跨有力,重心迅速转移,跨步后降低重心,不要起伏。

(2)后转身

动作方法:移动脚向中枢脚脚跟方向移动。转身时,中枢脚碾地旋转,移动脚蹬地并向自己身后撤步,同时,腰胯主动用力旋转,身体重心随之转移,保持身体平衡。详见图 8-20。后转身可在原地或行进间运用。

图 8-20 后转身

动作要点:腰胯带动躯干旋转,蹬跨有力,保持身体平衡。

(四)抢篮板球技术

1.抢篮板球技术分类

抢篮板球技术主要分为抢进攻篮板球和抢防守篮板球。

2.抢篮板球技术分析

抢篮板球是一项较复杂的技术。它是由抢占位置、起跳动作、空中抢球动作、获得球后动作四个环节组成。但以上四个环节是建立在正确的判断和积极快速的起动基础上的。

(1)抢占位置

正确判断、快速起动、抢占有利的位置是抢篮板球技术的动作关键。无论抢进攻篮板球还是抢防守篮板球,都应抢占对手与篮板之间的有利位置,力争把对手挡在身后。抢占位置时,应根据对手和投篮队员所处的位置,正确判断篮板球的反弹方向、距离,运用快速的脚步动作,抢占有利的位置。

抢占有利位置一定要考虑球的反弹规律,投篮不中时一般的反弹落点规律是:中远距离投篮时,球弹出的距离较远;篮下投篮时,球弹出的距离较近。

(2)起跳动作

起跳动作是抢位后紧随进行的一个连续动作。起跳不仅要求在起跳腾空后,身体能够达到一定的高度,而且要根据球的反弹高度、方向和落点,采取不同的起跳蹬地用力方向,有利于起跳后抢球手在空中接近反弹的方向和落点。防守队员抢篮板球时,一般多采用原地上步、撤步或跨步的双脚起跳方法;进攻队员则多采用助跑单脚起跳或跨一两步双脚起跳的方法。

(3)空中抢球动作

根据比赛时场上队员所处的位置,球反弹的方向、高度以及个人的特点,空中抢球动作可分为双手、单手抢篮板球和点拨球三种。

①双手抢篮板球:起跳后身体在空中充分伸展,尽量扩大控制范围,两臂同时伸向球的落点方向,当手指触到球时,腰腹用力,迅速收臂将球持于胸前。双手抢篮板球的优点是空间占据面积大,缺点是抢球的制高点和抢球的范围不及单手抢篮板球。

②单手抢篮板球:起跳后身体向球方向的一侧伸手臂,充分向球的落点方向伸展。当最高点指端触及球时,用力屈腕屈指迅速抓住球,随之屈臂抢球于胸前,另一手迅速扶球,将球握住。单手抢篮板球的优点是触球点高,在空间抢球的范围较大。其缺点是不如双手抢球牢固。

③点拨球:与单手投抢篮板相似,只是运用手指将球点拨给同伴。当遇到身材较大的对手或自己处于不利位置时,采用这种方法较为有效,或是为了加快反击速度,也可主动地、有意识地利用点拨球方法发动快攻第一传或直接补篮。这种方法的优点是可缩短传球时间,其缺点是较难掌握与同伴的配合。

(4)获得球后动作

抢前场篮板球的队员获得球后,可在空中直接补篮或在空中传给有利位置上的同伴继续攻击,提高进攻速度;如没有机会做补篮或空中传球,落地时应两膝弯曲,两肘外展,护球于胸腹间。高大队员可将球置于头上,以便于保护球,迅速与其他进攻动作衔接。

3.抢篮板球技术的练习方法

抢篮板球练习方法有很多,以下择要介绍。

(1)原地上抛抢篮板球

学生站成两列横队,以体操队形站立。听教师口令,向上抛球后判断落点抢球,原地练习抢篮板球技术。

(2)原地一抛一抢练习

学生分成两列横队,左右间隔两臂距离,两人一组面对面站立。一个人向空中抛球,另一人抢空中的球,不断进行练习。

(3)全队抛抢篮板球接力练习

利用两个半场,学生分成两路纵队。每组的第一个学生拿球,向篮板上抛球,第二个学生跟上,在空中接球并将球掷向篮板,第三个学生再跟上,依次类推。所有抢完篮板球的同学迅速到队尾排队。

(4)自投自抢篮板球练习

学生分成两组在两个半场内,每组选派一人站在罚球线处负责传球,其他学生在三分线外站成一路纵队,第一个学生持球先将球传给负责传球的同学,然后接它的回传球投篮。投完篮后自抢篮板球到排尾排队,循环练习。

三、篮球运动战术

(一)进攻战术

1.传、切配合

动作要领:传、切配合是两、三名进攻队员利用传球、切入动作组成的简单配合,它是进攻战术的基础配合。

2.掩护配合

掩护配合:习惯称之为“挡人”,是进攻队员选择适当的时机和位置,站在同伴的防守者的移动路线上,使同伴借以摆脱防守的一种配合方法。

根据防守位置和方向不同,掩护可分为前掩护、侧掩护、后掩护三种。

(1)前掩护:掩护队员站在同伴的防守者前面,用身体挡住防守者的移动路线,使同伴借机接球或投篮。如图 8-21 中,④传球给⑤后,先做向篮下方向空切的假动作,然后突然跑到❺的身前,形成前掩护。⑤接④的传球投篮。

(2)侧掩护:是掩护队员站在同伴的防守者的侧面,挡住防守者的移动路线,使同伴得以摆脱防守。如图 8-22 中,⑤传球给④后跑到❹的侧后方做掩护,④接球后做突破和投篮的假动作吸引住❹,看⑤到掩护位置后,④从❹的左侧突破投篮。

(3)后掩护:掩护队员站在同伴的防守者身后,挡住防守者的移动路线,使同伴得以摆脱防守。如图 8-23 中,④持球作投篮动作吸引,❹的后方已经站好掩护位置时,④突然快速向❹的左侧突破投篮。

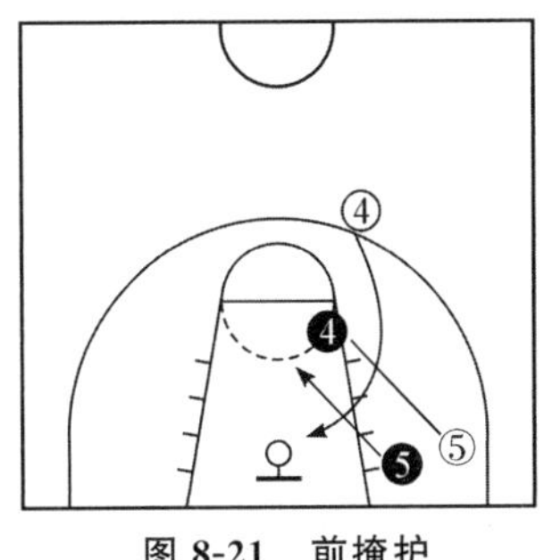
图 8-21　前掩护

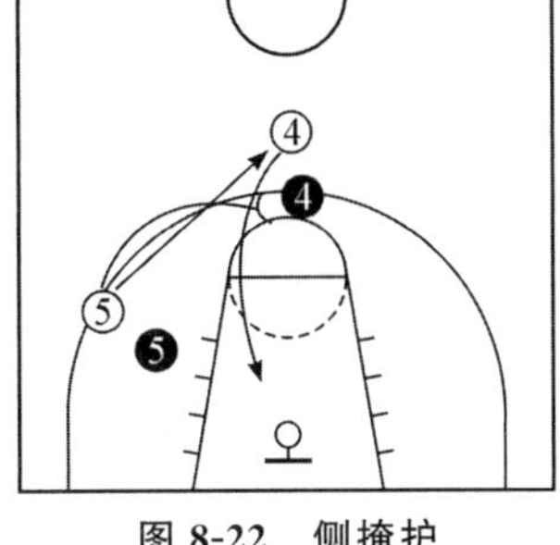
图 8-22　侧掩护

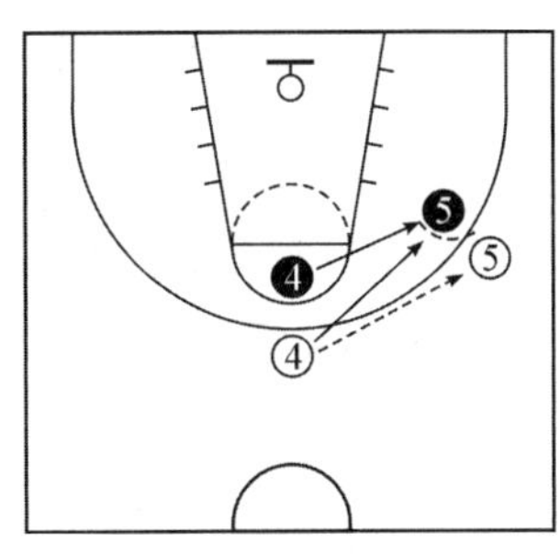
图 8-23　后掩护

3.快速战术的基本配合

快攻是一种由防守转入进攻时，乘对方来不及防守的时候，以最快的速度、在最短的时间内，争取在人数上造成以多打少的优势，并以此取得进攻成功的一种方法。

(1)长传快攻通常由快攻的发动和快攻的结束两部分组成。如图 8-24 中，④到了篮板球以后，寻找长传快攻的机会，⑦和⑧立即起动快下，接④的长传后上篮。

(2)短传推进快攻是防守转入进攻时，抢到防守篮板球的队员传出第一传，而另一队员接应推进形式以多打少的方法。如图 8-25 中，⑧抢到了篮板球后，⑦往中间插接⑧的传球，⑦把球传给边线跑动的④，④再传回给⑦，⑦将球传给⑤，⑤再回传给⑦，⑦再传给④投篮。

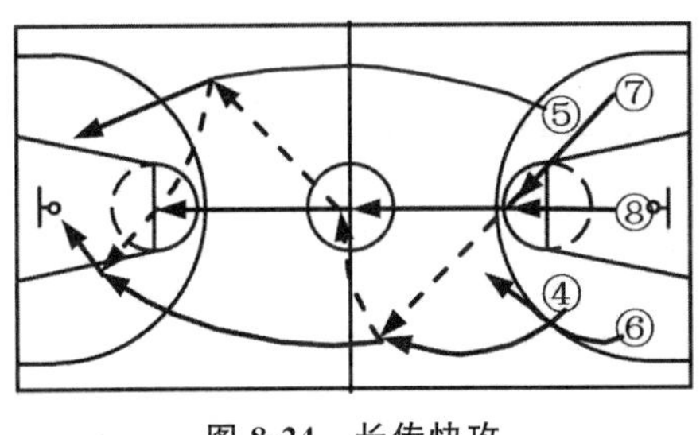
图 8-24　长传快攻

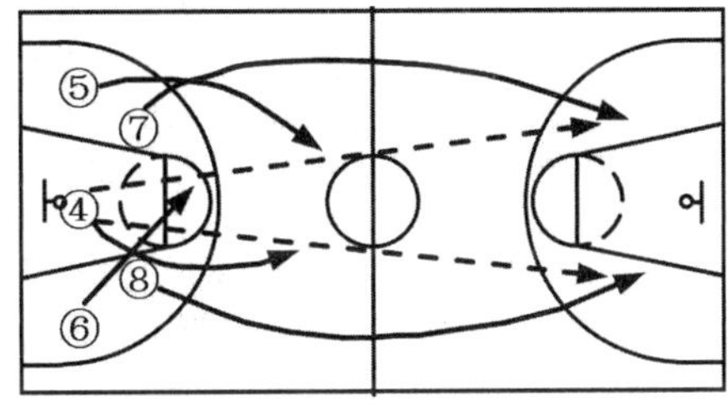
图 8-25　短传推进快攻

(3)二攻一。完成抢到防守篮板球第一传和接应后，在迅速推进过程中，在人数上往往造成以多打少的优势，形成二打一的局面。如图 8-26 中，⑧和⑨在快速传球推进中，❽突然前来防守⑧，⑧立即把球传给篮下的⑨投篮。

(4)三打二。在快攻结束阶段，不仅经常出现二打一的局面，也时常出现三打二的情况。如图 8-27 中，⑥从两名防守之间中路突破，此时❹向前堵截，⑥立即把球传给⑧投篮。若❺向前堵截时，则将球传给⑨投篮。

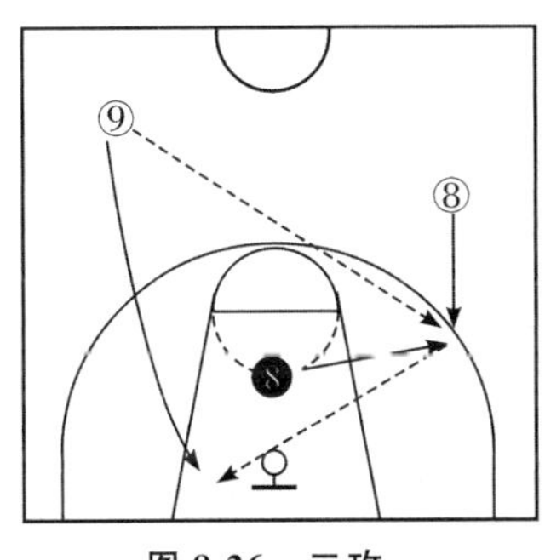
图 8-26　二攻一

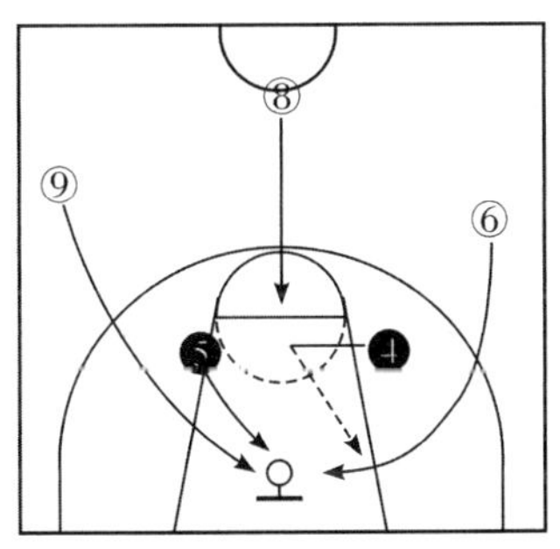
图 8-27　三打二

4.1—3—1 进攻区域联防配合

1—3—1 进攻站位，是进攻 2—1—2 联防站位的一种配合方法。

(1)站位

进攻者的站位是要避免与防守者形成一对一的局面，既要照顾到同伴便于联系，有利于组织进攻，又要考虑到进攻一旦失败便于退守，做到攻守平衡。图 8-28 是采用 1—3—1 进攻 2—1—2 区域联防的队形站位。

(2)配合方法

情形一：利用快速传球寻找投篮机会(见图 8-29)。④⑤⑥⑧之间互相快速传球，迫使❹❺❻滑动，形成三防四，造成进攻者中有一人处于暂时无人防守局面，该人应立即抓住这一时机，进行中、远距离投篮。由④⑤互相快速传球，把❺吸引上来防守，④或者⑤立即把球转移给⑥进行投篮(见图 8-30)。

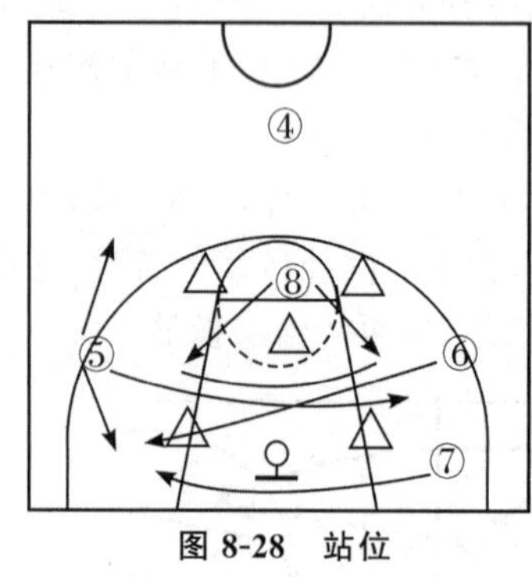

图 8-28　站位

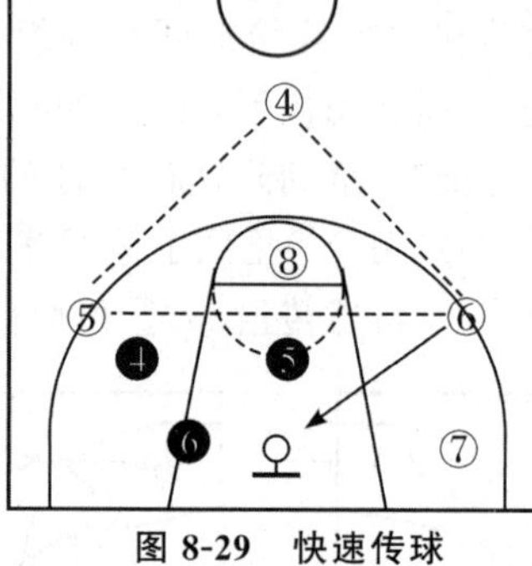

图 8-29　快速传球

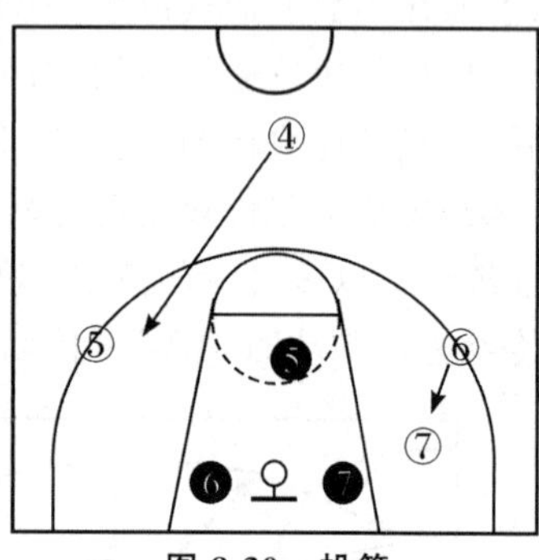

图 8-30　投篮

情形二：利用穿插寻找篮下投篮机会(见图 8-31)。⑥传球给⑦后，向篮下空切。如果❼向前防⑦，则⑦传球给切入的⑥投篮；如果❽回撤堵截⑥，不让⑥接球，则⑧插上，接⑦的传球投篮。

情形三：利用突破分球寻找投篮机会(见图 8-32)。⑦接球后，从底线突破。如果❼补防，⑧应横插中间，这时⑦可用反弹传球给⑧投篮，也可以将球传给⑤进行投篮。

情形四：利用掩护寻找投篮机会(见图 8-33)。④传球给⑥、⑦上前做掩护，把❼挡住，接着⑥将球传给⑤，由⑤投篮。

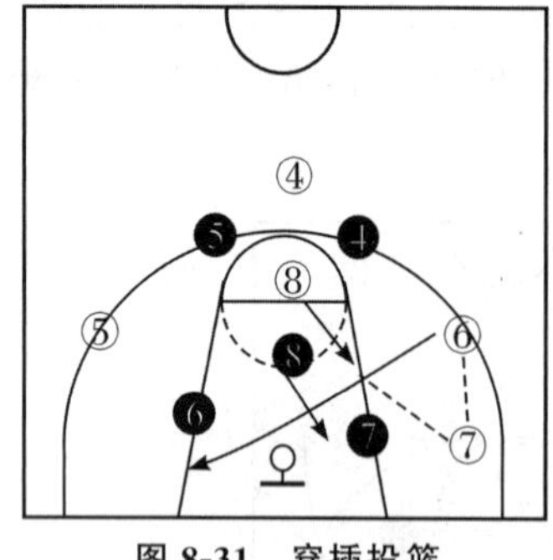

图 8-31　穿插投篮

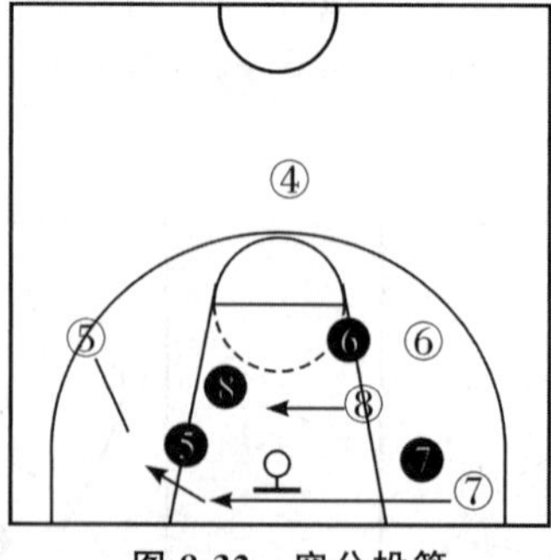

图 8-32　突分投篮

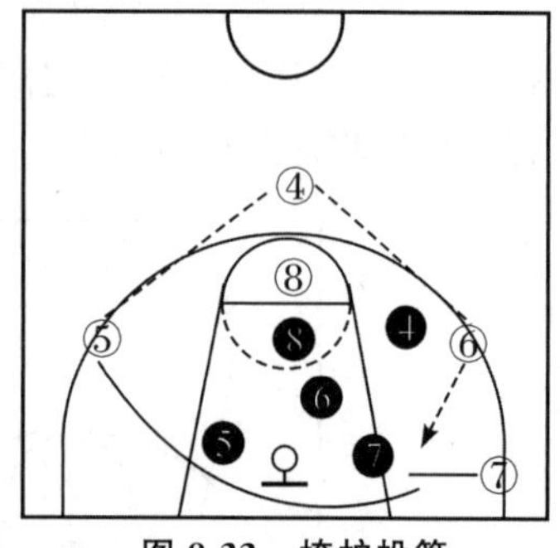

图 8-33　掩护投篮

情形五：五人的进攻配合。⑥传给⑦后，突然向篮下空切，如果❼上来防守⑦，⑦可以把球传给空切的⑥，⑥上篮(见图 8-34)，这是第一次机会；如果⑦跑传给⑥不成时，⑥接着跑到右侧，⑦可把球传给④，④再传给⑤，这时⑧挡一下❺，⑤进行中投(见图 8-35)，这是第二次机会。

如果⑤不能投篮时，⑤将球传给⑥，❻不上来防守，则⑥可投篮；❻若上来防守，⑥可以传球给⑧跳投或者将球传给横插的⑦投篮。如图 8-36 所示，⑥从底线突破分球时，⑧纵切篮下，⑦横插中，④向左移动，⑥可根据场地的情况，将球传给⑧、⑦或④进行投篮。如果一次配合不成功，可反复进行。

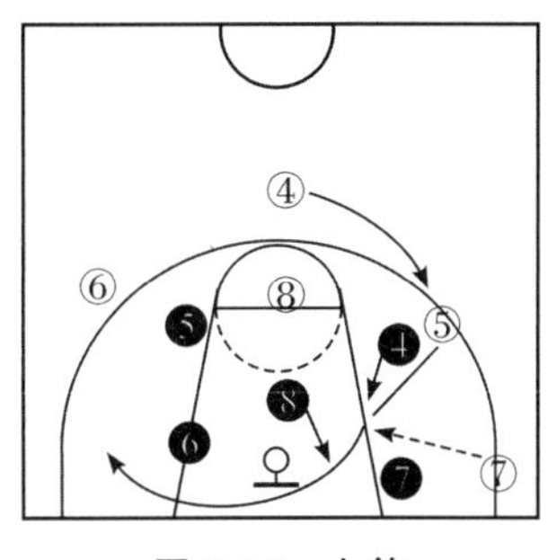

图 8-34　上篮

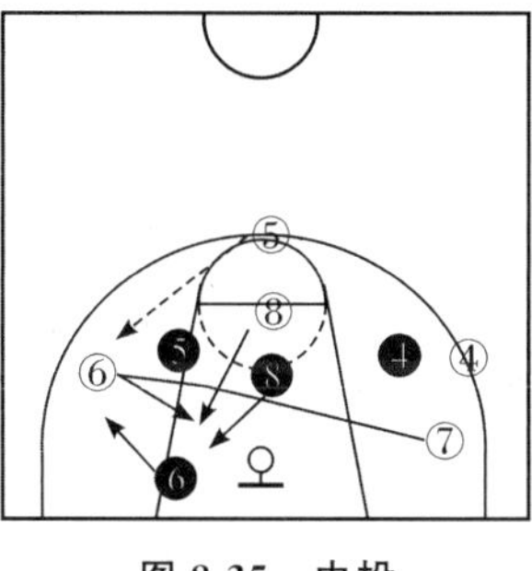
图 8-35　中投

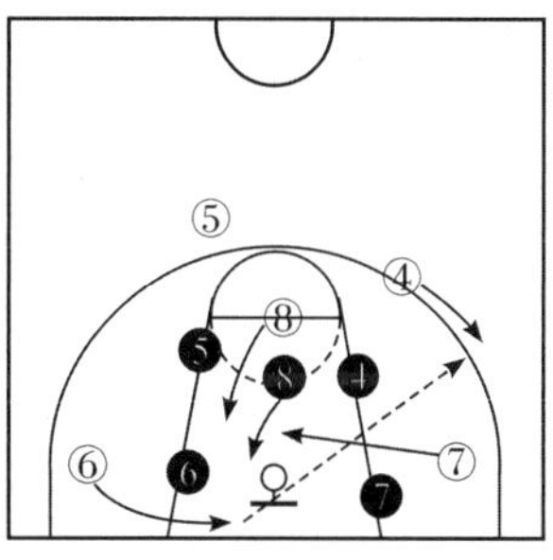
图 8-36　突分配合

(二)防守战术

1.一防二

比赛中，以少防多的局面是经常见到的。一防二是比较被动的防守，尽管这样，也要争取变被动为主动，创造有利时机。出现一防二时，队员要保持沉着、冷静，根据进攻队形选择和占据有利防守位置，准确地判断对方意图，及时果断地运用假动作。设法让对方较差的队员掌握球，以使形成一对一的有利防守局面。

2.二防三

当比赛中出现二防三时，两名防守队员应积极移动，密切配合，做到里外兼顾，左右呼应。两人中应有一人对付控制队员，另一队员应选择合理的防守位置，做到既能控制篮下，又能同时兼顾两名无球的进攻队员。随着对方球的转移，两名防守队员的位置也要相应改变。

二防三的防守队形有三种：

(1)两人平行站位(见图 8-37)：⑤运动时，❹和❺采用平行站位，❹重点防⑤，❺选择有利位置同时注视④和⑥的行动；当⑤把球传给④时，❺去堵截④，❹立即撤向篮下并监视⑤和⑥的行动。

(2)两人重叠站位(见图 8-38)：当④运球时推行，⑤和⑥快下，❹封堵中路，⑤在后面兼顾⑤和⑥。当④把球传给⑥时，❺则去堵住⑥，❹后撤控制好篮下并兼顾和⑤的行动。

(3)两人斜线站位(见图 8-39)：当④和⑤短传推进时，❹在前选择偏左的位置并注视④和⑤的行动，❺则在后选择偏右位置，形成斜线站位。当④接球运球推进时，❹上前堵截，不让④突破，❺移向篮下，并注视⑤和⑥的行动。

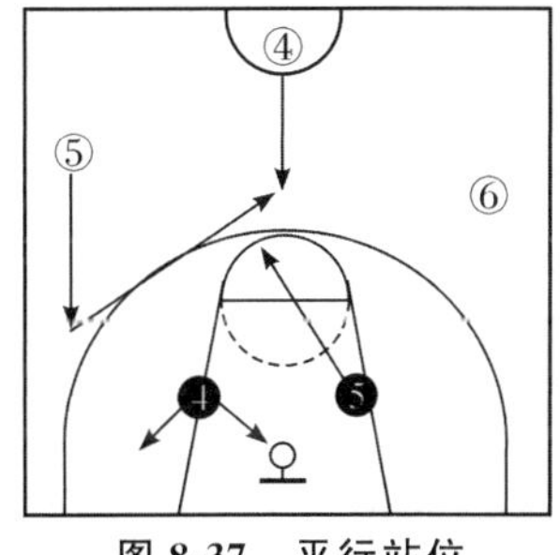
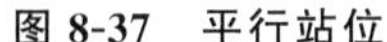
图 8-37　平行站位

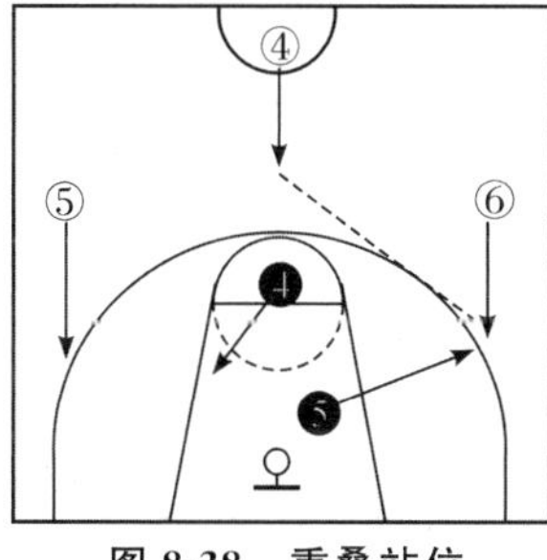
图 8-38　重叠站位

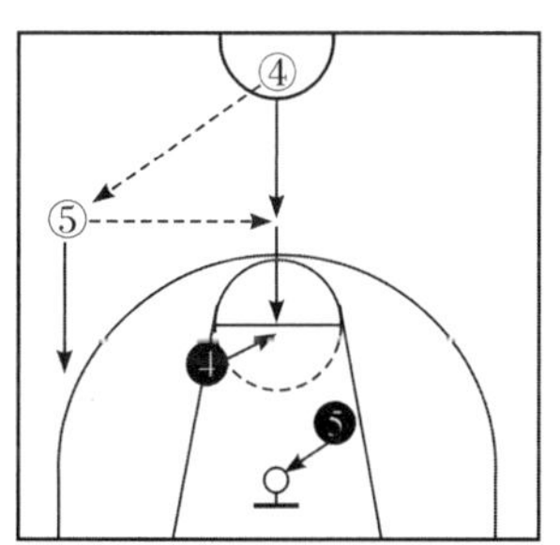
图 8-39　斜线站位

3.2—1—2 区域联防

区域联防是一种半场防守的全队战术。2—1—2 站位是区域联防中的一种形式(见图 8-40)。五名队员站成 2—1—2 的形式,椭圆形表示每个队员的防守区域,各个防区衔接的地方为两个防守队员的共管区域。一般采用这种联防形式的比较多,其他联防形式,如 3—2 联防、2—3 联防,都是从 2—1—2 区域联防变化而来的。因此,在这里重点介绍 2—1—2 区域联防方法。

(1)由攻转守,快速布阵:由攻转守时,要在对方未进入阵地之前,快速退回本队后场,每个人按照区域分工,站成 2—1—2 的队形,做好防守准备,及时观察对方活动。

(2)明确任务,分工合作:前锋❹和❺重点防守外围队员突破、投篮,中锋⑧抢罚球线一带篮板球;经常出现二防三的局面,要求❹❺不停地移动和挥动手臂,一人上前,一人保护,互相配合。中锋❽要密切注视⑧在限制区一带活动,严防⑧和其他队员插入中区投篮,并积极争抢篮下一带篮板球。后卫❻与❼坚守篮下两侧,封锁在篮下两侧接球投篮,并负责争抢篮下一带的篮板球,防守时,要通观全局,主要是观察判断、挡人、卡位。

(3)随意转移,保持队形,有球盯人,无球协助(见图 8-41):当球在⑤手中时,⑥和⑦都在防守队右侧,❹提上防⑤投篮或突破。⑤向左侧移动协❽防⑧,防止⑤传球给⑧。❽上提注视⑧的行动,❻上提防❹,❼向中区靠近注视⑦的活动,随时准备卡位、挡人、护送,防⑦从底线球投篮。❻❼❽在篮下站成三角形,准备争抢篮板球。

假设⑤将球传给⑥(见图 8-42),❺横滑步防⑥,不让⑥投篮或突破,❹横滑步协助❽防⑧,防止⑥投篮或突破,❺横滑步协助❽防⑧,防止⑥将球传给⑧,⑧向右移动注视⑧的行动,一旦⑥传给⑧时,则❽防⑧投篮攻突破,此时,❹❺❽三人围防,夹击⑧。❼右移防⑥将球传给⑦,同时,防⑥持球突破。⑥若突破时,❼和❺采用“关门”防守或补防;如果⑥投篮,❼挡住⑦,❼准备争抢篮板球。❻前提防止④向篮下移动,随时准备争抢篮板球。

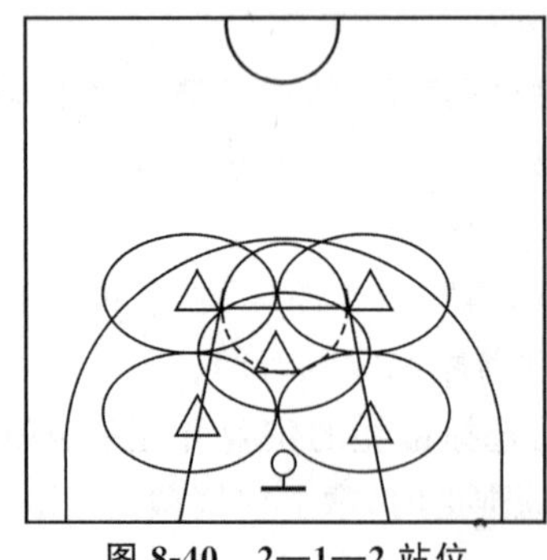
图 8-40　2—1—2 站位

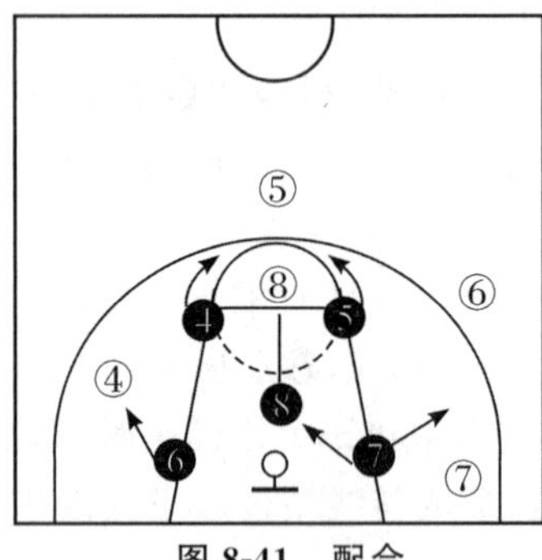

图 8-41　配合

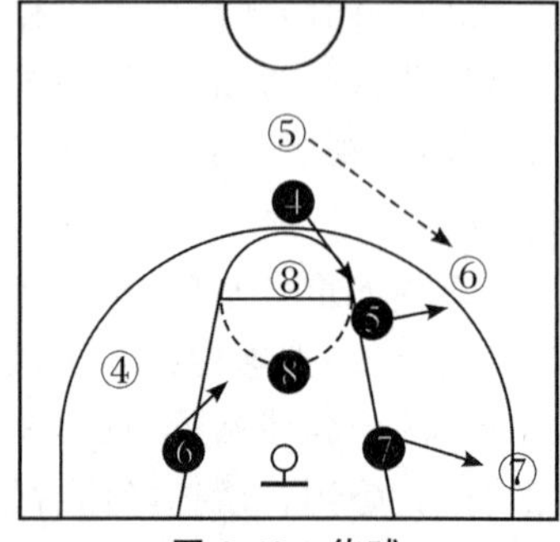

图 8-42　传球

假设⑥将球传给④(见图 8-43),则❻跃出断球。若不成应向左移动,待④接球时上前防④,不让④投篮或从底线突破。❹要位前防④,❻等❹回防时,撤回防篮下。❽向左移动防守⑧。❼保护篮下,并防⑦溜底线接球投篮。❹得球后,⑦篮下接球威胁最大,所以❼不能⑦使随便通过篮下接球。若⑦强行通过时,❼要护送交给❻去防⑦,而后再回到原来防区去。如果❻还没有返回来,④又将球传给⑦了,则❼要坚持防⑦到底,防⑦投篮。❺后移动强篮下防守,并防⑥空切。

当球在底角时(见图 8-44),假设④将球传给⑦,❻防⑦投篮和从底线突破。❹向下移动,协助❻防守,⑧向下移动,❽要跟随⑧向下移动,防止⑧接球,如⑦将球传给⑧,❽要防⑧投篮或突破。同时❻退回防守，形成❹❻❽围守夹击⑧；❺保护篮下，防止⑤移至中区接球并注意争抢篮板球。❼向篮下移动，防⑥空切篮下，并随时注意争抢篮板球。

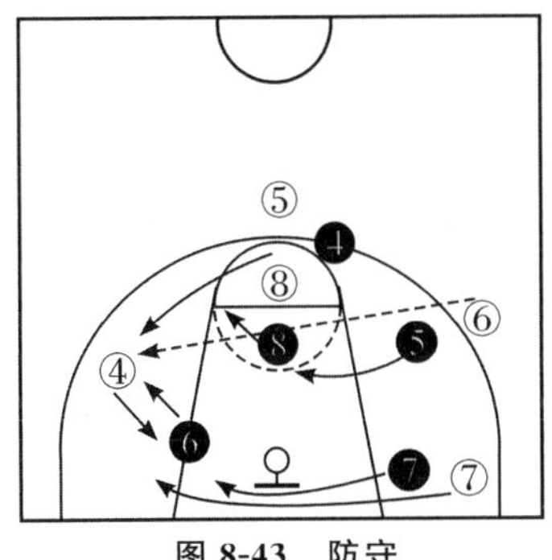

图 8-43　防守

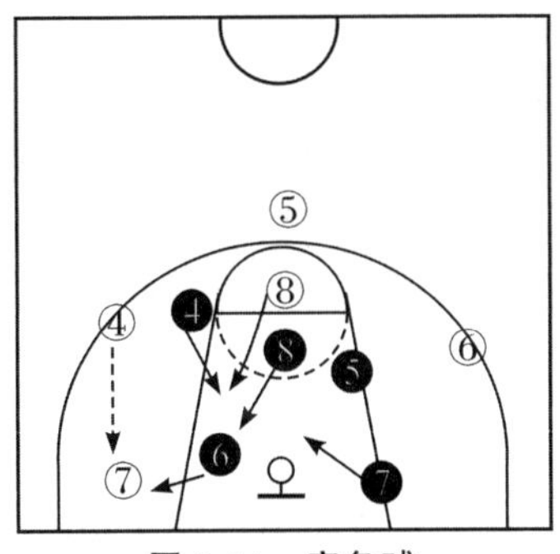

图 8-44　底角球

4.人盯人防守

人盯人防守战术是每个防守队员盯住一个进攻队员，同时协助完成集体防守任务的全防防守战术。它是运用最普遍的一种战术。

人盯人防守的优点是以盯人为主，分工明确、针对性强，便于发挥队员的防守积极性，提高责任感；它机动灵活，能有效地控制对方进攻重点。它的缺点是易被进攻队在局部地区各个击破。防守范围可分为半场人盯人和全场人盯人。

(1)半场人盯人防守

半场人盯人防守是在后场进行人盯人的防守战术。由攻转守时，全队迅速退回后场，每个防守队员在盯住自己对手的同时，进行集体防守。在防守时，要根据有球侧与无球侧的不同，进行不同的防守。有球侧和无球侧的划分是以假设球场中间以轴线为界，有球一侧为强侧，无球一侧为弱侧。

半场人盯人防守的基本要求，根据对手、球和篮来选位，以盯人为主，近球紧、远球松，积极主动，抢占有利位置，破坏对方进攻配合，加强防守的集体性。

(2)全场紧逼人盯人防守

全场紧逼人盯人防守是指由攻转守时，防守队员在全场范围内各自分工负责紧逼自己对手的一种攻击性防守战术。它要求防守队员在全场始终紧逼自己的对手，积极阻挠对手移动、传接球、运球、投篮，并利用集体配合破坏对方的进攻，为本队争得主动权。

全场紧逼人盯人防守战术的基本要求：

①由攻转守时，全队要统一思想，行动一致，每个队员要迅速找人，抢占有利的防守位置。

②防无球队员时，以防止对手接球为主，人球兼顾，要抢前防守。

③防持球队员时，首先要防止对方投篮或突破，要迫使对手向边线运球，并设法让他停球。

④全队在防守时，要有良好的配合意识。

四、篮球竞赛规则

(一)篮球比赛通则

1.篮球场地

篮球场长 28 米，宽 15 米，4 条界线外至少 2 米处不得有任何障碍物，如在室内则天花板的高度应至少为7米。球场分中线、前场和后场，中线上的中圈和前、后场罚球区罚球线上的两个半圆半径均为1.80米。篮圈下面的矩形为限制区，通常称"禁区"。前、后场内的拱形弧线外的地区称为3分投篮区。

2.篮球比赛时间

一场篮球比赛由4节组成，每节10分钟。如果第四节比赛结束时比分相等，则需要一个或多个5分钟的加时赛来继续比赛，直至决出胜负。比赛中每队的换人次数不限；上半场每队可获得2次暂停机会；下半场可获得3次；每一加时赛的任何时间内，每队可有1次暂停机会。

3.比赛得分计算

一次罚球中篮计1分；从2分投篮区域中篮计2分；从3分投篮区域中篮计3分。

(二)篮球比赛中常见的违反竞赛规则

篮球比赛中违反竞赛规则有违例和犯规两大类。

1.违例

违例主要包括：3秒违例、8秒违例、24秒违例、球回后场违例、非法运球（两次运球）违例、带球走违例、球出界和干涉得分违例等。

(1)队员出界和球出界：当队员身体的任何部分接触线上、界线上方或界外除队员以外的场地或任何物体时，即队员出界；当球触及界外的队员或任何其他人员，界线上方或界线外的地面或者任何物体时，即球出界；当球触及篮板支架、篮板背面或比赛场地上方的任何物体，即球出界。

(2)3秒违例：当某队在前场控制活球并且比赛计时钟正在运行时，该队的队员不得停留在对方的限制区内超过3秒，否则为3秒违例。

(3)8秒违例：当一名队员在他的后场获得控制的活球时，他的队必须在8秒内使球进入前场，否则为8秒违例。

(4)24秒违例：当一名队员在他的后场获得控制的活球时，他的队必须在24秒内尝试投篮。在24秒钟装置的信号发出前，球必须离开投篮队员的手，而且球离开投篮队员的手后，球必须触及篮圈或进入球篮，否则为24秒违例。

(5)球回后场违例：控制活球的队员不得使球非法地回到他的后场，否则为球回后场违例。

(6)非法运球违例：场上队员控制活球时，可将球掷、拍、滚或运在地面上，在球触及另一队员之前，该队员再次触及球为运球开始。当队员双手同时触球或允许球在一手或双手中停留时，运球结束。第一次运球结束后不得再次运球。下列情况不算运球：连续投篮、运球前后的漏接、用拍击的方式试图获得球。

(7)带球走违例：当队员在场上持着一个活球，其一脚或双脚超出规则所述的限制向任何一个方向非法移动则为带球走。判断带球走的关键是确定和观察持球队员的中枢脚（国际篮联在2017年新规则中规定：行进间的队员接住球或结束运球的时候，如果恰好有一只脚正接触地面，那么他下一次触及地面的那只脚或双脚被确立为第一步，且为中枢脚）。

2.犯规

犯规主要包括如下几种情形：

(1)侵人犯规：队员和对方队员的接触犯规，无论球是活球或是死球。队员不应通过伸展他的手、臂、肘、肩、髋、腿、膝或脚来拉、阻挡、推、撞、绊、阻止对方队员行进；不应将其身体弯曲成"反常的"姿势（超出他的圆柱体）；也不应做出任何粗野或猛烈的动作。

罚则：

①应给犯规队员登记一次侵人犯规。

②如果对没有做投篮动作的队员发生犯规：由非犯规队在最靠近违犯的地点掷球入界重新开始比赛；如果犯规的队处于全队犯规处罚状态时，则应运用全队犯规处罚条款。

③如果对正在做投篮动作的队员发生犯规（判给投篮队员若干球）：如果投篮成功，应记得分并判给 1 次追加罚球；如果从 2 分投篮区域的投篮不成功，应判给 2 次罚球；如果从 3 分投篮区域的投篮不成功，应判给 3 次罚球。

(2)技术犯规：所有不包括与对方队员接触的队员犯规。队员不得漠视裁判员的劝告，或运用不正当的行为。

罚则：

①若是一名队员犯规，则给他登记一次技术犯规，作为队员犯规并作为全队犯规之一计数。

②若是一名教练员、助理教练员、替补队员或随队人员犯规，则给教练员登记一次技术犯规，并不作为全队犯规之一计数。

③应判给对方队员 2 次罚球，以及随后在记录台对面的中线延长部分掷球入界。

3.违反体育道德的犯规

裁判员认为队员蓄意地对持球或不持球的对方队员造成侵人犯规为违反体育道德的犯规：如果队员不努力去抢球并发生身体接触，在努力抢球中造成过分的接触（严重犯规），则都应该判为违反体育道德的犯规。

罚则：

(1)登记犯规队员一次违反体育道德的犯规。

(2)罚球应该判给被侵犯的队员（罚球次数参照犯规罚则来判定），以及随后在记录台对面的中场延长线部分掷球入界。

第二节　排球运动与规则

一、排球运动概述

(一)排球运动的起源

排球运动起源于 1895 年，由美国马萨诸塞州霍利沃克城的基督教青年会干事威廉·摩根(W.G.Morgan)首创。在 19 世纪末的美国，盛行比较紧张、激烈的篮球、橄榄球运动，而缺乏一种轻松、舒缓、身体对抗小，适合常久坐办公室以及老年人的运动项目，以达到锻炼身体和娱乐生活的目的。经历一系列的探索研究后，威廉·摩根先生将所得到的信息加以整合，结合了篮球、网球等运动项目的特点，创造了排球运动。

1896 年 7 月 13 日，在全美基督教青年会体育指导大会上，摩根先生对该项游戏进行示范表演，这是排球运动自产生以来的首次表演赛，规定双方上场 5 名队员，这也是摩根先生制定的第一个排球规则以来的首场比赛。

1897 年 7 月，美国体育杂志上公开介绍了排球比赛的打法以及简单规则，从此，排球运动在全美逐渐开展起来。最初没有明确的参赛人数的规定，双方商定，队伍人数对等即可参赛。因其隔网对抗、负荷量小且形式新颖，一时间获得各界人士的欢迎，在美国传播开来。排球运动完全意义上的形成以 1947 年国际排球联合会的成立为标志。

排球运动至今已有百年历史，如今已变成世界三大球赛事之一的竞技运动，经过不断发展，以完善的规则体系、对身体素质和动作技术的更高要求和绝佳的观赏性而深受大众喜爱。

（二）排球运动的特点

1.击球技术的特点

（1）空中击球且动作短促。无论在排球比赛或是排球游戏中运用的各种击球方式，都必须击空中的球。在排球比赛中也提出了禁止"持球"的规定。这便对运动员的身体素质和时间、空间感知能力有一定的要求。因此，从事排球运动，有助于提高人体的综合素质、判断能力以及控制能力。

（2）允许身体任何部位击球。目前所有的球类运动都有其规则限定的身体合法触球部位，唯独排球竞赛规则规定运动员全身任何部位均可触球。因此，排球运动能使参与者在击球过程中充分体现自我才能，展现各种高超的击球技巧，能更好地获得运动体验和成就感。

2.战术配合的特点

（1）高度的战术意识和集体性。排球规则规定，比赛双方有三次击球机会。自发球开始，就是战术的开始。在比赛中，为取得比赛胜利，球队往往精心设计比赛战术，并通过队员的积极配合，巧妙地完成攻防转换且在比赛中各个位置分工明确，需要每一名队员互相配合才能完成得分。这体现了队员拥有高度的战术意识和集体意识。

（2）形式的多样性进而广泛的群众性。组织排球运动的形式多种多样，选择性多，场地可设置在室内或室外，只要有一个空地，一张网即能开展活动。再加之灵活性强，可选择不同的球进行活动，规则简单也易于变通，参加人数可双方商定，运动负荷相比篮球、足球小。因其以上特点，排球有较广泛的群众性，不受年龄、性别等因素的限制，可根据自身情况选择场地、活动方式。

（3）技术的全面性和高度的技巧性。排球技术分为传球、发球、垫球、扣球、拦网等。排球比赛中，任何位置上的队员都要参与防守和进攻；而且在大多数形式的比赛中，规则还要求队员轮转位置。因此每个队员都须全面地掌握各项攻、防技术。随着排球运动的不断发展，竞赛水平也不断提高，训练方式也不断更新，这就要求运动员在已具备各项技术的基础上，不断提高自身技术动作的技巧性和高度。

（4）激烈的对抗性和严密的集体性。尽管在排球奖赛中，比赛双方的身体对抗相对较小，但其对抗点位于网上的进攻和防守。对抗的激烈程度与比赛的水平息息相关，水平越高，对抗越激烈。而除了激烈的对抗性之外，排球比赛双方都在利用规则允许的 3 次击球机会，通过精心设计和巧妙配合，在瞬息间完成激烈的攻防转换和完美的战术组合，体现了严密的集体性。

（5）休闲娱乐性和开展的便利性。排球运动没有复杂的规则，没有固定的场地要求，加之其对抗性小，易组织和上手，无论是举办比赛还是丰富体育生活都能取得良好的效果。近些年来，排球运动的分类日益增多，有竞技性的奥运会排球赛，也有轻松舒缓的妈妈排球、公园排球等，对人们的体育生活起到了良好的促进作用。

二、排球运动的基本技术

(一)发球

1.正面下手发球

这种发球简单易学,失误率较小。但速度慢,力量小,攻击性差,适用于初学者。

(1)准备姿势:面对球网,两脚前后开立,左脚在前,两膝弯曲,上体前倾,左手持球置于腹前。

(2)抛球:左手将球平稳地抛于体前右侧,球离手约一球高度,同时右臂伸直,以肩为轴向后摆。

(3)击球:右脚蹬地,身体重心随着右臂由后向前摆动而前移,在腹前以掌跟或鱼际部位击球后下部。击球后,随击球动作重心前移,迅速进场比赛。

详见图 8-45。

图 8-45　正面下手发球

2.侧面下手发球

这种发球动作简单,容易掌握,可借助转体力量来击球,便于用力,适合女子初学者。发球失误少,但攻击力不强。

(1)准备姿势:左肩对网站立,两脚左右开立,与肩同宽,两膝微屈,上体稍前倾,重心落在两脚间或稍偏右脚,左手持球置于腹前。

(2)抛球:左手将球抛至胸前,约离身体一臂之远。

(3)击球:在抛球的同时,右臂摆至右侧后下方,手指微屈而紧张,利用右脚蹬地和向左转体的力量,带动右臂向前摆动,在腹前用全掌击球的后中下部,也可半握拳以拳心击球,将球击出。击球时,手臂要伸直,眼睛要看球。

详见图 8-46。

图 8-46　侧面下手发球

3.正面上手发球

这种发球是指发球队员面对球网站立。利用收腹转体动作带动手臂加速挥动，便于发力，在头的右前上方采用全手掌击球过网的发球方法。这种发球击球点高，可以充分利用胸腹和上肢的爆发力，加之运用手掌的推压动作使球呈上旋飞行，不易出界，具有较高的准确性和较大的攻击性。

(1)准备姿势：面对球网，两脚自然开立、微屈，左脚在前，左手持球在体前。

(2)抛球：用抬臂和手掌的平托上送，将球垂直抛于头上方，高于头1米左右。

(3)击球：在左手抛球的同时，右臂抬起，屈肘后引，肘与肩平，手指自然张开拉至耳边，上体稍向右侧转动。击球时，利用蹬地，使身体向左转动，同时收腹，带动手臂挥动，完成鞭甩动作，在右肩上方伸直手臂用全手掌击球的中下部。击球后身体随重心前移，迅速入场。

详见图 8-47。

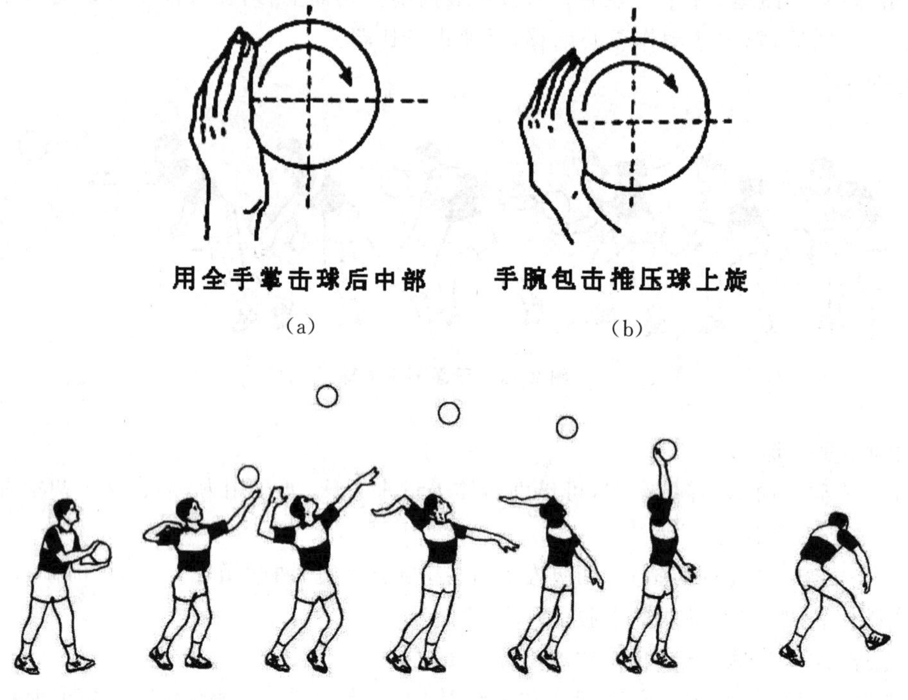

图 8-47 正面上手发球

(二)垫球

1.正面双手垫球

正面双手垫球是排球技术中最基本的技术，是各项垫球技术的基础，适合于接发球、扣球和拦回球。

(1)准备姿势：采用稍蹲和半蹲准备姿势，正面对准来球方向。

(2)击球手型：常用的垫球手型有三种，详见图 8-48。

叠掌式：两手掌根紧靠，两手手指重叠合掌互握，两拇指平行，手腕下压，两臂自然伸直，手腕下压，小臂外展靠拢，手腕关节以上的前臂形成一个垫击的平面。

抱拳式：两手抱拳互握，两拇指平行向前，两掌根和小臂外旋紧靠，手腕下压，使前臂形成

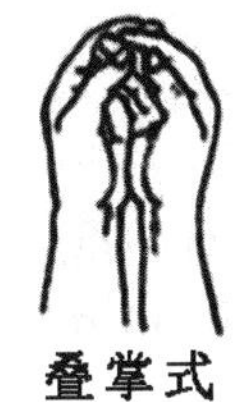

图 8-48　垫球手型

一个垫击平面。

互靠式：两手腕紧靠，两手自然放松，手腕下压，两臂外翻，前臂形成一个平面。

（3）击球部位：手臂的触球部位在腕关节以上 10 厘米左右小臂内侧的平面上。击球的部位在球的后中下部。

（4）击球点：保持在腹前高度，离身体一臂远。

（5）击球动作：击球时，蹬腿提腰、含胸提肩、压腕抬臂等动作密切配合，手臂迅速插入球下，将球准确地垫在手腕以上 10 厘米的小臂上。击球时，两臂保持平衡固定，身体和两臂自然地随球伴送，重心跟进，用全身的协调动作迎击来球。

（6）击球后动作：垫球动作结束后，立即松开双臂做好下一次击球动作的准备。

正面双手垫球，如图 8-49 所示。

图 8-49　正面双手垫球

2.体侧双手垫球

当来球飞向体侧而来不及移动对正来球时，要采用侧垫。其要点是伸臂动作快，控制身体两侧的区域宽，但不易控制球的方向。

（1）动作方法：右侧垫球时，先以左脚前脚掌内侧蹬地，右脚向右跨一步，重心移至右脚，保持两膝弯曲，同时两臂向右侧伸出，右臂高于左臂，左肩稍向下倾斜。击球时，用左转体收腹的动作，配合提肩抬臂，在身体的右侧稍前的位置截住球，用两前臂垫击球的后下部。左侧垫球时，以相反方向的动作击球。如图 8-50 所示。

图 8-50　体侧双手垫球

(2)技术要点:向侧跨步侧前臂,向内转体提肩击球。

3.背向双手垫球

背对垫球目标,从体前向背后双手垫球。一般用于在接应同伴起球后,球距离较远而又无法使用正面双手垫球时。其特点是击球点较高,准确性较差。

(1)动作方法:当背向垫球时,要判断好来球方向,快速移动到球的落点处,背对垫球的方向,两臂夹紧伸直。击球时,用蹬地、抬头挺胸、展腹和上体后仰的动作带动两臂向后上方摆动抬送,以前臂触球的前下方,将球向后上方击出。如图 8-51 所示。

(2)击球点:一般应在肩上方。

图 8-51 背向双手垫球

(三)传球

1.正面传球

面对目标的传球称为正面传球,它是传球中最基本的方法,是掌握和运用其他各种传球技术的基础。

(1)准备姿势:面对来球方向,两脚开立,略比肩宽,上体稍挺起,仰头看球,两手自然抬起,屈肘,放松置于额前。

(2)击球手型:手触球时,十指应自然张开使两手呈半球状,手腕稍后仰,以拇指内侧、食指全部、中指的二三指节触球的后下部,无名指和小指在两侧辅助控制传球的方向。拇指相对成"一字"或"八字"形置于额前。如图 8-52 所示。

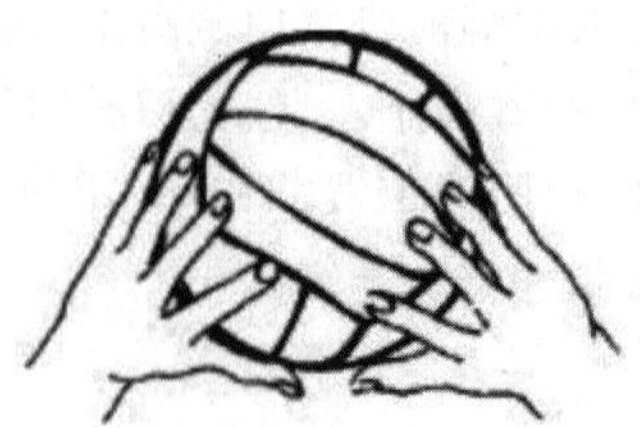

图 8-52 正面传球手型

(3)击球点:在额前上方约一球距离处。

(4)用力方法:传球时,利用蹬地、伸膝、展体和伸臂的动作,以拇指、食指、中指发力,无名指和小指控制住球的方向。触球的瞬间,手指和手腕应保持一定的紧张程度,用手指和手腕的弹力以及身体和手臂的协调力量将球传出,用力一定要协调一致。传球距离较近时,手指、手腕的弹力较多;传球距离较远时,必须加强蹬地展体力量。

(5)技术要点:蹬地伸臂对正球,额前上方迎击球,触球手型成半球。如图8-53所示。

图8-53　正面传球

2.背传球

背向传球目标的传球为背传。背传是传球基本方法之一。在比赛过程中,使用背传技术能达到出其不意、迷惑对方的目的,使战术多样化。

(1)准备姿势:上体比正面传球时稍后仰,身体重心稳定在两脚之间,双手自然置于额前。

(2)迎球动作:抬臂、挺胸、上体稍后屈。

(3)击球手型:与正面传球相同,拇指托球的后下部。

(4)击球点:保持在额上方。

(5)用力方法:利用蹬地、展体、抬臂、伸肘及手腕和手指的弹力将球向身体后上方送出。

(6)传球后动作:应立即转身随球去保护、接应,或准备做下一个动作。

(7)技术要点:上体要稍直,击球点稍后,背对击球目标,掌心向上,拇指多用力,向后上方伸送。如图8-54所示。

图8-54　背传球

3.侧传球

身体不转动,主要靠双臂向侧方伸展的传球动作叫侧传。侧传有一定的隐蔽性。

侧传的准备姿势、迎球动作与正面传球相同,击球点保持在脸前或稍偏于出球方向一侧。传球手势与正面传球相同,但倾向出球一侧的手臂要低一些,另一侧则要高一些。用力时,蹬地后上体要向出球方向倾斜,双臂向传出一侧用力伸展,异侧手臂动作幅度较大,伸展较快。

如图 8-55 所示。

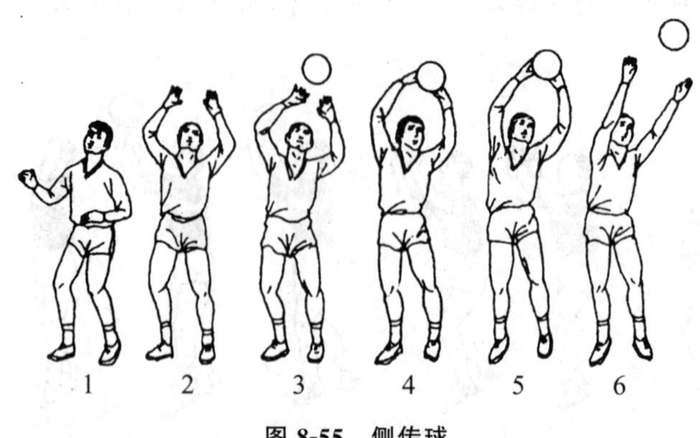

图 8-55　侧传球

4.跳传球

跳起在空中做传球动作叫跳传。跳传有原地跳、助跑跳、双足跳、单足跳等动作。

起跳最好是向上垂直起跳，不宜向前或向侧冲跳。起跳的关键是掌握好起跳时机，起跳过早或过晚都会影响传球的质量。

起跳后双臂上摆至脸前，身体在空中保持平衡。当身体上升到最高点时，靠伸臂动作和手腕、手指的弹力将球传出。如图 8-56 所示。

图 8-56　跳传球

(四)扣球

扣球是进攻的最有效方法，是得分的重要手段，也是进攻中最积极有效的武器。排球的攻击性主要在于它具有击球点高、速度快、力量大、变化多的特点。扣球技术比较复杂，按其技术结构来讲，扣球技术包括准备姿势、判断、助跑、起跳、空中击球和落地几个相互衔接的部分，整个动作必须协调一致。

正面扣球是扣球技术的基础一环，由于其面对球网，有较好的视角，便于观察，准确性高，挥臂动作较为灵活，在面对对方防守时，可灵活改变扣球的路线和力量，因而进攻效果较好。

(1)准备姿势：扣球助跑前采用稍蹲姿势，两臂自然下垂，站在离球网 3 米左右处。身体转向来球方向，观察来球，做好各个方面助跑起跳的准备。

(2)助跑:助跑开始时,左脚先向前迈出一步,紧接着右脚在快速跨出一大步,左脚紧跟并上,踏在右脚之前,两脚尖稍向右转。两臂随之上引。

(3)起跳:起跳时,上体前倾,两脚迅速而有力地蹬地踏跳;两臂由体后下方继续向体前上方挥摆,同时快速展腹,带动全身腾空而起。

(4)空中击球:起跳后,挺胸展腹,上体稍向右转,通知右臂向后上方抬起,挥臂时,迅速转体,收腹,带动肩、肘、腕各关节向前上方呈鞭甩动作快速挥动。击球时,五指微张,以掌心为主,全掌包满球,在手臂至最高点的前上方击球的后中部,手指、手腕快速向前推压,出球呈上旋。

(5)落地:落地时,以前脚掌先着地过渡到全脚掌着地,同时顺势屈膝、收腹,以缓冲下落的力量,同时立即准备下一个动作。

(6)技术要点:助跑步幅由小到大,速度由快到慢,一脚跨出另一脚合并,双脚踏地向上跳,两臂体侧加速摆,腰腹发力要领先,向上挥臂如甩鞭,击球保持最高点,满掌击球后中部,手腕推压球上旋。如图 8-57 所示。

图 8-57 扣球

(五)拦网

1.单人拦网

(1)准备姿势:面对球网,两脚平行开立,约同肩宽,两膝稍屈,两臂屈肘置于胸前。

(2)移动:常用移动步法有并步、跨步、滑步、交叉步、跑步等各种移动步法,将身体重心移动到拦网位置,准备起跳。注意做好制动动作,避免触网、冲撞队员和受伤。

(3)起跳:原地起跳时,从拦网准备姿势开始,两脚用力蹬地,两臂在体侧划小弧线用力上摆,带动身体向上垂直起跳。移动后起跳时,起跳动作与原地起跳相同,但应注意制动并使动作连贯协调。

(4)空中动作:起跳时,稍收腹,同时两手从额前贴近网向上沿伸出,两臂伸直保持平行,两肩上提。拦网时,两手应伸向对方上空,接近球、两手自然张开,屈指、屈腕成半球状,当手触球时,两手突然紧张,手腕下压盖在球的前上方。

(5)落地:拦网后先含胸保持身体平衡,再从网上将手伸回,进而屈肘向下收臂,避免触网。与此同时屈膝缓冲,双脚落地。落地后准备做下一个动作。

(6)技术要点:判断时机移动和起跳,看清动作拦路线;提肩压腕张手捂,观察扣球路线。

如图 8-58 所示。

图 8-58 单人拦网

2.双人拦网

双人拦网是集体拦网的一种，也是比赛中最为常见的一种拦网形式，主要根据对方扣球力量及路线决定。

双人拦网的动作方法与单人拦网相同，但需注意在双人拦网中，应以一人为主拦队员，一般情况下，距对方扣球点近的队员为主拦队员。主拦队员需以最快速度移动至扣球点正对面，做好起跳准备，配合队员则迅速靠近主拦队员准备同时起跳。注意控制两队员之间的距离要合适以及在空中拦网队员手臂的距离。太远会导致漏球，重叠会导致拦击面缩小。

三、排球运动的基本战术

排球战术是指运动员在比赛中，根据排球竞赛规则的要求、排球运动的规律以及比赛双方情况和临场竞赛的发展变化，合理运用个人技术及集体配合所采用的有意识、有目的、有组织的行动。

(一)进攻战术

进攻战术可分为“中一二”“边一二”“插三二”“二次球”“后排进攻”五种，这里主要介绍前两种进攻战术。

1.“中一二”进攻阵型

是由站在 3 号位的队员担任二传手队员，将球传给 4 号位、2 号位的队员进攻的战术组织形式。“中一二”进攻战术的优点是二传手居中，向 2、4 号位传球距离短容易传准，有利于组织进攻，易于初学阶段的掌握。但它的战术掩护变化少，对方容易组织集体拦网。如图 8-59 所示。

2.“边一二”进攻阵型

是由站在 2 号位的队员担任二传手，将球传给 3、4 号位队员进攻，这是基本的进攻阵型之一。由于两个基本进攻手位置相邻，便于进行掩护配合，因此丰富了战术的变化，后立体进攻出现又称“边二三”，即突出后排三点立体进攻。如图 8-60 所示。

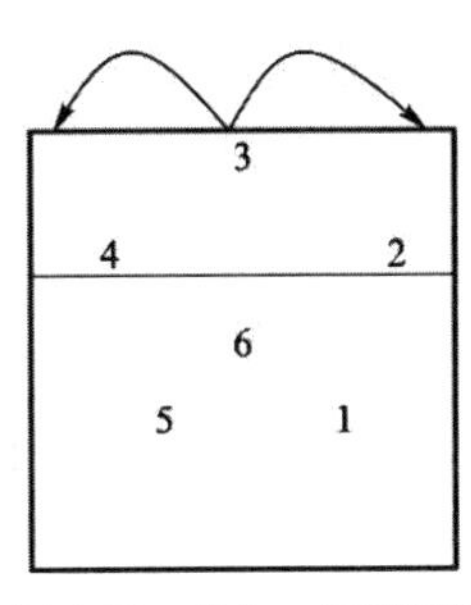

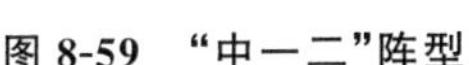
图 8-59　“中一二”阵型

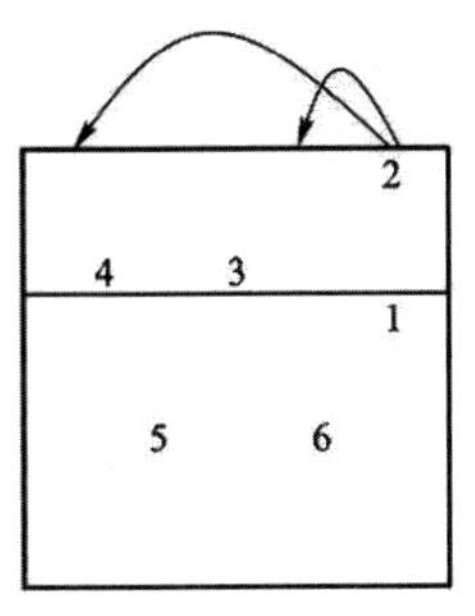

图 8-60　“边一二”阵型

(二)防守战术

防守技术包括“无人拦网的防守战术”“单人拦网的防守战术”“双人拦网的防守战术”“集体拦网防守战术”四种，下面主要介绍“单人拦网的防守战术”和“双人拦网的防守战术”。

1.单人拦网的防守战术

在对方进攻威力不大，路线变化不多时，一般多采用单人拦网防守战术。单人拦网防守战术，是最基础的接扣球防守战术(图 8-61)。

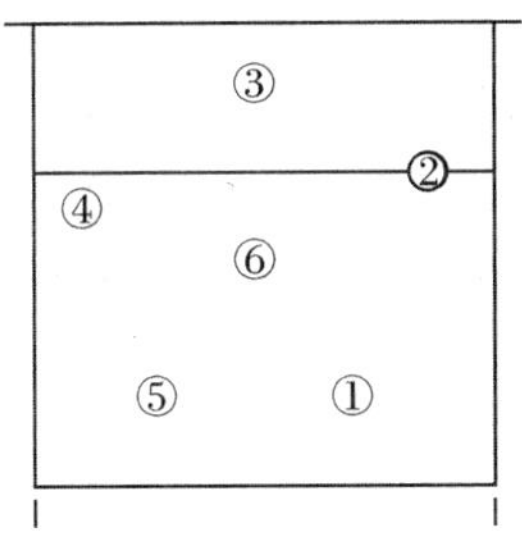

图 8-61　单人拦网

2.双人拦网的防守战术

当对方进攻的威力较大，路线变化较多，单人拦网不足以阻拦对方进攻时，应采用双人拦网防守战术(图 8-62)。

(1)双人拦网“心跟进”防守战术固定由 6 号位队员跟进保护、防吊球的防守形式，称为“心跟进”防守(图 8-63)。

(2)双人拦网“边跟进”防守战术就是由 1 或 5 号位队员跟进作保护的防守形式。前排不拦网的队员要后撤参加防守，与后排三名队员要形成面对进攻点的弧形防守区(图 8-64)。

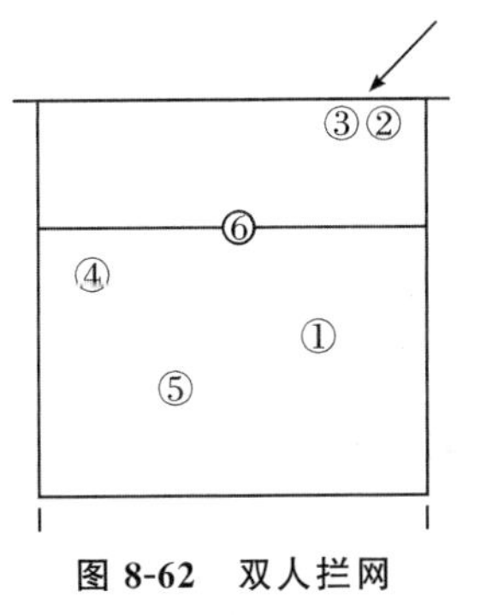

图 8-62　双人拦网

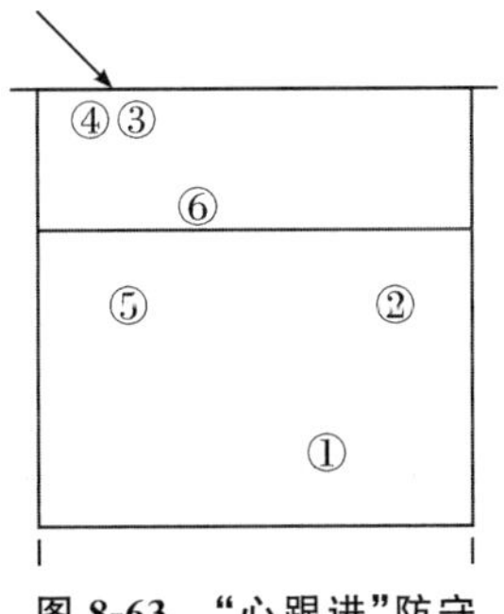

图 8-63　“心跟进”防守

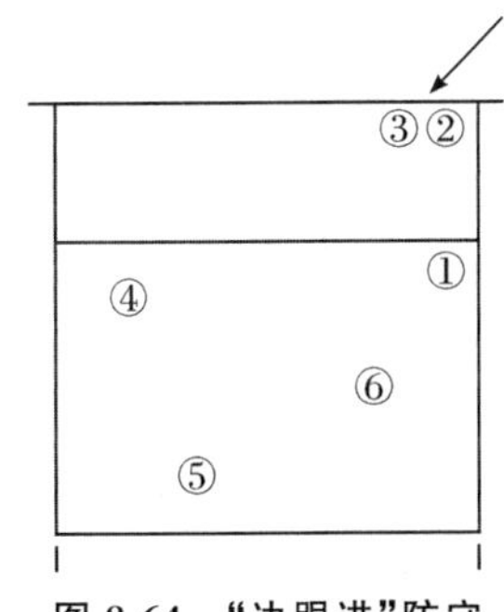

图 8-64　“边跟进”防守

四、排球竞赛的规则

(一)比赛场地、器材

排球比赛的场地长 18 米、宽 9 米(图 8-65)。男子比赛网高 2.43 米,女子比赛网高 2.24 米,场地的所有界线均宽 5 厘米,场地的长和宽包括界线,压线球为界内球。比赛用球可以是单一的浅色或国际排联批准的多色球,圆周为 65～67 厘米,重量为 260～280 克。

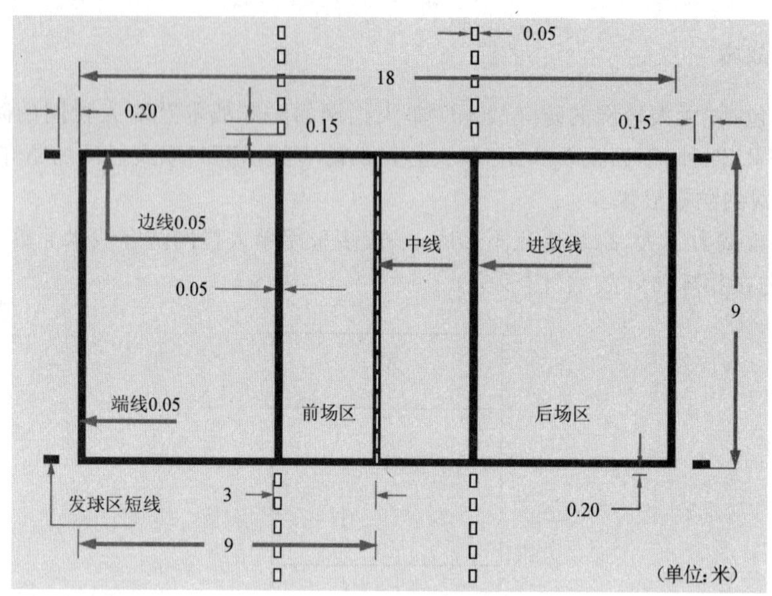

图 8-65　排球比赛场地

(二)主要规则及裁判方法

1.胜一分、胜一局和胜一场

比赛采用每球得分制,胜一球即胜一分。

比赛的前 4 局以先得 25 分,并超出对方 2 分的队为胜一局。当比分为 24∶24 时,比赛继续进行至某队领先 2 分为胜一局(如 26∶24,27∶25)。决胜局以先得 15 分,并同时超出对方 2 分的队获胜。当比分为 14∶14 时,比赛继续进行至某队领先 2 分为止(如 16∶14,17∶15)。

2.犯规与判罚

排球运动中属于犯规的情形有以下几种。

(1)发球击球时的犯规

①发球次序错误;②发球区外发球;③发球击球时球未抛起或持球手未撤离;④发球8 s。

(2)发球击球后的犯规

①发出的球触及发球队队员、球网或未能通过球网垂直面;②界外球;③发球掩护。

(3)位置错误

发球击球瞬间，双方任何一名队员不在规则规定的位置上，则构成位置错误犯规。

判断位置错误必须明确以下三点。

(1)位置错误犯规只在发球击球瞬间才有可能造成，发球击球前、后两队队员可在本场区任意移动或交换位置，不受任何限制。

(2)队员的场上位置应根据脚的着地部位来确定。

(3)明确“同排”与“同列”的概念及位置关系，1、6、5 及 2、3、4 号位队员为同排队员。1、2 号位，3、6 号位，4、5 号位队员为同列队员。规则规定同排左边或右队员的一只脚的某部分必须在同排中间队员的双脚距离同侧边线更近。同列队员中，前排队员一只脚的某部分必须比同列后排队员的双脚距离中线更近(见图 8-66、图 8-67)。

例 A:前排与后排队员位置关系

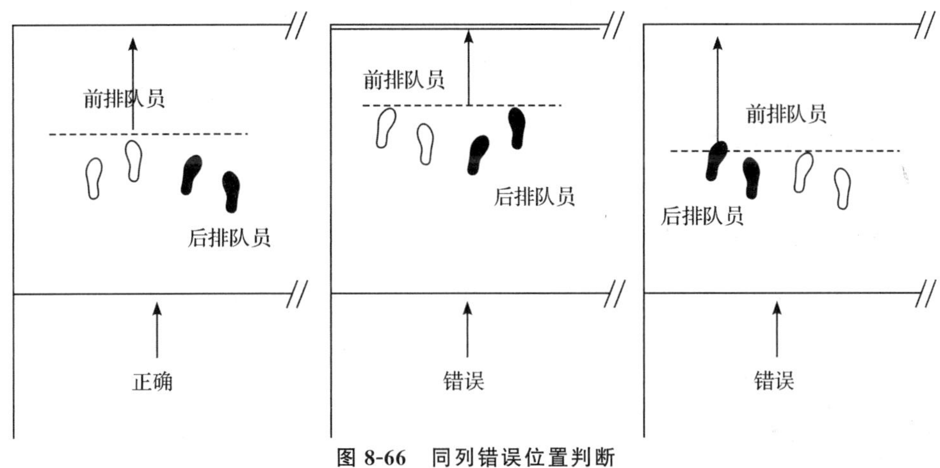

图 8-66　同列错误位置判断

例 B:同排队员位置关系

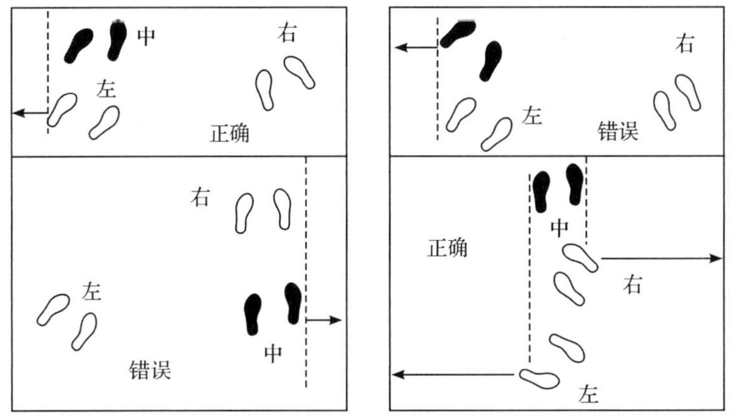

图 8-67　同排错误位置判断

(4)击球时的犯规包括四次击球、持球、连击、借助击球。

(5)队员在球网附近的犯规包括过网击球、过中线、网下穿越进入对方空间并妨碍对方比赛、触网。

(6)拦网犯规包括过网拦网、后排队员拦网、拦发球、从标志杆外伸入对方空间拦网并触球。

(7)进攻性击球犯规包括后排队员进攻性击球犯规、在前场区对发过来的并且整体高于球网的球,完成进攻性击球(如扣发球、吊发球等)为犯规。但在后场区起跳,击跳后仍在后场区落地不犯规。

(8)不符合规定的请求间断包括超过规定次数请求普通暂停、超过规定次数请求换人、同一队未经比赛过程再次请求替换、无权“请求”的成员提出请求、在比赛进行中或裁判鸣哨发球的同时或之后提出请求。

判罚:判犯规一方失去球权、同时判对方获得一分或判对方直接得分。

第三节　足球运动及规则

一、足球运动概述

(一)足球运动的起源

足球运动是一项古老的体育活动,源远流长。最早起源于我国古代的一种球类游戏“蹴鞠”,后来经过阿拉伯人传到欧洲,发展成现代足球。

在中世纪的英国,足球已成为许多年轻人热衷的一项活动。他们在狭窄的街道上追逐皮球,经常将皮球踢到街边人家的窗子上。于是英国国王不得不下令禁止踢足球。从12世纪到16世纪,英国国王先后四次发布过“足球禁令”。不过,由于足球运动的特殊魅力,禁令也未能使它夭折。

1835年,在英国谢菲尔德成立了世界上第一个足球俱乐部。1863年,在英国又成立了第一个足球协会。从此,有组织的、在一定规则约束下的足球运动开始从英国传遍欧洲,传遍世界。

在19世纪末,足球运动在西欧国家已相当普及。在1896年第一届奥运会上,就将足球列为比赛项目之一,结果丹麦队以9∶0战胜希腊队,成为奥运会足球比赛的第一个冠军。

(二)足球运动的特点

(1)比赛场地大、人数多、时间长、运动量大,对运动员身体和心理素质的要求高。

(2)技术动作多、战术复杂、难度大,因为它包含了其他体育项目的对抗性、竞赛性和表演性,再加上足球规则的独特性、比赛结果的偶然性等,使它具有广泛的宣传效果和完美的娱乐艺术享受。

(3)不受气候和场地条件限制,是一项“全天候”的运动项目,这对运动员的顽强战斗意志、作风的锻炼和培养有特殊的价值。

二、足球基本技术

(一)颠球

颠球是指运动员用身体的各个有效部位连续地触击球,并加以控制尽量使球不落地的技术动作。

1.双脚脚背颠球

脚向前上方摆动,用脚背击球,击球时踝关节固定,击球的下部。两脚可交替击球,也可一只脚支撑,另一只脚连续击球。击球时用力均匀,使球始终控制在身体周围。

2.双脚内侧、外侧颠球

抬脚屈膝,用脚的内侧或外侧向上摆动,击球的下部,两脚内侧或外侧交替击球。

3.大腿颠球

抬腿屈膝,用大腿的中前部位向上击球的下部,两腿可交替击球,也可一只脚做支撑,用另一侧的大腿连续击球。

4.头部颠球

两脚开立,膝盖微屈,用前额部位连续顶球的下部。顶球时,两眼注视球,两臂自然张开,以维持身体平衡。

(二)踢球

1.脚内侧踢球

它的特点是脚与球的接触面积大,出球比较平稳准确,常用短距离传球和近距离射门。

(1)踢定位球时,直线助跑,支撑脚踏在球的侧后方15厘米处,膝关节微屈,踢球腿以髋关节为轴向后向前摆动。在前摆过程中膝盖外转,踢球脚内侧与出球方向约成90°,脚尖稍翘起,小腿加速前摆,脚掌与地面平行,脚腕用力绷紧,用脚内侧部位踢球的后中部。如图8-68所示。

图8-68　脚内侧踢定位球

(2)脚内侧踢空中球

大腿在踢球前先抬起,小腿拖在后面,脚内侧对正出球方向,利用小腿的摆动平敲球的中部。如果踢出地球或高球,可踢球的中上部或中下部。

2.脚背正面踢球

它的特点是踢球腿的摆幅大、摆速快,踢出球的力量大,出球的方向变化少。

(1)踢定位球

直线助跑，支撑脚踏在与球平行和距球一脚左右的侧方，踢球的脚尖正对出球方向，膝稍屈；同时踢球腿向后摆起，膝弯曲。踢球腿前摆时，要用大腿带动小腿。当大腿前摆至垂直地面位置时，小腿加速前摆。在脚触球刹那，脚背绷直，并稍收腹，以正脚背部位触球的后中部。踢球后，身体要有随前动作，并跨出一两步。如图 8-69 所示。

图 8-69 脚背正踢定位球

(2)脚背正面踢空中球

首先要判断好球的运行路线和确定好踢球点，并使身体侧对出球方向，支撑脚跨上一步，脚尖指向出球方向，上体向支撑脚一侧倾斜，踢球脚的大腿高抬接近与地面平行。然后以大腿带动小腿急速向出球方向挥摆，用脚背正面踢球的后中部，在摆腿踢球的过程中身体随之向出球方向扭转。踢球的刹那，两眼要始终注视球，身体正对出球方向。踢球后，面对出球方向跨出一步。

3.脚背内踢球

它的特点是踢球腿的摆幅大，摆速快，踢球准确、有力，由于助跑方向，支撑脚的选位灵活性较大，出球的方向变化幅度较大。因此，可踢出平直球，远距离弧线球等。经常用此法踢定位球、过顶球、远距离长传球或转身踢球。

(1)踢定位球

沿着与球成 45°的斜线助跑，支撑脚踏在球的侧后方约两脚处，膝弯曲，以脚掌外侧着地支撑体重，上体稍向支撑脚一侧倾斜，踢球脚自然后摆。踢球时，以大腿带动小腿，呈弧形迅速前摆，脚稍内外转，脚面绷直，脚趾扣紧，脚尖斜指前下方，以脚背内侧触球的后中部。踢球后，腿随球摆出。如图 8-70 所示。

图 8-70 脚背内踢定位球

(2)脚背内侧踢弧线球

用脚背的内侧踢球的后外侧部位。摆腿的方向不通过球的中心。在踢球的一刹那，踝关节用力向里转并上翘，使球成侧旋向沿一定的弧线运行。

4.脚背外侧踢球

脚背外侧踢球动作的特点是预摆动作小，出脚快，能利用膝，踝关节的灵活变化改变出球的方向和性质，是实用性较强的技术手段。

直线助跑，支撑脚踏在与球平行和距球一脚左右的侧方，踢球腿向后摆起，膝弯曲。踢球腿前摆时，要用大腿带动小腿。当大腿前摆至垂直地面位置时，小腿加速前提。用脚背外侧触球。在踢球的一刹那，脚背要绷直，脚趾用力下扣，脚尖内转，踢球的后中部。踢球后，身体要有随前动作，并跨出一两步。如图 8-71 所示。

图 8-71　脚背外侧踢球

5.踢球的一般要求

(1)支撑脚站位准确，摆腿爆发充分。

(2)脚触球部位准确。

(3)踢球前后，踝关节尽量放松，但在脚触球的一刹那要紧张用力。

(4)要求左右脚发展均衡。

(三)接球

接球是指运动员有日的地用身体的合理部位把运行中的球接下来，控制在所需要的范围内，以便更好地衔接下一个技术动作。接球是为下一个动作服务的，接球质量的好坏直接影响下一个动作的顺利完成。比赛中来球性质、状态不同，所以接球应根据不同情况，采用不同的动作方法。接球的方法有多种，常用的有脚内侧、脚背正面、脚背外侧、脚底、大腿、腹部、胸部、头部等部位的接球。脚内侧接球这是用脚内侧部位接球的一种技术。由于脚触球面积大，动作简单，较易掌握，比赛中经常使用这种技术接各种地滚球、平球、反弹球、空中球。

1.脚内侧接球

(1)脚内侧接地滚球：支撑脚脚尖正对来球，膝关节微屈，同侧肩正对来球。接球腿提膝大腿外展，脚尖微翘，脚底基本与地面平行，脚内侧正对来球并前迎，当脚内侧与球接触的一刹那迅速后撤，把球接在脚下(图 8-72)。若需将球接在侧面时，支撑脚脚尖应向同侧斜指，脚内侧与来球方向成一定角度触球，同时支撑脚提踵，以前脚掌为轴做适当转动，身体移动。当来球力量不大时，只需将脚提到一定的高度，并使脚内侧与地面形成锐角轻触球。也可在触球时用下切动作使球前进之力部分转变为旋转力，而将球接在脚下

(2)脚内侧接反弹球：根据来球的落点，及时移动到位，支撑脚与球落点的相对位置在球的侧前方，支撑腿膝关节微屈，身体向接球后球运行的方向偏移；接球腿提起小腿放松，脚尖微翘，脚内侧对着接球后球运行的方向并与地面成一锐角，当球落地反弹刚离地面时，大腿向接球后球运行的方向摆动，用脚内侧部位轻推球的中上部(图 8-73)。用这种方法接球时，也可

在触球时使球产生旋转以达到接好球的目的，但应注意球的旋转并及时加以调整。

(3)脚内侧接空中球：根据来球的速度及运行轨迹，及时移动到位。若为抛物线较小的平空球则应根据临场的实际情况选择适当高度的接球点，将接球腿抬起，使脚内侧部位对准来球的方向并前迎，脚在接触球的一瞬间后撤，并将球接在所需的位置上(图 8-74)。

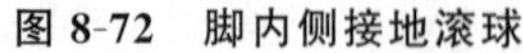

图 8-72　脚内侧接地滚球

图 8-73　脚内侧接反弹球

图 8-74　脚内侧接空中球

2.脚背外侧接球

(1)脚背外侧接地滚球：将接球点放在接球腿一侧，支撑腿膝关节微屈。接球腿提起屈膝，脚内翻使小腿和脚背外侧与地面成一锐角，并对着接球后球运行的方向，脚离地面的高度应略等于球的半径，然后大腿向接球后球运行的方向推送，同时身体随球移动(图 8-75)。

(2)脚背外侧接反弹球：根据来球的落点及进移动到位，支撑脚站在来球落点的侧后方，除触球部位外，其他环节均与脚背外侧接地滚球相同。

(3)脚背正面接球这种方法多用于接有较大抛物线的来球。根据球的落点，及时移动到位，脚背正面上迎下落的球，当球与脚面接触的一瞬间，接球脚与球下落的速度同步下撤，此时大腿膝关节、踝关节、脚趾均保持适度的紧张，脚尖微翘将球接到需要的地方(图 8-76)。

图 8-75　脚背外侧接地滚球

图 8-76　脚背正面接球

脚背正面接高空落下之球时，也可以将脚微抬起，并适度背屈，当球接触脚背的瞬间踝关节放松将球接到身体附近(图 8-77)。

图 8-77　脚背正面接高空球

3.脚底接球

由于脚底接球技术便于掌握，易于将球接到位置，故常被用来接各种地滚球和反弹球。

(1)脚底接地滚球：身体正对来球方向，移动前迎，支撑脚站在球的侧面(或前或后均可)，脚尖正对来球方向，膝关节微屈，同时接球腿提起，膝关节微屈.脚略背屈，使脚底与地面约小于45°角(且脚跟离开地面)一般以前脚掌接触球的上部为宜。在触球瞬间接球脚可轻微跖屈(前脚掌下点)将球停住，也可根据需要在接球同时将球推向前方或拉向身后。

(2)脚底接反弹球：根据来球落点，及时前移迎球，支撑脚站在落点侧后方，脚尖正对来球方向，球落地瞬间，用前脚掌去触球的中上部，微伸膝，用脚掌将球接在体前。若需接在身后则应在触球瞬间继续屈膝，将球回拉，并伴随支撑脚以前脚掌为轴旋转90°以上。

4.大腿接球

大腿接球一般可以用来接抛物线较大的高空球和略高于膝的低平球。

(1)大腿接抛物线较大的下落球：面对来球方向，根据球的落点迅速移动到位，接球腿大腿抬起，当球与大腿接触的瞬间大腿下撤将球接到需要的位置上(图8-78)。

图8-78　大腿接高空球

(2)大腿接低平球：面对来球方向，根据来球高度，接球腿大腿微屈，送髋前迎来球，当球与大腿接触瞬间收撤大腿，使球落在所需要的位置上。

5.腹部接球

(1)腹部接反弹球：接球者的身体正对来球方向跑动，判断好球的落点，身体前倾，腹部对准落地反弹的球，腹直肌保持紧张，推压球前进。也可在触球瞬间身体侧转，将球接向所需要的侧面。

(2)腹部接平空球：来球较突然且与腹部同高时，应先挺腹，在腹与球接触瞬间迅速含胸收腹，将球接下来。

6.胸部接球

由于胸部接球部位较高，加之胸部面积大、肌肉较丰满等特点，易于掌握，故是接高球的一种好方法。胸部接球包括挺胸式、收胸式两种方法。

(1)挺胸式接球：面对来球站立(两脚左右或前后开立)，两膝微屈，重心置于支撑面内，上体后仰，下颌微收，两臂自然张开，维持身体平衡。接触球瞬间，两脚蹬地，膝关节伸直用胸部轻托球的下部使球微微弹起于胸前上方(图8-79)。对于较高的平直球也可采用这种方法将球接于胸前，但触球瞬间膝关节由直变屈，脚由提醒状态变全脚掌落地，整个身体保持接球时的姿势，下撤将球接在胸前。

(2)收胸式接球：多用于接齐胸高的平直球。面对来球，两脚左右或前后开立，两臂自然张开，挺胸迎球，触球瞬间收胸、收腹、臀部后移将球接在体前(图8-80)。若需将球按在体测时，则触球瞬间转体将球接在转体后相应的一侧。

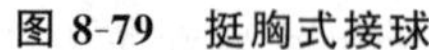
图 8-79　挺胸式接球

图 8-80　收胸式接球

7.头部接球

高于胸部的来球可用头部接球。根据球的运行路线，面对来球，用前额正面接触球的中下部，下颌微抬，两臂自然张开，提踵伸膝，触球瞬间全脚掌着地，屈膝、塌腰、缩颈，全身保持上述姿势下撤将球接在附近。

(四)运球

运球技术从狭义上讲，仅是指运球的方法，即指用身体的某一部分触球，使球能随运球者一起运动；从广义上看，则不仅让球随人运动，还必须越过对方的防守，也就是说如何使用这些运球方法达到越过对方防守的目的。这里就包含了运球方法的运用问题。常用的运球技术有脚内侧、脚背正面、脚背外侧、脚背内侧运球。

1.脚内侧运球

要求在运球前进时支撑脚始终领先于球，位于球的侧前方，肩部指向运球方向，支撑腿膝关节微屈，重心放在支撑腿上，另一条腿提起屈膝，用脚内侧推球前进，然后运球脚着地(图 8-81)。由于肩部指向运球方向，身体侧转，虽然移动速度较慢，但身体前倾有利于将对方与球隔开，因而这种技术多用在运球寻找配合传球时，或有对方阻拦需用身体做掩护时。

图 8-81　脚内侧运球

2.脚背正面运球

运球时身体持正常跑动姿势，上体稍前倾，步幅不宜过大，运球腿提起，膝关节稍屈，髋关节前送，提踵，脚尖下指，在着地前用脚背正面部位触球后中部将球推送前进。由于脚背正面运球时身体持正常跑动姿势，故可以发挥出较快的速度，因而这种技术多用在运球前方一定距离内无对手阻拦时。

3.脚背外侧运球

运球时身体持正常跑动姿势，上体稍前倾，步幅不宜过大，运球腿提起，膝关节稍屈，髋关节前送，提踵，脚尖绕矢状轴向内旋转，使脚背外侧正对运球方向，在运球脚落地前用脚背外侧推拨球的后中部(图 8-82)。

图 8-82　脚背外侧运球

脚背外侧运球时可以发挥出较快的速度，故与脚背正面运球有相同的用途。另外，利用脚腕的动作可以很快改变脚背外侧面所正对的方向，故在运球脚一侧改变方向时也多采用这种运球方法。这种方法能用身体将对手与球隔开，故掩护时也常使用。

4.脚背内侧运球

身体稍侧转并自然协调放松，步幅小，上体前倾，运球腿提起外展，膝微屈外转，提踵，脚尖外转，使脚背内侧正对运球方向，在运球脚落地前用脚背内侧推拨球，使球随身体前进。脚背内侧运球由于身体稍侧转，不能采用正常跑动姿势，因而不适用于高速运球。但由于接触部位和支撑位置的特点易于完成向支撑脚一侧的转动，故多用于向支撑脚一侧的转动变向运球。

(五)运球过人方法

前面所述仅是运球的基本方法，掌握了这些基本方法后，在无对手阻拦时可以将球控制在自己的周围。但若遇对手阻挡时要想越过对手的阻拦，必须恰当地综合使用这些方法，抓住对手瞬间出现的漏洞，达到越过对手的目的。

1.利用速度强行过人

持球者以突然的快速推拨球(力量较大)并与快速的奔跑相结合越过对手的阻拦。使用这种方法必须具备以下几个条件：对手身后的较大纵深内无其他的防守者。或其他防守者难以补位，或持球者高速运球。对手跑上来准备抢球，或持球者与防守者僵持时持球者突然推拨球起动。这种方法主要是利用自己的起动速度或抓住对手突停突起、或突然起动时所耽误的时间。

2.利用身体的掩护强行过人

当持球者接近对手时双方速度减慢，持球者侧身用身体靠住对手以另一侧脚将球拨出，同时转身将对手倚在身后并随球越过对手。这种方法一是要求持球队员有能力倚住对手而不被对方挤开；二是将球控制在远离对手一侧，对手伸脚时不能触及球；三是在抵住对手时不可将重心偏离支撑面，否则一旦对手闪开时自己也失去平衡。

3.利用变速运球过人

对手在持球者侧面，持球者用另一侧脚运球，利用运球速度的变比达到甩掉对手或越过对手的目的。这种方法主要针对防守者是被动的，容易被运球者甩掉达到过人的目的。有时则采用突停突起甩掉对手，运球者必须能很好地控制球与自己的身体，做到球随人来，人随球走，才能达到过人的目的。

4.恰当地组合推、拨、挑、扣、拉、颠等动作过人

以单脚或双脚轮流选用上述动作，使组合起来的动作适时地变化运球的方向与速度，使对手难于判断过人的方向与时机，或造成对手重心出现错误的移动，运球者抓住其漏洞而越过

对手。

5.利用穿裆球过人

当运球者遇到对手从正面阻拦时，发现对手两脚开立较大，而且重心在两脚之间，运球者应侧身运球接近对手，抓住时机将球从对手两脚之间推（拨）过，身体也随着从防守者侧面越过并控制球。这种过人的方法有时可以收到奇效。因为一般防守运球队员时，多把注意力放在防止运球者从身体侧面越过，加之防守者使用左右开立的站法，脚下站得较死，转身比较困难，妨碍了转身、起动的速度。当防守者两腿左右开立并不大时，可以用假动作引诱防守者使其两腿分开较大，然后再使球穿裆而过。

6.人球分路过人

这种方法主要是利用防守者注意力集中在球上，并认为可以触到球的心理，达到过人的目的。因此当防守者出脚抢球时，运球者抢先将球推（拨）到前方，而防守者的抢球脚未触到球着地时，身体重心也移过来了，这时运球者迅速从防守的另一侧越过去控制球，防守者再转身起动很难追上。若在推球时使用“蹭”的方法，蹭出弧线球来，就更有利于运球者越过防守者后控制球。

7.运球假动作过人

这种方法是运球者利用腿部、上体的晃动使对手产生错觉，在对手做抢球动作时，使其重心产生错误的移动，运球者则抓住时机从另一方向越过对手。比赛中运球过人的方法很多，只有熟练地掌握上述各种运球方法和动作，并注意掌握下列诸因素，才能在比赛中较有把握地完成运球过人。

（1）注意观察对手所处的位置，然后再决定自己所采取的过人方法。运球者应根据临场防守者所处的位置及状态来决定自己应采取的过人方法。例如：当运球者高速运球接近对手时，若对手快速迎上来抢球，就可以利用速度强行过人。

（2）掌握好过人时机。过人的时机要根据临场防守者的情况而定。如运球行进速度很快时，则应距离对手近些再实施过人动作，否则对手将有时间转身起动将球追上。用假动作过人时，应善于利用对手因判断错误而造成重心移动的时机实施过人动作，这样，对手再调整重心时已为时过晚。

（3）掌握好过人时的距离。除利用速度强行过人外，其他方法都应是在距离对手一大步的地方并应大于运球者与球的距离，对手勉强可以触到球，但不会先于运球者触及球。另外，这样的距离也便于运球者在做出动作使防守者重心发生错误移动时越过对手，而对手难于再进行成功的回追抢截。

（六）抢截球

抢截球技术是指运动员在足球竞赛规则允许的范围内，使用身体的合理部位将对手的控球权夺过来或破坏掉。

1.正面跨步堵抢

抢球者两脚前后开立，迎着运球者而站，两膝微屈，身体重心下降并置于两脚间，当运球者与抢球者间的距离缩小到一定范围（即抢球者上前跨一大步可能触及球），运球者脚触球后即将落地或刚刚落地时，抢球者后脚用力蹬地并跨步向前，以脚内侧去堵截球，当已堵住球时，另一只脚应迅速上步。若抢球脚堵住球，同时对手也堵住球时；则抢球者应将另一只脚迅速前移做支撑脚，抢球脚在不脱离球的情况下迅速向上提拉，使球从对手脚面滚过，身体重心也迅速跟上并将球控制好(图 8-83)。

图 8-83　正面跨步堵抢

2.合理冲撞抢球

当防守者并肩与运球者跑动追球时,防守者重心稍下降,靠近对手一侧的手臂紧贴身体,利用对方同侧脚离地的过程,用肘关节以上部位适当冲撞对手同样部位,使对手身体失去平衡,乘机将球控制住。

3.正面铲球

接近控球者,膝关节微屈,重心下降,当控球者触球脚触球后尚未落地时,抢球者双脚沿地面向球滑铲,随即用手扶地做向一侧的翻滚,并尽快起身。

4.异侧脚铲球

当双方都不能用正常的动作触球时(指跑动中),防守者应根据与球的距离,同侧脚用力蹬地使身体跃出,异侧脚向前沿地面对着球滑出,脚底将球铲出,然后小腿外侧、大腿外侧、手依此着地。或铲出球后身体向铲球腿一侧翻转,手撑地后立即起身,使身体恢复到与下一动作衔接的状态和位置(图 8-84)。

图 8-84　异侧脚铲球

5.同侧脚铲球

防守者在跑动中根据双方离球的距离作出判断,当对手不能立即触球时,用异侧脚用力蹬地,使身体向前方跃出,同侧脚沿地面向前滑出的同时向外摆踢(脚踩应有向外的动作),用脚背外侧将球踢出。也可用脚尖将球捅出,接着向对手一侧翻转,手撑地迅速恢复到下一个动作所需要的位置。在激烈的比赛中;由于铲球可以更大限度地争取时间和扩大控制面而被广泛地运用到踢球、接球、运球、抢球技术中去。这项技术应引起高度的重视。

(七)头顶球

头顶球是指运动员有目的地用前额将球击向预定的目标的动作。足球比赛中不仅要处理各种各样不同形式和不同性质的地滚球,同时也要处理各种空中球。当遇到胸以下部位不能触及或规则不允许触及的一些球时就需要用头部来处理,因为头是人体最高的一个部位,颧骨的前面较为平坦，只要掌握顶球技术，顶出的球就会有力。现代足球比赛中对时间与空间的争夺异常激烈，头顶球技术的使用不仅使运动员占据空间，又能争取时间，所以头顶球是处理高空球的最重要手段。使用头顶球技术，不仅可以进行传球、抢断球、高球射门，而且利用鱼跃头顶球可以扩大运动员的控制范围、防守时抢险。

头顶球技术分前额正面头顶球与前额侧面头顶球。

1.前额正面头顶球

这是由额肌覆盖着的额骨正面部分去击球的一种动作方法，接触部位如图中前额的阴影部分(图 8-85)。

(1)原地头顶球：身体正对来球方向，眼睛注视运动中的球，两脚左右开立(或前后开立)，膝关节微屈，重心置于两脚间的支撑面上(或后脚上)，两臂自然张开。当球运行到将垂直于地面的垂线时，两腿用力蹬地，迅速向前摆体，微收下颌，在触球瞬间颈部做爆发式振摆，用前额正面击球中部，上体随球前摆(图 8-86)。

图 8-85　前额正面

图 8-86　原地头顶球

(2)跑动头顶球：顶球的动作要领与原地顶球相同，只是第一环节应正对来球跑出抢点。球顶出后，由于跑动速度较快，为保持平衡身体须随球向前移动。3、原地跳起头顶球：这种技术用在本方传来或对方传来高球时运用。两膝屈，重心下降，然后两脚用力蹬地起跳，同时两臂屈肘上摆，在身体上升阶段展腹挺胸，两臂自然张开，眼睛注视来球，身体自然成背弓。当球运行至身体额状面时，迅速收腹，上体前摆，触球瞬间颈部做爆发性振摆，用前额正面将球顶出。同时两腿向前做振摆，球顶出后两腿屈膝屈踝落地(图 8-87)。

(3)跑动跳起头顶球：一般助跑跳起顶球时都使用单脚起跳。根据来球的速度、运行轨迹，选好起跳位置，及时跑到起跳点，起跳前一步稍大些，起跳脚用力蹬地跳起，同时另一腿屈膝上摆，两臂屈肘自然上提。其余各环节与原地跳起头顶球相同(图 8-88)。

图 8-87　跑动头顶球

图 8-88　跑动跳起头顶球

(4)鱼跃头顶球:对于离身体较远的低空球来不及移动到位处理,必须抢点击球时(如抢救险球、射门等)可使用鱼跃头顶球技术。当判断好来球的路线和选择好顶球点后,以单脚或双脚用力向前蹬地,身体接近水平状态向前跃出,同时两臂微屈前伸,手掌向下,眼睛注视来球,利用身体向前跃出的冲力,以前额正面顶球。顶球后,两手先着地,手指向前,接着以胸部、腹部和大腿依此着地(图 8-89)。

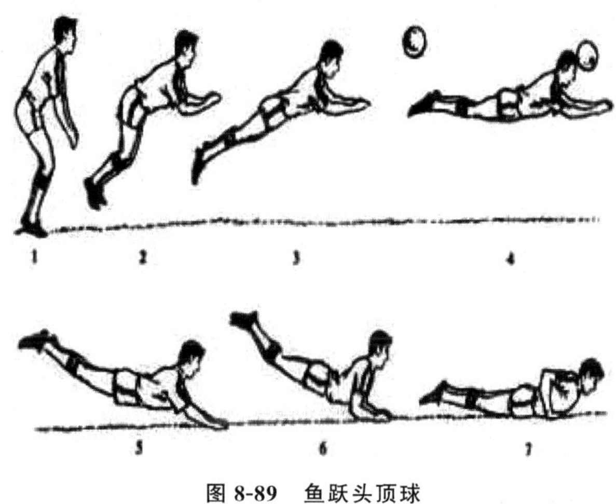

图 8-89　鱼跃头顶球

(5)向后蹭顶球:分原地足顶与跳起蹭顶。第一环节分别与原地前额正面和跳起前额正面头顶球相同,当球运行到身体上空时,利用挺胸、展腹、扬下颌,身体向后上方伸展,用前额正面靠上的部位用力击球的下部,将球向后上方顶出(图 8-90)。

图 8-90　向后蹭顶球

2.前额侧面头顶球

(1)原地头顶球:根据来球的运行速度、运行轨迹,及时移动到位。两脚前后开立(或左右开立),出球方向的异侧脚在前,重心逐渐过渡到前脚上,眼睛注视来球,前膝微屈,两臂侧前后,自然张开,当球运行至体前上方时,用力蹬地前脚掌并适度旋转,上体随着向出球方向扭摆,同时用力向击球方向甩头,以前额侧面击球的后中部(图 8-91)。

(2)跑动头顶球:与原地额侧头顶球动作要领相同,不同的是此动作是在快速跑动中开始和完成的,注意完成动作后的身体平衡。

(3)跳起头顶球:分为原地跳起顶球与助跑跳起顶球。起跳动作及第一环节与前额正面跳起头顶球相同。在起跳后的身体上升阶段上体向出球的相反方向侧摆,在身体达到最高点时,上体急速向出球方向摆出，颈部扭摆甩头，用前额侧面击来球的后中部，将球击向预定的目标。落地时屈膝以缓冲落地力量并保持身体平衡(图 8-92)。

图 8-91 前额侧面　　图 8-92 跳起头顶球

(八)假动作

足球比赛中，运动员为了争取时间、空间的优势，取得控球权或控制好球以达到射门的目的，常采用一些虚假动作掩饰自己的真实意图。虚假动作使对手产生错误的判断，造成重心错误的偏移，形成对自己有利的形势以实现自己的目的。假动作渗透在各种技术中，如踢球、接球、顶球、运球、抢截球、掷界外球以及守门员技术等。

1.传球前的假踢

如传球前为了使堵住传球路线的对手闪开空当，可先向一方做假踢动作，当对手去堵假踢的传球路线时，突然改变踢球脚法将球从另一方向传出(图 8-93)。

图 8-93 传球前的假踢

2.接球前的假接

如对手在体侧紧逼的情况下，可先向一侧做假接球动作，当对手重心发生不适当的偏移时，突然改变向另一例接球。

3.接球前的假顶

接高度在胸或头部的空中来球，对手迎面上来准备在自己接球后立即抢截，接球者可做出假顶的动作，迫使对手减速或停下，远离自己准备截获顶出之球，此时突然用头或胸将球接在自己控制范围。

4.顶球前的假接

面对高空来球.做出胸部接球的假动作，诱使对手逼近准备抢球，等对手逼近时，突然用头将球传出，使对手来不及去防守接球的队员。

5.运球过人假动作

(1)运球过人时的虚晃假动作。如面对对手控球过人时，对手逼得较紧，可向一例用身体或腿部做虚晃动作（或是身体与腿同时并用）诱使对手跟随运球虚晃动作发生重心的偏移，然后迅速用另一例脚背外侧向同侧拨球，并转身越过对手（图 8-94）。

图 8-94　虚晃假动作

（2）用减速或停顿的假动作，再突然起动的方法越过对手。快速运球时，对手在自己一侧紧追不舍，待与自己跑平时，做一个减速或停顿的假动作，使对手产生错觉。当对手也减速或停顿时突然加速推球向前甩掉对手。

（3）当对手在侧后追抢时，运球者上前用异侧脚向前从球上跨过，诱使对手堵抢，然后用同一脚脚背外侧将球向另一侧扣回（或用另一脚脚背内侧将球扣回）；甩掉对手。

（4）防守者从正面迎上准备抢球，运球者用一只脚假做向另一侧前方踢球，诱使对手上前堵截，此时改假踢脚为支撑脚，用另一脚内侧将球向另一侧推出或向对手胯下将球推过，接着迅速绕过对手运球前进。也可用脚背外侧做假踢将球从对手胯下拨过，运球继续前进。

6.抢球假动作

作为防守者，当对手运球向自己跑来时，如果防守者能调动进攻者，就可以变被动为主动，而抢截假动作就是达到此目的的一种手段。如先使用假动作去堵截某一方向，使进攻者不敢从这一方向出球或运球，而从另一方向出球或运球，却正是抢截真动作实施的方向，就可将球截获。

由于高速运球较难抢截，稍一错移重心就会被运球者越过，因而防守者对于高速向自己运球而来的进攻者可采取假动作前扑，当对手看到防守者猛扑时会一拨而过，但防守者假扑后立即转身将运球者拨出之球夺下来。使用这种假动作时应注意距离，离进攻者太远时对方不易上当；离进攻者太近易弄巧成拙，反被进攻者突破。

（九）掷界外球

由于掷界外球时接球人不受越位规则的约束，因此，不仅用于恢复比赛，而且可以为进攻创造有利条件。尤其是在前场 30 米内掷界外球，将球直接掷入门前，可以给对方造成很大威胁。

1.原地掷界外球

面对出球方向，两脚前后或左右开立，每脚均应有一部分站立在边线上或边线外。膝关节弯曲，上体后仰成背弓，重心移到后脚上（左右开立时，重心在两脚间），两手自然张开，拇指相对，持球的侧后部，屈肘将球置于头后。掷球时，后脚用力蹬地（或两脚用力蹬地），两腿迅速伸直，身体重心由后脚移到前脚，收腹屈体，同时两臂急速前摆。当球摆到头上时用力甩腕将球掷入场内。掷球时，后脚可沿地面向前滑动，两脚均不得离地（图 8-95）。

2.助跑掷界外球

两手持球放在胸前，在助跑迈出最后一步时，上体后仰成背弓，同时将球上举至头后，掷球时的动作与原地掷界外球动作相同。将球掷出后，后脚可在地面上向前滑行，但不得离地。

图 8-95　原地掷界外球

(十)守门员接球技术

接球是守门员最主要的技术,它包括接地滚球、平空球和高空球。

1.接地滚球

(1)直腿式:两腿自然并立,脚尖正对来球,上体前屈,两臂并肘前迎,两手小指靠近,手掌对球。手触球的刹那随球后引屈肘、屈腕,两臂靠近将球抱于胸前(图 8-96)。

(2)跪撑式:多用于向侧移步接球。接左侧球时,左腿屈,右腿跪撑于左脚附近,距离不得超过球的直径,其余动作与直腿式接球相同(图 8-97)。接右侧球时,动作相同,方向相反。

图 8-96　直腿式接地滚球

图 8-97　跪撑式接地滚球

2.接平空球

指膝以上、胸以下的空中球。接球时面对来球,两手掌心向上,两手小指相靠,前迎接球。上体前屈,当手触球时两臂向后撤引缓冲,将球抱于胸前(图 8-98)。

3.接高空球

面对来球,两臂上伸,两手拇指相对呈八字形,其余四指微屈,手掌对球(图 8-99)。在最高点手触球瞬间,手指、手腕适当用力,缓冲来球并将球接住,顺势转腕屈肘、下引将球抱于胸前(图 8-100)。

图 8-98　接平空球

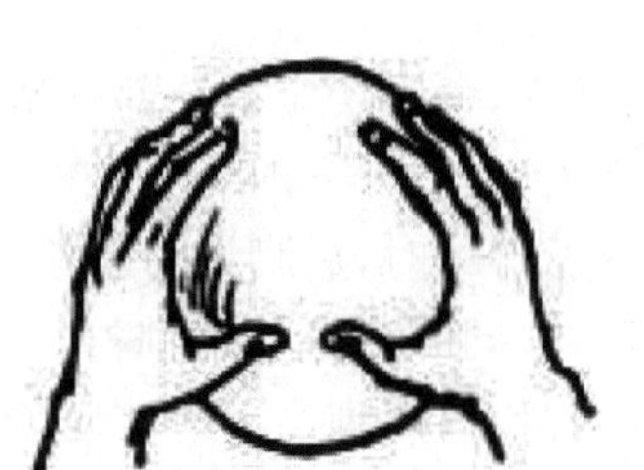

图 8-99　手掌姿势

图 8-100　接高空球

(十一)守门员击托球技术

守门员在与一个或多个对手争抢空间或自己身体失去平衡时,运用击托球技术。

1.拳击球

准确判断来球运行路线,及时移动到位,握紧拳,在接近球的刹那迅速出拳击球(图 8-101)。拳击球有单、双拳击球,单拳击球动作灵活,摆动幅度大,击球力量大,双拳击球接触球面积大,准确性高。

2.托球

判断来球运行路线后,向后跃起托球。托球时手指微张,手掌向外翻转,用手掌前部触球的下部,使球改变运行轨迹,呈弧线越过球门横梁(图 8-102)。

图 8-101 拳击球

图 8-102 托球

(十二)守门员扑接球技术

1.扑侧面球

异侧脚用力蹬地,双手快速向侧伸出,一手置于球后,另一侧手置于球的侧后上方。同时身体向同侧脚方向倒地,落地时以小腿、大腿、臀、肘外侧依次着地,落地后抱球团身(图 8-103)。

2.扑平空球

近侧脚用力蹬地使身体跃起,身体在空中伸展,手指用力抓住球,接球后以球、肘、肩、上体、臀、腿外侧依次着地并迅速团身(图 8-104)。

图 8-103 扑侧面球　　图 8-104 扑平空球

(十三)守门员发球技术

1.手掷球

(1)单手肩上掷球:两脚前后开立,两膝弯曲,单手持球,屈臂于肩上。掷球时,持球手臂后引,同时身体随之侧转,重心移到后脚上。掷球时,后脚向后蹬地,用转体和挥臂、甩腕的力量将球掷向预定的目标(图 8-105)。

(2)侧身勾手掷球:两脚前后开立,身体侧对出球方向,单手持球后引,臂微屈,同时重心移到后脚上。掷球时,后脚用力向后蹬地,同时转体,重心由后脚移向前脚。当持球手臂由后经体侧沿弧线摆至肩上时,手指和手腕用力将球掷向预定的目标(图 8-106)。

图 8-105 单手肩上掷球

图 8-106 侧身勾手掷球

2.脚踢球

(1)踢空中球:将球置于体前,在球自由下落过程中踢球。它多用于远距离或雨天场地泥泞时。

(2)踢反弹球:体前抛球,球落地后反弹起来的瞬间将球踢出。它比踢空中球准确性要高,速度较快,出球弧度低,隐蔽性强。这两种踢球的动作与脚背正面踢球基本相同,但由于要求踢得远,所以守门员都是向前上方踢。

三、足球基本战术

(一)进攻战术

1.个人进攻战术

个人进攻战术包括采取有效措施,摆脱对方防守队员;跑动到有利位置,接应队友传球;运球突破对方防线,寻求射门机会等,其目的是进球得分。

2.局部进攻战术

局部进攻中常用"二过一"战术配合。"二过一"战术配合是指在局部地区两名进攻队员通过连续传球和跑位,突破一名防守队员的配合。

(1)斜传直插二过一:当对方防守队员逼近正在运球的进攻队员时,进攻队员将球传给队友,然后直插到对方防守队员身后的空当,接应队友传球的一种战术配合,如图 8-107 所示(实线为传球方向,虚线为跑动方向,曲线为运球方向)。

(2)直传斜插二过一:进攻队员将球直传给队友,当对方防守队员逼近控球队友时,队友将球传至对方防守队员身后的空当,进攻队员立即斜插入空当,接应队友的传球的一种战术配合,如图 8-108 所示。

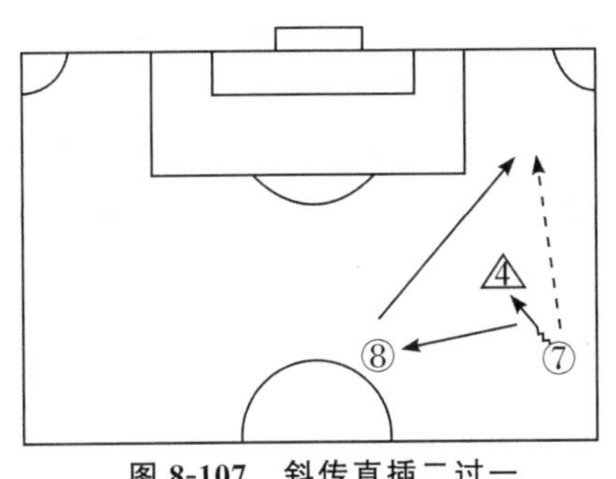

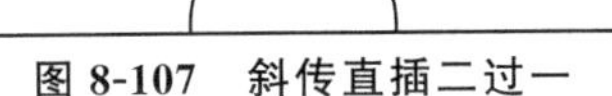
图 8-107 斜传直插二过一

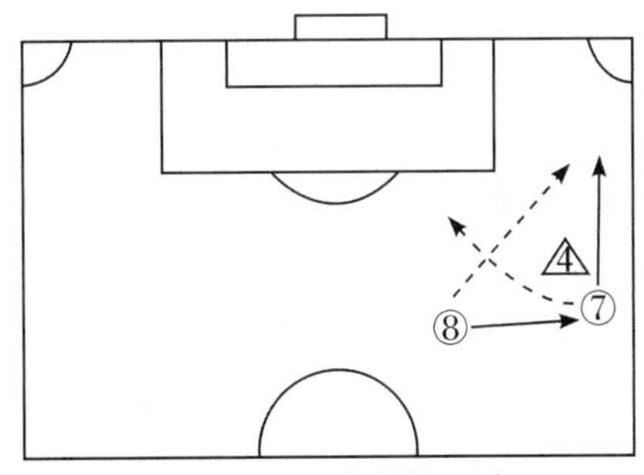

图 8-108 直传斜插二过一

(3)跳墙式二过一：当防守队员逼近正在运球进攻的队员时，进攻队员将球传给队友，队友接球后直接将球传至对方防守队员身后的空当，进攻队员快速切入空当，接应队友的传球的一种战术配合，如图 8-109 所示。

图 8-109 跳墙式二过一

3.整体进攻战术

整体进攻战术主要包括边路进攻和中路进攻战术。

(1)边路进攻：指在对方半场两侧地区发起的进攻。边路进攻可充分利用场地的宽度，拉开对方的防线，使对方边路场区的防守队员分散、防守相对薄弱，以便进攻队员利用对方边路的空当突破防线，再通过传中等方式，创造射门机会。

(2)中路进攻：指在对方半场中部发起的进攻。中路进攻的特点是进攻人数多、配合点多、破门机会多，但由于对方中路防守严密，突破难度也较大。

(二)足球防守战术

1.小组防守战术

小组防守战术是指由两名或两名以上的球员进行防守配合的战术。在比赛中经常运用的小组防守战术有保护、补位和围抢等。

(1)保护

所谓保护是指一名防守队员在第一防守人(直接对对方球员进行盯防的球员)身后为其提供防守增援，在通常也被称为是第二防守人。

现代足球所倡导的“全攻”的战术思想必然要求球队采取“全守”的防守战术，而在这种“全守”的战术体系中保护是非常重要的防守组成部分。保护的重要作用主要体现在当进攻球员突破第一防守人的防守时，第二防守人也就是提供保护的同伴可以马上承担起第一防守人的责任遏制进攻球员的进一步突破。

(2)补位

所谓补位当然是相对于失位讲的，当队员在对方进攻时没有能够出现在自己的防守位置时就是失位，为了防止进攻方利用这一防守空当巩固防线就须要有就近位置的球员对这个空位进行补位。由于进攻回防不及或因为对方进攻战术而造成失位的情况在足球场上是非常多的，如果说足球是一项失误的比赛那么这些失误在很大比率上就是球员的防守失位。进行球员相互间的补位是弥补这些失误的重要手段。而这种补位的行为也是团队协作精神和团队凝聚力的最好体现，它体现了球员间相互协作、相互体谅和相互配合。围抢是指几名防守队员对局部区域内的控球和接应队员进攻围者和抢断。在局部区域进行以多防少紧逼对方控球和接应球员，对其施与最大的防守压力达到破坏进攻甚至断球后反守为攻的目的。

在甲A初期徐根宝在上海申花队运用过抢逼围战术，这给当时比赛节奏缓慢、拼抢不激烈的中国职业带来了一股清新的空气，上海申花队也以此为契机取得了不错的比赛效果。

2.全队防守战术

在足球比赛中经常采用的全队防守方法有人盯人防守、区域防守和混合防守三种。人盯人防守最早的人盯人防守可以追溯到现代足球的早期，在最早出现的讲究攻守平衡的“WM”阵形中球员们采用的就是人盯人防守。现在已经没有球队在比赛中只单一地使用人盯人了，虽然有时候有的球队也安排一名防守队员以人盯人的方式对对方箭头人物进行盯防。

(1)区域防守

区域防守指的是每名防守队员都负责一定的防守区域，当有进攻球员进入该区域时就对其实施盯防，而当进攻队员离开该区域后防守队员也一般不越区防守。这种防守的优点在于球员有比赛固定的防守位置，但在进攻交换进攻位置时如果两名防守队员配合不够默契可能会产生一定的防守空当。混合防守将人盯人防守和区域防守结合了起来，在实施区域防守的基础上对对方重点人物实施人盯人防守。

(2)混合防守

最早见于瑞士人 Karl Rappan 在19世纪60年代所设计的“门栓”阵形中，当时为了率领他的业余球队抵抗职业球队他实施了混合防守以弥补球员们在技术和体能上的差距。现在很多球队在比赛中都采用这种防守方式。制造越位造越位战术是一种特殊形式的防守战术，它利用足球比赛中的越位规则使进攻队员处于越位位置从而瓦解对方进攻。

(3)造越位的防守战术

一种相对来说可以花费较少防守资源而达到较好防守效果的战术。这种战术只有在后卫线和防守球员之间配合十分默契、动作协调一致的情况下才能够实施。但是这种防守战术是比较冒险的一种防守战术，碰到有经验的进攻球员或是裁判员的某一次误判都有可能给后防线带来灾难性的后果，所以在使用时千万要小心谨慎。

3.定位球防守

在前面关于定位球进攻的介绍中我们已经讲到了为什么定位球的进攻在当今的足球比赛中的重要性越来越大，同样的原因也可以用来解释为什么定位球的防守越来越困难。因为定位球特别是球门区前沿的任意球离球门的距离非常近，防守方所要面对的进攻球员的人数较之运动战时要多，同时防守方只能被动地面对进攻方事先已经演练熟练的进攻战术的攻击。在此基础上各队又分别训练脚法、力量突出的队员成为任意球、角球、点球和罚界外球的能手试图将定位球的威力发挥到极致，这都在不同程度上增大了定位球防守的难度。但是定位球防守也并非毫无办法，只要平时球员个人和球队能够在训练中进行认真的准备也是可以大大地提高定位球防守的成功率的。

(三)足球比赛阵形

1.3-5-2 阵型

3-5-2 阵型(图 8-110)在三条线上的人员分布分别为后场两名盯人后卫一名“自由人”；中场5名球员分别为两名边前卫和三名中前卫，三名中前卫既可以在一条线上，也可以让一名队员充当防守或进攻型中场队员；前场2名前锋，其中一名充当游动前锋。3-5-2 阵型的特点在于中场人数多力量强，这对于控制中场和场上比赛有很大帮助。球队一般采用压迫式打法在中前场就对对手进行逼抢，进攻时边前卫的助攻是球队的一大手段。这种阵型安排对球队和球员在技术、战术和体能上的要求很高。

2.5-3-2 阵型

5-3-2 阵型（图 8-111）与 3-5-2 阵型在比赛中经常相互转换，3-5-2 阵型在防守时两名边前卫后撤就成了 5-3-2 阵型，而当 5-3-2 阵型在进攻时两名边后卫就压上变成边前卫阵型也随之变成了 3-5-2。5-3-2 阵型在后防线上人员安排较多，中场人数不足有可能在中场的争夺上处于劣势，这种阵型对于整体实力不强擅长打防守反击的球队是一种比较好的选择。

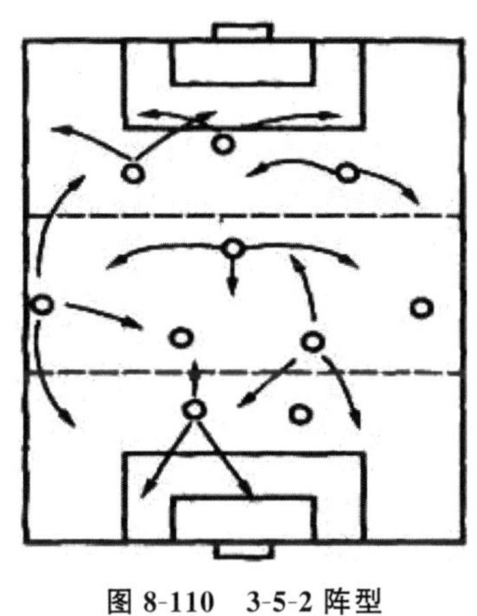

图 8-110　3-5-2 阵型

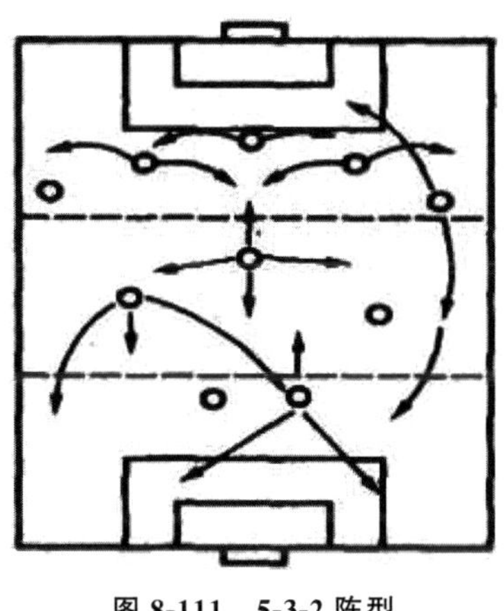

图 8-111　5-3-2 阵型

四、足球竞赛规则

（一）比赛场地、球员人数

1.比赛场地

足球场地由四线（边线、端线、中线、球门线）、三区（球门区、罚球区、角球区）、二点（罚球点、中点）、一圈（中圈）、一弧（罚球弧）、一门（球门）构成。国际足联规定世界杯决赛场地长145 米、宽 68 米。基层比赛的场地可因地制宜，球场边线长度不得大于 120 米或小于 90 米，球门线的长度不得大于 90 米或小于 45 米。但在任何情况下，边线的长度必须大于宽度。场地各线宽度不超过 12 厘米，且均包括在各场地区内。球门宽 7.32 米、高 2.44 米（图 8-112）。

2.球员人数

每队上场 11 人，任何时候均不得少于 7 人，其中 1 人必须是守门员。正式比赛中，每场比赛每队最多可以使用 3 名替补队员（含守门员）。替补应在死球时，经裁判员同意后，在第一巡边员一侧中线处的边线外进行，先下后上。

（二）比赛时间、计胜方法

1.比赛时间

正式比赛全场的比赛时间为 90 分钟，分上、下两半场（各 45 分钟），中场休息不超过 15 分钟。

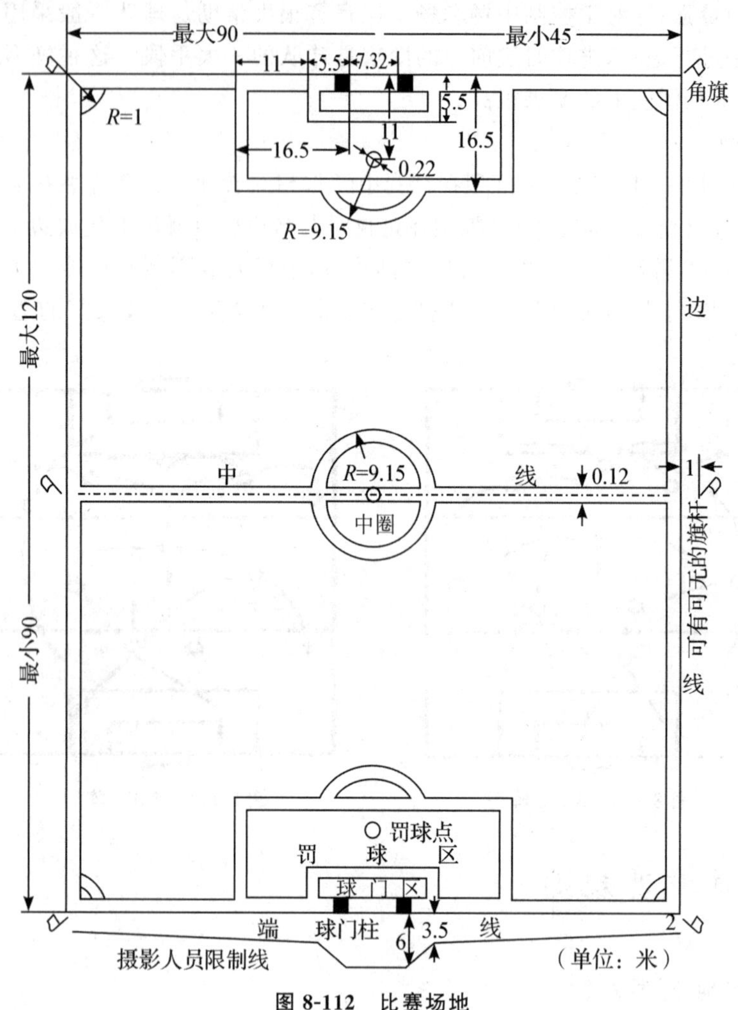

图 8-112 比赛场地

2.计胜方法

球的整体从门柱间和横梁下越过球门线，而此前未违反规则，即为进球得分。胜一场得 3 分，平一场得 1 分，负一场得 0 分。

(三)越位

(1)比赛中，当进攻队员在对方半场，较球更近于对方球门线且在该队员与对方球门线之间，对方队员不足两人，即为该队员处于越位位置。

(2)处于越位位置的队员，在同队队员踢或触及球的一瞬间，裁判员认为该队队员有下列情况时，应判罚越位：①干扰比赛或干扰对方；②企图从越位位置获得利益。

(3)进攻队员仅仅处于越位位置或直接得到球门球、角球、掷界外球和裁判员的坠球时，不判越位。

(四)犯规与不正当行为

1.判罚直接任意球和点球

凡队员故意违犯下列九项规定中的一项时，都应判罚由对方队员在犯规地点踢直接任意球。如果犯规地点在本方罚球区内,都应判罚点球。

(1)踢或企图踢对方队员。

(2)绊摔对方队员:即在对方身前或身后,伸腿或屈体绊摔或企图绊摔对方。

(3)跳向对方队员。

(4)猛烈地、带有危险性地冲撞对方队员。

(5)除对方正在阻挡外,从背后冲撞对方队员。

(6)打或企图打对方队员,或向他吐唾沫。

(7)拉扯对方队员。

(8)推对方队员。

(9)手触球。

2.间接任意球

凡队员犯有下列犯规中的任何一项者,都应由对方队员在犯规地点踢间接任意球。

(1)守门员用手触及同队队员故意踢给他的回传球。

(2)守门员用手触及同队队员直接掷入界外球。

(3)守门员将球置于地上或传出后,未经场上队员触及球,自己再次用手触球,即为“两次球”。

(4)守门员手持球超过 6 s。

(5)裁判员认为其动作具有危险性。

(6)阻拦对方队员。

(7)冲撞守门员。

(8)阻拦守门员从其手中发球。

3.警告与罚令出场

裁判员对下列情况应出示黄牌警告。

(1)有不正当行为。

(2)未经裁判员许可故意离开比赛场地,或进入比赛场地。

(3)持续违反规则。

(4)以语言或行动对裁判员的判罚表示不满。

裁判员针对下列情况时,应出示红牌、罚令其出场。

(1)有严重犯规或暴力行为。

(2)使用粗言秽语或进行辱骂。

(3)向对方或其他任何人吐唾沫。

(4)用手故意破坏对方进球或明显的进球得分机会。

(5)经警告后,仍坚持其不正当行为。

(五)任意球、罚球点球

1.任意球

任意球分两种。一种是直接任意球,即罚球队员可以直接将球射入对方门得分;另一种是间接任意球,即罚出的球须经场上任一队员触及后可入门得分。任意球放好后即可罚出,不必等待裁判员鸣哨,但攻方队员有越位限制。

2.罚球点球

守方队员在罚球区内故意犯规，被判罚直接任意球时，应判罚球点球。当两队踢出平局，需要以点球决出胜负时，裁判员应选定一个球门作为踢点球的球门。双方队长以投币方式决定某队先踢，猜中一方应先踢。每队先由 5 名队员依次踢 5 个点球，若进球相同，则由第 6 名队员踢点球，从第 6 名队员起，只要一方踢进，另一方未踢进，即判进球的一方获胜，则比赛结束。

(六)界外球、球门球、角球

1.界外球

掷界外球时，掷球队员必须面向球场，两脚均应有一部分站立在边线上或边线外，不能全部离地，用双手将球从头后，经头顶用一个完整连贯的动作掷入场内。掷球队员在球未经其他队员踢或触及前，不能再次触球。掷界外球不得直接掷入球门得分。

2.球门球

队员将球踢出对方端线，应由对方踢球门球恢复比赛。踢球门球时，可将球放在球门区半区的任何地点，对方应退出罚球区。当球踢出罚球区，比赛方为恢复。在球踢出罚球区前，任何队员在罚球区内触及球，均应重踢。踢球门球可以直接射门得分。

3.角球

队员将球踢或触出本方端线时，由对方队员踢角球。踢角球时，球的整体应放在角球区内，并不得移动角旗杆。球踢出前，守方队员须距球 9.15 米以外，踢角球队员不得连踢。

踢角球可以直接射门得分。

第九章 三小球运动

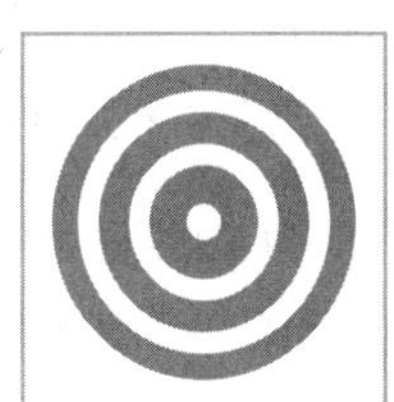

第一节 乒乓球运动及规则

一、概述

(一)乒乓球运动的起源

根据国际乒联1976年的资料,参阅日本《百科辞典》(1973年版)、南斯拉夫《从伦敦到萨拉热窝》中的有关部分和我国1935年出版的《乒乓须知》等书记载,乒乓球最早起源于英国,它是由网球运动派生出来的一项由两名或两对选手,用球拍在中隔一网的球台两端轮流击球的一项球类运动。其英文名字为"桌上网球"(table tennis)。

乒乓球最早是一种宫廷游戏,后来逐渐传入民间。20世纪初,乒乓球运动逐渐在世界各国开展起来,这引起了人们的兴趣和重视,许多国家相继成立了乒乓球协会,这对乒乓球运动的开展和提高起到了推动作用。

(二)世界乒乓球运动发展概况

乒乓球运动自诞生至今,大体经历了以下几个重要的发展阶段:

第一个阶段(1926—1951年)欧洲乒乓球运动的鼎盛时期;

第二个阶段(1952—1959年)日本队称雄世界乒坛时期;

第三个阶段(1959—1969年)中国队崛起时期;

第四个阶段(1971—1979年)欧洲复兴及欧亚对抗;

第五个阶段(1981年至今)中国打世界、世界打中国。

21世纪,中国乒乓球与世界各国之间仍将继续激烈的对抗与争夺。同时,国际乒联为适应乒乓球技术的发展与创新,为了增加击球板数,提高比赛的观赏性,增加比赛胜负的偶然性,打破由少数国家或地区的运动员包揽金牌的局面,扩大乒乓球运动的市场,在2000年10月开始使用直径40毫米大号乒乓球,2001年9月开始实行11分制记分法以及2002年开始执行无遮挡发球新规则的基础上,仍然会继续对乒乓球的竞赛规则进行不断的修改和更新,以使比赛更加规范、标准、统一并更具观赏性。

现代乒乓球技术发展的总趋势将会继续朝着“技术全面、特长突出、无明显漏洞、快速凶狠”的方向进一步发展。

(三)中国乒乓球运动发展概况

1.旧中国的乒乓球运动

1904 年,上海四马路文具店的经理王道平从日本买来 10 套乒乓球器材摆设在店中,他亲自做打球的表演和介绍在日本看到的乒乓球运动的情况,从此,我国开始有了乒乓球活动。但在旧中国,由于政府腐败无能,人民生活贫困,根本没有条件从事体育锻炼,乒乓球运动也不可能得到广泛的开展。

2.新中国的乒乓球运动

1949 年新中国成立后,在中国共产党和人民政府的重视和关怀下,我国的乒乓球运动获得了新生,乒乓球运动得到了迅速的普及和提高。1952 年 10 月,举行了第一次全国乒乓球比赛大会,赛后组建了中国乒乓球队,与此同时,中华体育总会乒乓球部加入了国际乒联。

从 1959 年容国团夺得第一个世界冠军至今,中国乒乓球队在世界乒乓球锦标赛中共获得 114.5 个世界冠军,再加上奥运会乒乓球比赛、世界杯乒乓球锦标赛等重大比赛中获得的冠军,中国乒乓球队取得世界冠军的总数已达到 170.5 个。乒乓球已成为中国的国球。

二、乒乓球基础技术

(一)基本站位和准备姿势

1.基本站位

乒乓球运动的基本站位应根据不同类型打法及个人的打法特点相适应,不同类型打法其基本站位的范围大小也不相同。站位正确,有利于保持稳定的击球姿势和向任何一个方向迅速移动。

站位动作要点:站位的范围指运动员离球台端线的远近距离和左右距离。根据不同的打法选择不同的基本站位。

左推右攻打法:基本站位在中间偏左;

两面攻打法:基本站位在近台中间;

弧圈球为主打法:基本站位在中台偏左;

横拍攻削结合打:基本站位在中台附近;

削球打法:基本站位在中远台附近。

2.准备姿势

准备姿势是指击球员准备击球或还击球时的身体各部位姿势。合理的姿势,有利于脚、腿蹬地用力和腰、躯干各部位的协调配合与迅速起动。保持正确的击球姿势,有利于提高击球的命中率,制造出最大的击球力。

准备姿势动作要点

下肢:两脚左右开立,约与肩同宽。身体稍向右侧,面向球台。两膝自然弯曲,提踵,重心置于两脚之间。

躯干:含胸收腹,上体略前倾,下颚微收,两眼注视来球。

上肢：持拍手和非持拍手均应自然弯曲置身体前侧方，保持相对的平衡态。

（二）基本步法

步法指击球时选择合适的位置所采用的脚步移动方法。步法是乒乓球运动的生命。没有灵活的步法，就不可能有效地回击来球，也无法使用有效的手法。

1.单步

（1）移动方法：以一只脚为轴，另一只脚向前、后、左、右不同方向移动，身体重心随之落在移动脚上。

（2）动作特点：动作最为简单，重心平稳，但移动范围小，一般在来球离身体较近时使用。

（3）实际运用于：①接近网削球；②削追身球；③单步侧身攻在来球落点位于中线稍偏左或对推中侧身突袭直线或对搓中提拉球时。

2.跨步

（1）移动方法：一脚蹬地，另一脚向移动方向跨一大步，蹬地脚随后跟上半步或一小步，身体重心即移到跨步脚上。

（2）动作特点：移动快，移动范围比单步要大，当球离身体较远时使用。多用于借力还击，不适于自己主动发力。因移动中常会降低身体重心，故不宜连续使用。

（3）实际运用于：①近台快攻打法，用来对付离身体稍远的来球；②削球打法，左、右移动击球；③跨步侧身攻，当来球速度较慢，但离身体稍远时，左脚向左前上方跨一大步，右脚随即跟上一小步，同时配合腰部右转动作，完成侧身移动。

3.并步

（1）移动方法：一脚先向另一脚并半步或一小步，另一脚在并步脚落地后随即向来球方向移动一步。

（2）动作特点：移动速度快，范围较大，用于接速度较快角度较大的回球。

（3）实际运用于：①快攻选手在左右移动中攻或拉球；②削球选手正反手削球；③并步侧身攻，多用于拉削球，右脚先向左脚后并一步，以便转体，随之左脚向侧跨一步。

4.跳步

（1）移动方法：以来球异侧脚用力蹬地，两脚同时离地向来球方向跳动。

（2）动作特点：移动范围大，重心变换快，可连续回击来球，在来球离身体较远的情况下使用较多。

（3）实际运用于：①快攻选手左右移动击球，常与跨步结合起来使用；②弧圈类打法由中台向左、右移动时常用；③跳步侧身攻或拉，但在空中需完成转腰动作；④削球选手在接突击时常采用，但以小跳步来调整站位用得较多。

5.交叉步

（1）移动方法：以靠近来球方向的脚作为支撑脚，该脚的脚尖调整指向移动方向，远离来球方向的脚在体前交叉，向来球方向跨出一大步，身体随之向来球方向转动，支撑脚跟着向来球方向再迈一步，这是前交叉步。后交叉步是在体后完成交叉动作。

（2）动作特点：交叉步的步幅移动是所有脚步移动中最大的，在左半台正手进攻后，反正手位回击角度较大、速度较快的来球时，常运用这种步法。

（3）实际运用于：①快攻或弧圈打法在侧身攻、拉后扑打右角空当，或从右大角变反手击球；②在走动中拉削球；③削球打法接短球或削突出击。

(三)握拍方法

对于初学者来说,握拍是一项十分重要的技术环节。握拍方法是否正确,对日后的技术掌握影响极大。握拍也是乒乓球这项运动所有技术的起点,握拍方法既要与打法风格相匹配,又要便于自己手臂、手指和手腕的灵活运用。一个好的握拍技术可以让球拍成为自己身体的延伸,也就是所谓的“人拍合一”,这样我们才能把球打到我们想要的位置。目前,握拍主要有直握和横握两种技术。

1.直拍握法

在采用直拍技术握拍时,握拍手的拇指第一关节要压住球拍的左肩,食指第二关节要压住球拍右肩,食指第一关节自然向内弯曲,虎口贴于拍柄后面,中指无名指和小指自然弯曲,叠放在球拍背面。

(1)快攻型直握拍法(图 9-1)

图 9-1 快攻型直握拍法

(2)弧圈型直握拍法(图 9-2)

图 9-2 弧圈型直握拍法

(3)削球的直握拍法(图 9-3)

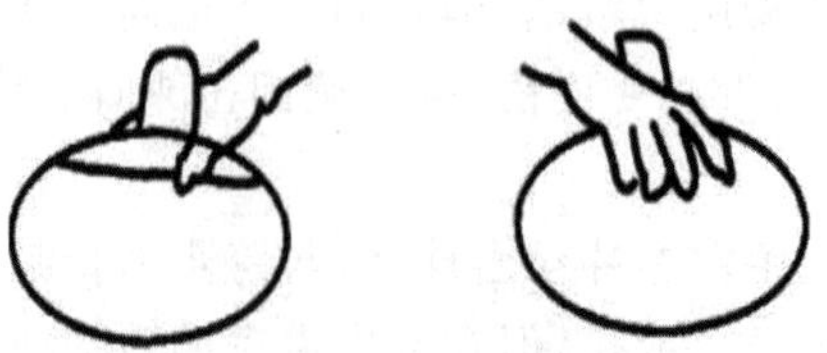

图 9-3 削球的直握拍法

直拍握法的特点:正反手都用球拍的同一拍面击球,出手快,正手攻球快速有力,攻斜、直线球时,拍面变化不大,对手难于判断。

2.横拍握法

在采用横拍握法时,要以中指、无名指和小指自然弯曲握于拍柄,拇指放在球拍正面,食指自然伸直斜放于球拍反面,虎口轻贴于拍,要注意虎口不要过紧地贴靠在球拍上,以免影响手腕的灵活性。

(1)削球型横握拍法(图 9-4)

图 9-4　削球型横握拍法

(2)攻击型横握拍法(图 9-5)

图 9-5　攻击型横握拍法

横拍握拍法的特点:正反手攻球力量大,攻削球时握法变化小,反手攻球容易发力也便于拉弧圈;但正反手交替击球时,需变换击球拍面,攻斜、直线时调节拍形的幅度大,易被对方识破。

握拍时的注意事项:

(1)无论哪种握法,握拍都不应过紧或过松。过紧会使手腕僵硬,影响发力时的手腕动作,过松则影响击球力量和击球的准确性。

(2)握拍不宜太浅。直握时,食指和拇指构成的钳形不能过大或过小,以免影响手腕动作的灵活性。

(3)在变换击球的拍面、调节拍面角度时,要充分利用手指的作用。

(4)不应经常变化握拍方法,否则会影响打法类型及风格的形成,尤其是初学者,更应注意。

(四)发球的基本技术

发球是乒乓球运动中非常重要的一个技术环节,因为发球不但是比赛中每一分球的开始,而且它还是乒乓球技术中唯一不受对方来球制约和限制的技术,它可以将发球者的战术意图最大限度地发挥出来,所以其主动性显而易见。也正因为它不存在对方来球的判断与反应等问题,所以,它也是最有潜力可挖的一项技术。

1.正手平击发球

特点作用:速度一般,略带上旋,是初学者最基本的发球方法,也是掌握其他复杂发球的基础。对方容易回接,便于衔接正手攻球或反手推拨的练习。

动作要领:左手将球向上抛起,同时右臂内旋,使拍面稍前倾,向右后方引拍。当球从高点下降至稍高于球网时,击球中上部向左前方发力。

注意事项:初学者容易出现不抛球、台内击球或犯规的合力发球。

2.反手平发球

特点作用:出球性质与正手平击发球类似,但整个技术动作都与之差异很大,主要为日后掌握高质量的反手发球打下基础。

动作要领:左手将球向上抛起,同时右臂外旋,使拍面稍前倾,向左后方引拍。当球从高点下降至稍高于球网时,击球中上部向右前方发力。

注意事项:除学习正手平击发球时的常见问题外,初学者还易用球拍向前下方切击,使球产生急下旋。

3.正手发右侧上旋急长球(奔球)

特点作用:球速快、落点长、角度大、冲力强。球的飞行弧线低且向左偏斜,具有较强的右侧上旋。如想有目的地与对方形成中、远台相持球,或是迎战擅长搓攻打法的对手时,此种发球是很有效的。

动作要领:左手将球向上抛起,同时右臂内旋,使拍面稍前倾,前臂手腕自然下垂,肘关节高于前臂,向右后方引拍。当球从高点下降至近于网高时,击球右侧向右侧上方摩擦,触球一瞬间拇指压拍,手腕从右后方向左上方抖动。

注意事项:多至斜、直两条线,要求角度尽量偏大,有时可配合至对方中路。

4.反手发急球

特点作用:比赛中为了牵制对方,偶尔使用一个反手急球,可以压住对方反手,再突变正手,作为主要战术的配合。

动作要领:左手将球向上抛起,同时右臂外旋,使拍面稍前倾,上臂自然靠近身体左侧,向左后方引拍 a 球从高点下降至低于网高时,击球左侧中上部,触球一瞬间前臂加速向右前上方横摆,手腕控制球拍加力摩擦球,腰部配合向右转动。

注意事项:应与反手平击发球相区别,反手急球着台后反弹弧线偏低。

5.正手发下旋加转球与不转球

特点作用:动作相似,旋转差异大,常合称为“转不转”发球。由于发球手法近似,能通过旋转变化迷惑对方,从而直接得分或为第三板进攻创造机会。

动作要领:左手将球向上抛起,同时右臂外旋,直握拍手腕作伸,横握拍手腕略向外展和伸,向右后上方引拍。发下旋加转球,当球从高点下降至稍高于网或与网同高时,前臂加速向前下方发力,同时手腕作屈并内收,以球拍远端(拍头)触球,击球中下部向底部摩擦。不转发球与下旋加转发球区别在于:手臂外旋幅度小,减少拍面后仰角度,以球拍中后部偏右的地方触球,击球中部或中下部,减少向下摩擦球的力量,近似将球向前推出,使作用力线接近球心,从而形成不转球。注意事项:加转下旋发球的旋转应尽可能强烈,发不转球的假动作尽量逼真,如此才能突出旋转的反差,发挥“转不转”发球的威力。

6.反手发下旋加转球与不转球

特点作用:相比于正手“转不转”发球,更注重落点变化,多为直、横拍两面攻打法的选手所采用。

动作要领:左手将球向上抛起,同时右臂内旋,直握拍手腕作屈,横握拍手腕略向外展,使拍面稍后仰,向左后方引拍。发下旋加转球,当球从高点下降至稍高于网或与网同高时,前臂加速向右前下方发力,同时直握拍手腕作伸,横握拍手腕内收,以球拍远端(拍头)触球,击球中下部向底部摩擦;反手不转发球与下旋加转发球的区别同正手“转不转”发球类似。

注意事项:发至对方正手位的短球多以不转为主,发至反手位的长球则多以加转为主。“转不转”发球在落点上力求长短分明,切忌发出半长不短、旋转反差不大的球。

(五)接发球的基本技术

在乒乓球比赛中,相对其他的环节,如发球抢攻或相持,接发球的难度最大,具有不可预测性。接发球者对发球者来球的判断是否正确,是直接影响接发球的方式和接发球的成败。如能判断好对方来球的旋转性质、旋转强度及来球的方向和落点,那么在接发球时就可以占据一定的主动性，所以我们要利用对方发球时体现出来的信息来判断对方的发球。

1.对旋转的判断

乒乓球发球中常出现的旋转主要有左、右侧上下旋，转与不转。通过发球者利用各种发球方式，将这些旋转性质表现出来。如正反手、下蹲等。在判断旋转性质时，可从以下几方面进行考虑：

(1)板形

一般情况下，发上旋球时，板形都比较竖，下旋球比较平、斜，这种特点与发球时要接触球的部位直接发生关系，因为发旋转球和不旋转球时，接触点比较靠近球的后中部；而发上旋和下旋时，向中下部和底部摩擦才可能比较转。

(2)动作轨迹

发下旋和不转球时，球与球拍接触的一瞬间，手腕摆动的幅度一般不是很大，并时常与假动作相配合；在发上旋和下旋时，手腕摆动相对大一点，这样容易“吃”住球，动作也比较固定，击球后常有一个停顿，即使加上假动作，也不会像发侧上旋和不转球那样连贯。

(3)弧线

上旋球和不转球的运行一般比较快，常有往前“窜拱”的感觉，发短球时容易出台，弧线低平；下旋球运行比较平稳，弧线略高，短球不易出台。

(4)出手

发上旋球和不转球一般出手比较快，并且突然，动作模糊；下旋球的出手相对要慢一些，因为要给球以足够的摩擦时间，才能使球产生强烈的下旋效果。

(5)分布

在接发球时，不断琢磨发球者发出球的旋转性质的随机分布和习惯也很重要，特别是在判断不清时，如在一轮发球中，发球者一般有几个转的，几个不转的，几个侧上，几个侧下，通常都出现在一轮中，以及开局爱发什么样的球，关键球如何发；等等。毫无疑问，面对当今世界乒坛花样翻新，变化莫测的发球技术，接发球者的猜测是不可缺少的，见如果想把每一个球都判断得清清楚楚，就不太实际了。

2.对速度和落点的判断

(1)对长球的判断

一般情况下，发球者如果想把球发得很长，第一落点多在自己本方台面的端线附近。如果力量差不多，球的运动速度，侧上旋和不转球明显要快于侧下旋和下旋。如果是发侧上、下旋斜线长球，要注意球的第二弧线有侧拐特点。如果是直线长球，要特别注意平推过来，或者是略带外拐的球，因为这种球除了有很快的速度外，容易发出线路比较直的球，客观上增加了球的角度，给接发球者造成较大的难度。

(2)对短球的判断

由于发球者想要把球发短，手上就不能发很大的力量，要收住一点，所以，短球较难发挥速度的优势，比较多地考虑落点和旋转。在发短球时，第一落点一般距球网较近，可根据这一特点判断来球的长短。在接短球时，要特别注意手不要过早地伸入台内，以免侧上旋短球的第二弧线往前“拱”，顶在板上，使手上失去对球的控制，以及来球可能是“伞三角”位置，球是从靠近球网的边线出台，手来不及拿下来，对不准球。

(3)对半出台球的判断

对半出台球的判断是接发球判断中难度比较大的一项技术。因为这种球往往容易造成接发球者的犹豫，使思路混乱，影响整场比赛的发挥。在判断这种球时，一是视其旋转性质而定，侧上旋和不转球比侧下旋和下旋球容易出台；二是根据发球者的特点而定，要仔细研究发球者在发半出台球时，到底哪种容易出台，哪种不容易出台，是正手容易出台还是反手容易出台等，这样就会增加半出台球选择手段的针对性。

另外，在接半出台球，对长短的判断不是很清楚时，一定要有意识地"等"几个长球，并且出手要果断，用接长球的办法回击，哪怕是失误的危险性增加。这样，可以给发球者造成较大的心理压力，使她不敢发模糊的半出台球，手上就要适当控制发力的程度，球的质量也会随之下降，从而使接发球从容一些。

3.常用的接发球方法

(1)挑接

挑接是接短球的一种方法，分为正手挑和反手挑C从目前优秀运动员的实际应用情况来看，反手挑主要用于横板运动员。挑接的基本动作的要领是：当球即将过网时，手伸进台内，同时，视来球的方位不同，选择不同的脚向前跨步，将腿插入台内。以右手拍选手为例，如果是正手位就上右脚，如果是反手位，用反手挑，也可以上手臂的同侧脚，如果是侧身位，则上左脚，右脚适当跟上一点；在来球的高点期，击球的后中部，以前臂发力撞击球为主；在击球一瞬间，手腕有·突然的微内收(正手)和外展(反手)，适当给球一点摩擦，以保证准确性。挑接是接短球的一种比较主动的方法，运用得好，可以变被动为主动，转入进攻。在当今多数运动员以搓接为主的时代，在开始练习时，适当增加挑接的训练比重，将在今后的再提高过程中受益匪浅。

(2)搓接

搓接一般多用于接短球，不提倡长球用搓接，这也是中国运动员技术打法风格所追求的。由于搓球的动作小，出手快，隐蔽性强，在长期的运用实践中，运动员根据自身特点，对这一技术进行了很细致的分化，有快搓、慢搓、摆短、搓长、晃撇等。

①摆短：摆短是快搓短球的一种方法。它最大的特点是出手快、突然性强，能有效地限制对手的拉、攻球手段。在用摆短接发球时，有三点要特别注意：其一是在上升期接触球的中下部，以体现速度；其二是手臂离身体要近一些(所以身体要上前)，离得远，就很难控制。这种精细的技术，影响准确性和质量；其三是手臂不要过早伸入台内，这样不能形成较合理的节奏感，难以体现摆短出手快的特点。初学者要下功夫，反复体会以上三点，才可能把摆短练好。

②搓长：现在优秀运动员一般运用的搓长技术，是和摆短配合运用的。它以速度和突然性取胜。在搓长时，很重要的是手法要尽可能地与摆短相似，以前臂发力为主，手腕的摆动不要过大，以免影响手上对球的感觉。在练习时，初学者要注意体会在来球的上升期将球送出去的感觉。

③晃撇：晃撇一般是在侧身位，正手搓侧旋球、斜线球，常用来接短球与侧身挑直线配合运用，可使对手不敢轻易侧身，进行有威胁的正手抢攻。晃撇接发球时，最好能够在来球的最高点击球，球拍接触球的后中下部，手腕略有外展，向左侧前下方摩擦球，使球带有左侧下旋，落台后向外拐，让对手不容易对准球。以上所讲的搓接中，初学者应先掌握好快搓和慢搓的基本技术，待熟练后，再根据自己的特点和实际情况把变化加进去，用起来才会得心应手。

(3)拉接

拉接一般是用来对付长球的方法。在拉接中，要特别注意第一时间与第二时间的本质区别。手低于台面接触球，一般情况下就可以认为是第二时间，高于球台或基本与球台在一个平面上时，可认为是第一时间，此时拉接，容易发上力，能够保证一定的准确性。在第一时间上接触球时，就需要进行适当的调整，在时间上争取到了主动。而在第二时间接触球时，就需要适当地调整，在力争压低弧线的同时，主要是要靠落点来控制对手。初学者在开始练习拉接时，要多注意练习在第一时间拉球，以体会发力击球对旋转的感觉，待水平达到一定程度后，再有意识地练习第二时间拉接的手上感觉。

(4)攻打

攻打在接发球中是一项难度比较大的技术，主要用来对付长球。由于现代乒乓球技术竞技中，发球的旋转非常强，突然性和速度也今非昔比，给接发球攻打技术的运用造成了极大的困难，以至于在现在的比赛中，运动员接发球时，使用攻打的概率已经很低，10 个球中用上 1 个已经相当不错。毕竟，攻打作为乒乓球的一项主要技术，其在比赛中的作用是显而易见的。可谓，难度大，威胁更大。

(5)接半出台球

在这更要特别强调的是半出台球的意识和胆量问题。其运用技术的基本原则是能拉接，不要搓撇，否则，将会非常被动。在运用拉接技术时，不要拉手过大，手臂向球台靠近，抬高，击球点一般在台面以上，重心提起来，前移，以前臂和手腕的突然向前发力为主，整个幅度不要过大，有点近似于小前冲。而在这些环节中，抬高重心是至关重要的。由于这种球，相对短球比较长，也可能会出台，并且比较顶，在运用挑接时，要给球一定的力量，有时挑这种球更像是突击，这样才能克服来球的旋转，也才可能达到挑接的目的。

(六)推挡球的基本技术

推挡是我国直拍快攻打法的一项重要的基本技术，它具有站位近、动作小、速度快和变化多的特点。如能掌握好这项技术，不但能成为主动的进攻手段，还能起到在防守或相持球时变为主动进攻的作用。推挡球也是推球和挡球的总称，它主要分为平挡、快推、加力挡和减力挡等。

1.挡球

挡球也被称为平挡，它分为正手挡球和反手挡球两种打法，也是乒乓球的一项入门技术。挡球这项技术动作比较简单、容易掌握。其特点为球速慢、力量较小、落点适中且几乎没有旋转。通过练习推挡技术可以达到熟悉球性，体会动作的目的，同时也为日后练习其他推挡技术打下良好的基础。

2.正手挡球

特点与应用：球速慢，力量轻，动作较简单，初学者容易掌握。它可以帮助初学者熟悉球性，认识乒乓球的击球规律，提高控制球的能力。

动作方法：站位要在球台的中间或偏左，身体离球台 40～50 厘米，两脚开立，左脚略向前，两膝微屈，收腹含胸，上体略向右转。击球时要在来球的上升期，以接近垂直的拍形推击球的中部。只需前臂和手腕轻轻用力，主要借助来球的反弹力将球挡回。击球后手臂顺势向前挥动，并迅速还原成准备姿势。在整个动作过程中，身体的中心要放在双脚。

要点：①挡球是推挡球技术的基础，初学者应形成正确的动作手法。②引拍时，上臂应靠近身体。③前臂前伸近球，手腕手指调节拍形，食指用力，拇指放松。

3.反手挡球

特点与应用：球速慢，力量轻，动作较简单，初学者容易掌握。它可以帮助初学者熟悉球性，认识乒乓球的击球规律，提高控制球的能力.

动作方法:站位要在球台的中间或偏左,身体离球台 40～50 厘米,两脚开立,左脚略向前,两膝微屈,收腹含胸,上体略向左转。击球时要在来球的上升期,以接近垂直的拍形推击球的中部。只需前臂和手腕轻轻用力,主要借助来球的反弹力将球挡向。击球后手臂顺势向前挥动,并迅速还原成准备姿势。在整个动作过程中,身体的中心要放在双脚上。

要点:①挡球是推挡球技术的基础,初学者应形成正确的动作手法。②引拍时,上臂应靠近身体。③前臂前伸近球,手腕手指调节拍形,食指用力,拇指放松。

4.快推

特点与运用:快推的特点是站位近,动作小,借力还击,速度快,线路变化多。适用于回击一般的拉球、推挡球和中等力量的攻球;在相持中能发挥回球速度快的优势,推压两大角或袭击对方空当,为自己的进攻创造条件。它是推挡球最常用的一项技术。

动作方法:站位要在球台的中间偏左,身体距离球台大约 40 厘米,两脚平站或右脚略前,两膝微屈,收腹含胸,身体向前或略转向左边,右上臂和肘关节尽量靠近身体的右侧。击球时要在来球的上升期,以稍前倾的拍形推击球的中上部。在击球的瞬间,只有前臂和手腕自然向前或向前上方发力,主要利用来球的反弹力将球快速地击回。击球后手臂顺势向前挥动,并迅速还原成准备姿势。整个动作过程中,身体重心要放在双脚上。

要点:①击球前靠近身体,前臂适当后撤引起。②在前臂向前推送的过程中,完成外旋动作。③转腕动作不宜过大,关键是时机要恰当。

5.加力推

特点与运用:回球力量重,速度快,击球点较高,充分发挥手臂的推压力量。比赛中运用加力推可迫使对方离台,陷于被动局面(如侧身正手攻前一板,加力推底线或大角度),与减力挡搭配使用,能有效地调动对方,获得主动。它适用于对付速度较慢、旋转较弱的上旋球或力量较轻、着台后弹起比网稍高的来球。

动作方法:站位要在球台的中间偏左,身体距离球台大约 50 厘米。两脚平站或右脚略前,两膝微屈,收腹含胸,身体向前或略向左转。击球时要在来球的上升后期或最高点,以前倾拍形推击球的中上部。在击球的瞬间上臂、前臂和手腕向前下方发力推压,腰也要协助用力。击球后手臂顺势向前下方挥动,并迅速还原成准备姿势。整个动作过程中,身体的重心从左脚移到右脚上。

要点:①球拍后撤上引是为了增大用力距离。②击球点适当离身体远一点。③击球时间不宜过早或过迟。④要有效地把身体各部分的力量集中在击球的一瞬间。

6.减力挡

特点与运用:回球弧线低、落点低、力量轻。回接对方的大力扣杀或加力推挡时能减弱回球力量,如与加力推结合运用,可以前后调动对方,是对付中台两面拉或两面攻打法的有效战术,它还常用于接加转弧圈球。

动作方法:站位要在球台的中间偏左,身体距离球台大约 40 厘米。两脚平站或右脚略前,两膝微屈,收腹含胸,身体向前或略向左转。击球时要在来球的上升期,以前倾拍形推击球的中上部。在击球的瞬间,前臂和手腕轻轻后移,以减小来球的反弹力,使球轻轻击回。击球后迅速还原成准备姿势。整个动作过程中,身体的重心放在双脚上。

要点:①击球前身体重心略升高,稍屈前臂,球拍保持合适的前倾角度。②触球瞬间,有意识地做手臂和手腕后收的动作。③削弱来球反弹力的同时,借来球的力量将球挡过去,回球速度快。

(七)攻球的基本技术

1.正手近台攻球

特点与运用:站位近台,击球时间早,球的速度快,动作幅度小,是近台快攻打法的主要技术之一。常用于还击正手位的发球、推挡球、一般的上旋球等,使对方措手不及,在对攻中以线路、落点变化相结合,调动对方,伺机扣杀。

要点:①充分利用全身协调用力(蹬地、转腰、移重心)。②前臂发力为主,手腕辅助用力。③击球点在身体右前侧(大约为前臂的长度)。触球瞬间以向前打为主,略带摩擦。

2.正手中远台攻球

特点与运用:站位稍远,动作幅度大,力量重,进攻性强,但步伐法移动的范围较大。多用于对攻中,以力量配合落点变化直接得分或为扣杀创造条件,也用于侧身后扑正手打回头和削球选手的削中反攻。

要点:①加大向右手方引拍幅度,是为了增大击球的动作半径。②上臂带动前臂发力。上臂向前,前臂和手腕向上发力为主。③身体其他部位的协调用力不可缺少。

3.反手近台攻球

特点与运用:站位近、动作小、速度快、突击性强。一般用来回击落在左半台的来球,与反手推挡、正手攻球结合,能加强攻势,取得更多的主动权,但反手攻球因受身体妨碍,攻球力度不如正手大。

要点:①击球过程中要注意收腹,转髋转腰。②以肘关节为轴心,前臂发力为主,手腕有一向前上方摩擦球的动作。③保持适宜的击球点尤为重要,离身体太远或太近难以发力。

4.侧身攻球

特点与运用:侧身攻的特点是速度快、力量重、攻势强,它是各种不同类型打法都必须掌握的一项重要技术。侧身攻运用多少在很大程度上标志着进攻能力的强弱。

侧身攻球应注意的问题:①侧身后,要保持上体与球台的合适角度,既能攻斜线,也能打直线,同时不妨碍下一次击球。②要有足够的击球空间(收腹)。③应尽量避免在移动过程中击球。④攻球时要利用右脚蹬地的力量,重心适当前移,前臂稍向前发力。

5.正手拉球

特点与运用:站位近、速度快、动作小、线路活和稳健性好,是回击发球、搓球、削球等下旋球的一种必备技术。常用于接发球抢位,对搓中抢位,对付削球时稳拉,以落点、弧线和旋转程度的变化,伺机进行突击。

要点:①身体重心略下降,右肩稍下沉。②在球的下降前期击球,不可过于低于台面。③触球时应尽量增大摩擦球体的面积和时间。

6.正手扣杀

特点与运用:动作幅度大、力量重、球速快、攻击性强,是得分的重要手段。常用来对付着台后弹起比网高的机会球或前冲力不大的半高球。

要点:①击球点离身体稍远,球拍应与球同高。②在高点期击球,不宜打"落地开花球"。③击球瞬间,整个手臂应发挥到最大力量,配合腰部转动及蹬地的力量。④如来球带有下旋,球拍略低于来球,触球瞬间手腕向上抖动发力。

(八)削球的基本技术

削球是乒乓球中主要以防守为主的一项技术,它的主要特点是不断变换落点和旋转。削球时站位离台较远，击球时球的落点较低，控制球的稳定性较好。但这项技术在进攻型选手中使用率极低，除非在万不得已时才会使用此技术救球。

1.正手中台削球

特点与运用：动作幅度小、回球速度快、前进力较强，多用于近削逼角，有一定的威胁，往往能获得主动或直接得分。一般用来对付轻拉球和一般的上旋球。

动作方法：在判断好对方来球位置后，要选好站位，双膝微屈，右脚稍前。击球前应向后上方引拍，球拍引至右肩上方即可，身体向后转动。击球时球拍向前下方挥动，在腰部侧下方击球，摩擦球的中下部。在击球瞬间要用腰带动手臂一同发力，同时身体的重心向前下方移动。整个动作完成后，还原成预备姿势。

要点：①向上引拍比肩略高。②根据来球的情况调节拍面后仰角度。③前臂发力为主，手腕配合下压，击球后没有前送的动作。

2.正手远台削球

特点与运用：击球动作大、球速慢、弧线长，有利于削转与不转球和以落点变化来牵制对方。常适用于对付对方的扣杀球、弧圈球和提拉球。它是以削为主打法的选手必须掌握的基本技术之一。

动作方法：在判断好来球位置后，要降低身体重心。击球前要将球拍引至头的外侧，身体重心要下降，左脚向前迈出，拍形应向后仰。击球时要向前下方挥拍，要在身体的侧前方将球击出，摩擦球的中下部。在击球瞬间要用腰带动手臂一同发力。将球击出后球拍还要继续向前下方挥动。整个动作完成后，还原成预备姿势。

要点：①向上引拍，是为了增大削击球的用力距离。②在下降期击球，但不能过于低于台面。③要保持足够的撞击力，否则球不会过网

3.反手中台削球

特点与运用：动作幅度小、回球速度快、前进力较强，多用于近削逼角，有一定的威胁，往往能获得主动或直接得分。一般用来对付轻拉球和一般的上旋球。

动作方法：在判断好对方来球位置后，要选好站位，双膝微屈，右脚稍前。击球前球拍应引至左肩上方，拍形稍向后仰，身体重心移至左脚。击球时手臂向前下方挥动，同时转腰，在身体的侧前方将球击出，在击球瞬间要用腰带动手臂一同发力，同时身体的重心向前下方移动。整个动作完成后，还原成预备姿势。

要点：①向上引拍比肩略高。②根据来球的情况调节拍面后仰角度。③前臂发力为主，手腕配合下压，击球后没有前送的动作。

4.反手远台削球

特点与运用：击球动作大、球速慢、弧线长，有利于削转与不转球和以落点变化来牵制对方。常适用于对付对方的扣杀球、弧圈球和提拉球。它是以削为主打法的选手必须掌握的基本技术之一。

动作方法：在判断好来球位置后，要降低身体重心。击球前要将球拍引至头的外侧上方，拍形稍向后仰，身体的中心放在左脚上。击球时手臂向前下方挥动，同时转腰，在身体的侧前方将球击出。在击球瞬间发力要集中。将球击出后球拍还要继续向前下方挥动。整个动作完成后，还原成预备姿势。

要点：①向上引拍，是为了增大削击球的用力距离。②在下降期击球，但不能过于低于台面。③要保持足够的撞击力，否则球不会过网。

(九)弧圈球的基本技术

在现代乒乓球运动中弧圈球是主要也是及主流的一项进攻技术，是乒乓球速度与旋转不断融合的结果。它不但在进攻方面威力巨大，在防守方面也是非常的稳健，而且适应性非常的广泛。正是由于这项技术的不断发展，才使得乒乓球这项运动的观赏性大大增加。

1.正手前冲弧圈球

特点与运用：飞行弧线低、速度快、前冲力强，落点后弹起不高，但急向前冲并向下滑落，能起到与扣杀同样的作用。常用于对付发球、推挡球、搓球以及中等力量的攻球，离台相持时，也可以利用它进行反攻。在实际运用中，步伐移动的速度快、范围广。

动作方法：站位时要两脚开立，左脚在前，身体稍向前倾，收腹屈膝，右肩略向下沉，重心放在两脚之间。击球前要用腰带动上身向右转动，前臂自然下垂，向侧后方引拍。击球时要以右脚为轴，用腰带动大臂向左转动，前臂向左上方挥动，拍形前倾，摩擦球的中上部。击球后手臂要顺势挥动，重心应移到左脚上，然后迅速还原。

要点：①引拍的幅度大，尽可能增大挥拍的动作、半径。②加快挥拍速度，在球拍达到最大速度时触球。③单纯用上肢发力，前冲力不强，因此腿、腕、腰的配合不可缺少。④摩擦力大于撞击力，球拍与球的吻合面要合适，防止打滑。

2.反手拉弧圈球

特点与运用：反手拉弧圈球，是横拍握法的优势之一。拉球的速度比正手稍快，但力度和旋转略逊于正手。它可用于发球抢冲、接发球、搓中转拉以及一般的对攻和中台对拉，运用得当，可以直接得分，而且能为正手的冲杀创造机会。

动作方法：站位时要两脚开立，右脚在前，身体稍前倾，收腹屈膝，重心要落在两脚之间。击球前要用腰带动身体稍向右转动，身体重心放在左脚前脚掌，手臂要自然放松。击球时要以左脚为轴，用腰部带动大臂向右转动，保持拍形，摩擦球的中上部。击球后手臂顺势向前上方挥动，身体重心移至右脚上，然后迅速还原。

要点：①击球点不宜离身体太近。②充分利用肘关节的杠杆作用，先支肘，再收肘，借以增加前臂的挥摆幅度和力量。③近台快拉的击球时间为上升后期或高点期，中远台发力拉的击球时间为下降期，但不可过分低于台面。

3.正手加转弧圈球

特点与运用：飞行弧线高、上旋很强、速度较慢，但着台后向下滑落较快，对方回击容易出高球，甚至出界，可以直接得分或为扣杀争取机会。它是对付削球、搓球和接出台发球的重要技术。另外，由于球出手弧线的弯曲度较大，落到对方台面后迅速下滑，还可起到变化击球节奏的作用。

动作方法：站位时要两脚开立，左脚在前，身体稍向前倾，收腹屈膝，右肩略向下沉，重心放在两脚之间。击球前要用腰带动上身向右转动，前臂自然下垂，向侧后方引拍。击球时要以右脚为轴，用腰带动大臂向左转动，前臂向左上方挥动，拍形前倾，击球瞬间手腕要有一个向前上方的爆发力，摩擦球的中上部。击球后手臂要顺势挥动，重心应移到左脚上，然后迅速还原。

要点：①引拍时，球拍必须低于来球，但不要下沉太多。②拉球时，持拍手臂由下向上发力，前臂快速收缩，触球瞬间，尽量加长摩擦球体的时间。③身体重心随右脚蹬地，转腰，挥臂提高。

三、乒乓球基本战术

(一)发球抢攻战术

发球抢攻是我国直板快攻打法的“杀手锏”,是力争主动、先发制人的主要战术。各种类型打法的运动员都普遍采用发球抢攻来抢占每个回合的上风。发球战术运用的效果主要取决于发球的质量和第三板进攻的能力。发球抢攻战术因打法的类型不同而有所差异。常用的发球抢攻战术主要有以下几种:①正手发转与不转球;②侧身正手(高抛或低抛)发左侧上(下)旋球;③反手发右侧上(下)旋球;④反手发急球或急下旋球;⑤下蹲式发球。

(二)接发球战术

接发球战术与发球抢攻战术同样重要,接发球水平的高低可以反映运动员的实战能力以及各项基本技术的应用程度。接发球者只是暂时处在被控制状态,如果破坏了发球者的抢攻意图或者为其制造了障碍,减弱了对方抢攻的质量,就意味着已经脱离被控制状态,变被动为主动。控制与反控制是辩证的统一。常用的接发球战术有稳健保守法、接发球抢攻、控制接发球的落点、正手侧身接发球等。

(三)搓攻战术

搓攻战术是进攻型打法的辅助战术之一,主要利用搓球旋转的变化和落点的变化为抢攻创造机会。搓攻战术也是削球型打法争取主动的主要战术之一。常用的搓球战术有:慢搓与快搓结合、转与不转结合、搓球变线、搓球控制落点、搓中突击、搓中变推或抢攻等。

(四)对攻战术

对攻战术是进攻型打法在相持阶段常用的一项重要战术。快攻类打法主要依靠反手推挡(或反手攻球)和正手攻球(或正手拉弧圈球)的技术,充分发挥快速多变的特点来调动对方。常用的对攻战术有以下几种:紧逼对方反手,伺机抢攻或侧身抢攻、抢拉;压左突右;调右压左;攻两大角;攻追身球;变化击球节奏,加力推和减力挡结合,发力攻、拉与轻打轻拉结合,也可造成对手的被动局面;改变球的旋转性质,如加力推后、推下旋;正手攻球后,退至中远台削一板对方往往来不及反应,可直接得分或创造机会球。

(五)拉攻战术

拉攻战术是以攻为主的选手对付削球的主要战术。为了发挥拉攻的战术效果,首先要具备连续拉的能力,并有线路、落点、旋转、轻重等变化,其次要有拉中突击和连续扣杀的能力。常用的拉攻战术主要有:拉反手后,侧身突击斜线或中路追身球;拉中路杀两角或拉两角杀中路;拉一角或杀另一角;拉吊结合,伺机突击;拉搓结合;稳拉为主,伺机突击。

(六)弧圈球战术

由于弧圈球战术把速度和旋转有效地结合起来,稳健性好,适应性强,许多著名选手已用它替代攻球或扣杀,常用的战术有发球抢攻、接发球果断上手等。

四、乒乓球规则

(一)场地和器材

1.球

球应为圆球体,直径为40毫米,重2.7克,用赛璐珞或类似的塑料制成,呈白色或橙色。

2.球拍

球拍的大小、形状或重量不限,底板厚度至少应有85%的天然木料。

3.球台

球台应为与水平面平行的长方形,长2.74米,宽1.525米,离地面76厘米。

球台四边应有一条2厘米宽的白线。双打时,各台区应由一条3毫米宽的白色中线划分为两个相等的“半区”。

(二)乒乓球竞赛通则

1.合法发球

(1)发球时,球应放在不执拍手的手掌上,手掌张开和伸平。球应是静止的,在发球方的端线之后,比赛台面的水平面之上。

(2)发球员须用手把球几乎垂直地向上抛起,不得使球旋转,并使球在离开不执拍手的手掌之后上升不少于16厘米,球下降到被击出前不能碰到任何物体。

(3)当球从最高点下降时,发球员方可击球,使球首先触及本方台区,然后越过或绕过球网装置,再触及接发球员的台区。在双打中,球应先后触及发球员和接发球员的右半区。

(4)从抛球前球静止的最后一瞬间到击球时,球和球拍应在比赛台面的水平面之上。

(5)击球时,球应在发球方的端线之后,但不能超过发球员身体离端线最远的部分。

2.重发球

(1)如果发球员发出的球,在越过或绕过球网装置时,触及球网装置,此后成为合法发球或被接发球员或其同伴阻挡。

(2)如果接发球员或接发球方未准备好时,球已发出,而且接发球员或接发球方没有企图击球。

(3)由于发生了运动员无法控制的干扰,而使运动员未能合法发球、合法还击或遵守规则。

(4)裁判员或副裁判员暂停比赛。

3.判1分

除被判重发球的回合,下列情况运动员得1分:

(1)未能合法发球;

(2)未能合法还击;

(3)在发球或还击后,对方运动员在击球前,球触及了除球网装置以外的任何东西;

(4)阻挡;

(5)连击;

(6)用不符合规则的拍面击球;

(7)台面移动;

(8)运动员或他穿戴的任何东西触及球网装置；

(9)运动员不执拍手触及比赛台面；

(10)双打时，击球次序错误；

(11)执行轮换发球法时，接发球方进行了 13 次合法还击。

4.一局比赛、一场比赛

(1)在一局比赛中，先得 11 分的一方为胜方。10 平后，先多得 2 分的一方为胜方。

(2)一场比赛由单数局组成。

5.发球、接发球和方位的选择

(1)选择发球、接发球的权力应由抽签来决定。

(2)在获得每 2 分之后，接发球方即成为发球方，依此类推，直至该局比赛结束，或者直至双方比分都达到 10 分后实行轮换发球法，这时，发球和接发次序仍然不变，但每人只轮发 1 分球。

(3)在双打的第一局比赛中，先发球方确定第一发球员，再由先接发球方确定第一接发球员。在以后的各局比赛中，第一发球员确定后，第一接发球员应是前一局发球给他的运动员。

(4)在双打中，每次换发球时，前面的接发球员应成为发球员，前面的发球员的同伴应成为接发球员。

(5)一局中，首先发球的一方，在该场下一局应首先接发球。在双打决胜局中，当一方先得 5 分时，接发球方应交换接发球次序。

(6)一局中，在某一方位比赛的一方，在该场下一局应换到另一方位。在决胜局中，一方先得 5 分时，双方应交换方位。

6.发球、接发球次序和方位的错误

(1)裁判员一旦发现发球、接发球次序错误，应立即暂停比赛，并按该场比赛开始时确立的次序，按场上比分由应该发球或接发球的运动员发球或接发球；在双打中，则按发现错误时那一局中首先有发球权的一方所确立的次序进行纠正，继续比赛。

(2)裁判员一旦发现运动员应交换方位而未交换时，应立即暂停比赛，并按该场比赛开始时确立的次序，按场上比分运动员应站的正确方位进行纠正，再继续比赛。

(3)在任何情况下，发现错误之前的所有得分均有效。

7.轮换发球法

(1)如果一局比赛进行到 10 分钟仍未结束(双方都已获得至少 9 分时除外)，或者在此之前任何时间应双方运动员要求，应实行轮换发球法。

①当时限到时，球仍处于比赛状态，裁判员应立即暂停比赛。由被暂停回合的发球员发球，继续比赛。

②当时限到时，球未处于比赛状态，应由前一回合的接发球员发球，继续比赛。

(2)此后，每个运动员都轮发一分球，直至该局结束。如果接发球方进行了 13 次合法还击，则判发球方失 1 分。

(3)轮换发球法一经实行，或一局比赛进行了 10 分钟，该场比赛剩余的各局必须实行轮换发球。

第二节　羽毛球运动及规则

一、概述

（一）羽毛球运动的起源

现代羽毛球运动诞生于英国，大约在1800年左右，由网球派生而来。我们可以注意到现今的羽毛球场地和网球场地仍非常相似。1870年，出现了用羽毛、软木做的球和穿弦的球拍。1873年，英国公爵鲍弗特在格拉斯哥郡伯明顿镇的庄园里进行了一次羽毛球游戏表演。从此，羽毛球运动便逐渐开展起来，"伯明顿"即成了羽毛球的名字，英文的写法是"Badminton"。

1875年，世界上第一部羽毛球比赛规则出现于印度的普那。三年后，英国又指定了更趋完善和统一的规则，当时规则的不少内容至今仍无太大的改变。1893年，世界上最早的羽毛球协会——英国羽毛球协会成立，并于1899年举办了全英羽毛球锦标赛。

1934年，由加拿大、丹麦、英国、法国、爱尔兰、荷兰、新西兰、苏格兰和威尔士等国发起了世界羽毛球联合会，总部设在伦敦。从此，羽毛球国际比赛日渐增多。

目前，国际羽联已拥有一百多个会员国。国际羽联管辖的世界性比赛有：汤姆斯杯赛（世界男子团体锦标赛），1948年开始，每3年举办一次（1984年起改为每两年举行一次）；尤伯杯赛（世界女子团体锦标赛），从1956年开始，每3年举办一次（1984年起改为每两年举行一次）；世界锦标赛（单项比赛），从1977年开始；全英锦标赛（非正式传统单向比赛），早在1899年开始每年举办一次。

（二）羽毛球运动的特点

1.是一种全身运动项目

无论是进行有规则的羽毛球比赛还是作为一般性的健身活动，都要在场地上不停地进行脚步移动、跳跃、转体、挥拍，合理地运用各种击球技术和步法将球在场上往返对击，从而增大了上肢、下肢和腰部肌肉的力量，加快了锻炼者全身血液循环，增强了心血管系统和呼吸系统的功能，提高人体神经系统的灵敏性和协调性。

2.简便性

（1）不受场地的限制

羽毛球活动对设备的基本要求比较简单，只需两个球拍、一个球和一条绳索即可。正规比赛场地面积仅65～80平方米，长13.40米，宽6米（双打）或5.18米（单打），平时进行羽毛球活动只要有平整的空地就可以了。在风不大的情况下，可以在户外进行活动，只要把球网架起来，就可以在一定长度和宽度的空地上画上几条线，双方对练。因此它不仅可以在正规的室内运动 场进行，也可以在公园、生活小区等处广泛地开展。当它作为户外运动时，还可使锻炼者吸入新鲜空气，受到阳光照射，改善人体的血液循环和新陈代谢，同时感受大自然的美丽，在运动中怡心健体。

(2)集体、个人皆宜

羽毛球运动既可单兵作战(两人对练),又可集体会战(双打联系或三人对三人对练)。单人对练时,练习者可以随心所欲地打出任何弧线、任何远度、任何力量、任何速度、任何落点的球;集体会战则可以使联系者养成协调配合的习惯,培养集体主义精神。

(3)不受年龄、性别的限制

羽毛球运动游戏性较强,运动量可大可小。身强力壮的年轻人可以将球打得又刁又重,拼尽全力扑救任何来球,尽情散发自己的青春气息;年老体弱的练习者可以把球轻轻地击来打去,根据自己的要求来变换击球节奏,从而达到锻炼身体、延年益寿的功效,既活动了身体,又娱乐了心情。不同年龄、不同性别以及不同体质的人都能在羽毛球运动中找到乐趣。

二、羽毛球基本技术

(一)握拍法

握拍可分为正手握拍和反手握拍法两种。

1.正手握拍法

虎口对着拍柄窄面内侧的小棱边,拇指和食指贴在拍柄的两个宽面上,食指和中指稍分开,中指、无名指和小指并拢握住拍柄。掌心不要紧贴拍柄,要留有一定空隙,拍柄与近腕部的小鱼际肌齐平(图 9-6)。

2.反手握拍法

在正手握拍的基础上,拇指和食指将拍柄稍向外转,拇指自然贴在拍柄内侧的宽面上,中指、无名指和小指并拢握住拍柄。柄端靠近小指根部,使掌心留出空隙,有利于击球发力(图 9-7)。

练习方法:

(1)在正确掌握要领的情况下,反复做正、反握拍不击球的交替练习。

(2)在练习时根据球路变化及时变换握法。

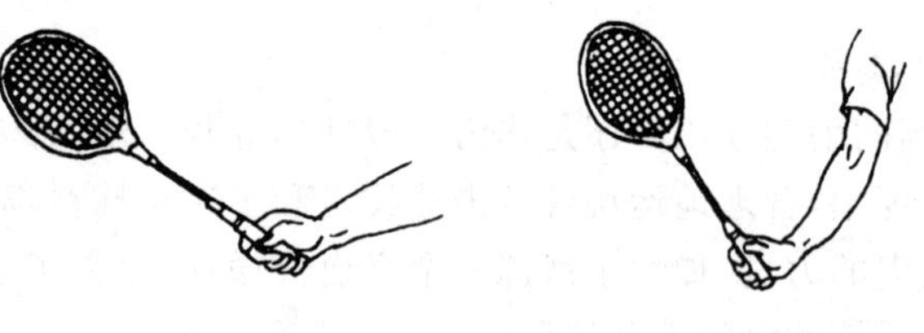

图 9-6　正手握拍法　　　图 9-7　反手握拍法

(二)发球与接发球

1.发后场高远球

左肩侧对球网,两脚分立与肩同宽;左脚在前,脚尖向网,右脚在后,脚尖稍向右侧,重心放在右脚上;准备发球时右手握拍向右后侧举起,肘部微屈,左手拇指、食指和中指夹住球,举在腹部右前方;准备发力击球时,先放开球,然后挥拍击球;击球时身体重心由右脚移至左脚上(图 9-8)。

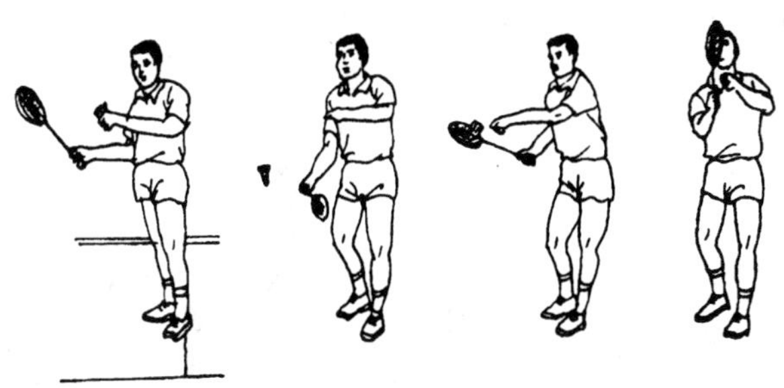

图 9-8　发后场高远球

2.反手发网前小球

发球站位可在前发球线后 10～15 厘米及中线附近，面向球网，两脚前后开立(右脚或左脚在前均可)，上体稍前倾，身体重心在前脚上；右手臂屈肘，用反手握拍法将拍头向下，拍面在身体左侧腰下；左手拇指与食指、中指控制球的两、三根羽毛，球托朝下，球体或球托在球拍前对准拍面；击球时，前臂带动手腕朝前推送或横切(图 9-9)。

图 9-9　反手发网前小球

练习方法：

(1)反复做无球的发球挥拍动作练习。

(2)两人对练发球练习。

3.接发球

单打站位离前发球线约 1.5 米处，在右发球区应站在靠中线的位置，在左发球区则站立在中间位置；一般左脚在前，右脚在后，重心在前脚，后脚跟稍离地，双膝微屈，含胸收腹；球拍置于右身前，两眼注视来球。

双打准备姿势同单打。接发球时可站在离前发球线较近的地方；球拍要举得高些，利用网前击球点高争取主动。

练习方法：

(1)反复做无球的接发球动作练习。

(2)两人一组，反复做发球和接球的组合练习。

(三)后场击球技术

1.高手击球

(1)正手原地击高远球

看准来球的方向和高度，快速合理地移动步法，选择球的降落点位置，使击球点在右肩稍前的上空；左脚在前肩对网，右脚在后，腿微屈，头后仰，重心落在右脚上；右手举拍于肩上方，“甩”臂屈腕把球击出(图 9-10)。

图 9-10　正手原地击高远球

练习方法：

①步法移动和挥拍击球动作的无球练习。

②两人移动对打高远球练习。

练习要求：在手臂自然伸直时，应用“抽鞭”动作把球“弹”出。

(2)反手击高远球

反手击球时，右脚以前交叉步法跨到左侧底线位，两腿微屈背对网，身体重心落在右脚上；球拍举到胸前，拍面朝上，提肘挥拍伸腕击球(图 9-11)。

图 9-11　反手击高远球

练习方法：

①反复做交叉步移动挥拍击球动作的无球练习。

②移动练习反手击球动作。

练习要求：击球后，右脚快速撤回中心位。

2.吊球

一般地讲，是把对方击来的高远球，从后场还击到对方网前区的打法叫吊球，它是调动对方阵脚，组织战术配合的一种攻击技术。

(1)正手劈吊：正手吊的方法与正手击高远球的方法相似，区别在于击球力量小，拍面适当前倾，用球拍劈切完成吊球(图 9-12)。

图 9-12 正手劈吊

(2)反手切吊:反手吊球的方法与反手击高远球的方法相似。不同的是:挥拍的速度快、力量小、拍面角度小(使反拍面略前倾),运用手腕的转力作明显的切击球动作(图 9-13)。

图 9-13 反手切吊

练习方法:

(1)反复体会挥拍切击球动作的无球练习。

(2)两人对练劈切击球。

练习要求:注意正确的劈切动作,不要往下拉拍。

3.扣杀球

把高球在尽量高的击球点上,用大力挥击动作将球下压到对方场区内,称为扣杀球(也称扣球或杀球)。

(1)正手扣杀球:动作方法基本与正手击高远球相似,不同的是击球的刹那需用全力。杀球前身体后仰成反弓,杀球时蹬腿收腹快挥臂(图 9-14)。

图 9-14 正手扣杀球

(2)反手扣杀球:球在自己左侧上空,做反手握拍法,用反拍面扣杀,称为反手扣杀球。反手扣杀的方法与反手击高远球基本相同,不同点是:击球时,拍面一般控制在 75°~85°角为宜,反拍面保持前倾，发力方向是前下方(图 9-15)。

图 9-15　反手扣杀球

练习方法：

(1)反复体会挥拍扣杀球动作的无球练习。

(2)两人对练扣杀球练习。

练习要求：移动选位步要稳，持拍臂不要太紧张，以免影响挥拍击球的力量和准确性。

(四)前场击球技术

1.网前搓球

在网前用球拍切击球托，使球旋转翻滚越过网顶的击球技术，称为搓球。搓球是网前技术中的高难击球技术，有较强的攻击性。

网前搓球上网步要快，左脚蹬地，右脚向网前跨步成弓箭步，侧身对网，重心在右腿；手臂前伸，出手要快，击球点要高，拍面与网成斜面(图 9-16)。

图 9-16　网前搓球

练习方法：

(1)配合脚步动作进行搓球动作练习。

(2)两人网前对搓球练习。

练习要求：握拍的腕部和手指自然放松，不要用手臂发力。

2.勾球

勾球主要是用前臂动作，以手腕和手指的力量击球，用力要适当，手腕还要控制好拍面角度。勾球时，要根据击球点的高低灵活握拍，方能随球应变。勾球可分为正手勾球和反手勾球(图 9-17)。

练习方法：

(1)反复做无球的勾球动作练习。

(2)两人一组相互做勾球练习。

图 9-17　勾球

3.推球

推球是把对方击来的网前球推击到对方的后场两底角去的技术动作，推球飞行的弧线较低平，速度较快。

（1）正手推球：站在网前的准备动作同搓球。推球时身体稍微往前移，右前臂往前伸，并带内旋，手腕和手指控制拍面角度；手腕发力并闪腕，食指向前压，小指、无名指徒然握紧拍柄，拍子急速地由右往前至左击球，使球沿边线飞向对方后场底角（图 9-18）。

图 9-18　正手推球

（2）反手推球：准备动作同搓球的准备动作。击球时，前臂往前伸，稍带外旋，手腕由外展到伸直闪腕，中指、无名指、小指突然握紧拍柄，拇、中、食指捻动发力。

练习方法：

（1）做无球推球动作练习。

（2）两人一组进行对练。

4.扑球

扑球是当来球在网顶上空时，能以最快的速度上网扑压来球的技术动作。

（1）正手扑球：身体腾空跃起或右脚蹬跨的同时，前臂往前上方举起，球拍正对来球方向；击球时，随着手臂由屈至伸，手腕由后伸至向前闪动和手指的顶压，将球扑下（图 9-19）。

图 9-19　正手扑球

(2)反手扑球:反手握拍,持于左侧前;击球时,手臂由屈至伸,手腕由微屈至后伸并用力闪动,拇指顶压,加速挥拍扑击;击球后,球拍随手臂回收至体前。

练习方法:反复做无球的扑球动作练习;对练。

练习要求:扑球后,注意腿部的缓冲动作,控制重心以免身体触网。

(五)中场击球技术

中场击球技术有两边接杀球和平抽快挡(快打)等技术动作。

1.接杀球

接杀球可分为正手接杀和反手接杀,并可在不同的位置上打出挡直线、勾对角、反抽后场等技术。

(1)正手接杀挡直线网前球:用接杀的步法移至右场近边线,身体右倾,手臂右伸,前臂外旋,手腕外展,持拍准备接球;击球时,前臂内旋稍翻腕带动球拍由右下向前上方推送,把球推向直线网前。

(2)反手接杀挡直线网前球:用接杀球的步法移至左场区边线,身体左转前倾,右肩对网,右肘弯曲,手腕外展,引拍于左肩前上方;击球时,借对方来球的冲力,以前臂带动球拍由左上方向左前方用拇指的顶力挥拍轻击球托,把球挡回直线网前。

2.平抽平挡

平抽和平挡(快打),都是双打经常运用的技术。例如正手平抽:当对方击来右后场的低球时,快步向右后场移动选好位,最后一步以右脚向球落的方向跨步,侧身对网稍后仰,右臂屈肘举拍于肩上方,做"半圆式"的闪腕挥拍动作,将球击向对方。

(六)被动击球技术

被动技术是在距球远、时间紧、击球点低的情况下完成抢救的一种击球技术。它不仅要求步法频率快、步幅长、重心低,而且手法的难度也较大。被动击球技术多出现在场地四个角度,即网前被动击球技术和后场被动击球技术

(七)步法移动

移动主要是从场中心位置起动到击球位置的脚步方法。移动的方法通常用垫步、交叉步、小碎步、并步、蹬转步、蹬跨步、腾空步等。运用这些步法又构成从中心位置到场区不同方位击球的组合步法——后退步、上网步、左右移动步法。自中心位置到击球位置的步数一般用一步、两步或三步。

垫步:垫步一般用于调整步距。例如,后脚向前跟步,紧靠前脚落地,前一脚又马上向前跨出。

交叉步:一般用于击远球。左右脚交叉向前、向侧或向后移动。

蹬跨步:一般用于上网击球和后场底线两角抽球。方法是在移动的最后一步左脚用力向后蹬地的同时,右脚向前方跨出一大步。

腾空步:一般用于扑球、击高远球,上网、后退、两侧移动都可运用腾空步。例如,以领先的脚(或双脚)起跳扑球,或用右脚(或双脚)起跳到最高点击对方的高远球。

三、羽毛球基本战术

(一)单打战术

1.发球战术

(1)保持发球技术动作的一致性。做到各种发球技术的前期动作一致,就能使对方无法预先把握球的时机和意图,迫使接球队员多方防备而造成回球质量差,就有机会发动主动进攻。

(2)要掌握发球的时间差。每次发球,从准备发球到球发出去(球从拍面弹出)的时间长短可有差异,这样,往往会造成对方判断错误而被动接球或接球失误。

(3)要机动地变换发球点和弧线。将球发向对方接球能力最薄弱的部位,诱使其失误。

(4)要善于发现和把握对方接发球的习惯球路,重点防范,抓住战机,争取尽快结束战斗。

2.接发球战术

要全面掌握接发球技术,充满信心地迎击各种发球。在接球时能一拍制胜是最理想的,但也不要在条件不允许的情况下勉强进攻。接发球要力争不让对方有直接进攻的机会,把球回击到远离对方所站位置的落点上,或者回击到对方移动方向相反的位置上,又或者回击到对方击球技术薄弱的部位上,迫使对方被动回球。为此,要求在接发球时做到思想高度集中、见机行事、出手果断。

3.发球抢攻战术

一般以发网前球结合发平快球、平高球开始,以高质量的发球和发球线路的变化迷惑对手,使其判断失误。一旦对方接发球质量较差时第三拍就应主动进攻,夺取主动权。

4.压后场战术

对后场还击能力较差的对手,可以攻击对方后场底线两个角落(尤其是反手场区),待回球质量差时,果断发动进攻,或在对方注意力只顾及后场时突然吊网前球。

5.攻前场战术

对网前技术较差的对手,可多以吊球和放网前球为主,使其在网前的对抗中失误,或对方勉强回击成高球时进攻其后场。

6.四方球结合突击战术

若对手步法较慢,体力较差,技术又欠全面,可以用平高球压对方后场底线两角和吊对方网前两角来调动对手,当对方回球质量差或站位不当时发动进攻。

7."杀上网"及"吊上网技术"

当对方击来后场高球时,即以杀球或吊球把球下压,落点要选择在场地两边,使对方被动回球。对方还击网前球时,迅速上网以贴网的搓球,或勾对角,或快速平推创造半场扣杀机会;若对方在网前挑高球,可在其向后退的过程中把球直接杀向他的身上。

8.过渡球战术

首先要明确过渡球是为了摆脱被动,为下一拍的反攻积极创造条件。怎样才能变被动为主动是比赛中的重要一环。在被动时要做到争取时间调整好自己的位置和控制住身体的重心。从网前或后场底线击出高远球是被动时常用的手段。当处于不停地跑动追球的状态时,或身体重心失去控制时,都可以打出高远球,以赢得时间,恢复身体重心,调整自己的处境。其次,利用球路变化打乱对方的进攻步骤。在接杀球或接吊球时要把球还击到远离对方位置的地方，以破坏对方吊、杀上网的连续快速进攻。如果对方吊、杀球后盲目上网，而自己位置较好时，则可把球还击到对方底线。

(二)双打战术

双打比赛不仅仅是竞赛双方在技术、战术、体力上的较量，同时也是双打同伴相互间配合默契程度的较量。因此，在学习双打战术之前，首先要了解两人之间站位形式上的配合。

1.发球、接发球战术

双打的发球往往是决定胜负的关键。发球要根据对手的情况，选择好站位，注意球路、落点、变化，争取主动。因双打接发球区比单打短 76 厘米，不利于发高球，往往以发网前球为主。接发球时，如果对方发网前球弧线较高，最好能快速上网扑杀，不能扑杀的则争取以搓、推技术回击，迫使对方向上挑球，为后场进攻创造机会。接发球应尽量不用挑高球，以避免发球方的进攻。接发球的球路要有变化，不要只用习惯性的固定球路回击。

2.攻人战术

集中攻击对方中有明显弱点的人，并伺机攻击另一人因疏忽而露出的空当，或对此人偷袭。双打比赛中的配对选手的技术，一般总有一人好，另一人稍差些，即便两人水平相差不多，但若能集中力量攻击其中一人，也可给其造成很大的心理压力，从而使其出现失误。

3.攻中路战术

当对方分边站位防守时，将球攻击到对方两人的中间；当对方前后站位时，可将球下压或平推两边半场。这样可使对方防守时互抢或互让而出现失误。

4.攻后场战术

遇到对方后场扣杀能力差的对手，可采用平高球、平推球、挑底线，把对方一人紧逼在底线两角移动。当对方还击被动时，大力扑杀。若另一对手后退支援时，即可攻网前空当。

5.后攻前封战术

当本方处于主动进攻前后站位时，后场队员逢高球必杀，迫使对方接杀挡网前，为本方前场队员创造封网扑杀机会。前场队员要积极封锁前场，迫使对方被动挑高球，若挑高球不到后场，就会为本方创造再进攻的机会。

6.防守反击战术

在防守中寻找反攻的机会，以便摆脱困境，转被动为主动。例如：挑底线高球，即不论对方从哪里进攻，本方都应设法把球挑到进攻者的另一边底线。如对方正手后场攻直线，就挑对角线，如对方攻对角就挑直线。这是一种较容易争得主动的防守战术，在女子双打中运用更为有效。时机有利时，即可运用反抽或挡网前回击对方的杀球，从守中反攻，争得主动权。运用此战术时，要注意挑高球一定要挑到底线，否则将会出现对方连续攻杀而本方无力反击的局面。

四、羽毛球竞赛及裁判规则

(一)竞赛规则

1.比赛计分

(1)每场比赛采取三局两胜制。

(2)比赛开始前，双方选手通过投掷硬币方式确定由哪一方来选择是先发球或后发球。

(3)率先得到21分的一方赢得当局比赛。

(4)如果双方比分打成20比20,获胜一方需超过对手2分才算取胜。

(5)如果双方比分打成29比29,则率先得到第30分的一方取胜。

2.发球通则

(1)发球时任何一方都不允许非法延误发球。

(2)发球员和接发球员都必须站在斜对角发球区内发球和接发球,脚不能触及发球区的界线;两脚必须都有一部分与地面接触,不得移动,直至将球发出。

(3)发球员的球拍必须先击中球托,与此同时整个球要低于发球员的腰部。

(4)击球瞬间,球拍杆应指向下方,从而使整个拍头明显低于发球员的整个握拍手部。

(5)发球开始后,发球员的球拍必须连续向前挥动,直至将球发出。

(6)发出的球必须向上飞行过网,如果不受拦截,应落入接发球员的发球区内。

(7)一旦双方运动员站好位置,发球员的球拍头第一次向前挥动即为发球开始。

(8)发球员须在接发球员准备好后才能发球,如果接发球员已试图接发球则被认为已做好准备。

(9)一旦发球开始,球被发球员的球拍触及或落地即为发球结束。

(10)首局获胜一方在接下来的一局比赛中率先发球。

3.单打发球规则

(1)发球员的分数为0或双数时,双方运动员均应在各自的右发球区发球或接发球;发球员的分数为单数时,双方运动员均应在各自的左发球区发球或接发球。

(2)如"再赛",发球员应以该局的总得分来站位。

(3)球发出后,由发球员和接发球员交替对击直至"违例"或"死球"。

(4)接发球员违例或因球触及接发球员场区内的地面而成死球,发球员就得一分。随后,发球员再从另一发球区发球。

(5)发球员违例或因球触及发球员场区内的地面而成死球,发球员即失去发球权,对方得一分并获得发球权。

4.双打发球规则

(1)一局比赛开始和每次获得发球权的一方,都应从右发球区发球。

(2)只有接发球员才能接发球;如果他的同伴去接球或被球触及,发球方得一分。

(3)自发球被回击后,由发球方的任何一人击球,然后由接发球方的任何一人击球,如此往返直至死球。

(4)自发球被回击后,运动员可以从网的各自一方任何位置击球。

(5)接发球方违例或因球触及接发球方场区内的地面而成死球,发球方得一分,原发球员继续发球。

(6)发球方违例或因球触及发球方场区内的地面而成死球,原发球员即失去发球权,对方得一分并获得发球权。

(7)每局开始首先发球的运动员,在该局本方得分为0或双数时,都必须在右发球区发球或接发球;得分为单数时,则应在左发球区发球或接发球。

(8)每局开始首先接发球的运动员,在该局本方得分为0或双数时,都必须在右发球区接发球或发球;得分为单数时,则应在左发球区接发球或发球。

(9)上述两条相反形式的站位也适用于他们的同伴。

(10)如有再赛,则以该局本方总得分来站位。

(11)发球必须从两个发球区交替发出。

(12)任何一局的首先发球员失去发球权后,由该局首先接发球员发球,然后由首先接发球员的同伴发球,接着由他们的对手之一发球,再由另一对手发球,如此传递发球权。

(13)运动员不得有发球顺序错误和接发球顺序错误,或在同一局比赛中连续两次接发球。

(14)一局胜方中的任一运动员可在下一局先发球,负方中的任一运动员可先接发球。

(15)发球员或接发球员的同伴站位不限,但不得阻挡对方发球员或接发球员的视线。

5.重发球规则

(1)遇到不能预见或意外的情况。

(2)除发球外,球过网后挂在网上或停在网顶。

(3)发球时,发球员和接发球员同时违例。

(4)发球员在接发球员未做好准备时发球。

(5)比赛进行中,球托与球的其他部分完全分离。

(6)司线员未看清,裁判员也不能做出决定时。

(7)"重发球"时,最后一次发球无效,原发球员重新发球。

6.发球区错误

(1)发球顺序错误。

(2)从错误的发球区发球。

(3)在错误的发球区准备接发球,且对方球已发出。

7.发球区错误的裁判的方法

(1)如果错误在下一次发球击出前发现,应重发球;只有一方错误并输了这一回合,则错误不予纠正。

(2)如果错误在下一次发球击出前未被发现,则错误不予纠正。

(3)如果因发球区错误而"重发球",则该回合无效,纠正错误重发球。

(4)如果发球区错误未被纠正,比赛也应继续进行,并且不改变运动员的新发球区和新发球顺序。

8.违例细则

(1)发球不合法违例。

(2)发球员发球时未击中球。

(3)发球时,球过网后挂在网上或停在网顶。

(4)界外球:

①球落在球场边线外。单打的边线,是在边界的里面一条;双打的边线就是最外面一条。单打的前发球线,就是最前面的一条线,后发球线就是底线,发球在这两条线之间才有效;双打的前发球线和单打一样,都是最前面一条,后发球线是底线前的那一条线,发球在这两条线之间才有效。

②球从网孔或从网下穿过。

③球不过网。

④球碰屋顶、天花板或四周墙壁。

⑤球碰到运动员的身体或衣服。

⑥球碰到场地外其他人或物体。

(5)比赛时,球拍或球的最初接触点不在击球者网的这一方(击球者击球后,球拍可以随球过网)。

(6)球网附近的违例:

①运动员球拍、身体或衣服触及网或网的支持物。

②运动员的球拍或身体,以任何程度侵入对方场区。

③妨碍对手,如阻挡对方紧靠球网的合法击球。

(7)比赛时,运动员故意分散对方注意力的任何举动,如喊叫、故作姿态等。

(8)连击违例:

①击球时,球夹在或停滞在拍上紧接着又被拖带。

②同一运动员两次挥拍连续击中球两次。

③同一方两名运动员连续各击中球一次。

④球碰球拍继续向后场飞行。

(9)运动员违反比赛连续性的规定。

(10)运动员行为不端。

第三节　网球运动及规则

一、网球运动概述

(一)网球运动的起源与发展

网球(Tennis),是球类运动项目之一。有效网球运动场地是一个长方形,长为23.77米,单打场地宽为8.23米,双打场地宽为10.97米。中间隔有网,比赛双方各占球场的一方,球员用网球拍击球。

网球运动孕育在法国,诞生在英国,普及和形成的高潮在美国。其最早起源于12—13世纪的法国。1896年在雅典举行的第一届现代奥运会上,网球的男子单打与双打被列为正式比赛,后来,由于国际奥委会和国际网球联合会在“业余运动员”问题上有分歧,已经连续进行了7届的奥运会网球比赛项目被取消。直到1984年的洛杉矶奥运会上,网球才被列为奥运项目。1988年在汉城奥运会上,网球重新被列为正式比赛项目。

网球最高级的组织机构为国际网球联合会,1913年在法国巴黎成立。中国的最高级组织机构为中国网球协会,1953年在北京成立。

(二)网球运动的特点

1.空中击球快速有力

无论是在网球比赛还是在网球游戏中运用的各种击球方式,都必须是用拍子击空中球或地面反弹球,空中击球,所以球速快而有力。

2.发球方法独具一格

网球运动规则规定参加运动的双方在一局中一人连续发球直到该局结束,此局被称为发球局。在每次的发球中,均有两次的机会,即一发失误,还有二发的机会,使得发球威力大增,在实力均衡的双方比赛过程中,发球方总能占据一定的优势。

3.记分方式与众不同

在网球运动的比赛中采用15、20、40平分的记分方法,而每盘比赛采用6局形式,以15分为单元的记分法始于中世纪,若双方都得40分时为平分,表示要取得胜利必须净得2分的意思。

4.比赛时间难以控制

网球比赛无论是正式的比赛还是平时的娱乐,只要比赛双方实力接近,要想分出胜负,都将费时很长,因此网球的比赛时间是变动的。

二、网球的基本技术

(一)握拍法

1.东方式握拍法

(1)正手握拍法

正手握拍法与平时与人握手的姿势十分相似。握拍时将球拍与地面垂直,使拍柄各部分如图9-20所示。由拇指与食指形成"V"字形,虎口放在球拍把手的右上斜面,食指与其余三指分开,握住拍柄。拇指稍弯曲握住左垂直面,掌根与拍柄F端齐平。

(2)反手握拍法:反手握拍法是在正手握拍法的基础上,手沿逆时针方向旋转个平面。即拇指和食指的"V"字形虎口在把手的左上斜面,如图9-21所示,其他手法基本与正手相同。

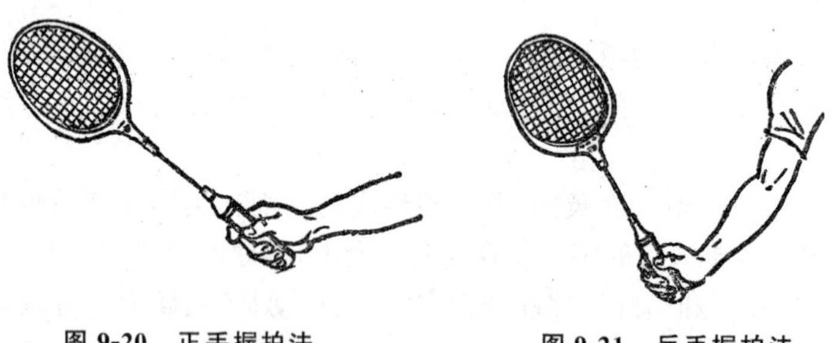

图9-20 正手握拍法　　图9-21 反手握拍法

2.西方式握拍法

将球拍平放在地面上,用手抓起来(俗称"一把抓")。拇指直伸压住拍柄上平面,食指关节握住右上斜面,手掌根贴住右下斜面,与拍柄下端平齐。西方式反手握拍法是在正手握法的基础上,手腕按顺时针转动,拇指直压拍子左垂直面,食指下关节压住上平面,手掌根部贴住左上斜面,与拍柄下端齐。简单来说,就是把拍柄上下平面颠倒过来,正、反用同一拍面击球。如图9-22所示。

图 9-22　西方式握拍法

3.大陆式握拍法

由拇指和食指的"V"字形虎口放在球拍把手的上平面与左上斜面的交界线上，掌根贴住上平面，与拍柄下端齐，食指与其余三个手指稍微分开，握住拍柄。如图 9-23 所示。

图 9-23　大陆式握拍法

(二)准备姿势

面对对方场区站立，两脚开立略宽于肩。两膝微曲，上体略前倾，脚跟稍抬起，重心置于两脚前脚掌间。右手握拍柄，左手扶着拍颈部位，待拍于体前。两眼注视对手或来球。

(三)步法动作

(1)练习接发球准备姿势：膝关节弯曲、脚跟提起，上体前倾，两脚不停地跳动。

(2)反复练习滑步、跑步、跨步、垫步、交叉步等移动步法。

(3)徒手练习前、后、左、右移动脚步的动作。

(4)持拍练习前，后、左、右做各种击球的挥拍步法。

(5)利用跳绳练习单脚跳、双脚跳、移动的单脚交替跳。

(6)采用多球法进行步法练习。

(四)正手击球

1.准备姿势

面向对方场区站立，两脚分开，距离略宽于肩，右手握拍柄，左手扶着拍颈部分，持拍于体前。两膝微曲上体略前倾，脚跟稍抬起，重心置于两脚的前脚掌间。保持便于迅速起动的状态，两眼注视对手或来球。

2.后摆引拍

右脚向右侧跨出，脚尖斜向前，转肩转髋带动右手向后摆动完成引拍，同时左手指球，重心落于右脚上。

3.击球动作

用力蹬腿转腰完成挥拍动作，用球拍的中心完成击球，拍面保持垂直，击球点落在身体的右侧前方不过腰的高度。挥拍时，球拍从低处开始运动，由下向上做挥拍动作。

4.随挥动作

球拍触球后，挥拍沿着球飞行的方向前送，重心前移落在左脚，身体随之转向球网，挥拍动作在左肩上方结束，随挥拍动作结束后，应立即恢复准备姿势，为下一次击球做好准备。

正手击球具体如图 9-24 所示。

图 9-24　正手击球

(五)反手击球

1.准备姿势

反手击球的准备姿势同正手。

2.后摆引球

进行后摆引球时，左脚向左转 90°与底线平行，右脚向左前方上步，右脚与网成 45°，同时双臂引拍至左后方。

3.击球动作

进行击球动作时，应从后摆进入，向前挥动时紧握球拍，固定手腕，用力蹬腿转腰挥拍。反拍的击球点应在身体的左侧前方，击球时拍面保持垂直，身体重心从后脚移至前脚。

4.随挥动作

球击出后，球拍沿着球飞行的方向往前送拍，重心前移落在右脚，身体转向球网，挥拍在右肩上方结束，随挥动作结束后，迅速恢复原来的准备姿势，准备下一次击球。

反手击球具体如 9-25 所示。

图 9-25　反手击球

(六)发球

发球是一种主要技术,好的发球可直接得分或为争取主动创造条件。发球最重要的是要抛好球。有的人不是把球抛高了就是抛低了。其实每个人都有最适合自己的抛球高度,最适合自己的击球点,这和身高是没关系的。当然,高个子发球天生就有优势,因为他发球点高。

1.发球的基本要求

(1)正确的站位:在端线后两脚开立与肩同宽,前脚与端线成 45°,身体侧对球网,重心在后脚上。

(2)持球与抛球:持球时,可手持两个球或一个球。用拇指和另外两、三个手指的顶部拿着将要发的球。抛球一般有一个标准的高度,你把球拍垂直举高,比你垂直举球拍的高度高一点就是你的标准抛球高度了,只要它落下到你举着的球拍的接近甜心的部位,就可以击球了。

抛球一般要往球场里抛一点。抛球时另一只发球的手要成 90°的往后张开,然后屈腿,跳跃,击球。屈腿时也要脚尖着地,才好飞出去。击球时手臂伸直击球,同时还要压手腕。下落时,抛球的那只手可以做出环绕着腹部的动作。这样不会影响自己下一拍,也不会被球拍打到自己。

(3)引拍和击球:当抛球手向上时,握拍手也应该向后上方运动,为击球做好准备,如两手配合不协调时,可采用"计数"法。先把球和球拍都放在齐胸处,书"一"时双手往下放,数"二"时两手往上,但抛球手在前,持拍手往身后,数"三"时击球。击球的高度在身体和握拍手臂充分伸展时球拍的上部。

2.切削发球

采用反拍握拍法,站在端线后 7～10 厘米处,身体侧对球网。发球时将球和球拍置于与胸同高,抛球时球拍后引在背后,肘关节抬起,身体向后屈。当球拍从后向前上方挥动时,要加快手臂挥拍速度,同时身体充分伸展,在最高点击球。击球瞬间手腕向前扣击,拍面从球的后部向前上擦击,使球产生旋转。击球后,球拍向前下左侧落下,重心前移,向前上步。

3.平击发球

平击发球时要尽可能地用力击球。动作方法基本同切削发球,只是在击球的一刹那,拍面不绕球切削,而是正对球的后部,用力击打。要充分利用身体,手臂的力量,以及身体重心向前的力量。

(七)截击球

截击技术是单、双打比赛中网前取得成功的关键,是一项不可缺少的技术。

1.正拍截击

准备时膝盖要弯曲,重心稍前,球拍在身前。采用大陆式握拍法。击球前必须转动上体和肩部,带动球拍向后,击球时握紧球拍,绷紧手腕,在身体前面 15～50 厘米处迎击球。拍头上翘,拍面稍向后仰,向前向下挥拍击球,如图 9-26 所示。

2.反拍截击

击球前要转肩使上身和球飞来的路线成平行方向,同时球拍后摆至肩部,拍头向上。击球时拍向前做简短的撞击动作,在身体前面击球。拍触球时,手腕绷紧,握紧球拍,如图 9-27 所示。

图 9-26　正拍截击

图 9-27　反拍截击

三、网球的基本战术

(一)单打战术

1.发球上网战术

发球上网是利用发球的速度和角度以及球的旋转变化进行主动进攻,先发制人,然后上网抢攻的一项主要战术,是比赛中的主要得分手段。发球落点以对方反手位为主,结合现场情况变换落点。

(1)在右区发球时,用平击球,站位靠近中点,发向对方右发球区中线附近,即对方反手位;然后上网冲至发球线中线附近,判断来球,截击至对方底线正、反拍深区。

(2)在右区发球时,发侧旋球,发向对方发球区的右区外角,然后上网,冲至发球线中线偏左,主要封对方正拍直线球,截击球至对方反拍区。

(3)在左区发球时,用上旋发球或平击发球,发向对方发球区的左区外角(即对方反手位)然后上网,冲至发球线偏右,主要封对方反拍直线球,截击球至对方正拍区。

(4)在左区发球时,用平击发球或侧旋发球,发向对方发球区左区内角(特别是对方接发球站位站在靠近反手位准备接外角球时,往往容易直接得分);冲至中场处,判断来球,截击至别方正反拍底线深处。

2.接发球上网战术

比赛中，接发球一方是较为被动的一方，但当对方一发失误后，可以根据自己接发球的技术进行接第二发球上网，给对手制造压力。

(1)接右区内角二发时，可用反拍抽击或推切球，回击对方反拍上网。也可根据球的落点及站位，用正手侧身抽球压打对方弱点上网。

(2)接右区外角二发时，可用正拍抽击或推切球，回击直线上网。

(3)接左区外角二发时，可用反拍抽击或推切球回直线上网，或根据发球质量利用侧身正拍抽球回直线或斜线上网。

(4)接左区内角二发时，可用正拍抽击或推切球，回击对方左右二点上网。

3.偷袭上网战术

上网型打法的偷袭上网战术，主要是在比赛中当对方只注意对付一种打法而忽略对付其他打法的时候所运用的一种变换上网战术，用以达到打破对方进攻及防守节奏从而进攻对方的目的。

(1)在运用发球上网战术时，对方已适应，此时突然不用此战术，而改用接发球上网战术，两种战术的不断变换使用，可以达到偷袭和扰乱对方的目的。

(2)在底线对拉、对攻中，当对方专注底线打长球时，突然加力或拉上旋高球上网偷袭，常可使对方措手不及而造成失误。

4.底线对攻战术

(1)以正、反拍抽击球的速度、力量，攻击对手的弱点，用速度压住对方，使对方失误。

(2)用正、反拍强有力地抽击球，连压对方一点，突击另一点。

(3)调动对方两边跑动，突然连续打重复球(打回头球)。

5.侧身攻战术

侧身攻战术是底线型打法中的一项主要进攻手段，它是利用强有力的正拍抽击球，配合良好的判断和步法移动，在三分之二的场地上用正拍有力的攻击对方。

(1)连续用正拍攻击对方，创造得分机会。

(2)用正拍攻击，调动对方移动，反拍控制落点，伺机用正拍突击进攻。

(3)用全场正拍逼攻对方反拍，再突击变线对方正拍。

6.紧逼战术

紧逼战术是在底线型打法中，以较快的节奏进攻对方的重要手段。主要是发挥良好的底线正反拍抽击球技术，迎击上升球，准确的落点控制，步步紧逼，以达到攻击对方的目的。

(1)接发球(特别是接第二发球)时就紧逼向前进攻，使对方发完球后有来不及准备的感觉，产生心理压力。

(2)连提对方反拍，突击正拍，伺机上网。

(3)紧逼对方两边，使其被动和回球出现失误，伺机上网。

7.防守反击战术

防守反击战术在底线打法中占有很重要的位置。在运用防守反击战术时，利用良好的底控制球能力，发挥判断反应快、步法体力好、击球准确的特点，来调动对方，以达到在防守中寻找机会进行反击的目的。

(1)在对方运用发球上网战术进攻时，接发球采用迎上借力接球，把球打到对方脚下或两边小角，然后第二拍准备反击破网。

（2）对方进行底线紧逼攻战术时，采用底线正、反拍拉上旋球至对方底线两边大角深处，不给对方进攻得分机会，然后再伺机反击。

（3）在对方运用接发球上网进攻时，应提高底线破网第一拍的成功率和突击性以及破网球的质量，寻求第二次破网反击的机会。

（二）双打战术

如果说单打主要靠耐久力、击球方式、奔跑能力和精神意志力取胜的话，那么双打比赛获胜诀窍则不同于此。首先，相互配合的两个人都要处于正确的位置，这样才能完成他们获胜的一击；其次，双打比赛不包含多种多样的击球，甚至几乎不需要做过多的调整，只要上网、截击.将球打过去致使对方回球失误就能得分了。在双打比赛中，很少会与对方打来回球，但一定要打好每一个球。

1.发球战术

（1）用不同的发球及变幻无常的落点，来控制发球局的主动权，使对方接发球员难以适应，破坏对方接发球员的进攻节奏。

（2）由在网前封网的位置和对方接发球员的站位及技术特点来选择发球和发球落点.为网前同伴的抢网和发球上网截击创造有利条件。

（3）发球采用外角落点，可站在发球中心线与双打边线之间一半处，甚至更靠外，迫使对手在向前移动时不得不侧向移动，在场外接球，从而破坏对手的快速上网。这种落点的发球对付动作迟缓、移动缓慢的对手以及接发球切削后上网的对手特别有效。

2.发球上网战术

用80％的力量发平击、侧旋及上旋等不同旋转的第一发球，提高第一发球命中率，不断变换发球落点，然后快速向网前上网；第二发球也要利用旋转和落点的变化来为上网创造条件，上网后的中场第一拦网截击要平而深或角度大。

3.发球上网抢网战术

右区发球，发球者上网向左区跑动，网前者抢网；发球者变网前者，抢网者回到队尾。运用此战术网前同伴可以在背后做手势，告诉发球员应发什么落点，抢与不抢；采取此战术可以干扰对方接发球，为发球上网得分及抢网得分创造条件。

4.澳大利亚网前战术

如果对方在接发球时曾用很长的斜线球猛击到你的脚下得分，那么在你发球时，你的同伴可以站在网前和你同一边，而不是通常的另一边，这就叫作澳大利亚阵式。这是一种破坏接发球节奏的好方法，为发球上网截击得分和抢网得分创造有利条件。这种战术需要同伴给发球员手势，告诉他发球的落点和抢与不抢。当发球给左场区的对手时，这种战术特别有效。它使接球者打直线球而不能打斜线球，而要从左场区打直线球是困难的，同时发球员可以随着发球毫不迟疑地移向网前。

5.接发球抢网战术

在高水平的双打比赛中，接发球抢网战术经常被运用。此战术的运用能使对方发球上网者增加中场截击球的心理负担，而产生回球失误或回球质量不高。接发球员发现同伴抢网，应立即补位，以防对方截击直线球。

6.接发球双底线战术

在双打比赛中，如对方发球很有威胁，网前又非常活跃，为了破坏对方快速进攻的节奏，可采用接发球双底线战术。首先要注意接发球的成功率，然后再寻找机会进行反击，破网要打得凶狠，以破中路和两边小斜角为主，结合挑上旋高球。

四、网球竞赛规则简介

（一）场地

网球场地是一个长方形场地，长 33.77 米，宽 8.23 米，球网（网的中央盖度为 91.47 厘米，两端高度为 107 厘米把全场隔成相对的两个半场，接近球网两边的 4 块相等的区域是发球区，双打场地的两边较单打场地宽 1.37 米。全场除端线可宽至 10 厘米外，其他各线的宽度均不得超过 5 厘米，也不得少于 2.5 厘米。全场各区域的丈量，除中线外都从各线的外沿计数。网球场地分为草地、土地、硬地和塑胶场地等。

（二）球拍

网球拍一般有木质、铝合金、碳素等材质制成。各种材质的球拍都有其优缺点。目前，普遍选择的是铝合金和碳素网球球拍。球拍有轻型（L）、中型（M）、重型（H）等型号，表示球拍的重量。

（三）比赛规则与判法

1.单打比赛规则

（1）发球员与接球员：运动员应各自站在球网的一边，先发球的运动员叫发球员，另一边的运动员叫接球员，发球员必须在端线后中心标志和边线的假定延长线区域内发球，而接球员可在自己一侧任意位置上接球。

（2）场地的选择：比赛之前，用掷硬币的方法来决定选择权，得胜者可首先选择场地、发球权、接发球权。如果选择了场地，对方就可选择发球或接发球；如果选择发球或接发球，对方则可选择场地。当然你也可放弃优先选择权，而要求对方先行选择。

（3）发球动作：发球员在发球前，应先站在底线后的中点与边线假定延长线之间的区域内，用手将球向空中任何方向抛起，在球接触地面之前用球拍击球。只要球拍与球接触，就算完成了球的发送。发球时，发球员不得向上抛起两个或两个以上的球，否则判重发。如果是故意的，应判失误。

（4）发球时间：发球员须待接球员准备好（做好还击姿势）后，才能发球，如接球员未做好准备，不论发出的球成功与否，均判发球无效。

（5）发球位置：每局比赛开始发球时，发球员应先从右区端线后发球，得或失一分后，换到左区发球，即双方比分之和为偶数时在右区发球，双方比分之和为奇数时在左区发球。如果发球位置出现错误而未被察觉，比分仍然有效，一旦察觉，应立即纠正。

（6）发球次序：每一局比赛终了，接、发球员均要互换角色，直到比赛结束。如发现发球次序错误，应立即纠正，发现错误前双方所得的分数都有效。如发现前，已有一次发球失误，则不予计算；如一局比赛终了，才发现次序错误，则以后的发球次序就以该局为始，按规定轮换。

（7）交换场地：双方应在每盘的第一、三、五等单数局结束后，每盘结束双方局数之和为单数时，以及决胜局比分相加为 6 和 6 的倍数时交换场地，如果一盘结束时，双方局数之和为双数则不交换场地，须等下一盘第一局结束后再进行交换。

如果发生未按正常顺序交换场地的错误，一经发现应立即纠正，按原来顺序进行比赛。

(8)发球失误：发球时如果出现发球脚误（触及或超过发球线）、未击中球、发出的球在落地前触及固定物（球网、中心带、网边白布除外）等现象时，均判发球失误。

(9)发球无效：当合法的发球触及球网、中心带、网边白布后，仍落到对方发球区内，以及当合法的发球触及球网、中心带、网边白布后，在落地前触及接球员的身体，均为发球无效。

(10)失分：在网球比赛中，如果出现以下九种情况均判失分。

①在球第二次着地前未能还击过网。

②还击的球触及对方场区界线以外的地面、固定物或其他物件。

③还击空中球失败。

④在比赛进行中，运动员故意用球拍拖带或接住球，或故意用球拍触球超过一次。

⑤"活球"期间（球发出至死球前），运动员的身体、球拍（不论是否握在手中）或穿戴的其他物件触及球网、网柱、单打支柱、绳或钢丝绳、中心带、网边白布或对方场区以内的地面。

⑥来球尚未过网即在空中还击（过网击球）。

⑦除握在手中的球拍外，运动员的身体或穿戴的物件触球。

⑧抛出手中的拍去击球。

⑨比赛进行中，运动员故意改变其球拍形状。

(11)第二发球：网球比赛规则规定，发球员每分都有两次发球机会权。第一次发球失误后，应在原发球位置进行第二次发球。如第一次发球失误后，发觉发球位置错误，则应按规定改在另区发球，但只能再发一次球。

(12)压线球：落在线上的球都算界内球。

2.双打比赛规则

网球单打规则均适用于双打比赛，另外，网球双打还有自己的特殊规则。

(1)发球次序：每盘第一局开始时，由发球方决定由何人首先发球，对方则同样在第二局开始时决定由何人首先发球；第三局由第一局发球方的另一球员发球，第四局由第二局发球方的另一球员发球，以后各局均按此顺序轮换发球。

(2)接球次序：先接球的一方应在第一局开始时，决定何人先接发球，并在这盘单数局继续先接发球。对方同样应在第二局开始时决定何人先接发球，并在这盘双数局继续先接发球。他们的同伴应在每局中轮流接发球。

(3)发球次序错误与接球次序错误：发球次序错误应在发现时立即纠正，但已得的分数或已造成的失误都有效。如发现时全局已经终了，此后发球次序就以该局为准轮流发球。

发现接球次序错误后仍按已错误的次序进行，等到下一接球局再行纠正。

3.比赛计分规则

(1)盘数：正式网球比赛时，男子单打和男子双打采取三胜制。女子单打、女子双打和混合双打采取三盘两胜制。

(2)局与盘

①局：运动员每胜二球得一分，先得四分者胜一局。如遇双方各得三分时，则为"平分"，"平分"后，一方先得一分时，凑为"接球占先"或"发球占先"；"占先"后再得一分，才算胜一局。如一方"占先"后，对方又得一分，则仍为"平分"。依此类推，直到一方在"平分"后净胜两分才能结束该局。

②盘：网球比赛，一方先胜六局为胜一盘。但遇双方各得五局时，有两种计分方法：

a.长盘制：局数为五平之后，须一方净胜两局才算胜一盘。

b.决胜局计分制：决胜局计分制用于每盘的双方局数为六平时（但三盘两胜制的第三盘和五盘三胜制的第五盘不得使用此制度，应使用以上讲的长盘制）。

先得七分者为胜该局及该盘。若分数成六平时，比赛须进行到一方净胜两分时止。决胜局应全部采用数字计分。

发球员在右区发第一分球后，即改由对方依次在左区和右区发第二、三分球。此后，双方轮流交替发球，每人连发两分球，其中第一分球均应在左区发球；直到决出该局与该盘的胜负为止。如果发现从错误的场区发球，应立即纠正错误的站位，但发觉前已得的分数仍有效。运动员应在每六分及决胜局结束时交换场地。"双打决胜局发球时，双方要轮换发球。

决胜局计分制必须在比赛前宣布才有效。

4.比赛休息时间与指导规则

（1）第一次发球失误后，发球员必须毫不延误地开始第二次发球。

（2）接球员必须按发球员合理的速度进行比赛，当发球员准备发球时，接球员必须准备去接球。

（3）交换场地期间，间歇的时间不能超过 1 分 30 秒。

（4）男子比赛在第三盘打完后，女子比赛在第二盘打完后，双方球员可以有不超过 10 分钟的休息时间。

（5）国际网联承认的国际巡回赛和团体赛的组织者，可以决定分与分之间允许间歇的时间，但在任何时候，间歇的时间都不得超过 30 秒。

（6）一般情况下不允许暂停、延误比赛。但如果运动员受伤，裁判员可允许一次暂停（约 3 分钟）。

（7）锦标赛委员会必须在比赛开始前宣布应给运动员做准备活动的时间，但不可超过 5 分钟。

第十章 武术运动

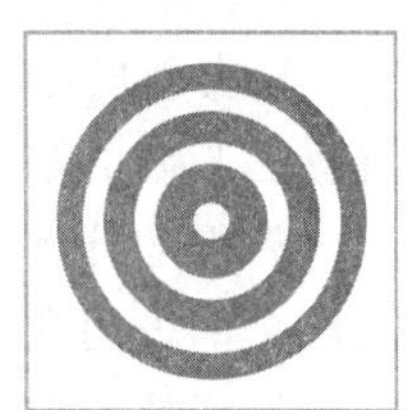

第一节　武术的基本功及动作名称

武术基本功是指以武术运动中具有共性的基础训练为内容，以获得和运用武术技法必备的各种能力为锻炼目的的一类运动。它包括肩臂、腰、腿、手和步等的练习。

一、肩臂练习

肩臂练习的目的是增进肩关节柔韧性，发展臂部力量。肩臂练习包括压肩、单臂绕环和双臂绕环等。

1.压肩

预备姿势：面对肋木站立，距离肋木一大步，两脚左右开立与肩同宽。

动作要领：两手抓握肋木，上体前俯并做下振压肩动作，如图 10-1(a)所示；做压肩动作时，也可以两人面对面站立，互相扶按肩部，做上体前屈的向下振压肩动作，如图 10-1(b)所示；也可由助手协助做振压肩部的练习。

(a)

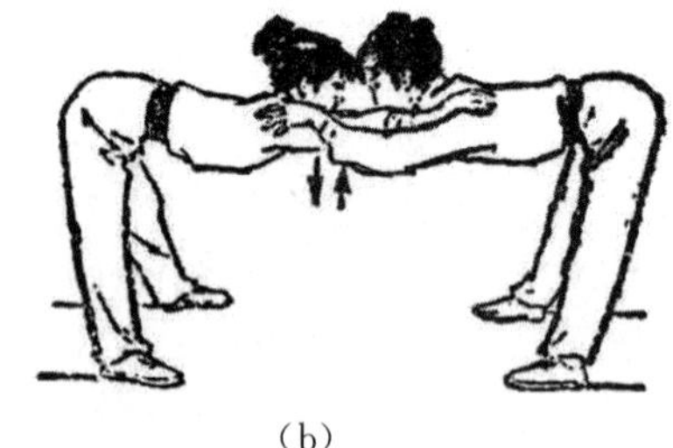

(b)

图 10-1 压肩

2.单臂绕环

预备姿势：(以右臂绕环为例)左弓步站立，左手扶按左腿，右臂垂于体侧。

动作要领：向后绕环时，右臂由下向前、向上、向后绕环一周，如图 10-2 所示；向前绕环时，右臂由下向后、向上、向前绕环一周。练习时，左右臂交替进行。做左臂绕环时，换右弓步站立。

图 10-2　单肩绕环

3.双臂绕环

预备姿势:开步站立,两臂垂于体侧。

动作要领:以肩关节为轴,两臂分别向前和向后做直臂绕环。顺、逆时针绕环交替进行,如图 10-3 所示。

图 10-3　双臂绕环

二、腰部练习

腰部练习的目的是增进腰部灵活性和协调控制上下肢运动的能力。腰部练习包括下腰、甩腰和涮腰等。

1.下腰

预备姿势:开步站立,两臂伸直上举。

动作要领:腰向后弯,抬头、挺腰,双手撑地,身体成桥形。

2.甩腰

预备姿势:开步站立,两臂伸直上举。

动作要领:以腰、髋关节为轴,上体做前后屈伸和甩动动作,两臂也跟着甩动,两腿伸直。

3.涮腰

预备姿势:两脚开立,略宽于肩,两臂自然垂于体侧。

动作要领:上体前俯,两臂向左前下方伸出,以髋关节为轴,两臂经前向右、向后、向左翻转绕环,左右涮腰交替进行。

三、腿部练习

腿部练习的目的是发展腿部的柔韧性、灵活性和力量等素质。腿部练习包括正压腿、侧压腿、竖叉、正踢腿、外摆腿、里合腿和后扫腿等。

1.正压腿

预备姿势:面对肋木或一定高度的物体,并步站立。

动作要领:左腿抬起,脚跟放在肋木上,脚尖勾起,踝关节屈紧,两手扶按在左膝上或两手抓握左脚。两腿伸直,立腰、收髋,上体前屈,并向前下方做压振动作。如图 10-4 所示。练习时两腿交替进行。

2.侧压腿

预备姿势:侧对肋木或一定高度的物体,并步站立。

动作要领:右腿支撑,脚尖稍外撇。左腿抬起,脚跟放在肋木上,脚尖勾起,踝关节屈紧。右手立掌(掌心向上)向头后伸展,尽量摸到左脚尖。左掌附右胸前。两腿伸直,立腰、开髋,右臂带动上体向左侧压振。如图 10-5 所示。练习时两腿交替进行。

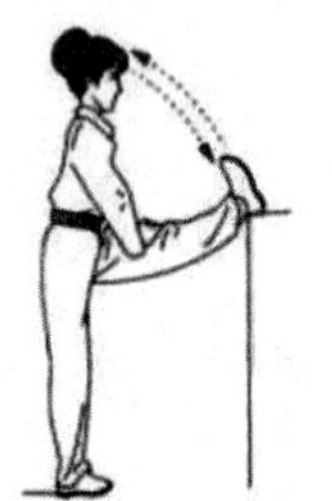

图 10-4　正压腿

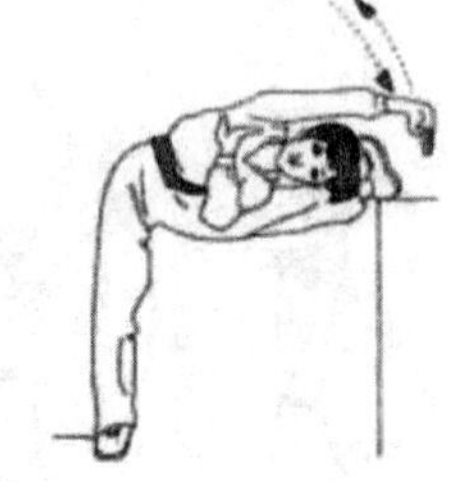

图 10-5　侧压腿

3.竖叉

预备姿势:并步站立。

动作要领:两手左右扶地或两臂侧平举,两腿前后分开成直线(左腿在前)。左腿后侧着地,脚尖勾起。右腿前侧或内侧着地,脚面绷直扣于地面,两臂立掌侧平举,掌指向上。如图 10-6 所示。练习时两腿交替进行。

图 10-6　竖叉

4.正踢腿

预备姿势:并步站立,两臂侧平举,立掌,掌指向上。

动作要领:左脚上前半步,左腿支撑,右腿挺膝,脚尖勾起向前额处猛踢,目平视。练习时两腿交替进行。

5.外摆腿

预备姿势:同正踢腿。

动作要领:右脚向右前方上半步,右腿支撑。左脚脚尖勾紧,向右侧踢起,经面前向左侧上方外摆，直腿落于右腿内侧。目平视。如图 10-7 所示。可用左手掌在左侧上方迎击左脚面，也可不做。练习时两腿交替进行。

6.里合腿

预备姿势：同正踢腿。

动作要领：右脚向右前方上半步，右腿支撑。左脚脚尖勾起里扣并向左侧踢起，经面前向右侧上方直腿里合，落于右腿外侧。如图 10-8 所示。可用右手掌在右侧上方迎击左脚面，也可不做。练习时两腿交替进行。

图 10-7　外摆腿

图 10-8　里合腿

7.后扫腿

预备姿势：两脚并立，两臂自然垂于体侧。

动作要领：两脚开立成左弓步，两掌伏地于右腿内侧，手指向前。左脚尖里扣，左腿屈膝全蹲，右腿伸直，成右仆步姿势，同时，上体右转并前俯。两掌随体右转在右腿内侧扶地。以左脚前脚掌为轴，右脚贴地向后扫转一周。

四、手形手法练习

手法练习是运用拳、掌和勾三种手形，结合上肢冲、架、推和亮等运动方法，操练上肢手法的基本方法。下面将对手形和手法进行简要介绍。

1.手形

拳：四指并拢卷握，拇指紧扣食指和中指第二指节，如图 10-9 所示。

掌：四指并拢伸直，拇指弯曲紧扣于虎口处，如图 10-10 所示。

勾：五指的第一指节捏拢在一起屈腕，如图 10-11 所示。

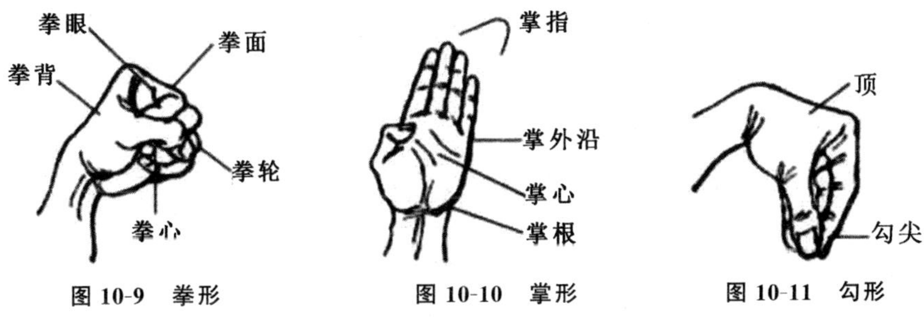

图 10-9　拳形　　图 10-10　掌形　　图 10-11　勾形

2.手法

常用的手法有冲拳、推掌和亮掌。

(1)冲拳

冲拳分平拳和立拳两种。平拳拳心向上,立拳拳眼向上。

预备姿势:两脚左右开立,与肩同宽,两拳抱于腰间,拳心向上,肘尖向后。

动作要领:挺胸、收腹、直腰,右拳从腰间猛力冲出,左肘向后牵拉;同时左转腰顺肩内旋臂,力达拳面,臂要伸直,与肩平;目平视。练习时两手交替进行。

(2)推掌

预备姿势:与冲拳相同。

动作要领:右拳变掌,前臂内旋,以掌跟为力点向前猛力推出,左肘向后牵拉;同时左转腰顺肩,臂伸直与肩平;目平视。练习时两手交替进行。

(3)亮掌

预备姿势:与冲拳相同。

动作要领:右拳变掌经体侧向前、向右、向上画弧,至头部右前方时抖腕亮掌,掌心向前,虎口向下,臂成弧形,头随右手动作左转;亮掌时双眼注视左方。练习时两手交替进行。

五、步型练习

步型练习的目的是增进腿部力量,以提高两腿的稳固性。基本步型包括弓步、马步、虚步、仆步和歇步等。

1.弓步

动作要领:两脚前后开立一大步(为本人脚长的 4～5 倍),前脚脚尖稍内扣,前腿屈膝半蹲(大腿接近水平),膝与脚尖垂直。后腿挺膝伸直,脚尖内扣斜向前方,两脚全脚掌着地。上体正对前方,目平视,两手抱拳于腰间,拳心向上。

2.马步

动作要领:两脚左右开立(约为本人脚长的 3 倍),两脚尖正对前方,屈膝半蹲,膝盖不超过脚尖,大腿接近水平,全脚掌着地,身体重心落于两脚之间,双手抱拳于腰间,拳心向上。

3.虚步

动作要领:两脚前后开立,后脚外展 45°,后腿屈膝半蹲。前脚脚尖虚点地,稍内扣,脚面绷平。前腿膝微屈,重心落于后腿。双手叉腰,目平视。左脚在前为左虚步,右脚在前为右虚步。

4.仆步

动作要领:(以左仆步为例)两脚左右开立,右腿屈膝半蹲,大腿与小腿靠紧,臀部接近小腿,右脚全脚掌着地,脚尖和膝关节外展。左腿挺直平仆,脚尖里扣,全脚掌着地。两手抱拳于腰间,拳心向上,眼向左方平视。右仆步为仆右腿,动作要领与左仆步相仿。

5.歇步

动作要领:(以左歇步为例)两腿交叉靠拢全蹲,左脚在前,全脚掌着地,脚尖外展。右脚前脚掌着地,膝部贴于左腿外侧,臀部坐于右腿接近脚跟处。两手抱拳于腰间,拳心向上,眼向左前方平视。右歇步为右脚在前,动作要领与左歇步相仿。

第二节　青年长拳

长拳是以拳势舒展、动迅静定、快速有力、节奏鲜明为特点的一个武术拳种。它是在查拳、花拳、华拳、红拳、炮拳、少林拳等传统拳术的基础上发展起来的。其动作内容丰富，多窜奔跳跃、起伏转折、闪展腾挪、旋转翻滚，并且多腿法。练习时强调人体内外合一，精神、气息、劲力与动作协调一致。在攻防技击方面，强调长击速打、主动出击、以快治慢、以刚为主。

目前，长拳已被各类学校选为青少年武术教育的主要内容。2009 年，由国家体育总局武术研究院组编写的《中国武术段位制系列教程：长拳》正式发布。高等院校的武术长拳课程教学除了传授中华武术的文化内涵，以及提高学生的身体素质之外，还着重培养学生的道德修养以及吃苦耐劳的意志品质。

一、长拳一段

1.搂手弓步右冲拳

(1)向左转体 90°，左脚上步半马步，同时左拳变掌向左搂手，眼看左手(图 10-12①)。

(2)右腿蹬直成左弓步，左手握拳收抱腰间，拳心向上；同时右拳向前冲，拳与肩平，拳心向下，眼看前方(图 10-12②)。

2.搂手弓步左冲拳

(1)以左脚跟为轴，脚尖外撇，右脚前进一步成弓步(或半马步)，右拳变掌向右搂手(图 10-13①)。

(2)左脚蹬直成右弓步，右手握拳收抱腰间，同时左拳向前冲出，拳与肩平，拳心向下，眼向前看(图 10-13②)。

图 10-12　搂手弓步右冲拳

图 10-13　搂手弓步左冲拳

3.弹腿右冲拳

右腿直立，左腿屈膝提起，在膝盖接近水平时，猛力向前弹踢，脚面绷直与胯平，同时右拳向前冲出，拳与肩平，拳心向下，左拳收抱腰间，眼看前方。如图 10-14①所示。

4.弹腿左冲拳

左脚前落微屈站稳，同时弹踢右腿，脚与胯平；左拳同时向前冲出，拳与肩平，拳心向下：右拳收抱腰间，拳心向上，眼看前方。如图 10-14②所示。

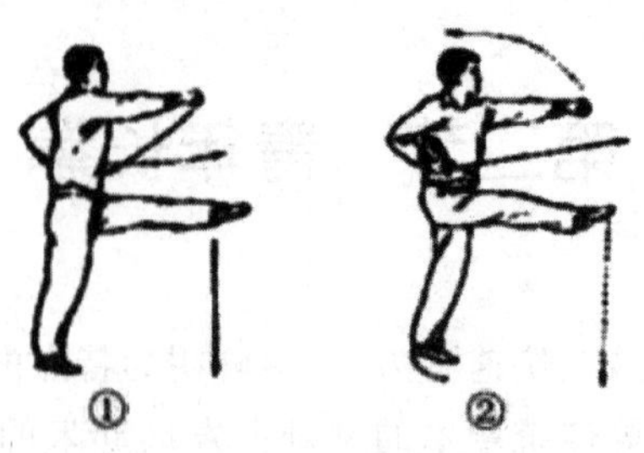

图 10-14　弹腿冲拳

5.马步左架打

(1)右脚落地,向左转体 90°,脚尖内扣成马步(或半马步),同时左拳变掌架在头上。如图 10-15①所示。

(2)右拳向右侧冲出,拳与肩平,拳心向下,眼看前方。如图 10-15②所示。

图 10-15　马步左架打

6.马步右架打

(1)右脚外撇向右转体 90°,两腿成叉步,同时右拳变掌架在右前上方,左掌握拳收抱腰间,拳心向上。如图 10-16①所示。

(2)身体再向右转 90°,左脚上步成马步(或半马步),左拳向左侧冲出,拳与肩平,拳心向下,眼看左方。如图 10-16②所示。

图 10-16　马步右架打

7.勾手侧踹

(1)左脚外撇向左转体 90°,右手由上前落至左腕处勾手向右后拉开,同时左拳变掌从右手内向左拉开架在左上侧,眼向右看。如图 10-17①所示。

(2)左腿微屈站稳,同时右脚向右侧踹,脚略高于髋,脚掌横平,上体略向左侧倾斜,眼向右看,成侧踹亮掌姿势。如图 10-17②所示。

图 10-17　勾手侧踹

8.弓步架打

(1)右脚落地成弓步,右勾手变掌向右前上方横架,左掌握拳收抱腰间,拳心向上。如图 10-18①所示。

(2)同时,左拳猛力向前冲出,拳与肩平,拳心朝下,眼向前看。如图 10-18②所示。

图 10-18　弓步架打

二、长拳二段

1.提膝穿掌

(1)右掌向前下盖,掌要横平与肩平,掌心向下,同时左拳收抱腰间,拳心向上。如图 10 19①所示。

(2)左拳变掌由左经上向前下盖,掌要横平与肩平。如图 10-19②所示。

(3)向左转体 90°,同时右拳变掌经左臂内向右上方穿掌,掌指与头平,掌心向上,眼看右掌;同时左掌收至右腋下,掌心向下;同时提左膝,小腿扣紧,脚尖绷直,右腿直立站稳,眼看右掌。如图 10-19③所示。

图 10-19　提膝穿掌

2.仆步穿掌提膝挑掌

(1)右腿全蹲,左腿向左侧伸成仆步:同时左掌沿左腿前下穿出,掌心向前,右臂保持不动,掌心略转向前;上体随左穿掌略向左前倾,眼看左掌。如图 10-20①所示。

(2)左腿前屈成左弓步,右掌握拳收抱腰间,左腿蹬地提膝,小腿内扣,脚面绷直,右腿直立站稳;同时左掌从左下向上挑掌,臂微屈立掌,掌与肩平,眼看左掌。如图 10-20②、图 10-20③所示。

图 10-20　仆步穿掌提膝挑掌

3.虚步右格拳

(1)左脚落地至脚尖外撇,左掌搂手。如图 10-21①所示。

(2)向左转体 90°,左掌握拳收抱腰间,拳心向上;同时右脚向前半步脚尖点地成右虚步:同时右臂屈肘向左格挡,掌心向内,拳与鼻齐,眼看右拳。如图 10-21②所示。

虚步左格拳同理。

图 10-21　虚步右格拳

4.弓马步连环冲拳

(1)右脚向前半步成弓步,右拳收抱腰间,拳心向上,同时上体右转,左拳向前冲击,拳与肩平,拳心向下,成右弓步左冲拳姿势。如图 10-22①所示。

(2)右脚尖内扣,向左转体 90°成马步,立即右冲拳;拳与肩平,拳心向下,同时左拳收抱腰间,拳心向上,眼看右拳。如图 10-22②所示。

左脚同理。

图 10-22　弓马步连环冲拳

5.勾手勾踢

(1)左脚外撇,向左转体180°,同时右拳变掌由后经上、向前落至左手腕处勾手向后拉开,同时左拳变掌从右臂内向左上方架掌,成叉步勾步亮掌姿势。如图10-23①所示。

(2)左腿微屈站立,右脚跟触地向前左勾踢,脚高不过膝;左腿微屈站立成勾踢亮掌姿势,眼向右看。如图10-23②所示。

图10-23 勾手勾踢

6.小缠震脚马步冲拳

(1)左手搭扣右手腕,右勾手变掌,两臂微屈肘于胸前,左手扣紧右腕,成右虚步姿势。如图10-24①所示。

(2)向右转体90°右手做小缠动作(右手立掌向外旋转,至掌心翻转向上,握拳)收抱腰间(左手仍扣紧右手腕),拳心向上;右脚收回,以全脚掌用力踏地震脚,右膝弯曲(左脚提起,脚背贴在右腿后)。如图10-24②所示。

(3)左脚侧出一步成马步,同时向左冲拳,拳心向下,眼看左拳。如图10-24③所示。

图10-24 小缠震脚马步冲拳

三、长拳三段

1.弓步右击掌

左脚后撤一步,向左后转体180°成右弓步,左拳收抱腰间,同时右拳变掌在左臂下向前击掌,臂要伸直,立掌与肩平,眼看右掌。如图10-25所示。

图 10-25 弓步右击掌

2.弓步左击掌

右脚后退一步成左弓步,向右后转体 180°,右掌握拳收抱腰间,拳心向上;同时左拳变掌在右臂下向前击掌,立掌与肩平,臂要伸直,眼看左掌。如图 10-26 所示。

图 10-26 弓步左击掌

3.马步右格勾

(1)左脚后退一步,向左后转体 180°成半马步,同时右拳变掌向左格挡,臂要屈,掌心向上:左拳收抱腰间,拳心向上。如图 10-27①所示。

(2)右脚内扣成马步,右掌迅速向右下勾手,勾与髋平:同时左拳变掌架在左上方,眼看右勾手。如图 10-27②所示。

图 10-27 马步右格勾

4.马步左格勾

(1)右脚后退一步,向后转体 180°成半马步;左掌同时向右格挡,掌与肩平,掌心向上:右拳收抱腰间,拳心向上。如图 10-28①所示。

(2)左掌迅速向左下勾手,右拳变掌架掌在右上方,眼看左勾手。如图 10-28②所示。

图 10-28　马步左格勾

5.弓步右冲拳

左勾手握拳收抱腰间，同时向左转体 90°，右腿蹬直成左弓步；右掌握拳经腰侧向前冲出，拳与肩平，拳心向下，眼看右拳。如图 10-29 所示。

图 10-29　弓步右冲拳

6.勾手砍掌

(1)右拳变勾屈臂向内勾手。如图 10-30①所示。

(2)左腿后撤一步成右弓步，左拳变掌由后向前右砍掌，掌与肩平，掌心向上；同时右勾手握拳收抱腰间，眼看左掌。如图 10-30②所示。

图 10-30　勾手砍掌

7.缠手勾手提膝亮掌

(1)左手以肘为轴向内绕环一周同时右脚后撤一步。如图 10-31①所示。

(2)左手以肩为轴再向内绕环一周，并向左后拉开成勾手，左腿提膝，右腿直立站稳；同时右拳变掌在右上方亮掌，成提膝亮掌姿势，眼向左看。如图 10-31②所示。

图 10-31　缠手勾手提膝亮掌

8.弓步冲拳虚步挑掌

(1)左脚向左侧落步成左弓步,同时右手握拳经腰间向前冲出,拳与肩平,拳心向下:左勾手握拳收抱腰间。如图 10-32①所示。

(2)右脚原地屈膝半蹲后坐,左脚趁势后移半步,脚尖点地成左虚步;在右拳收抱腰间的同时,左拳变掌在右臂下向前挑掌,立掌与跟平,眼向前看。如图 10-32②所示。

图 10-32　弓步冲拳虚步挑掌

四、长拳四段

1.托掌震脚双推掌

(1)右拳变掌前伸与左掌并齐,掌心向上托掌,掌与肩相平;左脚不动成左弓步托掌姿势。如图 10-33①所示。

(2)右腿前拾至左腿旁,立即用全脚掌猛力下踏震脚,同时左脚跟提起贴右腿旁,脚尖点地成丁字步:两掌同时下压至两腿侧,掌心向上。如图 10-33②所示。

(3)左脚向前上一步成左弓步:两掌由腰间向前推掌,两手成立掌与肩平,眼看掌。如图 10-33③所示。

图 10-33　托掌震脚双推掌

2.双勾弹踢

两臂由前向下、向后摆成双勾手；左腿微屈站稳，同时右脚向前弹踢，脚背绷平，脚与髋平，眼向前看。如图 10-34 所示。

图 10-34　双勾弹踢

3.跃步箭弹

(1)右脚向前落地，同时左腿用力蹬地抬起，右脚继续猛力蹬地向前上跳起腾空；同时两勾变掌由后向前上至侧上举再成勾手与头顶相齐，勾尖朝下。如图 10-35①所示。

(2)身体腾空瞬间右脚用力向前上箭弹，脚略高于髋:左脚落地直立支撑，眼看前方。如图 10-35②所示。

图 10-35　跃步箭弹

4.歇步亮掌

(1)右脚落地向左转体 90°，两勾同时变掌，右掌前上举，掌心向上，与头齐，左掌收在腰间，掌心向上。如图 10-36①所示。

(2)左脚在右脚后叉步下蹲成歇步，同时右掌向左下弧形绕至体后成勾手，左掌在右臂内穿掌架至左侧上方，成歇步亮掌，眼向右看。如图 10-36②所示。

图 10-36　歇步亮掌

5.转身正踢腿

(1)身体逐渐起转,向左转体270°,两腿前后开立(左脚在前);左掌右勾以肩为轴依次向前绕环一周,右勾在臂前绕中变掌。如图10-37①所示。

(2)右手绕至下方再变勾手,左手绕至上方于头上架掌;左腿直立支撑,右腿绷直(勾脚尖)向上额正面踢腿,眼向前看。如图10-37②所示。

图10-37 转身正踢腿

6.左、右斜拍脚

(1)上动不停,右脚前落,左掌握拳收抱腰间,右勾变掌屈臂举在右上方。如图10-38①所示。

(2)左脚向上弹腿,同时右掌拍击左脚面。如图10-38②所示。

(3)左脚前落,重心前移至左脚;右掌收抱腰间,左拳变掌屈臂举在左上方。如图10-38③所示。

(4)右脚向上弹踢,同时左掌拍击右脚面,眼看击掌手。如图10-38④所示。

图10-38 左、右斜拍脚

7.腾空飞脚

(1)上动不停,右脚落地成右弓步姿势过渡(图10-39①);接着右脚猛力蹬地准备起跳,左腿出膝上提;同时右拳由腰间向前上摆起,以右手背、指向上碰击左掌心(图10-39②)。

(2)左腿屈膝向前上摆,右腿蹬地跳起,向上摆,脚面绷直,右手迅速拍击右脚面,第二次击响;左掌经前向左侧上举,眼看右脚(图10-39③)。

图 10-39 腾空飞脚

8.弓步击掌

上动不停,左、右脚向前依次落地成右弓步,左掌握拳收抱腰间,再向前击右掌,眼看右掌。如图 10-40 所示。

图 10-40 弓步击掌

五、收势

1.前点步格拳

右腿直立支撑,左脚向右脚前移动,腿伸直脚尖点地,成前点步姿势;同时右掌握拳,屈臂内格拳,肘尖向下垂直,拳心向内;拳与眉齐,同时眼看左前方。如图 10-41 所示。

2.并步对掌

(1)左脚后退一步,两拳变掌,并齐向前穿掌,掌心向上与肩平(图 10-42①)。

(2)右脚后退一步,同时头向左转,眼看右后,两掌由前向后绕环掸腿至斜上举(图 10-42②)。

(3)左脚收回并拢,两掌不停,由上向前下按掌至体侧;同时向左转头眼向左前方看(图 10-42③)。

(4)还原、直立(图 10-42④)。

图 10-41 前点步格拳

图 10-42 并步对掌

第三节 24式简化太极拳

24式简化太极拳是参照杨式太极拳的基本框架，根据化繁为简、循序渐进、动作连贯等原则，经过提炼创编而成的。24式简化太极拳的整套动作易学、易练、易记，不仅便于男女老少练习，还有利于向国外推广。目前，它在全世界已经有了较为广泛的群众基础。

一、学习步骤

1.单式分解练习

初学者应按动作套路的顺序，先逐个进行单式动作的学习。为了便于记忆和练习，可对单式中的连续动作进行分解，并按以下步骤进行练习：记住单式的名称，学习单式分解动作中的手型、手法、步型和步法，通过练习将单式中的分解动作连接起来。

2.单元组合练习

在学会单式动作的基础上，可以对单式进行组合（如第一组由起势、左右野马分鬃、白鹤亮翅组成），这样既有助于熟练掌握已学会的单式动作，又可以为学习整套动作打下基础。

二、动作要求

1.头部姿势

头部自然、上顶，与水平线基本垂直，注意力集中，使头顶有绳悬之感。头转向侧面时，颈部应配合身体沿纵轴转动，而不是仰头或歪头。

2.胸背姿势

避免胸部外挺，但也不要过分内缩，尽量使胸部肌肉自然放松，背部肌肉舒展，使其不妨碍动作与呼吸的配合。

3.腰脊姿势

腰部向下松垂，不前挺后屈，脊柱保持端正。

4.臀部姿势

尽量放松臀部肌肉，使其向外、向下舒展，然后轻轻向内收敛。

5.上肢姿势

沉肩坠肘，放松关节，使手臂活动不受限制。出掌动作要轻松自然，手指动作要舒展大方，拳要松握。

6.下肢姿势

腿部动作应注意保持身体平衡，但又要虚实分明、进退灵活。总的要求是松胯、屈膝，两脚轻起轻落。

三、24 式简化太极拳的动作及口诀

1.第一组

第 1 式起势(见图 10-43)的口诀为左脚开立,两臂前举,屈膝按掌。

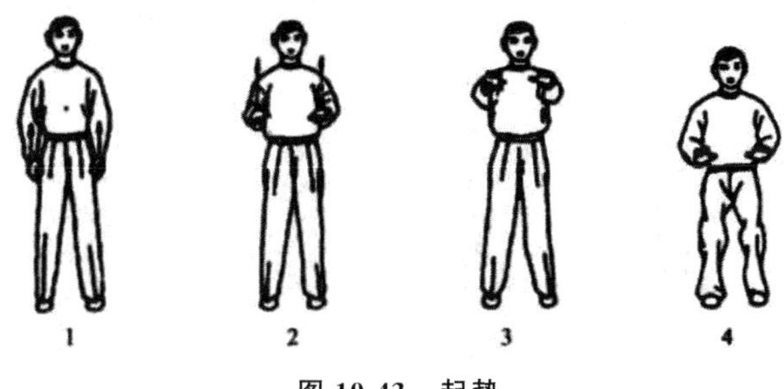

图 10-43　起势

第 2 式左右野马分鬃(见图 10-44)的口诀如下。

(1)稍右转体,收脚抱球,转体上步,弓步分手。

(2)后坐撇脚,收脚抱球,转体上步,弓步分手。

(3)后坐撇脚,收脚抱球,转体上步,弓步分手。

图 10-44　右野马分鬃

第 3 式白鹤亮翅(见图 10-45)的口诀为稍右转体,跟步抱球,后坐转体,虚步分手。

图 10-45　白鹤亮翅

2.第二组

第 4 式左右搂膝拗步(见图 10-46)的口诀如下。

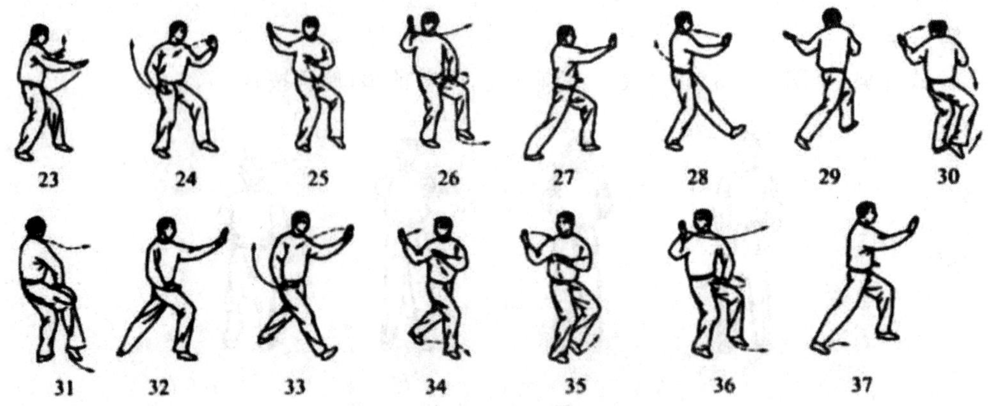

图 10-46　左右搂膝拗步

(1)转体摆臂,摆臂收脚,上步屈肘,弓步搂推。

(2)后坐撇脚,摆臂收脚,上步屈肘,弓步搂推。

(3)后坐撇脚,摆臂收脚,上步屈肘,弓步搂推。

第 5 式手挥琵琶(见图 10-47)的口诀为跟步展臂,后坐引手,虚步合手。

图 10-47　手挥琵琶

第 6 式左右倒卷肱(见图 10-48)。

图 10-48　左右倒卷肱

3.第三组

第 7 式左揽雀尾(见图 10-49)的口诀为转体撇手,收脚抱球,转体上步,弓步掤臂,摆臂后捋,转体搭手,弓步前挤,转腕分手,后坐引手,弓步前按。

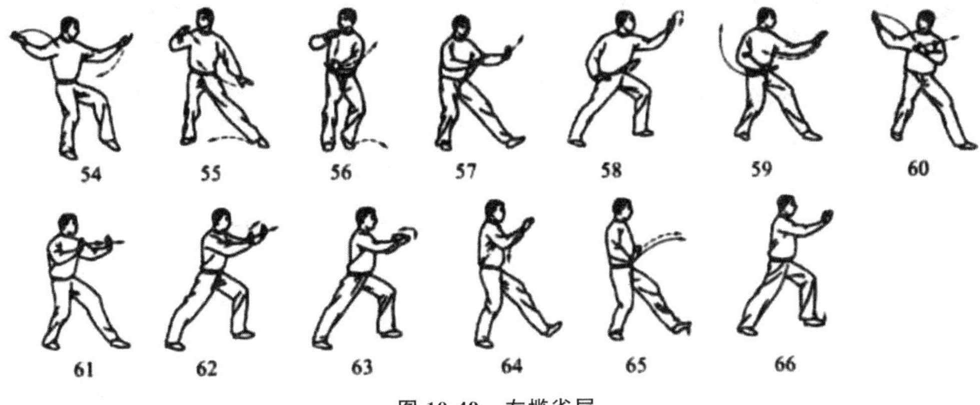

图 10-49　左揽雀尾

第 8 式右揽雀尾(见图 10-50)的口诀为后坐扣脚,收脚抱球,转体上步,弓步掤臂,摆臂后捋,转体搭手,弓步前挤,转腕分手,后坐引手,弓步前按。

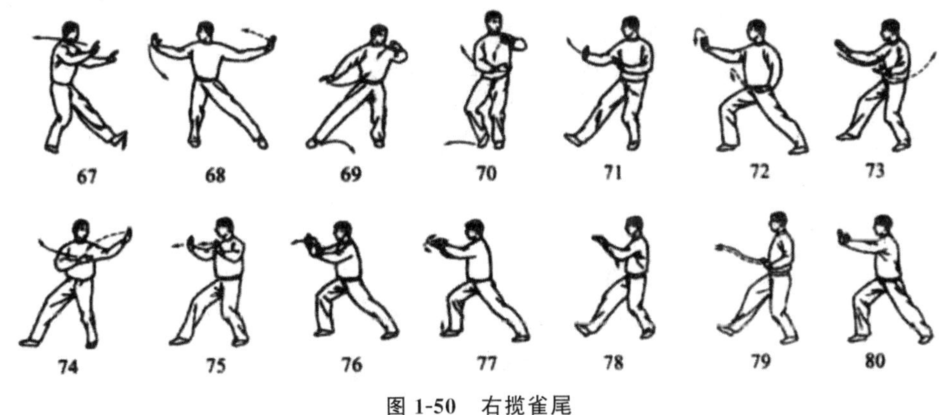

图 1-50　右揽雀尾

4.第四组

第 9 式单鞭(见图 10-51)的口诀为转体运臂,右脚内扣,上体右转,勾手收脚,转体上步,弓步推掌。

图 1-51　第 9 式单鞭

第 10 式云手(见图 10-52)口诀为后坐扣脚,转体松勾,并步云手,开步云手,并步云手,开步云手,并步云手,扣脚云手。

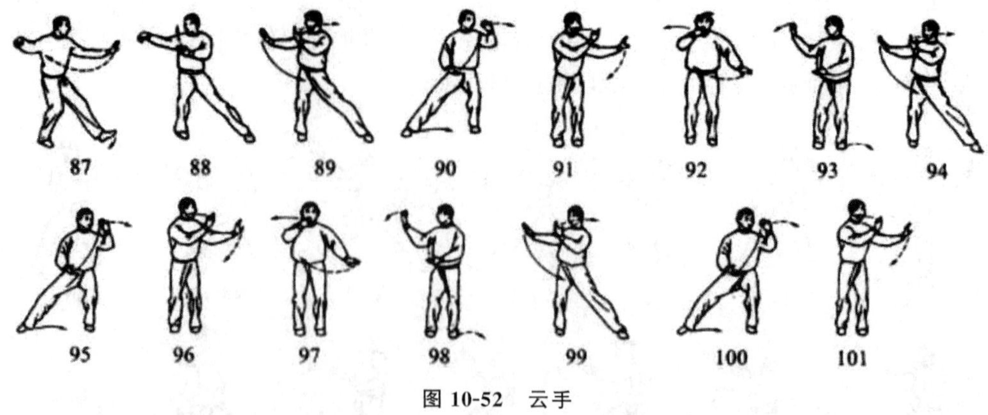

图 10-52　云手

第 11 式单鞭(见图 10-53)的口诀为转体勾手,转体上步,弓步推掌。

图 10-53　第 11 式单鞭

5.第五组

第 12 式高探马(见图 10-54)的口诀为跟步托球,后坐卷肱,虚步推掌。

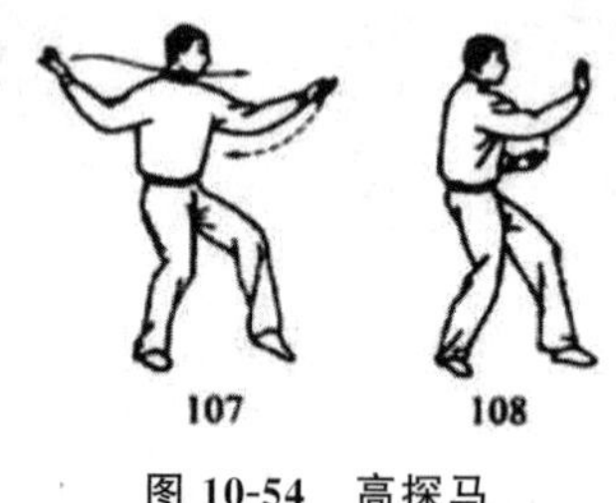

图 10-54　高探马

第 13 式右蹬脚(见图 10-55)的口诀为穿手上步,分手弓腿,收脚合抱,蹬脚分手。

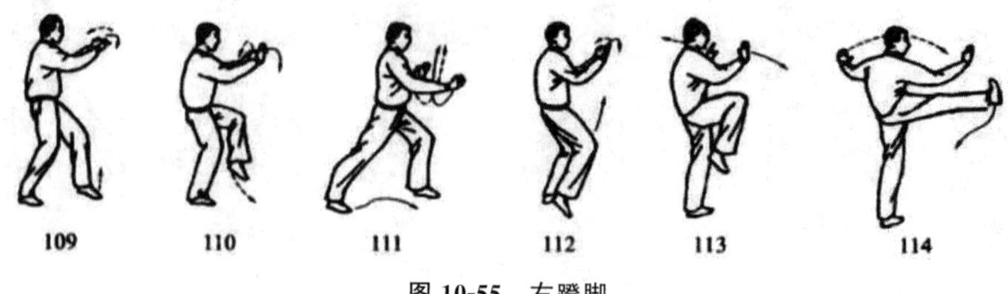

图 10-55　右蹬脚

第 14 式双峰贯耳(见图 10-56)的口诀为屈膝并手,上步落手,弓步贯拳。

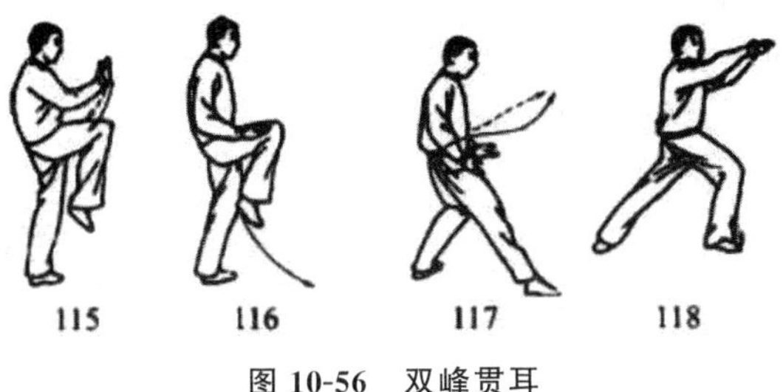

图 10-56　双峰贯耳

6.第六组

第 15 式转身左蹬脚(见图 10-57)的口诀为后坐扣脚,转体分手,收脚合抱,蹬脚分手。

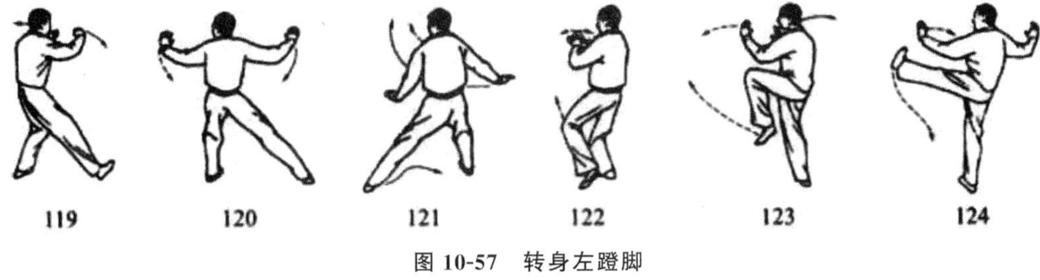

图 10-57　转身左蹬脚

第 16 式左下势独立(见图 10-58)的口诀为收脚勾手,屈蹲撤步,仆步穿掌,弓腿起身,独立挑掌。

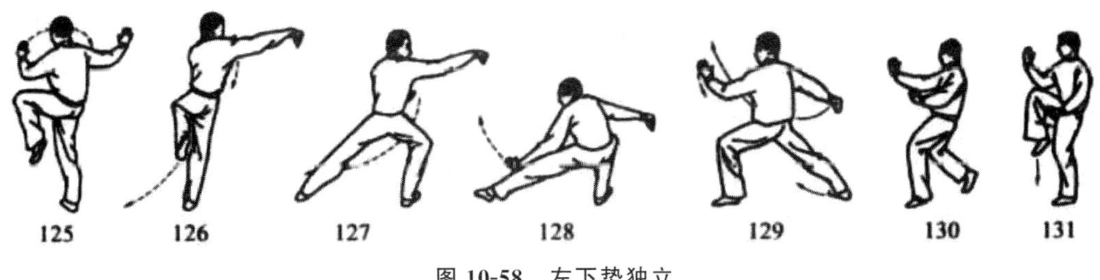

图 10-58　左下势独立

第 17 式右下势独立(见图 10-59)的口诀为落脚勾手,碾脚转体,屈蹲撤步,仆步穿掌,弓腿起身,独立挑掌。

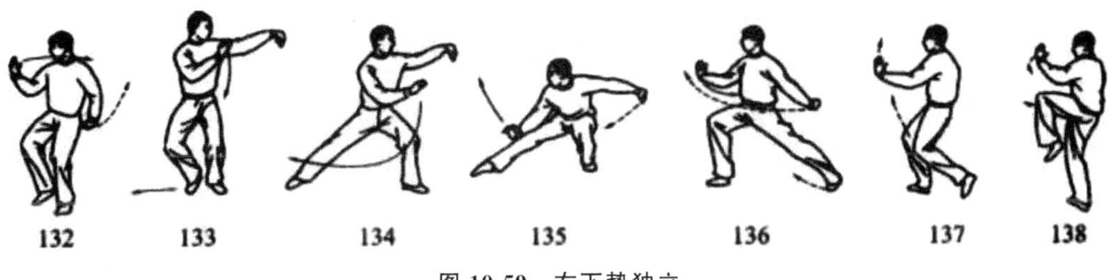

图 10-59　右下势独立

7.第七组

第 18 式左右穿梭(见图 10-60)的口诀如下。

(1)落脚抱球,转体上步,弓步架推。

(2)后坐撇脚,收脚抱球,转体上步,弓步架推。

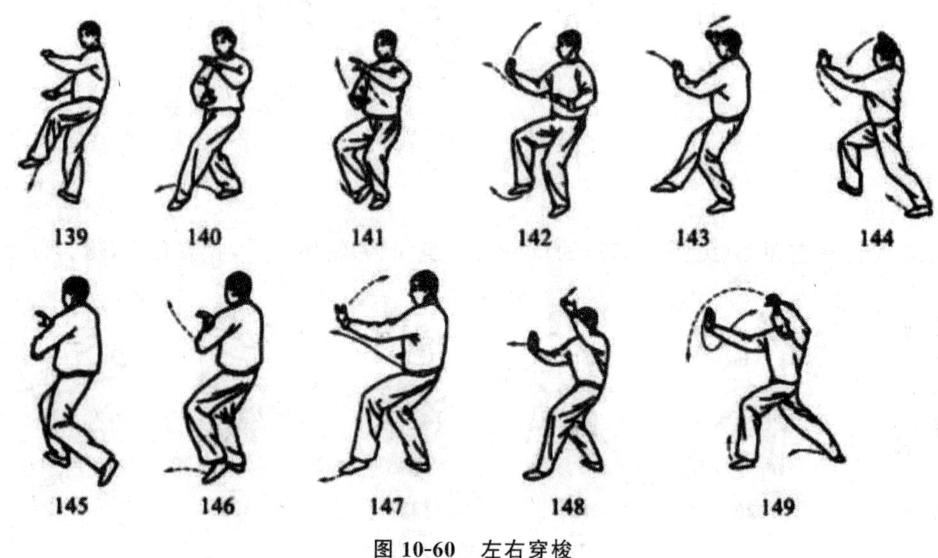

图 10-60　左右穿梭

第 19 式海底针(见图 10-61)的口诀为跟步提手,虚步插掌。

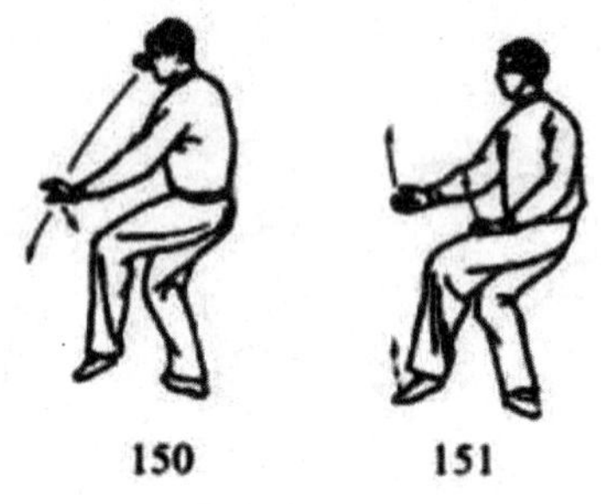

图 10-61　海底针

第 20 式闪通臂(见图 10-62)的口诀为提手提脚,弓步推掌。

图 10-62　闪通臂

8.第八组

第 21 式转身搬拦捶(见图 10-63)的口诀为后坐扣脚，坐腿握拳，摆步搬拳，转体收拳，上步拦掌，弓步打拳。

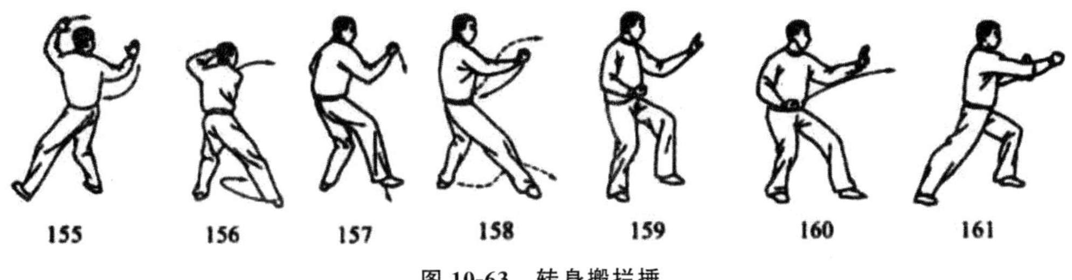

图 10-63　转身搬拦捶

第 22 式如封似闭(见图 10-64)的口诀为穿手翻掌，后坐引手，弓步前按。

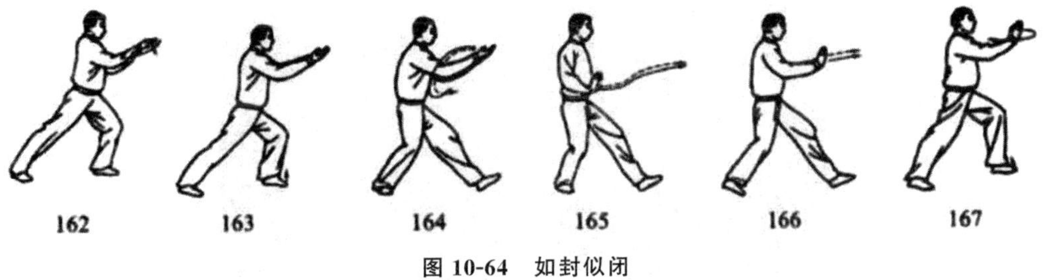

图 10-64　如封似闭

第 23 式十字手(见图 10-65)的口诀为后坐扣脚，弓步分手，交叉搭手，收脚合抱。

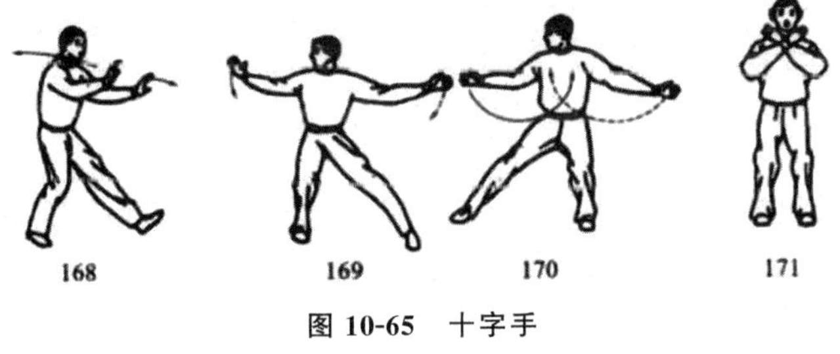

图 10-65　十字手

第 24 式收势(见图 10-66)的口诀为翻掌分手，垂臂落手，并步还原。

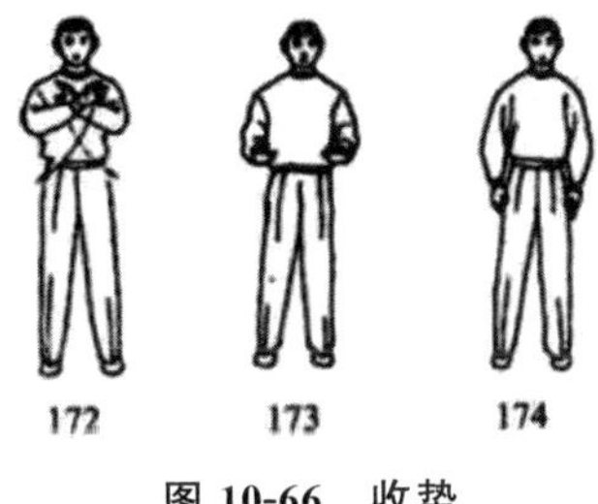

图 10-66　收势

第四节　散打运动

一、散打运动简介

散打，又称散手，古称相搏、手搏、卞、自打、对拆、手战等，是一项互以对方技击动作为转移的斗智、较技的对抗性竞赛项目(图10-67)。由于这种对抗形式多是在擂台上进行的，所以在民间称作“打擂台”。它隶属于武术范畴，是一项极具中华民族传统特色的体育运动，深受大家的喜爱。

图10-67　散打

散打运动的形成和发展，经历了相当漫长的历史过程。散打的产生，从一开始就是由生产劳动所决定的，源于人与兽斗和人与人斗，并随着社会的进步而发展。在远古时期，“人民少而禽兽众”。由于生产力低下，工具简陋，庞大而凶猛的野兽对人的生存产生极大威胁。人们为了自卫、生存、获取生活资料，必须经常徒手与禽兽进行殊死搏斗。久而久之，慢慢学会了使用拳打、脚踢、跌摔、躲闪动作与猛兽相搏斗。但人与兽斗毕竟是生产劳动的内容，而人与人斗，则与散打的萌生有着更为直接的联系。随着生产力的发展，到氏族公社时期，由于物质利益，部落之间经常发生战争，人与兽斗变成了人与人斗，开始有意识地训练和提高原有的搏斗术，本能的自卫活动已过渡到有意识地运用搏斗术，这就是散打的萌芽，并在以后的实践中得到了充实和发展。

商周时期，仍然保留着原始社会搏兽的遗风。春秋战国时期，由于步兵的崛起，社会的动荡不安，徒手搏斗技能的发展成为可能。魏晋、南北朝时期，是一个分裂割据的动荡时期，民族战争和阶级斗争日益频繁而激烈，武术成了人们社会活动最重要的内容之一。元代，统治者禁武，民间手搏一度受限。明清，是中国武术集大成的发展时期，流派林立，拳种繁多。民国时的手搏，称为散手、散打等，曾盛行一时。建国初期散打昙花一现，进入低谷。为继承民族传统，弘扬中华武术，1979年国家体委决定开展散打训练、比赛等方面的研究，1989年定为正式体育竞赛项目。1993 年被列为全运会项目和第二届世界武术锦标赛项目，1998 年成为第十三届亚运会项目。

现代散打运动是指两人以踢打、摔等技法为基本素材，按照规定的场地、时间和条件进行的一项较技、斗智的激烈对抗项目。

二、散打基本技术

(一)散打的预备姿势

以下所有技术动作均以右势为例。

两脚微呈八字平行开立，略比肩宽。左脚不动，右脚以脚前掌为轴向左旋转，身体随之转动 25°左右，重心在两脚的脚前掌上，右脚跟稍稍踮起。松胸、溜臂、收下颏，前手轻握拳，屈臂抬起，拳与下颏等高，前臂与上臂夹角成 90°～110°，后手轻握拳，屈臂抬起，前臂上臂夹角小于 60°，后手拳自然置于下颏外侧处，肘部下垂轻贴在右肋部(图 10-68)。

①

②

图 10-68 散打预备姿势

(二)散打步法

1.滑步

单滑步分为向前、后、左、右四种，主要用于直接配合拳的进攻。现以向前滑步为例。从预备姿势开始，上体保持原来姿势，后脚蹬地，重心前移，前脚微离地面，脚前掌向前蹭出 30 厘米左右，后脚随之跟进相同距离，整个动作完成后仍成原来预备姿势(图 10-69)。

2.闪步

闪步分为左、右闪步，主要用于躲闪对方的正面进攻，并有利于自己的迅速反击。

(1)左闪步：从预备姿势开始，上体保持原来姿势，前脚向左侧迅速蹭出 20～30 厘米，紧接着后脚以前脚为轴迅速向左滑动，角度在 45°～90°以内，动作完成以后大致成预备姿势的步型(图 10-70)。

(2)右闪步：从预备姿势开始，后脚向右方横向蹭出，随后以髋部带动前脚向右侧滑动，身体转动角度一般在 60°～90°之间，动作完成后成预备姿势(图 10-71)。

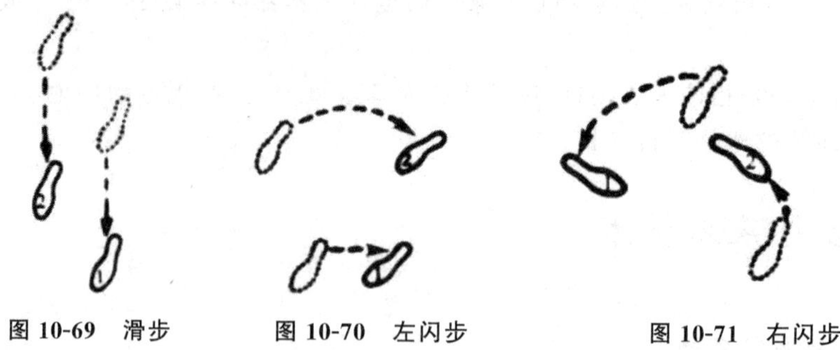

图 10-69　滑步　　图 10-70　左闪步　　图 10-71　右闪步

3.纵步

纵步分为前、后两种，主要是用于远距离时迅速接近对方或在中近距离时迅速摆脱对方的一种步法。现以向前纵步为例：从预备姿势开始，两脚同时蹬地向前纵出 30～40 厘米左右，在动作完成的过程中始终保持预备姿势(图 10-72)。

4.垫步

垫步大体分为两种，一种是垫一步，一种是在上一步的基础上再跟垫一步。垫步一般直接用于配合腿的进攻动作。这里只介绍跟垫步的技术，因为其中已包括垫一步的技术。从预备姿势开始，重心前移，后脚蹬地向前脚内侧并拢，随即前腿屈膝提起，根据情况使用蹬踹腿法。上动不停，在用腿法的同时，支撑腿随蹬(踹)腿向前再垫出一步，脚跟斜向前(图 10-73)。

图 10-72　纵步　　图 10-73　垫步

5.击步

击步是在远距离需接近对手或在中近距离需脱离对手时运用的一种常见步法。击步主要分向前、向后两种(图 10-74)。

(1)向前击步：从预备姿势开始，重心前移，后脚蹬地向前脚内侧迅速靠拢，在后脚着地的同时前脚向前方迅速跃出，着地后两脚成预备姿势步型。

(2)向后击步：从预备姿势开始，重心后移，前脚蹬地向后脚内侧迅速靠拢，着地后两脚成预备姿势步型。

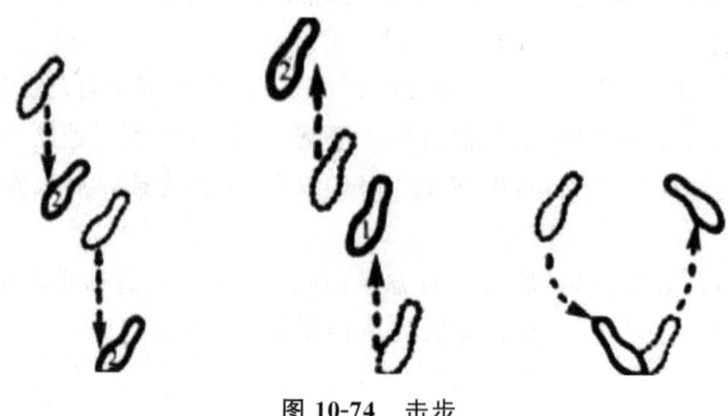

图 10-74　击步

6.交换步

交换步是左右脚交换时的一种步法，多为左右脚交替打法的运动员使用。从预备姿势开始，前后脚同时蹬地稍离地面，在空中左右腿前后交换，转体120°左右，同时两臂也做前后体位的交换，完成动作后成与原来相反的预备姿势。

（三）散打拳法

1.冲拳

冲拳属直线形攻击方法，它分为前、后冲拳两种，在拳法中是中远距离进攻对方的主要手段。由于冲拳动作相对隐蔽，尤其后手冲拳力量较大，是给对手重击的有效方法，所以在比赛中使用率较高。

（1）前手冲拳（如图10-75）

从预备姿势开始，后脚蹬地，重心前移，同时以髋带动肩向内旋转10°左右。由肩带动前手臂的前臂快速直线出击，力达拳面，手臂自然伸直，后手置于原来位置。收拳的路线亦是出拳的路线，收拳后迅速回复到原来的预备姿势。

图10-75　前手冲拳

（2）后手冲拳（图10-76）

从预备姿势开始，后脚蹬地并以脚前掌为轴向内扣转。随之合髋转腰压肩，向正前方直线出拳，力达拳面。出拳同时前手拳直线收回至下颏前方，肘部自然弯曲贴于肋部。

图10-76　后手冲拳

2.掼拳

掼拳是弧线形进攻方法，分为前、后掼拳两种，在相互的连续击打中使用率较高。由于摆动幅度大，所以击打力量很大，但也因幅度大和运行路线长，使得动作的隐蔽性较差。为此，教学的重点是认真掌握动作要领和掼拳的发力机制。

(1)前手掼拳(图 10-77)

① ② ③

图 10-77 前手掼拳

从预备姿势开始，后脚蹬地，身体由髋带动腰向内旋转 15°～20°，重心前移。同时前手臂抬肘略与肩高，微张肩，前手拳向外侧前方伸出，上臂和前臂的角度相对固定。当髋部完成旋转角度后迅速制动，由制动的惯性使张开的肩回收而产生合力。此时的出拳臂仍按从侧前方向正前方的路线划动，最终又因髋部制动的合力牵制而制动，产生掼拳的力量。动作完成后迅速放松，基本是按原来的出拳路线恢复到预备姿势。

(2)后手掼拳(图 10-78)

从预备姿势开始，以后脚的脚前掌为轴内旋，带动转髋，重心前移。后手臂抬起略与肩平，拳向前外侧伸展，上臂和前臂形成一定夹角并相对固定。同时前手臂自然弯曲收回贴于肋间，拳置于下颏处。上动不停，继续向内转髋，出拳臂微微张肩，由于惯性带动拳向前水平横摆。转动的髋部随之制动，其惯性带出拳臂产生制动，最终形成掼拳的合力。

① ② ③

图 10-78 后手掼拳

3.抄拳

抄拳在散打中是近距离攻击的拳法，它分为前、后抄拳两种，主要是在相互间对抗时使用，或是在与其他拳法的配合中使用，但使用率较低。对抄拳的教学宜先使受训者掌握后手抄拳，这是因为后手抄拳动作幅度大，易于掌握。在掌握后手之后再学习前手抄拳，较容易体会到抄拳的发力。

(1)后手抄拳(图 10-79)

从预备姿势开始,上体微向后向下转动,重心略降低并合胯。后脚蹬地挺胯,微向前向上转体,随之后手臂根据所击打距离加大角度向前、向上出拳,拳心向内,重心随之前移。随着挺胯到位后的制动,产生的惯性使出拳臂制动,力达拳面。出拳后肩部迅速放松,出拳臂借回降之力收回,成原来的预备姿势。

图 10-79 后手抄拳

(2)前手抄拳(图 10-80)

从预备姿势开始,上体微向外、向下转动,前腿微屈,扣膝合胯,前手臂收回轻贴于左肋部,前手拳自然置于左面颊外侧,重心偏于前腿。上动不停,后脚蹬地,左胯向上向内挺出,前手拳随挺胯动作向前上方击出,出拳臂夹角根据所击距离调整,拳心向内,微微内扣。当挺胯到位即前腿基本挺直后马上制动,由于制动的作用,击出的抄拳也随之制动,产生短促发力。随着挺胯制动后的肩部放松,拳也有弹性地收回,成原来预备姿势。

图 10-80 前手抄拳

4.鞭拳

鞭拳在比赛中的使用率较低,但却不失为一种出奇制胜的拳法。鞭拳是弧线形攻击方法之一,因动作幅度大,所以有一定的技术难度。只有经过长期严格的训练,才能在比赛中减少盲目性,提高有效率。鞭拳一般分为原地右后转身右手鞭拳、上步左转身左手鞭拳和盖步右转身右手鞭拳。这里重点介绍原地右后转身右手鞭拳。

从预备姿势开始,身体以前脚脚前掌为轴,右脚蹬地向后旋转,同时前臂收回贴于胸前。上动不停,身体继续旋转,当转动 110°~120°时,右臂抬肘略与肩平,向后侧横向甩打。

(四)散打腿法

1.侧踹腿

侧踹腿分前、后侧踹两种，是散打中运用率较高的腿法，而前侧踹又多于后侧踹，它主要用于进攻与阻击。这里重点介绍前腿侧踹(图 10-81)。

①

②

③

图 10-81　前腿侧踢

从预备姿势开始，重心稍后移，上体保持原来姿势，前腿屈膝提起与胯同高，与上体成90°，小腿外摆，脚尖勾起微向外翻出。身体继续向侧后仰，同时展髋伸膝向前踢出，脚尖横向，力达脚掌的后三分之二处，此时支撑腿的脚后跟斜向前方。此时前手置于踹出腿的大腿上方，后手置于下颏前方。

2.正蹬腿

正蹬腿主要分为前、后正蹬两种，大级别运动员采取此腿法的比例较高。此外在相互抱缠阶段或在互打互踢时作为摆脱方法效果较好。这里重点介绍前腿正蹬(图 10-82)。

①

②

③

图 10-82　前腿正蹬

从预备姿势开始，重心微后移，后腿膝关节微屈，上体微后坐，前腿屈膝正面提起，脚尖勾起。上动不停，两臂微下落或回收置于头部两侧，两臂自然下垂护住两肋，同时送胯，带动大小腿向正前方水平蹬出，脚前掌下压，力达脚全掌。

3.摆踢

摆踢的腿法，运用范围很广，按照高度可分为高、中、低三种，按运动形式可分为侧摆踢和转身摆踢，其中侧摆踢又可分为前、后腿侧摆踢，转身摆踢又可分为前、后转身摆踢。

(1)前腿侧摆踢(图 10-83)

从预备姿势开始,重心后移,上体微向右后转动并向后侧仰,两手臂下落,同时屈膝提腿,并向内扣膝翻胯,大小腿夹角大约保持在 30°左右。上动不停,由转体翻胯带动大小腿向外侧前上方摆踢,在击打到物体的瞬间,小腿由于加速甩出与大腿基本成直线。在翻胯出腿的同时,支撑腿以脚前掌为轴跟着转体,脚跟斜向前。

①

②

③

图 10-83　前腿侧摆踢

(2)后转身摆踢(图 10-84)

从预备姿势开始,前臂收回,重心前移,上体微向右下侧合转,以前腿脚前掌为轴,后腿蹬地向右后转身。随转体后腿展胯,大小腿伸直由下往上、由后向前横摆,脚背绷紧,力达脚掌和脚跟。摆踢腿至中心线后开始降弧,身体继续旋转至原来启动前的身体位置,摆踢的腿也落回原来启动前的位置。

①

②

③

图 10-84　后转身摆踢

(五)基本摔法

1.主动摔

主动摔指在散打对抗中主动运用摔法的技术。主动摔根据“把位”大致分为夹颈、抱腰和抱腿,这三个部分又可分为若干个具体的摔法。

(1)夹颈过背(图 10-85)

甲方用前臂架在乙方的两臂内侧时,用右(左)臂由乙方右(左)肩上穿过,屈臂夹住乙方颈部,同时左(右)脚背步至与右(左)脚平行,两腿屈膝,腰塌,右(左)臀部紧贴乙方小腹部。上动不停,甲方夹住乙方颈部,低头用力将乙方从背上摔过,同时两膝猛向后蹬伸。

① ② ③

图 10-85　夹颈过背

(2)插肩过背

甲方用前手臂从乙方相对的腋下穿过,背右(左)步至与左(右)脚平行,两膝屈膝,同时后手固定住乙方另一手臂。随之两腿蹬直,向下低头、弓腰,前手臂由侧后向前发力,将乙方摔倒。

(3)抱腿前顶(图 10-86)

制使甲方上步下潜,两手搂抱住乙方双膝关节处,用力回拉,同时用左(右)肩前顶对方大腿根或小腹部将乙方摔倒。

图 10-86　抱腿前顶

2.被动摔

(1)摔侧腿

甲方接住乙方的左(右)腿。用双手将其固定住,不让其挣脱。上动不停,甲方左(右)腿往侧后方撤一步,并固定住乙方的腿往怀里带(图 10-87①)。上动不停,甲方双手固定住乙方的腿向下、向左(右)、向上做弧形的牵引,将对方摔倒(如图 10-87②)。

(2)接腿别腿摔(图 10-87③)

接腿摔是指在散打对抗中接住对方的腿后运用相应的摔法将其摔倒。甲方接住乙方的左(右)腿,用一手将乙方的脚踝关节固定住,用另一手搂抱住乙方的膝关节部位。上动不停,甲方左(右)腿伸至对方支撑腿侧后别对方,同时用胸部向外、向下压对方被搂抱的腿,把对方摔倒。

① ② ③

图 10-87　被动摔

（六）防守技术

1.接触式防守

（1）阻挡防守

阻挡防守大致可分肩臂阻挡和提膝阻挡两种。肩臂阻挡主要用于对各种拳法和腿法的防守，提膝阻挡主要用于对各种腿法的防守。

①肩臂阻挡

从预备姿势开始，前手臂收回与后手臂紧贴左右两肋，两拳护在头部两侧，含胸收腹，低头收下颏。

②提膝阻挡

从预备姿势开始，突然迅速屈膝提腿，膝关节高度大约与胯齐。同时前手臂收回与后手臂紧贴两肋，上体微沉。

（2）格架防守

格架可分为向斜上、向斜下和向下的防守动作。用于防守来自正侧面的各种拳法和腿法。这里只介绍两个格架动作。

①斜上格架

从预备姿势开始，前手臂稍抬肘向斜上举起，前臂微内旋，同时低头收下颏。

②下格架

从预备姿势开始，前手臂收回横于胸前，随之向腹部下方移动，上体微向下沉。

（3）抱抄防守

①搂抱防守

当对方用拳攻击时，迅速靠近用手搂抱对方。当对方用腿法攻击时，用手抱住对方的攻击腿法。这样，一方面能化解或破坏对方的攻击动作，另方面为自己反击做好准备。

②抓抄防守

当对方用腿法进攻时，在完成动作止点的瞬间，迅速用单手或双手抓住对方的踝关节部位，顺对方动作来势的方向，加力抄倒对方。

2.不接触性防守

（1）闪躲防守

闪躲防守主要分为步法闪躲和身法闪躲两部分，步法闪躲在“步法”一节中已经涉及，这里主要讲身法闪躲，主要包括侧闪和后闪等，主要用于防拳。

①侧闪

从预备姿势开始，上体以腰为轴；向左（右）微转并向左（右）微俯身，两膝微屈，此时前手臂微收与后手臂同置于下颏两侧。

②后闪

从预备姿势开始，以腰为轴，前脚蹬地，重心后移，上体略后仰。

（2）下潜防守

从预备姿势开始，双膝弯曲，重心下降前移，上体略前俯，前手臂自然收回贴于肋部，两拳护于下颏两侧。

(3)摇避防守

从预备姿势开始,上体以腰为轴做不规则的前后左右摇摆,重心时有升降,两臂一般情况下轻贴两肋部,下颏微收。

第五节　跆拳道

一、跆拳道运动简介

跆拳道是一项起源于朝鲜半岛的古老而又新颖的竞技体育运动,是朝鲜民族在生产和生活基础上发展起来的一项运用手、脚技术和身体能力进行自身修炼和搏击格斗的传统体育项目。说它古老,是因为它在有记载的朝鲜民族史上已有三千多年的历史;说它新颖是因为跆拳道自20世纪50年代中期在朝鲜半岛重新崛起到现在的半个多世纪以来,跆拳道已经风靡全球,成为一项新颖的竞技体育项目。跆拳道的内容十分丰富,但主要包括品势修炼(动作组合)、搏击格斗和功力检验三大部分。

跆拳道的"跆"字,意为像台风一样猛烈地、强劲地跳踢的"脚";"拳"字意为拳头,是用来进攻的武器;"道"是指人生的正确道路,在这里寓意使用手脚的方法和原理。跆拳道运动要求练习者不仅学习跆拳道的技术,更注重对跆拳道礼仪、道德修养的学习和遵从,每一次练习都要求"以礼始,以礼终",强调培养人的礼仪、忍耐、谦虚和坚忍不拔的精神,这对青少年具有特殊的教育意义。

跆拳道练习者身穿专用的白色跆拳道服装,腰系代表不同段位的腰带进行训练和比赛。跆拳道的水平高低是由练习者的级别和段位体现的,水平越高,其段位也就越高。跆拳道的段位分为初级的十级至一级和高级的一段至九段。跆拳道的比赛是分男女两个组别按体重分级进行的。由于跆拳道运动是以腿法为主要进攻手段,因而比赛时气氛紧张激烈,双方斗智斗勇,拳来腿往,高难动作精彩纷呈,充分展示了人的斗志。通过跆拳道训练可以鼓舞人奋发向上的精神,陶冶人的道德情操,同时可以使人享受到打击艺术的美妙感觉。

1955年,跆拳道运动在经历了几千年的发展和充实之后,终于被跆拳道运动的领导人和组织者将朝鲜的自卫术统称为"跆拳道",即现代跆拳道。1961年9月,韩国成立了唐手道协会,后更名为跆拳道协会,并成为全国运动会正式比赛项目。1966年,第一个国际组织——国际跆拳道联盟(ITF)成立,崔泓熙任第一届主席。1973年5月,世界跆拳道联合会(WTF)在汉城成立,金云龙当选为主席。1975年,世界跆拳道联合会被国际体育联合会接纳为正式会员。1980年,国际奥委会正式承认了世界跆拳道联合会。

二、实战姿势和步法

(一)标准实战姿势

左脚在前叫左势,右脚在前叫右势(图 10-88)。

1.动作规格:两脚前后开立与肩同宽,前脚尖 45°斜向右前方,后脚跟抬起,膝关节微弯曲,重心在两脚之间。上身自然直立,双手握拳,拳心相对两臂弯曲置于胸前,头部直立向前,目视正前方。

图 10-88　标准实战姿势

2.动作要领:身体自然,肌肉放松,膝关节松而不懈,富有弹性,心无杂念,以无意为有意。

(二)跆拳道的基本步型

跆拳道的步型是指在跆拳道的练习和实战过程中,站立位置姿势和脚步形状。基本步型有多种,每一种站法都跟后面的步法动作有着直接的联系,是练习跆拳道必要的和最基本的姿势。练习者一定要按规格要求练习每一种步型。

1.并步:两脚并拢,身体直立,两脚内侧贴紧并拢。

2.开立步:亦称自然站立。两脚左右开立与肩同宽,两脚尖微外展,两臂自然下垂于体侧,两手轻握拳,身态自然(图 10-89)。

3.马步:亦称骑马式站立。两脚左右开立大于肩宽,两脚平行,挺胸立腰,上体正直;两膝关节屈下蹲,重心在两脚之间(图 10-90)。

4.侧马步:亦称半月立。由马步站法为基础,上体向侧(左或右)转,屈膝略内扣。

5.弓步:亦称前屈立步,两脚前后开立,相距约一步半;前腿屈膝,后腿伸直,后脚前后开立与前脚的延长线成 30°;前腿膝关节和脚面垂直,重心偏于前脚(图 10-91)。

6.前行步:亦称高前屈立。两脚前后开立,姿态和平时向前走路时相似,步幅不大,重心偏于前脚(图 10-92)。

图 10-89 开立步

图 10-90 马步

图 10-91 弓步

图 10-92 前行步

7.三七步：亦称后屈立。两脚前后相距一步，后脚尖外展约 90°，后膝屈曲，前膝微屈，脚尖朝前。

8.虚步：亦称猫足立。身体姿势和三七步相似，只是前脚的脚尖点地，脚跟提起，两膝关节微内扣，重心落于后脚。

（三）跆拳道的基本步法

跆拳道是一种以腿法为主的武技，实战中步法的灵活运用对充分发挥腿的威力，取得实战的胜利具有极其重要的意义。脚法使用时多以后腿进攻，因此跆拳道的步法具有鲜明的特点，即重心落在两脚之间或偏于前腿，而且身体姿势大都以侧向站立，以便保护身体和正中的要害部位，使后腿通过拧腰转髋发力，增加击打的力量和速度。

跆拳道的步法在实战中具有极其重要的意义。首先，步法是连接技术动作的关键环节。跆拳道实战中，不论是进攻、防守，还是防守反击动作，绝大多数是在运动中完成的，因此需要灵活快速、敏捷、多变的步法连接技术，以保证后面技术动作的完成和发挥，否则就会处于被动挨打的地位；其次，通过灵活多变的步法移动，使对方的进攻或防守落空，同时自己抢占有利的攻击或防守位置，为反击创造条件；第三，灵活多变的步法可以保持身体姿势的平衡，因为身体只有在相对平衡的状态下，才能更有力、更有效地攻击对方，达到攻击目的。跆拳道的实战是在运动中进行的，没有正确、灵活、多变的步法，就难以取得实战的胜利；第四，灵活机智地运用多种步法，可以给对方心理造成压力，使对方产生无所适从的感觉，为战胜对方创造条件。

实战中常用的基本步法包括以下几种：

1.前进步

由标准实战姿势开始，两脚成斜马步，两手握拳置于胸前。前进时后脚蹬地向前迈步，身体侧转成另一侧斜马步，可连续进行。这是前进步的一种上步。注意拧腰转髋。前进时，后脚蹬地，前脚向前滑行称为前滑步；后蹬地，前脚向前跳跃为前跃步。前滑步和前跃步都属于前进步，是主动进攻时采用的步法。也可用于假动作，配合手臂的动作进行，便于快速接近对方（图 10-93）。

图 10-93　前进步

2.后退步

由标准实战姿势开始，前脚掌用力蹬地，后脚先退后步，前脚随即后退，两脚以及身体仍保持原来姿势。若前脚掌蹬地后，后脚沿地向后滑行一步，前脚随即同样向后滑行一步，两脚以及身体仍保持原来姿势，叫作后滑步退。这种步法可以拉开和对手的距离，避开对方的进攻，准备做反击动作（图 10-94）。

图 10-94　后退步

3.后撤步

从标准实战姿势开始，以后脚前脚掌为轴，前脚抬起向后经后脚内侧向后撤一步，形成和原来相反的实战姿势。后撤步可根据实战需要左右变化，调整与对方的相对距离，准备进行攻击或反击。

4.侧移步

由标准实战姿势开始，两脚前脚掌同时向左右侧蹬地，向左右侧移动，离开原来的位置。向左移叫左移步，向右移叫右移步。侧移步的作用是避开对方有力的攻击，移动到对方的侧面，准备进行反击。

5.跳换步

由标准实战姿势开始，两脚同时蹬地使身体腾空，空中两脚前后交换，同时转体；落地时身体姿势成另一侧的准备姿势。跳换步的腾空不宜高，略离地面即可；换步时要拧腰转髋，迅速敏捷，其目的是干扰对方的攻防思路，选择适宜自己进攻的方位和转换自己身体的得分部位使对方不能得分。同时争取反击的空间和时间，马上转入进攻。

6.弧形步

由标准实战姿势开始，前脚的前脚掌原地碾地面，后脚同时向左（右）蹬地后右（左）跨移一脚，成为和原来准备姿势不同方向的准备姿势。向左跨为左弧形步（或左环绕步），向右跨步为右弧形步（右环绕步）。

7.前(后)垫步

由标准实战姿势开始，后（前）脚向前（后）脚并拢的同时，前（后）脚蹬地向前（后）迈（退）

步，仍成原来的实战姿势。垫步动作的要点是后(前)脚向前(后)要迅速，不等后(前)脚落定，前(后)脚就要蹬地前(后)移动，前(后)脚移动的垫步动作要迅速、轻捷、连贯，要快速接近或远离对方。后面的连接动作，无论是进攻还是防守，都要连续迅速，可在垫步过程中做动作，不给对方任何机会。

8.前冲步

由实战姿势开始，后脚向前迈进一步，身体姿势同时转正，随即前脚向前冲一步仍成为实战姿势。可连续冲几步成实战姿势。前冲步的动作要点是两腿动作要连贯快速，类似加速冲刺。步幅小、频率要快，灵活多变，是主动追击对方的有效步法。连续动作要轻捷快速，给对方造成慌乱，亦可采用向后退的类似方法避守。

三、跆拳道的腿法

跆拳道的基本腿法有：前踢、横踢、后踢、下劈、侧踢、后旋踢、旋风踢、双飞踢、侧摆踢。重点介绍以下几种腿法。

(一)前踢

1.动作规格

以左势实战姿势开始，右脚向后蹬地，身体重心前移至左脚；右脚蹬地顺势屈膝提起，左脚以前脚掌为轴外旋约 90°，同时，右腿迅速以膝关节为轴伸膝、送髋、顶髋，把小腿快速向前踢出，力达脚尖或前脚掌。踢击目标后右腿迅速放松弹回，落回原地仍成左势实战姿势(图 10-95)。

图 10-95　前踢

2.动作要领

(1)膝关节上提时大小腿折叠，膝关节夹紧，小腿和踝关节放松，有弹性。

(2)踢击时顺势往前送髋；高踢时往上送髋。

(二)横踢

1.动作规格

右脚蹬地，重心移到左脚，右脚屈膝上提，两拳置于胸前；左脚前脚掌跟内旋，髋关节左转，左膝内扣；随即左脚掌继续内旋转 180°，右脚膝关节向前抬至水平状态；小腿快速向左前横踢出；击打目标后迅速放松收回小腿。右脚落回成实战姿势(图 10-96)。

图 10-96　横踢

2.动作要领

膝关节夹紧，向前提膝，尽量走直线；支撑脚外旋 180°；髋关节往前顺，身体与大小腿成直线，严格注意击打的力点正脚背；踝关节放松，击打的感觉是“面团”“鞭梢”。横踢攻击的主要部位有头部、胸部、腹部和肋部。

(三)后踢

1.动作规格

左脚掌为轴内旋约 90°，上身旋转重心移到右脚，屈膝收腿直线踢出，重心前移落下(图 10-97)。

图 10-97　后踢

2.动作要领

(1)起腿后上身于小腿折叠成一团。

(2)动作延伸，用力延伸。

(3)转身，提膝，出腿一次性完成，不能停顿。

(4)击扣目标在正前方稍偏右。

(四)下劈

1.动作规格

由实战姿势开始，右脚蹬地，重心前移至左脚。同时，右腿以髋关节为轴屈膝上提，两手握拳置于胸前；随即充分送髋，上提膝关节至胸部，右小腿以膝关节为轴向上伸直，将右腿直举于体前，右脚过头。然后放松向下以右脚后跟(或脚掌)为力点劈击,一直到落地,呈实战姿势(图 10-98)。

图 10-98 下劈

2.动作要领

腿尽量往高、往头后举,要向上送髋,重心往高起;脚放松往前落,落地要有控制;起腿要快速、果断;踝关节要放松。劈腿的主要攻击部位有头项、脸部和锁骨。

(五)推踢

1.动作规格

实战姿势开始。右脚蹬地,重心前移,右脚以髋关节为轴提膝前蹬,用右脚脚掌向前蹬推,力点在脚掌,推力向正前方(图 10-99)。

图 10-99 推踢

2.动作要领

提膝后尽量收紧膝关节;重心往前移,利用身体的重量为力量;推的时候腿往前伸展、送髋;推的路线水平往前。推踢的攻击目标是腹部。

(六)勾踢

1.动作规格

从左势实战姿势开始,右脚向后蹬地,身体重心前移至左脚,左脚支撑,右腿屈膝提起;左脚以前脚掌为轴,脚跟向内旋转约 180°,右腿膝关节内扣,右腿向左前方伸出,伸直后用脚掌向右侧用力屈膝鞭打,然后右腿顺势放松屈膝回收,落回原地成实战姿势。

2.动作要领

(1)起腿后右腿屈膝抬过水平,然后内扣。

(2)右脚要随转体尽量向左前伸展。

(3)右脚掌向右鞭打时要屈膝扣小腿。

(4)鞭打后顺势放松。

（七）双飞踢

1.动作规格

两人从闭势实战姿势开始，攻方先用右横踢攻击对方左肋部，同时，左脚蹬地起跳，身体腾空右转，腾空高度在膝关节以上，但不宜过高；左脚起跳后在空中用左横踢迅速踢击对方胸部或腹部；左右脚交换，右脚落地支撑，左脚横踢目标后迅速前落，成左势实战姿势（图 10-100）。

2.动作要领

（1）右腿横踢目标的同时，左脚蹬地跳。

（2）左脚起跳后迅速随身体右转横踢目标。

（3）两腿在空中交换，右脚先落地。

图 10-100　双飞踢

（八）后旋踢

1.动作规格

实战姿势开始，两脚以两脚掌为轴均内旋约 180°，身体右转约 90°；两拳置于胸前。上体右转，与双腿拧成一定角度。右脚蹬地将蹬地的力量与上体拧转的力量合在一起，将右腿向后上以髋关节为轴直腿摆起，右腿继续向右后旋摆鞭打，同时上体向右转，带动右腿弧形摆至身体右侧，右腿屈膝回收；右脚落至右后成实战姿势（图 10-101）。

图 10-101　后旋踢

2.动作要领

转身、旋转、踢腿连贯进行，一气呵成，中间没有停顿；击打点应在正前方，呈水平弧线；屈膝起腿的旋转速度要快；重心在原地旋转 360°。后旋腿攻击的主要部位有前额和胸部。

四、跆拳道的防守

跆拳道的主要防守方法有三种：一是利用闪躲、贴近等方法，通过脚步的移动，使对方的进攻落空；二是利用手臂的格挡阻截对方的进攻；三是以攻对攻，用进攻的方法阻止对方的进攻。

(一)利用闪躲、贴近等方法进行防守

闪躲就是当对方进攻时通过脚步的移动，向左右两侧或向后闪躲，从而使对方的进攻落空。而贴近就当对方进攻时快速上步与对方靠贴在一起，使对方由于距离过近而无法发挥进攻的威力。如当乙方使用后腿下压技术进攻甲方时，甲向左侧或右侧移动身体，避开对方的下压进攻；再如当乙方前旋踢进攻时，甲方可快速后撤一步或是立即上前一步，贴近乙方，使其不能用规则允许的踝关节以下的部位击打得分。

(二)利用格挡的方法进行防守

按照防守方向来划分，格挡的方法基本上有向上、向(左右)斜下、向(左右)斜上防守三种。一般来说，运动员采用格挡的方法是出于以下的原因：一是对方进攻速度较快，自己来不及使用闪躲、贴近等方法时，下意识地用格挡进行防守；二是已预测到对方使用的技术，使用针对性的格挡是为了迅速做出反击动作，使格挡成为转化攻防的连接技术，为比赛得分创造条件。

1.向上格挡(图 10-102)。

2.向(左右)斜下格挡(图 10-103)。

3.向(左右)斜上格挡(图 10-104)。

图 10-102　向上格挡

图 10-103　向斜下格挡

图 10-104　向斜上格挡

(三)利用进攻动作进行防守

就是在对方进攻的同时，防守者也使用进攻的动作，即以攻代守。这种防守的方法在当前跆拳道比赛中被广泛使用，原因在于：当对方进攻时，身体重心发生了移动，他必然有一个调整身体重心的阶段，防守者抓住此阶段实施进攻动作，往往会使得进攻者无法快速回撤身体而陷于被动或者失分。此时防守者的进攻动作属于后发制人的动作，与平常使用的进攻动作在移动方向或身体姿势上有一定的差别。

五、跆拳道变化组合腿法

1.横踢变后旋踢(图 10-105)

图 10-105　横踢变后旋踢

2.劈腿变后踢(图 10-106)

图 10-106　劈腿变后踢

3.横踢、后踢变后旋踢(图 10-107)

图 10-107　横踢、后踢变后旋踢

4.前踢变劈腿(图 10-108)

图 10-108　前踢变劈腿

5.连变横踢(图 10-109)

图 10-109　连变横踢

6.俯身变横踢(图 10-110)

图 10-110　俯身变横踢

7.前踢变横踢(图 10-111)

图 10-111　前踢变横踢

8.旋踢变前踢(图 10-112)

图 10-112　旋踢变前踢

9.格挡变后旋踢(图 10-113)

图 10-113　格挡变后旋踢

第十一章 体操类运动

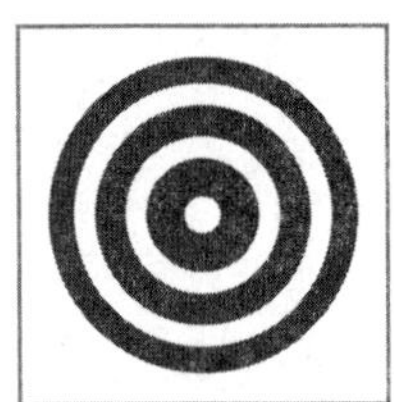

第一节　基本体操

基本体操是体育锻炼的最基本内容之一。大多数基本体操项目是学校体育教学的主要内容和训练的辅助手段。它可以促进青少年的身体正常生长发育,全面提高身体素质,获得必要的实用技能。

一、队列队形

队列和队形练习是体操的内容之一,是体操教学不可缺少的重要组成部分,它贯穿于体操课的各个环节。队列练习是学生按照一定的队形,做协同一致的动作。队形练习是在队列练习的基础上,做各种队形和图形的变化。队列练习是以《中国人民解放军队列条令》为依据的,队形练习则是根据体育教学的特点和需要,学习一些基本的内容。在体育课中进行队列和队形练习,不仅可以培养学生的组织纪律性及集体观念,严密课程的组织,集中学生的注意力,形成正确的身体姿势,有利于课程任务的完成,而且还能培养学生迅速、准确、协调一致的行动和勇往直前的精神。

(一)队列练习

队列练习分为原地动作和行进间动作两种。

1.原地动作

原地动作可分为常用动作、原地转法和原地队列变化。队列常用的动作有立正、稍息、看齐、报数、踏步及立定、集合、解散等。原地转法有向左(右)转、向后转等。原地队列变化有:①由一列横队变两列横队及还原;②由一列横队变两路纵队及还原;③由一路纵队变两路纵队及还原等。

2.行进间动作

行进间动作有便步走、齐步走、正步走、跑步走等各种走步及其互换和立定;向前、后、左、右移动;行进间向左(右)转走、向后转走;行进间队列变化(动作与原地队列变化相同,只是行进中做);左(右)转弯走、左(右)后转弯走等。

(二)队形练习

队形练习有图形行进、队形变化、散开和靠拢三种。

1.图形行进

图形行进有直方向、斜方向和曲线方向行进几种。直方向行进有绕场行进、错肩行进等;斜方向行进有对角线行进、交叉行进等;曲线方向行进有蛇形行进、螺旋形行进、"8"字形行进等。

2.队形变化

队形变化有分队、合队、裂队、并队和一路纵队依次转弯成多路纵队走等。

3.散开和靠拢

散开和靠拢有两臂间隔散开和靠拢,横队梯形散开和靠拢,纵队弧形向前、后散开和靠拢,依次散开和靠拢。

二、徒手体操

根据练习形式不同,徒手体操可分为单人动作、双人动作、三人动作和集体动作。单人动作根据人体解剖结构,又分为头颈动作、上肢动作、下肢动作、上体动作及全身动作。

(一)单人动作

头颈动作:屈、转、绕和绕环等动作。

上肢动作:举、振、屈、伸、绕和绕环等动作。

上体动作:屈、转、绕和绕环、倾等动作。

下肢动作:举、踢、屈、伸、弓步、蹲、跳、绕和绕环等动作。

全身基本动作:立、撑、卧、坐等动作。

(二)双人、多人动作

双人、多人动作是指根据单人动作通过互相协调配合共同完成的动作练习。按用力性质的特点分为助力性、协调性和对抗性三种动作。助力性动作,即一个帮助另一个做动作;协调性动作,即两人互相借助对方配合做动作;对抗性动作,即两人相互对抗用力做动作。

三、轻器械体操

轻器械体操是在徒手体操基础上,通过手持哑铃、实心球、体操棍等轻器械,利用器械的特点进行练习,以达到锻炼身体目的的练习形式。

(一)实心球练习

实心球(由橡胶制成)按质量分有 0.5 千克、1 千克、2 千克等规格,直径为 10～20 厘米。它是一种安全实用的发展力量素质的轻器械,其练习方法多种多样。

(1)掷球练习法:采用站姿,双手或单手持实心球于肩后,正面助跑 2～3 步向前上方掷球。

(2)抛球练习法:面对或背对掷球方向,屈膝站立,双手持球在体前,蹬腿,全身用力向前上方或后上方掷球。

(3)定向掷球练习法:在10～15米处地面上画直径不大于1米的圆,用单手或双手向圆内掷球。

(4)简易保龄球练习法:在10～15米处地面上,平整地画一等边三角形(边长50厘米以上),三角形内摆放10个保龄球(或装沙的塑料可乐瓶),用单手或双手采用地滚球击打目标,击倒目标多者为优胜。

(二)体操棍练习

体操棍是木质圆形棍棒,长1～1.2米,直径为2～2.5厘米。以棍为限制物,通过各种练习来加大动作的幅度和强度,以增强各关节的灵活性和柔韧性。

体操棍的握法有正握、反握、翻握、持棍端或棍中间等。动作分单人和双人。

第二节　健美操

一、健美操运动概述

健美操是在音乐伴奏下,以操化身体练习为基本手段,以有氧运动为基础,以追求身心健康、塑造形体和娱乐为目的的新兴体育运动。近年来,随着健身运动的不断发展,人们对健身的理解进一步加深,知识水平和健身的科学化程度不断提高,对健身的需求也更加多样化和个性化,因此也出现了多种新的健身形式,如近年来兴起的水中健美操和利用移动器械的集体力量练习以及在特殊场地进行的固定器械的有氧练习等。这些新的健身形式使健美操运动的内容更加丰富,适合的人群更加广泛,健身的效果更好,同时降低了损伤的可能性。

(一)健美操的起源与发展

健美操的起源应追溯到两千多年前。古希腊人对人体美的崇尚举世闻名,他们认为,在世界万物之中,只有人体的健美才是最匀称、最和谐、最庄重、最有生气和最完美的。他们提出了"体操锻炼身体,音乐陶冶精神"的主张。到目前为止,健美操不仅在欧美等发达国家蓬勃发展,而且在一些发展中国家和地区也得到了不同程度的开展,各种健美操俱乐部、健身操中心和健美操培训班如雨后春笋般涌现,许许多多的人选择健美操作为自己主要的健身方式,形成了世界范围的"健美操热"。

现代健美操在我国的兴起应该是20世纪70年代末至80年代初。1984年原北京体育学院成立了健美操教研室,接着上海体院也成立了健美操教研室,率先开设了选修和专修课。随着健美操的深入开展,健美操从社会进入了学校,被列入各级学校体育大纲之中,并且成为我国各级各类学校体育课或课外活动中一项深受师生欢迎的教学内容和锻炼方法。

1992年,经民政部注册,中国健美操协会正式成立,同时也成为中华全国体育总会的团体会员,在全国各行业系统也先后成立了有关的组织并举办健美操的活动。1997年国家体育总局成立体操运动管理中心,健美操项目归属体操运动管理中心管理,各省市体育局也明确了健美操项目的管理部门。1998年,国家体育总局颁布了《健美操活动管理办法》,使我国健美操项目的管理更加规范化。

目前，健美操的种类和练习形式呈多样化的发展趋势。其中最受大学生欢迎的有矫健阳刚的“搏击健美操”、乐舞相融的“拉丁健美操”、别有神韵的“瑜伽健美操”和极富活力的“街舞健美操”等。近年来，随着健美操运动的迅猛发展，健美操领域已经形成各种流派，也得到社会的认可。

(二)健美操的特点

健美操与其他体育项目相比较，其主要特点在于健身美体的实效性、健身锻炼的娱乐性和节奏鲜明的时代性。

1.健身美体的实效性

健美操是依据人体解剖学、运动生理学、体育美学等多学科理论，为人体健康和健美的发展而编排的。它的动作内容丰富，参与运动的关节多，刺激频率与强度较大。健美操还可以对身体某一部位进行针对性锻炼，使人们在锻炼身体的同时又进行了身体形态的修正。

2.健身锻炼的娱乐性

健美操锻炼的娱乐性主要体现在健美操锻炼过程中接受美、享受美与表现美的愉悦之中，体现在健美操带给人们热情奔放的情感体验之中。

3.节奏鲜明的时代性

健美操必须在音乐的伴奏下练习。其音乐一般取材于迪斯科、爵士乐、摇滚等现代音乐和具有上述音乐特点的民族乐曲，使健美操极具韵律感，体现出一种鲜明的时代性。

二、科学的健美操锻炼

有运动经验的人都知道，体育活动一般由热身练习、正式练习和放松练习三个重要部分组成。正式练习是运动的关键部分，但是，正式练习前必须做热身活动，正式练习后则要做放松整理活动，三者缺一不可。参加健美操锻炼也一样。

(一)热身练习

运动前的热身有两个重要作用：一是为运动做好心脏和肌肉的准备；二是伸展骨骼、肌肉和韧带。为使心脏肌肉做好准备，可以选择一些如 2 分钟的快走、慢跑或其他强度不大的练习；为了伸展骨骼、肌肉和韧带，则应选择一些静力性的拉伸练习，如压腿、体前屈等。实验表明，运动前做热身练习的人不会出现心律失常，且有助于减少肌肉受伤的可能性。

(二)正式练习

正式练习必须有一定的量和强度。剧烈的健美操属于无氧运动，中小强度的低冲击力健美操则是较好的有氧练习。一定的时间、一定的运动量和运动强度的刺激，可以对神经系统、心血管系统和呼吸系统及其他器官进行反复多次调节，形成适应性反应，使人体的结构产生改变，运动能力提高。这是一个长期的练习过程，只有循序渐进、持之以恒，遵守科学的锻炼方法，才能达到良好的效果。

(三)放松练习

放松练习和热身练习一样，也包括静力性肌肉拉伸和心脏血管系统的放松练习。静力性肌肉拉伸可以避免疲劳引起的肌肉充血、僵硬，且此时肌肉温度升高，做伸展练习时幅度比平时大很多，更易改善身体的柔韧性，还能加速乳酸的消除。

三、健美操的基本动作

(一)站立的基本姿态

头正直，肩下沉，胸挺起，背直立，腹收回，膀提起，臀夹紧，腿上收。

(二)基本手形

1.动作要点与做法

(1)五指并拢的掌型：五指伸直，相互并拢。大拇指微屈，指关节贴于食指旁(图 11-1)。

(2)五指张开的掌型：五指用力伸直，充分张开(图 11-2)。

(3)立掌型：五指伸直，手掌用力上翘(图 11-3)。

(4)屈指掌型：手掌用力上翘，五指自然弯曲(图 11-4)。

(5)拳型：握拳，拇指在外，指关节弯曲，紧贴于食指和中指(图 11-5)。

(6)芭蕾舞手型：五指微屈，后三指并拢，稍内收，拇指内扣(图 11-6)。

(7)西班牙舞手型：五指用力，小指、无名指、中指自掌指关节处依次屈，拇指内扣(图 11-7)。

图 11-1　五指并拢

图 11-2　五指张开

图 11-3　立掌型

图 11-4　屈指掌型

图 11-5　拳型

图 11-6　芭蕾舞手型

图 11-7　西班牙舞手型

(三)头颈动作

(1)屈：指头颈关节做前后、左右的弯曲动作。

(2)转：指头颈部绕身体垂直轴做转动动作。

(3)绕和绕环：指以头颈部为轴做弧形或圆形运动的动作。

(四)上肢动作

1.肩部动作

(1)提肩、沉肩：提肩是指肩胛骨做向上的运动；沉肩指肩胛骨做向下的运动。

(2)收肩、展肩：固定胸部，单肩或双肩向内收，稍含胸，然后外展，挺胸。

(3)绕和绕环：绕是单肩或双肩以肩关节为轴做小于 360°的弧形运动；绕环是单肩或双肩以肩关节为轴做大于 360°的圆周运动。

2.两臂动作

(1)举:以肩为轴,两臂快速运动并停止在某一部位。包括前举、上举、前上举、前下举、侧上举、侧举、侧下举、下举、后下举。

(2)屈:臂部的肌肉收缩,使关节产生屈和伸的活动过程。包括胸前屈、胸前平屈、胸前上屈、肩侧屈、肩侧下屈、肩侧上屈、腰侧屈和头后屈。

(3)伸:臂部关节伸展的动作。

(4)摆动:单臂或两臂做向前、向后或向左、向右的摆动动作,弧度不超过180°。

(5)绕和绕环:以肩、肘为轴向各方向做圆周运动,180°～360°绕环。

(6)振:单臂或两臂以肩为支点做后振、侧振或上下振动。

(五)躯干动作

躯干是健美操动作中最富表现力的部位,躯干练习包括胸部动作、腰部动作和髋部动作。

1.胸部动作

(1)含胸、展胸:含胸,指两肩内含,胸廓内收;展胸,指挺胸外展。

(2)振胸:胸部急速做内含和外展的弹性动作。

2.腰部动作

(1)腰屈:下肢固定,上体做体前、体后、体侧、体后屈动作。

(2)转腰:下肢固定,上体沿垂直轴做扭转动作。

3.髋部动作

(1)顶髋:一侧腿支撑并伸直,另一侧腿屈膝,将髋关节急速水平顶出,上体保持正直。

(2)提髋:髋关节做急速向一侧上提。

(3)摆髋:髋关节做钟摆式的移动动作。

(4)髋的绕和绕环:髋关节做弧形或圆形移动动作。

(六)下肢动作

1.站立

站直,两腿并拢,立腰收腹,平视前方。

2.蹲

脚尖向前,大腿小腿约呈90°为半蹲,小于90°为小蹲。可并腿或分腿做。

3.弓步

一腿屈膝,膝关节弯曲呈90°左右,另一腿伸直。有前弓步、侧弓步。

4.移重心

两脚开立,一侧重心通过半蹲移向另一侧。有前后、左右移重心。

5.基本步伐

(1)踏步类:脚落地时膝关节自然弯曲,有弹性,由前脚掌过渡到全脚掌落地。同时躯干伸直,髋微收,两臂自然前后摆动。踏步种类很多,有踏步、踏点地、并步、交叉步、"V"字步、恰恰步、弓步、移重心等。

(2)跑跳类:跑跳动作运动强度适中,在一个周期中有双脚腾空的过程,练习中应轻松自然有弹性,落地时膝关节自然屈膝缓冲,脚跟有落地动作,同时上体不能含胸屈体。跑跳有前踢腿跑、后踢腿跑、吸腿跳、钟摆跳、蹬摆跳、弹踢腿跳、踢腿跳、弓步跳、开合跳、并足跳、点地跳等。

(七)基本动作组合

1.髋部动作组合

这套髋部动作组合是由健美操基本动作之一——髋部动作,配以健美操手臂的特色动作组合而成,主要是躯干和上肢运动,它包括左右顶髋、臂屈伸及挥摆等。这套操有助于训练髋部运动的灵敏性和躯干与上肢配合运动的协调性。其特点是:短小(共 3×8 拍),便于记忆,通过变换方向,改变动作顺序反复练习,还可以提高兴趣,增大运动量。

(1)动作要领与做法:原地顶髋是健美操髋部动作中最基本的一种。开立后左(右)腿屈膝内扣,同时向右(左)顶髋,上体保持正直。

①预备节(1×8 拍)(图 11-8):

预备姿势:开立,两手叉腰。

1~4 拍 保持预备姿势。

5 拍 左腿屈膝内扣,同时向右顶髋。

6 拍 右腿屈膝内扣,同时向左顶髋。

7~8 拍 同 5~6 拍。

图 11-8 髋部动作预备节

②第一个 8 拍(图 11-9):

1 拍 左腿屈膝内扣,同时向右顶髋,两臂胸前平屈(拳心向下)。

2 拍 右腿屈膝内扣,同时向左顶髋,两臂下伸(拳心向后)。

3~4 拍 同 1~2 拍。

5 拍 腿和髋同 1 拍,同时两臂经侧至头上交叉 1 次后成上举(五指并拢,掌心向前,两臂交叉时左手在前),抬头。

6 拍 腿和髋同 2 拍,同时两臂头上交叉 1 次后成上举(两臂交叉时右手在前)。

7 拍 腿和髋同 1 拍,同时两臂肩侧屈(手指触肩),头向右转。

8 拍 腿和髋同 2 拍,同时两臂还原至体侧(掌心向内),头还原。

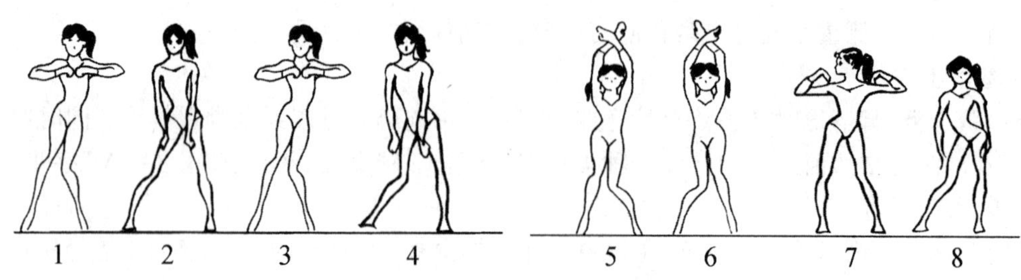

图 11-9 髋部动作第一个 8 拍

③第二个 8 拍(图 11-10)：

1 拍 腿和髋同第一个 8 拍的 1 拍，同时左臂胸前屈(拳心向后)。

2 拍 腿和髋同第一个 8 拍的 2 拍，同时右臂胸前屈(拳心向后)。

3 拍 腿和髋同 1 拍，同时左臂前伸(五指分开，掌心向内)。

4 拍 腿和髋同 2 拍，同时右臂前伸(五指分开，掌心向内)。

5～6 拍 自左脚起踏步走 2 步，同时两手胸前击掌 2 次。

7 拍 双脚起跳成开立，同时两手叉腰。

8 拍 不动。

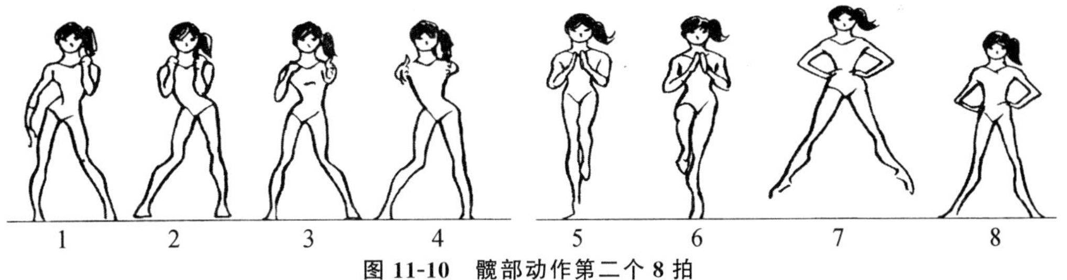

图 11-10　髋部动作第二个 8 拍

(2)音乐选择：旋律清晰、节奏感强的迪斯科音乐，速度为 24 拍/10 秒。

要求：髋部动作幅度大，节奏感强；上肢动作到位，有力度，与髋部动作配合协调。

(3)练习方法：可采用递加法练习，熟练掌握整套组合后，可改变动作顺序。如：第一个 8 拍的 1～4 与第二个 8 拍的 5～8；第一个 8 拍的 5～8 与第二个 8 拍的 1～4 组合成新的动作节拍。变换方向：改变组合中第二个 8 拍 5～6 拍踏步走的方向，可向左(右)转 90°、180°、360° 等，从而使整套组合练习更加活跃，有助于激发练习者的兴趣，发展协调性和表现力，进一步提高动作质量，加大运动量，提高锻炼效果。

说明：除第一遍外，其他几遍之前不再做预备节的 1×8 拍动作。

2.跳步动作组合

跳跃动作是健美操的特色之一。这套跳跃动作组合共 10 个 8 拍，是由健美操的几种主要的跳步，配以上肢动作的变化和身体姿态的变化组合而成，突出“健、力、美”特色，使学生在欢快、具有动感的音乐声中增强腿部力量和协调性。

(1)动作要点与做法

要求身体放松，动作准确到位，落地一定要屈膝缓冲，全力以赴。

①预备姿势：开立，两手叉腰。

第一个 8 拍(图 11-11)：

1～2 拍 不动。

3～4 拍 两脚弹动 2 次。

5～6 拍 跳成并立，同时两脚弹动 2 次。

7 拍 跳成开立。

8 拍 跳成并立，同时两臂落至体侧(五指并拢，掌心向内)。

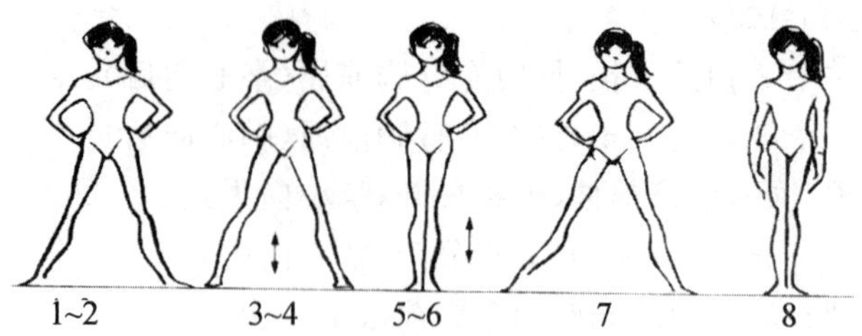

图 11-11　跳步动作第一个 8 拍

②第二个 8 拍(图 11-12)：

1 拍 右腿后踢跑,同时两臂胸前屈(拳心向后)。

2 拍 左腿后踢跑,同时两手胸前击掌。

3 拍 右腿后踢跑,同时两臂肩侧上屈(拳心向内)。

4 拍 并腿,手同 2 拍。

5 拍 双脚向右蹬跳成右侧弓步(左脚跟着地),同时左臂侧举(拳心向下),右臂胸前平屈(拳心向下),头稍左转。

6 拍 还原成并立,同时两手胸前击掌。

7～8 拍 同 5～6 拍,方向相反,但 8 拍两臂还原至体侧。

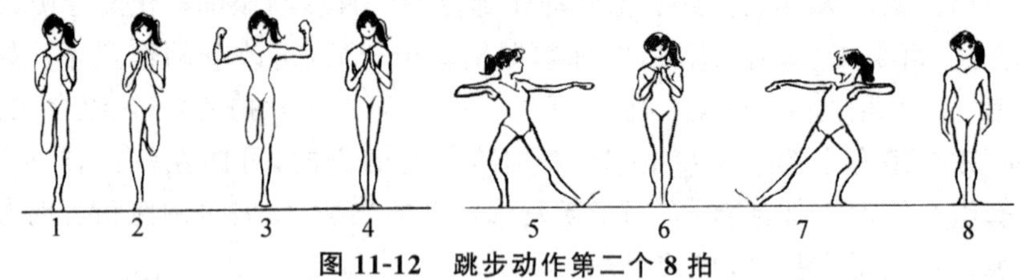

图 11-12　跳步动作第二个 8 拍

③第三个 8 拍(图 11-13)：

1 拍 左脚向侧一步,同时左臂上举(五指并拢,掌心向内),右臂前举(五指并拢,掌心向内),目视前方。

2 拍 提右膝同时向右转体 90°,右臂胸前上屈(拳心向后),左臂胸前平屈(指尖搭在右臂)。

3 拍 右腿后伸成左前弓步,同时左臂侧举(掌心向下),右臂肩侧上屈,头向右转。

4 拍 右腿还原跳成并立,同时两臂还原至体侧(掌心向内),头还原。

5 拍 左腿提膝跳,同时两臂胸前平屈(拳心向下)。

6 拍 还原成并立,同时两臂还原至体侧(拳心向后)。

7 拍 右腿高踢跳。

8 拍 右腿落下成并立。

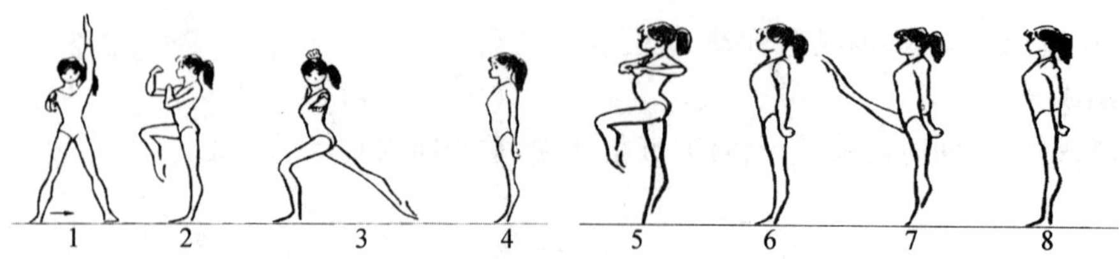

图 11-13　跳步动作第三个 8 拍

④第四个 8 拍:同第三个 8 拍,方向相反(图 11-14)。

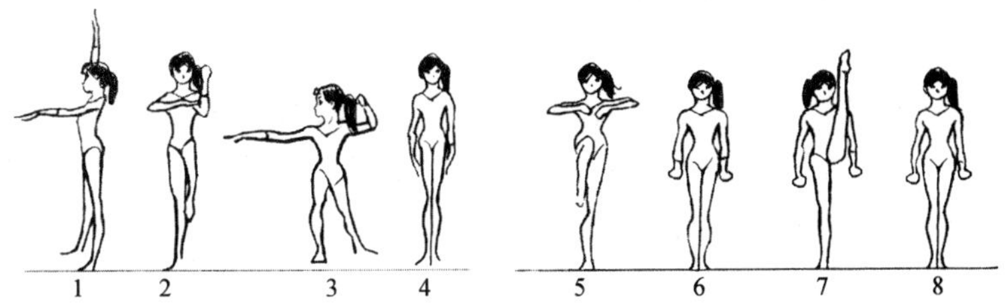

图 11-14　跳步动作第四个 8 拍

⑤第五个 8 拍(图 11-15):

1 拍 跳成开立,同时左臂侧举(拳心向下),头向左转。

2 拍 跳成并立,同时左臂肩侧上屈(拳心向内),头还原。

3 拍 跳成开立,同时右臂侧举(拳心向下),头向右转。

4 拍 跳成并立,同时右臂肩侧上屈(拳心向内),头还原。

5 拍 跳成开立,同时两臂胸前屈(拳心向后)。

6 拍 跳成并立,同时两臂胸前平屈(拳心向下)。

7 拍 跳成开立,同时两臂上举(五指并拢,掌心向内)。

8 拍 跳成并立,同时两臂还原至体侧(掌心向内)。

⑥第六至第九个 8 拍:同第二至第五个 8 拍,方向相反。

图 11-15　跳步动作第五个 8 拍

⑦第十个 8 拍(图 11-16):

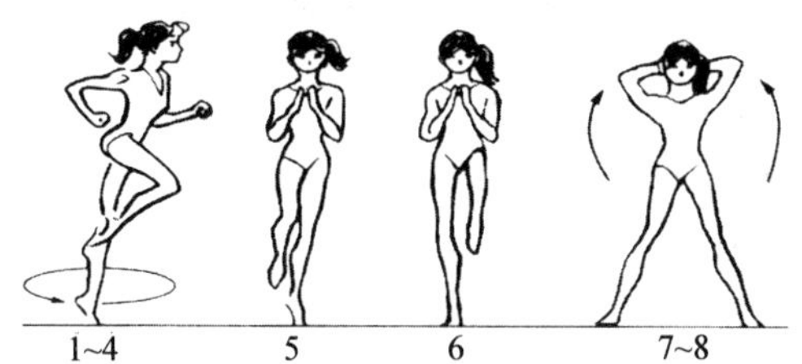

图 11-16　跳步动作第十个 8 拍

1～4 拍 跑跳步向左转体 360°,同时两臂体侧屈自然摆动(拳心向内)。

5～6 拍 原地踏步走,同时两手胸前击掌 2 次。

7～8 拍 跳成开立,两臂向外绕至肩上屈,两手扶头后(五指并拢),挺胸立腰,目视前方。

(2)音乐选择:旋律清晰、欢快、具有动感,速度为 26 拍/10 秒的音乐。

(3)要求:跳跃轻快,富有弹性;动作到位,有力度;整套动作连贯,节奏准确,富有表现力。

四、健身健美操成套动作

健身健美操是以健美操基本步法为基础，配以上肢、髋部、躯干等部位动作组合而成，符合当前健美操发展的方向，对学生有重点地掌握健美操的基本动作，形成良好的身体姿态，发展有氧代谢的能力及协调、灵敏的素质均有较好的作用。全操总时间约 2 分 30 秒，由 7 节组成。每节 4×8 拍。在第一节中，重点学习和掌握 1～3 种步伐。

1.预备姿势：直立。

2.第一节：踏步、走步(4×8 拍)

第一个 8 拍(图 11-17)：

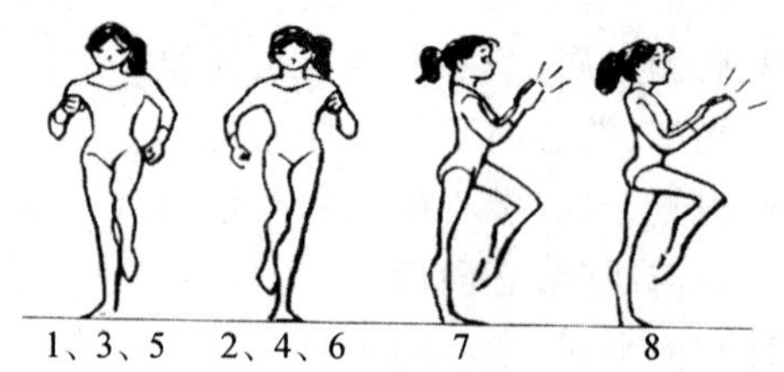

图 11-17　踏步、走步第一个 8 拍

1～6 拍左脚开始原地踏步，两臂前后自然摆动。

7～8 拍继续踏步，同时胸前击掌两次。

第二个 8 拍(图 11-18)：

1～3 拍 左脚开始向前走 3 步，同时两臂屈肘前后摆动(拳心向后)。

4 拍 右脚并左脚，两臂自然放下。

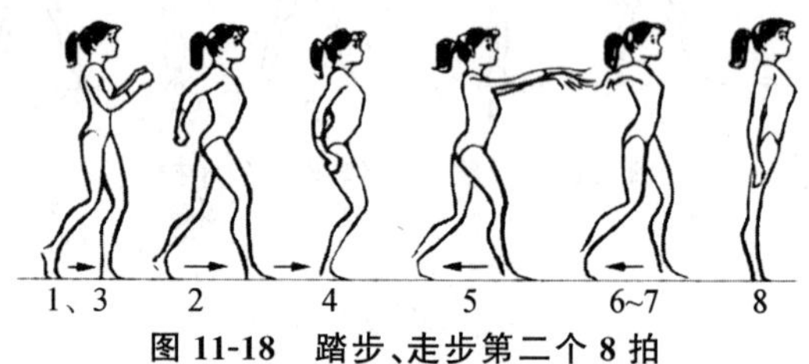

图 11-18　踏步、走步第二个 8 拍

5～7 拍 左脚开始向后退 3 步，同时两臂经前举交叉至侧举(五指分开，掌心向下)。

8 拍 右脚并左脚，两臂放下。

第三个 8 拍同第二个 8 拍。

第四个 8 拍(图 11-19)：

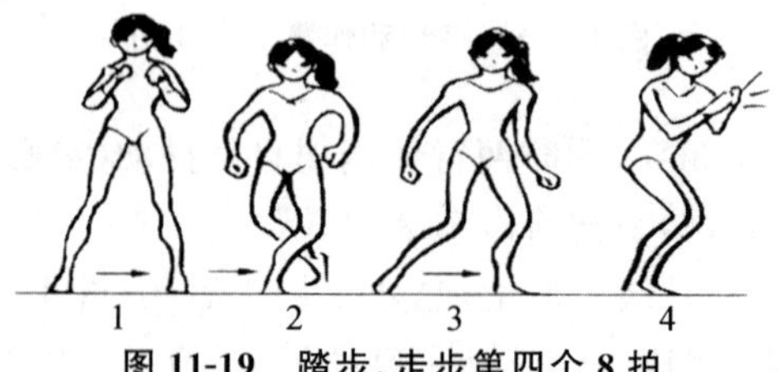

图 11-19　踏步、走步第四个 8 拍

1～4 拍 左脚开始向左侧做后交叉步走，同时两臂屈肘经前摆、后摆至胸前击掌。

5～8 拍 同 1～4 拍，方向相反。

3.第二节：并步（4×8 拍）

第一个 8 拍（图 11-20）：

1 拍 左脚侧跨一步成开立起踵，两手叉腰。

2 拍 两腿微屈，右脚点于左脚内侧。

3～4 拍 同 1～2 拍，方向相反。

5～8 拍 同 1～4 拍。

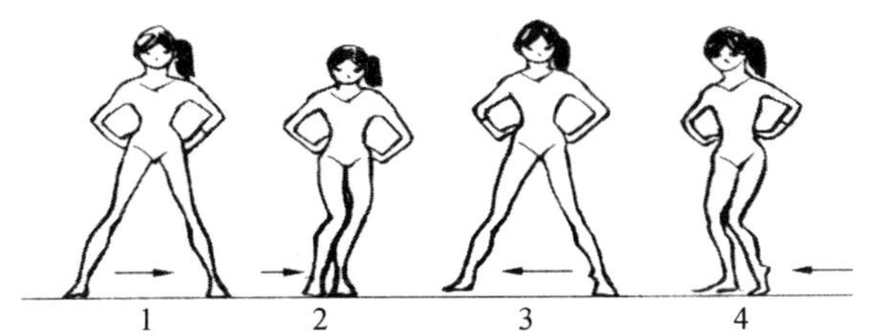

图 11-20　并步第一个 8 拍

第二个 8 拍（图 11-21）：

1 拍 左脚侧跨一步成开立起踵，同时两臂经屈肘（握拳）至侧上举（五指分开，掌心向前）。

2 拍 两腿微屈，右脚点于左脚内侧，同时两臂经屈肘（握拳）至下举（拳心向内）。

3～4 拍 同 1～2 拍，方向相反。5～8 拍同 1～4 拍。

图 11-21　并步第二个 8 拍

第三个 8 拍（图 11-22）：

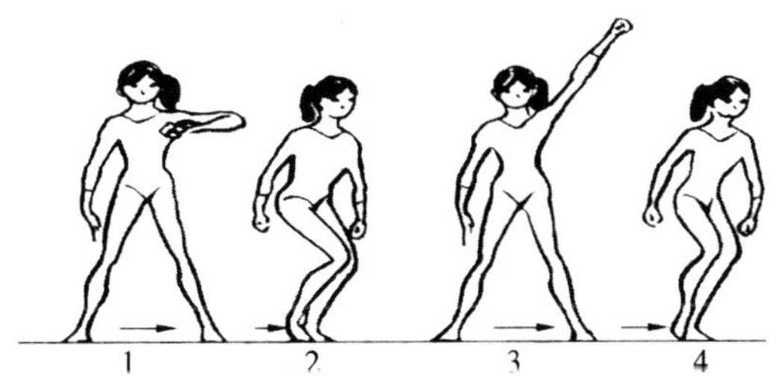

图 11-22　并步第三个 8 拍

1～2 拍 左脚侧出一步，接着右脚点于左脚内侧，同时左臂经胸前平屈（拳心向下）至下举（拳心向内）。

3～4 拍 脚的动作同 1～2 拍，左臂经侧上举(拳心向外)至下举(拳心向内)。

5～8 拍 同 1～4 拍，方向相反。

第四个 8 拍(图 11-23)：

1～2 拍 脚的动作同第三个 8 拍的 1～2 拍，同时两臂经胸前平屈(拳心向下)至胸前屈(拳心向内)。

3～4 拍 脚的动作同 1～2 拍，同时两臂经上举(拳心向前)侧落至下举(拳心向内)。

5～8 拍 同 1～4 拍，方向相反。

图 11-23 并步第四个 8 拍

4.第三节："V"字步(4×8 拍)

第一个 8 拍(图 11-24)：

1 拍 左脚向左前方迈一步，两臂自然摆动。

2 拍 右脚向右前方迈一步，两臂自然摆动。

3 拍 左脚向右后方退一步，两手体前击掌。

4 拍 右脚并左脚，两臂体侧自然弯曲。

5 拍 左脚向左后方迈一步，两臂自然摆动。

6 拍 右脚向右后方迈一步，两臂自然摆动。

7 拍 左脚向右前方迈一步，两手体前击掌。

8 拍 右脚并左脚，两手体侧自然弯曲。

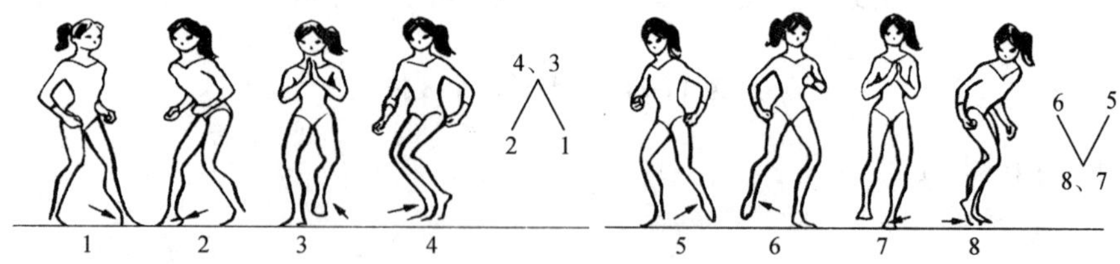

图 11-24 "V"字步第一个 8 拍

第二个 8 拍(图 11-25)：

1 拍 左脚向左前方迈一步，同时左臂侧前下举(掌心向下)。

2 拍 右脚点于左脚内侧，同时左臂肩侧上屈，手扶头后。

3～4 拍 同 1～2 拍，方向相反。

5～7 拍 左脚开始后退三步，同时两臂经前上伸直(五指分开，掌心向上)，弧形摆至下举。

8 拍 右脚并左脚。

第三至第四个 8 拍同第一至第二个 8 拍，方向相反。

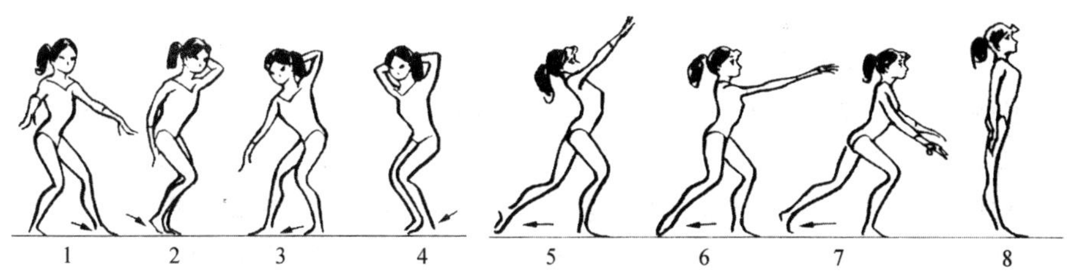

图 11-25　"V"字步第二个 8 拍

5.第四节：半蹲步、髋部动作(4×8 拍)

第一个 8 拍(图 11-26)：

1～2 拍 左脚向左侧迈一步，同时两腿半蹲，两手撑两膝。

3～4 拍 右脚并左脚，同时两手合掌经胸前至上举。

5～8 拍 同 1～4 拍。

第二个 8 拍同第一个 8 拍，方向相反。

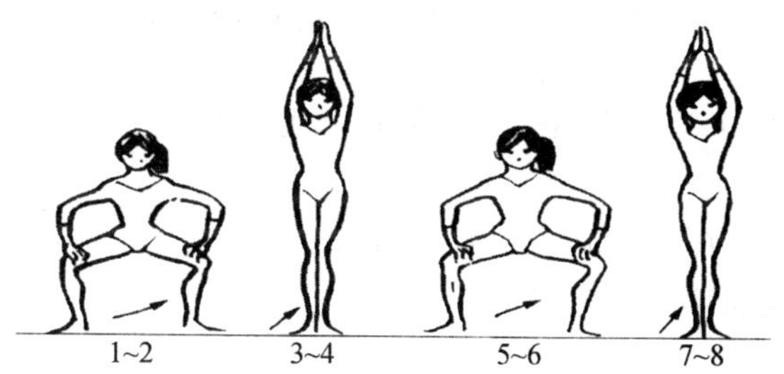

图 11-26　半蹲步、髋部动作第一个 8 拍

第三个 8 拍(图 11-27)：

1～2 拍 左脚侧出一步，同时右腿稍屈膝内扣，向左顶髋 2 次，两手撑于髋脊。

3～4 拍 同 1～2 拍，方向相反。

5 拍 向左顶髋，同时右臂左前举(五指分开，掌心向下)。

6 拍 向右顶髋，同时左臂右前举(五指分开，掌心向下)。

7 拍 髋同 5 拍，同时两手向下击同侧大腿 1 次。

8 拍 还原成直立。

第四个 8 拍同第三个 8 拍，方向相反。

图 11-27　半蹲步、髋部动作第三个 8 拍

6.第五节：吸腿跳、弓步跳(4×8 拍)

第一个 8 拍(图 11-28)：

1 拍 左腿前提做吸腿跳一次，同时左臂摆至侧举(掌心向下)，右臂摆至胸前平屈(拳心向下)。

2 拍 跳成并立，两臂放下。
3～4 拍 同 1～2 拍，方向相反，同时向左转体 90°。
5 拍 左脚后撤一步成右前弓步，同时两臂经下向前摆至胸前上屈(拳心向后)。
6 拍 左脚收回。
7 拍 右脚后撤一步成左前弓步，同时两臂向前推出(屈指掌，掌心向前)。
8 拍 右脚收回，同时右转 90°直立，两臂还原至体侧下垂(掌心向内)。
第二个 8 拍同第一个 8 拍，但方向相反。
第三至第四个 8 拍同第一至第二个 8 拍。

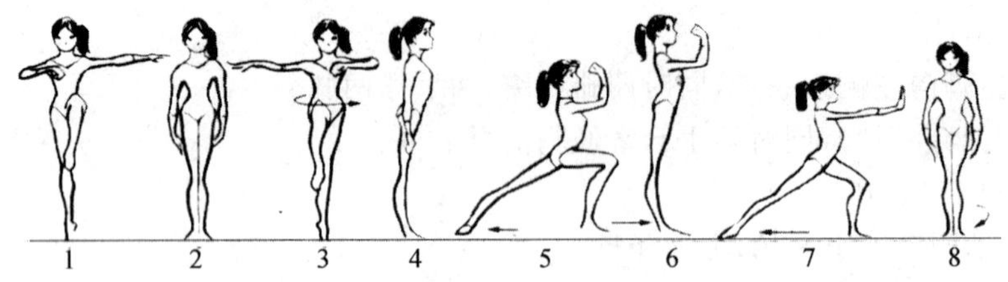

图 11-28　吸腿跳、弓步跳第一个 8 拍

7.第六节：分腿跳、开并腿跳、踢腿跳、弹踢跳、摆腿跳(4×8 拍)
第一个 8 拍(图 11-29)：
1 拍 原地分腿高跳，同时两臂胸前平屈(拳心向下)。
2 拍 还原成直立，同时两肩自然下垂。
3 拍 跳成开立，同时两臂侧举(掌心向下)。
4 拍 还原成直立，两臂自然下垂。
5 拍 左腿向前高踢跳。
6 拍 同第 4 拍。
7 拍 右腿向前高踢跳。
8 拍 同第 4 拍。
第二个 8 拍同第一个 8 拍，但最后 1 拍左腿后屈。

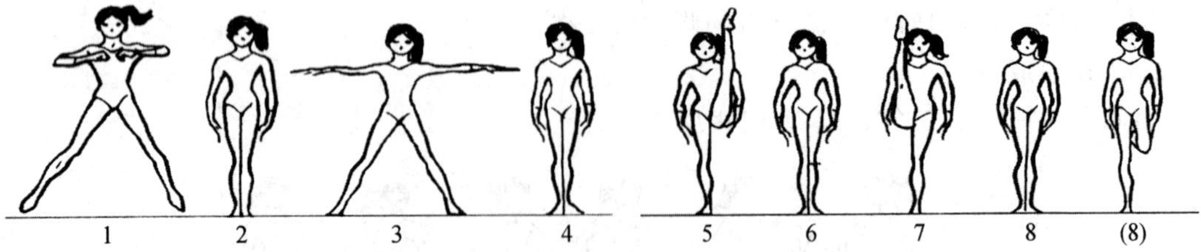

图 11-29　分腿跳、开并腿跳、踢腿跳、弹踢跳、摆腿跳第一个 8 拍

第三个 8 拍(图 11-30)：
1 拍 右脚跳起落地，同时左腿向前下方弹踢，两臂体侧下举(掌心向后)。
2 拍 右脚跳起后屈，同时左腿落地。
3～4 拍 同 1～2 拍，方向相反。
5～8 拍 同 1～4 拍。

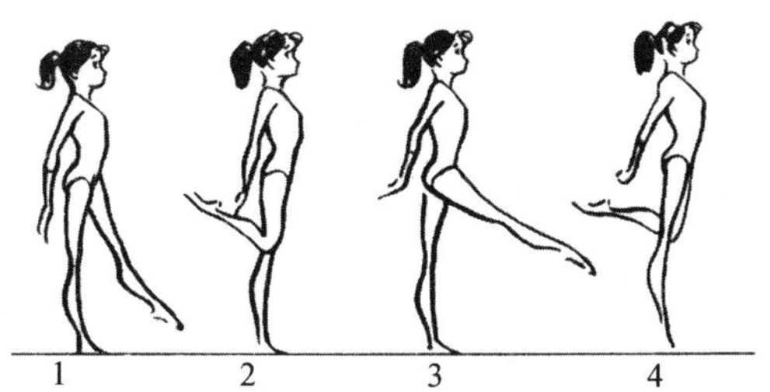

图 11-30　分腿跳、开并腿跳、踢腿跳、弹踢跳、摆腿跳第三个 8 拍

第四个 8 拍(图 11-31)：

1～2 拍 同第三个 8 拍的 1～2 拍，但左腿向侧下方弹踢，上体右倾。

3 拍 同 1 拍，方向相反。

4 拍 跳成并立。

5 拍 右脚跳起落地，同时左腿侧摆，两臂摆至左下方(五指分开，掌心向后)。

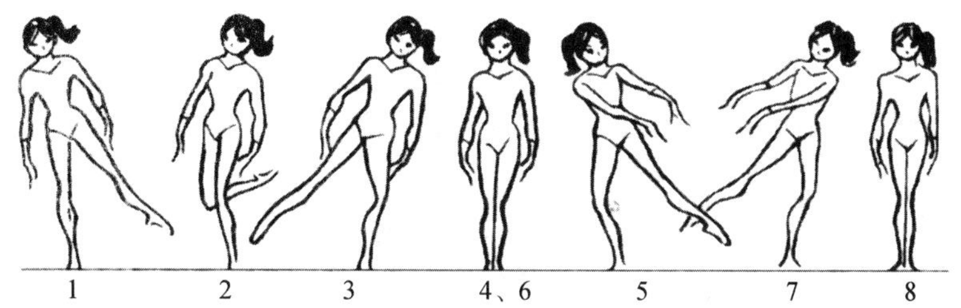

图 11-31　分腿跳、开并腿跳、踢腿跳、弹踢跳、摆腿跳第四个 8 拍

6 拍 跳成并立。

7、8 拍 同 5～6 拍，方向相反。

8.第七节：伸展、体侧屈、呼吸整理(4×8 拍)

第一个 8 拍(图 11-32)：

1～4 拍 左脚侧出点地，同时右臂经侧弧形至上举(掌心向外)，抬头稍右转吸气，拉长身体右侧。

5～6 拍 上体左屈，低头稍左转，右臂头上左屈，手腕手指放松，继续拉长身体右侧。

7～8 拍 左脚收回，右臂顺势经体前自然下落，还原成直立，呼气。

第二个 8 拍同第一个 8 拍，方向相反。

图 11-32　伸展、体侧屈、呼吸整理第一个 8 拍

第三个 8 拍(图 11-33):

1～4 拍 左脚侧出成大开立,同时两臂经腹前交叉弧形向侧分开至侧上举(掌心向外),抬头挺胸吸气。

5～6 拍 两腿半蹲,同时两臂经侧弧形下落至体前交叉,稍低头呼气。

7～8 拍 两臂弧形外摆,自然呼吸。

图 11-33 伸展、体侧屈、呼吸整理第三个 8 拍

第四个 8 拍(图 11-34):

1～4 拍 两腿伸直,同时两臂经体前交叉,向内绕至侧上举(掌心相对),抬头挺胸呼气。

5～8 拍 左脚收回还原成直立,同时两臂经体侧下落(两手翻掌向下),呼气。

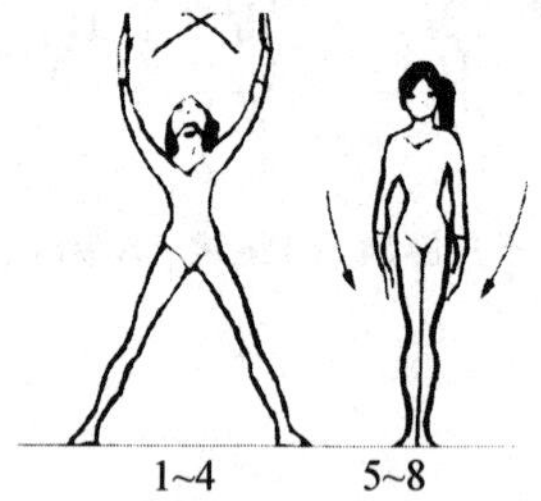

图 11-34 伸展、体侧屈、呼吸整理第四个 8 拍

第三节 瑜伽运动

一、瑜伽概述

瑜伽是梵语"Yoga"之译音,产生于公元前,是人类智慧的结晶。健身瑜伽是一种老少皆宜、安全有效的运动,不仅能调节全身,而且能增进心理与生理的健康。瑜伽起源于印度,是古代印度哲学弥漫差等六大派中的一派,已有五千多年的历史。瑜伽是梵文词,意思是自我(Atma)和原始因(The original cause)的结合(Theunion)或一致(Onences)。从广义上讲,瑜伽是哲学,从狭义上讲瑜伽是一种精神和肉体结合的运动。现在一般讲瑜伽,是指锻炼身体的健身方法,用来增进人们的身体、心理和精神的健康。瑜伽的渊源十分古老久远,在有文字记载开始以前,它就已经存在了。在中国,真正的瑜伽师和练瑜伽的人并不多,仅仅是近几年,瑜

伽才走进健身房，开始被大众熟悉。

二、瑜伽基本理论与技术

（一）呼吸

在瑜伽理论中，瑜伽学者们常常形容呼吸就是吸取生命之气。“生命之气”就是精气、精力，虽然看不到，但能时时刻刻感觉到。瑜伽呼吸由 3 个部分组成——吸气、悬息（屏气）、呼气。瑜伽的呼吸方法是一种特殊的方法，称之为“完全呼吸法”。它是同时运用腹部、胸部和肩部三合一的呼吸原则，对呼吸重新调整而达到“调息”的呼吸练习方法。瑜伽呼吸方法大约有 10 多种，较为简单的、也容易为初学者所掌握的有“胸式呼吸”“腹式呼吸”“完全呼吸”“交替呼吸”等。

1.胸式呼吸法

气息的吸入局限在胸的区域，气息较浅，这种呼吸适宜做针对性较强的动作（比如上背部和胸部的动作）。

方法：呼吸时，意识集中于肺部，缓缓吸气，感觉自己的肋骨向外扩张，气息充满胸腔，保持腹部的平坦；缓缓呼气放松胸腔，将气呼尽。

2.腹式呼吸法

气息的吸入局限于腹部的区域，气息较深，横膈肌下降得较为充分。

方法：呼吸时，更多关注腹部，缓吸气，感觉腹部被气息充分膨胀，向前推出，胸腔保持不动；缓缓呼气，横膈膜上升，腹部慢慢向内瘪进。

3.完全呼吸（胸腹式呼吸）法

它是瑜伽练习中最常用的呼吸方法，是胸式呼吸和腹式呼吸的结合。

方法：呼吸时，缓缓吸入气息，感觉到由于横膈膜下降，腹部完全鼓起；随后，肋骨处向外扩张到最开的状态，肺部继续吸入氧气，胸腔完全扩张，胸部上提；吸满气后缓缓地呼出，放松胸腔，将胸部的气呼出，随后温和收紧腹部，腹部向内瘪进去，感觉肚脐去贴后背，将气完全呼尽为止。

（二）静思与冥想

瑜伽集体位法、呼吸法、冥想法三者为一体，达到身心合一的完美境界。瑜伽中的静思与冥想是现代人可以利用和学习的一种与自我心灵对话的方式。瑜伽冥想的目的在于获得内心的和平与安宁，达到无限的精神之爱、欢乐、幸福和智慧。当在练习瑜伽体位法时，每个动作完成后的静止过程中，闭上眼睛，配合缓慢深长的呼吸，用心体会动作刺激身体的所在部位，即从姿势的名称联想相应的图像。冥想是真正意义上的“寻找自我、认识自我”的方式。这里介绍两种冥想技巧：

（1）注意力集中于呼吸，就是仔细观察和感受呼吸的过程，在任何情况下都不改变呼吸的节奏，也可把注意力集中在每一次呼气上。

（2）注意力集中到某一物体上。将一支点燃的蜡烛、一枝花或者是一块带条纹的石头等，置于身前不远的地板上或者放在与视线等高的地方，把注意力集中在其上，当注意力分散时，重新把注意力集中到这些物体上。也可闭上眼，脑子里默想着烛焰、花或石头的样子，直到它们逐渐从脑海里消失。然后睁开眼睛，再一次凝视眼前的蜡烛、花或石头。

(三)松弛法

瑜伽松弛法又可称瑜伽休息术。它对身体有莫大的裨益,可使大脑、心脏、自律神经系统和肢体得到深度的休息,令身体得到“充电”而恢复活力。正规的放松应该是一种主动、清醒、意念集中的放松,这样才会有松弛的感觉。具体方法如下:

(1)双眼轻闭,采取仰卧姿势,将双腿分开 20～30 厘米,双臂放在身体两旁,两手掌心向上,让膝盖和脚趾自然。

(2)深呼吸,让手臂和腿部轻轻往里和外转动几次,头部也轻轻转动几次,然后停止身体的一切动作,去感受身体的放松状态。一开始让身体有融化的感觉,每一次吐气都感觉身体不断下沉,接下来让意识从下往上慢慢放松身体的每一个部分,做缓慢、平静的呼吸。

(3)放松每一个脚趾、脚背、脚底、脚踝、小腿、膝盖、大腿、髋部,随着吐气的动作,放松腰部,感觉身体下沉;再继续让意识上行,放松肋骨、胸部、心脏、肩膀、上臂、下臂、手肘、手腕、手掌、手指;继续调匀呼吸,开始放松颈部、下巴、脸部肌肉、嘴、牙齿、舌头、鼻子、眼皮、眼睛、眉心、前额、太阳穴、头顶、后脑勺、整个头部,接着放松整个身体的上背部、中背部、下背部;放松整个脊柱;放松腰部大腿、膝盖和小腿的后侧。整个身体每一部分都变得十分放松,呼吸也随之越来越放松、越来越稳定。可根据自身情况反复 2～3 次,直至身心完全平静、放松。

(4)最后慢慢睁开眼睛,从右边侧身起,结束。

三、瑜伽组合动作

(一)头部组合动作

(1)跪坐,身体要向前弯曲,把前额放在地面上,两手在腿的两侧,呼气时臀部慢慢抬起,大腿要与地面垂直。头部和颈部承受身体一定的重量,保持正常呼吸,停 20～30 秒。慢慢吸气臀部坐在脚跟上,需要重复 2～3 次(图 11-35)。

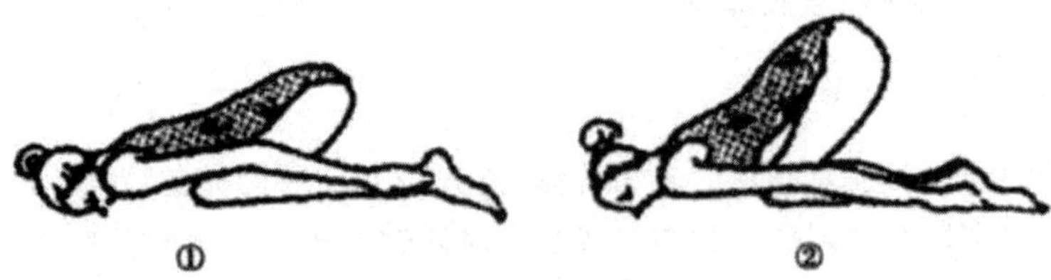

图 11-35　头部组合动作

(2)平仰卧,吸气应该收腹,双腿要上抬慢慢下压,呼气两腿自然下沉;双手应撑住腰部,臀部上抬,慢慢双手放在地面上,停住,保持正常呼吸,停 20～30 秒,吸气慢慢还原,重复 2～3 次。

(3)平仰卧,吸气收腹,双腿要上抬,双手要托起腰部,两肘关节应撑住地面,使双腿向上伸,慢慢伸直躯干,保持 1 分钟左右,慢慢吸气放下背、腰、腿,身体躺平,需要重复 2 至 3 次。

(二)胸部组合动作

(1)坐地面上,双腿要伸直,两手撑在身体两侧,吸气时胸腹向上抬头,自然放松,重复2～3 次(如图 11-36)。

图 11-36　胸部组合动作

(2)跪地,吸气胸腹向上,脊柱要后弯;呼气手掌压在脚掌上,自然呼吸,保持 5～10 秒,然后吸气慢慢还原,重复 2～3 次。

(3)仰卧,慢慢将头上抬头顶着地,背部伸直至颈部,吸气双腿上抬,双手要合掌,撑起,正常呼吸,保持 5～10 秒,慢慢还原,重复 2～3 次。

(4)跪撑,两肘撑地弯曲相抱,呼气,下颚、胸部要下沉向地面,同时臀部上提,保持正常呼吸,慢慢吸气,臀部要后坐。重复 2 次,每次保持 30～60 秒。

(三)腹部组合动作

(1)躺在地面上吸气,单腿弯曲,双手抱住腿;起上身,下颚触膝,尽量呼气;吸气落下,反方向再做;之后双腿要同时弯曲,每个动作重复 4～6 次(图 11-37)。

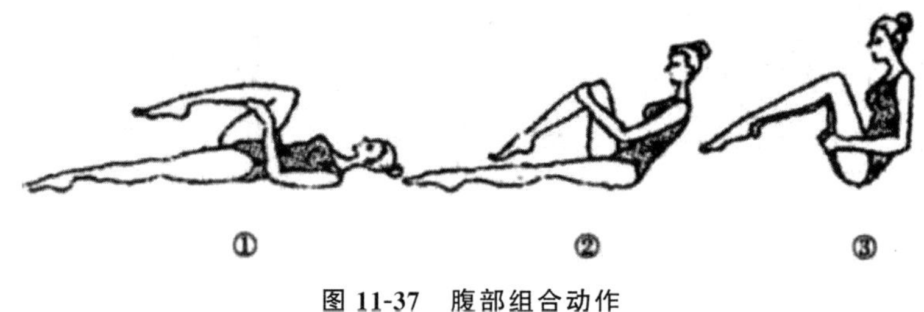

图 11-37　腹部组合动作

(2)躺在地面上吸气,上身上起,两臂要前伸,同时两腿离开地面上抬,保持 2～3 次呼吸,吸气慢慢落下,手要放在腿的两侧,重复 2～3 次。

(四)肩部组合动作

(1)绕肩:①两指尖轻轻点肩上,两肘要向前绕圈由小圈过渡到大圈,绕 12 圈;两肘要向后绕圈由小圈过渡到大圈,绕 12 圈。②两指尖要轻轻点肩上,吸气,手背在头后相对,呼气手背分开两肩下沉,需要重复 12 次。③两指尖轻轻点肩上,吸气两肩向内含,呼气要挺胸,重复 12 次。

(2)两膝跪地,同时两脚要分开,臂在两个小腿中间,吸气双手上举两手相交,呼气一只手臂弯曲肘关节向上,手在头后,另一只手,从身体后上屈,抓住头后的手,之后反方向,每个方向要重复 3～4 次。

(3)两腿要开立半蹲,两臂体前绕环 12 圈,两臂要向后绕环 12 圈,呼吸配合手臂。

(五)腿部组合动作

(1)分开腿慢慢蹲下,身体要前屈,手放在两脚底之下,保持自然呼吸,两腿要伸直,停20~30 秒慢慢还原,重复 2~3 次。

(2)坐在地面上,伸直双腿,吸气双手相对上举,呼气身体要下压,手抓住小腿,身体放松,保持正常呼吸,停 20~30 秒,吸气的同时要抬身,重复 2~3 次。

(3)坐地面上,右腿要弯曲,脚掌紧贴右腿内侧,吸气双手上举,呼气身体下压抓脚,头上抬,使得腹部紧贴左腿,正常呼吸,吸气慢慢抬起身体,反方向做,每个方向重复 3~4 次。

(4)坐在地面上,两腿要分开,吸气两手侧举,呼气身体下压,两手抓住脚踝,正常呼吸,吸气慢起,重复 3~4 次。

(5)站立,双手要在身体后相交,吸气抬头挺胸,呼气身体向前弯曲,头要向腿方向贴,双手上抬,正常呼吸,停 20~30 秒,吸气慢慢抬身,重复 2~3 次。

(6)跪撑,吸气臀部上抬,呼气肩下压,腿伸直,脚跟要向地面沉,正常呼吸,停 20~30 秒,吸气还原,重复 3~4 次。

(六)脊柱组合动作

(1)跪撑,吸气低头,整个脊部上拱,低头,收腹;呼气背部下塌头上抬,臀上伸,腰要放松,重复 10~12 次(图 11-38)。

图 11-38　脊柱组合动作

(2)跪撑,吸气低头,右腿要收到腹前;呼气抬头,右腿后伸上抬重复 10 次,之后换左腿,每个方向重复 2~3 组。

(3)身体要站直,吸气两腿分开,两臂侧平举,呼气身体右后转,同时右手放在腰后,左手要扶在右肩上,保持呼吸,吸气身体要转正,两臂放下,之后反方向。

(4)身体坐直,两腿要伸直,左膝弯曲,左脚在右腿外侧,吸气;右手臂交叉在右腿外侧,手撑地,左手在臀后撑,脊柱直立,呼气;上身要向左后扭转,在最舒服的位置停住,保持缓慢的呼吸;吸气身体转回还原,之后反方向,每个方向要重复 3~4 次。

(5)身体坐直,两腿要伸直,左腿要弯曲,脚放在右腿的髋部;吸气,左手抓住右脚,呼气,身体和头向右后扭转,右手要放在腰背后,保持呼吸,吸气还原,之后反方向。

(七)猫式

(1)跪在地上,两膝打开与臀部同宽度,脚背紧贴在地上,脚板朝天。

(2)前俯,挺直腰背,令躯干与地面平行。双手手掌按在地上,手臂应垂直,与地面成直角,同时与肩膀同宽,指尖指向前方。

(3)吸气,同时慢慢地将盆骨翘高,腰向下微曲,形成一条弧线。垂下肩膀,保持颈椎与脊椎连成一直线。

(4)呼气,同时慢慢地把背部向上拱起,带动脸向下方,视线望向大腿位置,直至感到背部有伸展的感觉。配合呼吸,重复以上动作 6～10 次。

(八)鹭式

(1)坐直腰背,与头和颈成一直线。右脚屈膝,小腿内侧紧贴着大腿的外侧。

(2)左脚屈膝提起,双手握着左脚掌慢慢提起向上伸直,保持大腿、膝盖和脚拇趾成一直线,腰背要挺直。

(3)继续拉近躯干,尽量将头、胸部和腹部贴着小腿及大腿,保持这个姿势约 30 秒。完成后,换一只脚重复练习。

(九)船式

(1)坐直腰背,背部微微向后。双脚靠拢,屈膝,脚板贴地,双手置在身后两侧。

(2)提起小腿,直至与地面平行,脚尖朝天。上身再后倾,与地面成 45°角,双手按在地上支撑身体。

(3)锁紧脚跟,双脚以 45°角撑展蹬直,躯干与双脚形成一个“V”形。双手提起向前伸直,挺直腰背和胸膛,双脚并拢夹紧。

(十)骆驼式

(1)跪下,小腿平放于地上,膝盖打开,脚板朝天。双手放在盆骨上方,手肘屈曲,挺直腰背,肩膀及手肘朝向后方。

(2)由上背开始,慢慢把身体向后弯,收紧大腿股四头肌、臀部和腹部。脸朝上,不要过分伸。

(3)把右手放在右脚跟上,手掌向下,手指向后,然后把左手依同一方法放在左脚跟上。

(4)双手往脚掌方向用力,胸挺高,头部放松,保持呼吸自然,保持这个姿势约 30 秒。然后将双手放回盆骨上方,慢慢地恢复原来姿势。

(十一)胎息式

(1)跪在地上,双脚合拢,脚板朝天,臀部坐在两脚跟之上。

(2)上半身向前伸展,前额轻轻按在地上,放松身体。双臂置在身体两侧,手肘和手背部分平放在地上。保持这姿势约 2～3 分钟,期间可闭上眼睛休息。

(十二)单脚背部伸展式

(1)平坐于地上,右脚屈膝与左脚成 90°角,将右脚跟靠在胯下位置,同时将右脚趾贴着左脚的大腿内侧。

(2)提起双臂,腰背挺直,将双手往上尽量伸展,两手手心向内。

(3)由下盆带动,身体慢慢往左脚的方向向前伸展,背部保持挺直。左脚跟蹬直,脚趾朝天。拉长肩膀,不要放松双臂,应继续向前伸展,直至到达、甚至超越左脚掌的位置。

(4)再次挺直背脊,接着慢慢将上半身向前伸展,额头贴在左小腿上。双手抓着左脚掌外侧,注意要尽量挺直你的背部,蹬直的左膝盖不可弯曲。保持这个姿势约半分钟或更久,以感觉舒适为限度。然后轻轻倒次序回到步骤(1),再换另一只脚重复上述步骤。

(十三)坐广角式

(1)坐下,双手着地置后,腰背挺直,眼望前方,双脚保持蹬直,慢慢打开。然后根据自己的柔韧度尽量打开双脚,确定大腿背部紧贴在地上,脚跟向前,脚趾向上。

(2)提起双臂,两手掌平行向内,手指指向天花板。

(3)一边呼气,一边由下盆带动,将上身慢慢向前伸展下来,下巴贴在地上,手掌张开放在前方的地上做身体的调整,同时尽量使腹部、胸部和头贴在地上。保持这个姿势约半分钟或更久,练习时以感觉舒适为限度。然后轻轻倒次序回到步骤(1)的坐姿休息。

(十四)头倒立式

(1)屈膝跪坐着,双膝并拢。双手置前,十指交叉紧扣,手肘打开与肩膀同宽,使手臂和紧扣的双手形成一个三角形,牢牢固定在地上。

(2)将头置在“三角形”内。头顶中心位置着地,后脑贴着手心,眼睛要能直线望向双脚后面的事物。过多看见自己的上半身,或过多看见地上,都表示没有把头顶中心放在地上。然后用手心包着头,慢慢蹬直膝盖,并提高臀部。

(3)将双脚完全蹬直,只以脚尖点地。双脚向自己的头部慢慢移近,直到躯干和腰成垂直状态。

(4)牢牢固定头部和手肘。慢慢将双脚抬起直至大腿成水平状态,膝盖弯着,收紧大腿肌肉,双脚并拢。这时你身体的所有重量应由三个部分用力支撑在地上,头顶中心的位置,以及你的一双手肘。先停留在这个动作最少 20 秒,保持自然呼吸。若你能轻松完成,便可以继续进行以下步骤。

(5)吸气,慢慢蹬直双脚,脚趾往上抬。收紧腹部和大腿肌肉,双脚并拢向上伸展,使整个身体都成一条垂直线。保持一段时间,然后轻轻倒序回到步骤(1),接着做胎息式休息,令脑部及心脏恢复水平位置。

(十五)肩立式

(1)仰卧在地上,肩膀及背部平躺在毛毡上。屈膝,双脚并拢,脚板贴地。双手放在地上,手掌向下,靠在盆骨两旁。肩膀向下转动,令手臂外侧贴地,上背稍微离地。

(2)凝聚腰腹力量,将膝盖和躯干往上抬起,随即把双手放在背上作支撑,大拇指置在腰的两侧,其余手指平均托着背部近肩胛骨位置,手指朝向臀部方向。膝盖抬至额头上方然后停下,小腿垂直向上,脚板朝天,以肩膀和手肘支撑身体的重量。

(3)双脚慢慢向上蹬直,脚趾向上,整个身体保持垂直。手肘不要移离毛毡,这样才能有力地支撑整个抬高了的身体。保持自然呼吸(初学时保持这个姿势约 30 秒钟,然后慢慢增加至 3 分钟或以上),然后轻轻倒序回到步骤(1)的姿势休息。

(十六)身躯转动式

(1)双脚屈膝跪坐着,臀部坐在脚跟上,膝盖并拢。挺直腰背,双手放在大腿上。

(2)臀部移向右方地上,两小腿贴在左边大腿外侧,脚跟抵左边臀部,左脚板叠着右脚板。

(3)左手放在右边大腿下,手掌向下并紧贴在地上。右肩膀及右肩胛骨向后方转动,使右手弯向背部。挺直腰背，脊椎慢慢转动，由腹部开始将躯干转向右后方。左手按着地以稳定姿势，右手则握着左手手臂。每次吸气时，挺直背部；每次呼气时，尝试再把身躯往右后方转多些。保持这个姿势约30秒，然后倒序返回步骤(1)，换脚及方向重复以上步骤。

(十七)卧伸腿式

(1)平躺在地上，伸展脊椎，双臂放在身体两旁。双脚稍稍打开，脚尖向上。右脚屈膝，右手握着右脚拇趾。

(2)慢慢把右脚蹬直，脚跟向上，脚趾朝向脸，左手按在大腿外侧地上，背部不要拱起，不要缩起或升高肩膀。保持这个姿势约30秒，然后换脚重复以上步骤。

(十八)靠墙例卧式

(1)将大枕头平放在墙壁前面，然后侧身坐到中间。

(2)身体向后躺，将躯干移向中间，并慢慢躺在地上，双脚提起挂到墙上。

(3)双脚并拢蹬直贴靠在墙上，脚板朝天。初学时保持这姿势2～3分钟，慢慢增加到5～10分钟。

(十九)弓式

(1)俯卧，呼气，屈膝，大小腿充分折叠，双手体后抓握同侧脚踝部或脚背。

(2)深吸气，抬头，起上身，双手协助用力向上伸拉腿部，充分伸展身体。

(3)眼看上方，自然呼吸，保持10秒。呼气，有控制的还原腰背，再放松手、脚、头还原。

(二十)脊柱扭转式

(1)坐姿，两脚向前伸直，弯曲右膝。

(2)屈左膝，左脚交叉跨过右腿成山型，置于大腿侧，脚掌着地。

(3)右手越过左脚膝盖外侧，并握住左脚脚踝或脚背。

(4)吸满气，随着呼气，向左逐一扭转腰部、背部、肩部、颈部和头部。

(5)左手绕过背往前伸，将左手手心放在髋骨最右的地方，头部尽量往左后转。自然呼吸，保持此姿势30秒。放松，回到原来动作。

第十二章 游泳运动

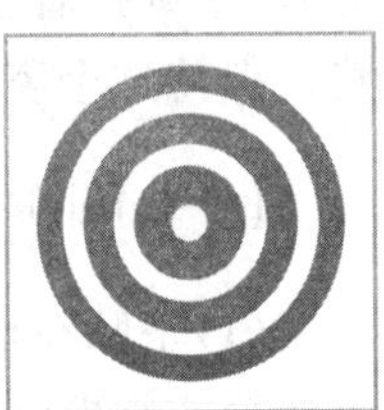

第一节　游泳运动概述

一、概况

游泳是一种凭借自身肢体动作和水的相互作用力，在水上漂浮前进，或在水中潜游而进行的有意识的技能活动。是人类在长期生产劳动和大自然斗争中产生的，它一直与人类生存、生产、生活相联系，也是随着人类社会的形成而发展起来。游泳运动包括游泳、跳水、水球、花样游泳四项，统属 1908 年 2 月 14 日成立的国际业余游泳联合会（简称国际联——FINA）管辖。由于这四项水中运动水平的发展及其特点，各自形成一套独立的竞赛体系。

游泳运动历史源远流长，在不断演变的过程中形成以模仿动物姿态取名的蛙泳、蝶泳；按身体姿态取名的仰泳、侧泳；有的则根据动作形象取名的如爬泳。由于爬泳的技术结构比较合理，速度最快，所以现代高水平的自由泳比赛，一般都采用爬泳。

目前，游泳运动按其竞赛的性质分为两大类，一是按竞赛规则所规定的比赛项目，分男女，不分年龄同池角逐，称之为竞技游泳。采用规定的自由泳、仰泳、蛙泳、蝶泳及混合泳，在不同的距离里比速度。这类比赛有很高的观赏性，如国际上的奥运会游泳比赛、世界锦标赛、国际游联杯赛（世界杯赛）等以及我国的全运会游泳比赛、全国锦标赛、全国冠军赛及全国短池游泳赛等。还有一种分男女分年龄组的比赛，虽属竞技游泳类别，但赋予特定的含义。二是根据民间普遍采用，在军事、生产和生活上使用价值较大的泳式进行活动的，称之为实用游泳。通常包括爬泳、蛙泳以及反蛙泳、潜泳、踩水、水上救护、武装泅渡等。在全民健身的热潮中，实用游泳对提高全民的健康，自娱自乐，开展广泛的大众游泳活动，具有一定的促进作用，其竞赛方法、项目可根据不同的要求而设定。

二、我国游泳运动的发展情况

历史记载，游泳作为生产和生活的重要手段而不断发展，距今五千多年前的原始社会渔猎生活时期就有“刳术为舟”的记载；春秋战国时期，要求士兵有较高的游泳技能、掌握水上作战的本领。齐桓公率“扶身之士五万人以待战于曲菑”打败越国。《武林旧事 · 观潮》文中生动描绘出宋代江南水乡人民高超的游泳技能“吴儿善泅者数百，皆披发文身，手持十幅大彩旗，争先鼓勇，溯迎而上，出没于鲸波万仞中，腾身百变，而旗尾略不沾湿，以此夸能”。近代，林则徐曾重振水师，演习水兵本领、抵御外强。

我国近代游泳运动产生于19世纪中叶到19世纪末，在中国的沿海城市如香港、上海、青岛、大连等最早出现近代游泳运动。1887年英国人在广州沙面修建了最早的室内游泳池；1909年上海建了中国自己的游泳池并规定每年都举行比赛；1915年第二届远东运动会上，我国以总分41分获得团体第一名；1937年远东运动会，我国号称“美人鱼”的杨秀琼包揽350米自由泳、100米仰泳和4 100米接力四项冠军。尽管如此，旧中国的游泳运动开展仍十分落后，游泳竞赛活动也只局限于沿海少数城市，水平也低下。

新中国成立后，游泳场馆、江河湖海，为广大群众性游泳活动提供条件，游泳运动技术水平迅速提高，1954年已将新中国成立前所有的游泳纪录刷新。1953年吴传玉首次在世界青年联欢节上获得100米仰泳冠军，1957—1960年我国著名的游泳运动员戚烈云、穆祥雄、莫国雄三人共五次打破男子100米蛙泳世界纪录，至1960年我国共有13人22次进入世界前10名的行列，“文革”后，游泳运动水平大幅度下降的趋势得到根本好转，到1977年已全部改写原各项全国纪录。1980年8月，国际游联恢复了我国在这个组织的合法席位，1982年第9届亚运会中国获得了3枚金牌，1984年在第10届亚运会游泳比赛中，我国以10枚金牌数结束了日本长期以来亚洲泳坛霸主的地位，上海的杨文意以2 198、2 479的成绩先后创造了女子50米自由泳世界纪录，同年第24届奥运会，我国女子游泳健儿获得三银一铜、四项第七、一项第八，排列世界第三位。进入20世纪90年代，第11届亚运会上中国以23枚金牌占据亚洲泳坛绝对优势，林莉、杨文意、庄泳、乐靖宜、戴国宏、贺慈红等优秀运动员多次打破世界纪录。

群众性健身游泳活动近年来呈现蓬勃发展局面，现在全国大中城市都新建规模不一的游泳馆，一年四季均可参加游泳健身活动，冬季洗浴、玩耍，更需注重在游泳活动中如何科学锻炼身体、陶冶情操，达到健身的目的。

第二节 游泳运动的特点和对人体的作用

一、提高肌体对外界环境的适应能力

游泳是在水的特殊环境中进行的运动项目。水的导热能力比空气大23倍左右，据测定人体在12℃的水中停留4分钟所散发的热量，相当于人在陆地上1小时所散发的热量，人体在水中(18℃)，大约散失83.6～125.4焦/分钟热量，为同温空气中的25倍左右，加之游泳时肌肉活动所耗热量，人体必须尽快补充能量，从而促进体内新陈代谢的加强。经常进行游泳锻炼能改善体温调节能力，以适应外界气温变化的需要，提高了人体免疫系统机能和抗御力。如遵医嘱，还可配合治疗一些慢性病，如慢性肠胃病、神经衰弱、轻度脊柱侧弯等。

二、提高呼吸系统的功能

据测定，在相同气压条件下，水的密度比空气大 800 倍左右，人体若在水中静止不动，水深每增加 1 米，每平方厘米体表面积所受的压力要增加 0.1 个大气压。人站在齐肩水中，胸腔受到高达 12～15 千克的水压，感觉呼吸急促，比陆上费力，这就迫使呼吸肌必须用更大的力量来完成呼吸动作。经常进行游泳锻炼，可增大呼吸肌的力量，扩大胸部活动幅度，增大肺的容量，提高呼吸系统的机能。

三、增强心血管机能、预防心血管疾病

游泳时，人体处于平卧姿势，在水的压力下，肢体的血液易回流心脏。游泳时心跳频率加快，心血输出量大大增加，长期进行游泳锻炼，心脏体积明显呈运动性增大，收缩更加有力，血管壁增厚，弹性更大，安静时心率徐缓。有人做过这样的测试：一名游泳运动员每分钟心跳约为 50～55 次，优秀运动员最低可达到 38～46 次，一般人大约在 65～75 次；游泳运动员肺活量可达 5 500～7 000 毫升，一般人则为 3 000～5 000 毫升。游泳还能刺激血液中运输氧气的血红蛋白数量的增加，提高人体摄氧能力。

四、提高运动系统的机能

游泳时，从颈部到足踝的各个关节都参与了运动，全身的肌肉力量、速度、耐力和关节灵活性都提高了，使身体协调发展，得到了全面的锻炼，时间长了就自然形成肩宽、胸厚、腰窄、腿部肌肉匀称的“流线型”健美体形。另外，经实践证明，自幼从事游泳系统训练的少年儿童，由于骨骼、肌肉和关节得到充分的锻炼，他们的身体发育远远超过了不参加游泳锻炼的少年儿童。看来，学游泳要从小抓起、坚持锻炼，会使人一生受益。

五、塑造优美的体型

游泳可以使胖子变瘦、瘦子变壮。人体肥胖多是由内分泌、营养、遗传等因素引起的，缺乏运动的人较易肥胖。胖子游泳时，人在低于常温下的水中从事有氧运动，散发更多的热量，这样就势必消耗更多的能量物质，经常参加游泳运动就可逐渐去掉体内过多的脂肪，而不易肥胖。当瘦子经常参加游泳之后，他的机体也是经常接受低温刺激，这就能消耗更多的能量物质。于是，运动的需要和人的消化机能就发生了矛盾，出现了“供不应求”的现象，为了达到供求平衡，这时就吃得多了，从食物中得到的营养超过了身体总量的需要，久而久之，皮下脂肪会相对增厚，但这种增厚不是肥胖。身上肌肉所占整个身体总量的比例就会增加，再加上皮下脂肪的相对增厚，瘦子会渐渐变得肌肉丰满起来。

六、在国防和生产上的作用

坚持游泳锻炼，不但能使神经、呼吸和血液循环等系统的机能得到改善，而且，也是人在大

自然中自救生存的本领，同时，游泳在生产建设上有很高的实用价值，许多水上作业、水利建设、防洪抢险、渔业等，掌握好游泳技能才能更好地完成生产、建设任务。在国防建设上，游泳是军事训练项目之一、游泳运动是我国重点发展的体育运动项目。游泳被誉为21世纪人们最喜爱的体育娱乐活动之一，对丰富人们的精神文化生活有积极作用。

第三节　游泳运动技术及其训练

竞技游泳包括爬泳、仰泳、蝶泳和蛙泳。爬泳是身体俯卧在水中，呈较好的流线型，两腿上下交替打水，两臂轮流向后划水，运动结构简单，推进力均匀，既省力又能产生最大速度的一种泳姿。仰泳也叫背泳，顾名思义，即人仰卧在水中游泳的一种姿势，脸露出水面，呼吸方便。蝶泳是由蛙泳演变而来的，因其移臂动作像展翅飞舞的蝴蝶而得名，采用海豚式打腿。蛙泳是人类模仿青蛙动作的一种游冰姿势，它有平稳、省力、呼吸自然、游距长等优点。下面就蛙泳和爬泳两种泳姿的技术及教学方法进行逐一介绍。

一、蛙泳

(一)身体姿势

蛙泳在游进中，身体必须保持较好的流线型姿势，充分发挥手臂和腿的推进作用。身体水平地俯卧水中，稍抬头，头部置两臂间，掌心朝下，两眼俯视前下方，这时身体纵轴与水平面约呈5°~10°角，当吸气时，下颚露出水面，肩部升起，这时身体与水平面的角度较大，约呈15°角(图12-1)。

图12-1　蛙泳的身体姿势

(二)腿部动作

蛙泳腿部动作是推动身体前进的主要动力。腿部动作是由收腿、翻腿、蹬腿、滑行四个阶段组成(图12-2)。

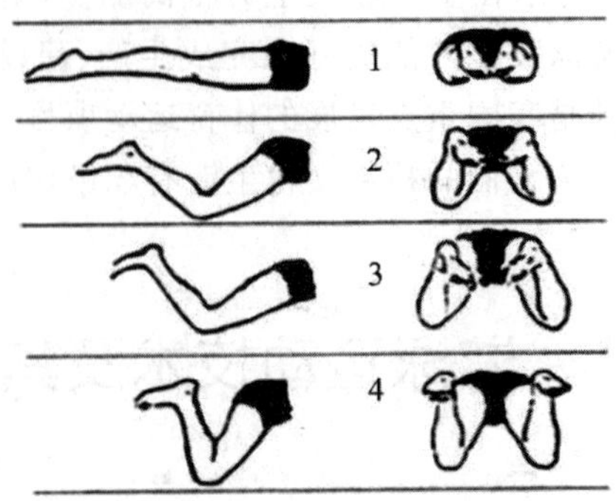

图 12-2　蛙泳腿部动作

1.收腿

开始收腿时，两腿随着吸气动作自然向下，两膝自然逐渐分开，小腿向前回收，脚踵向臀部靠拢，边收边分，收腿时，力量要小，放松、自然，两脚和小腿回收时要收在大腿的投影截面内，以减少回收时的阻力，收腿结束后，大腿和躯干约成 120°～140°角，两脚内侧与髋关节同宽(图 12-3)。

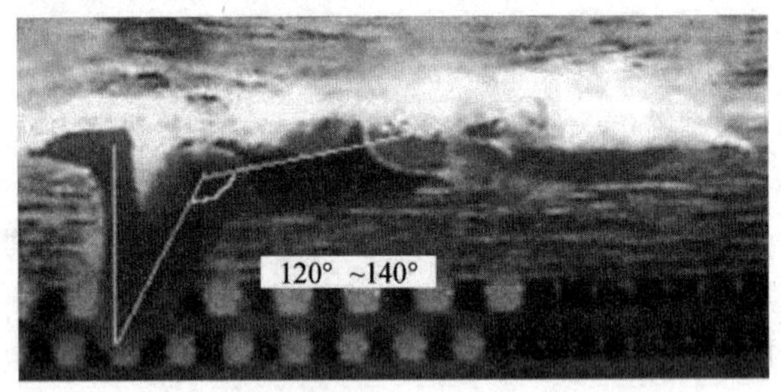

图 12-3　收腿

2.翻脚

收腿结束时，脚仍向臀部靠拢，这时两脚向外侧翻开，这样能使脚和小腿内侧对着蹬水方向，并加大了对水面积，这样为大腿发挥更大力量做好积极准备。

3.蹬腿

蹬水动作实际包含有夹水动作，由于蹬水并拢时腿有下压的动作，这种动作可以使身体升起，有利于向前行。蹬水动作效果的好坏取决于下列三个因素。

(1)腿部关节移动路线和方向。当向后蹬水时，蹬水方向尽量使人体产生向前的作用力。蹬腿时应以大腿发力，先伸髋关节，其次是伸膝、伸踝关节，使蹬水的方向尽量向后。

(2)蹬水时对水面积的大小。蹬水面积大，则能形成较大的推进力，脚掌外翻，以及小腿尽量处于垂直部位，是增大蹬水面积的重要条件。

(3)腿的蹬夹速度。由于阻力与速度的平方成正比：水动作速度越快，所形成的推进力也越大，游速也越快。所以蹬腿时，要充分发挥腿部肌肉力量，同时要加速鞭水动作。

4.滑行

蹬腿结束后，腿处于略低的部位，脚距离水面 30～40 厘米，这时肩关节应随人体蹬水效果向前滑行，使腿保持较高的位置，以减小阻力。

(三)臂部动作

现代蛙泳技术,强调充分发挥臂划水的作用。臂部动作由开始姿势、抓水、划水、收手和向前伸臂五个阶段紧密相连。

1.开始姿势

两臂自然向前伸直,两臂与水平面平行,掌心向下,手指自然并拢,使身体呈一直线,形成较好的流线型。

2.抓水

从开始姿势起,手臂先前伸,并使重心向前,前臂和上臂立即内旋,掌心向斜下方并稍勾手腕,两手分开向侧斜方压水,当手掌向臂感到有压力时,就开始划水。抓水一方面能给划水创造有利条件,另一方面还能形成身体上浮和前进的作用。

3.划水

划水是产生牵引力的最有效阶段,在紧接抓水动作后,加速向后划水,整个划水过程保持肘部较高的位置,蛙泳划水主要是拉的力量,其方向是向侧、下、后、内方。划水路线是椭圆曲线(图 12-4)。

图 12 4　划水

划水时肘部保持较高的部位,这样做是为了臂能在最有效的角度内向后划水,因此蛙泳的划臂在任何部位都要求肘比手高。

划水中前臂和上臂屈的角度是不断变化的。一般优秀运动员划水主要阶段,肘关节都屈成接近 90°角,因为这个角度能发挥最大的力量,同时能很好地利用胸大肌肉群的力量,手臂划至两臂夹角约 120°角时,即应连续过渡到向里做收手动作,划水和收手时,手走的路线应在肩的前下方。

当前划水技术的特点:划水路线较宽,屈臂、高肘、手较深。

4.收手

收手是划水阶段的继续,收手过程也能产生较大的推进力和上升力。动作是由内向上收缩到头的前下方,继而两手掌向上,最后掌心向下并拢前伸,收手动作应当有利于做快速前伸手动作。在整个收手动作过程中,手的动作应积极、快速地完成,收手结束时,肘关节低于手,大小臂成锐角。

5.伸臂

伸臂动作是由伸直肘关节、肩关节来完成,掌心由朝上逐渐向下方,同时向前伸出。

现代蛙泳臂的技术特点是:快速伸臂、紧密配合腿的动作。因此,在伸臂的同时,肩要向前伸,不能有停顿现象。

蛙泳臂划水是一个完整的动作,划水轨迹是向侧→向下→向后→向内→向前方向移动(图12-5)。划水力量是由小到大,划水速度是由慢到快。目前强调高肘划水,在划水过程的前部分,注意以肘关节为支点,发挥前臂屈肌的作用。在划水最有效部分,应注意以肩关节为支点,动作方向是两臂向后拉,并内收,要发挥肩带肌肉的作用,配合紧张有力的蹬水,使动作连贯而不间断地产生向前的牵引力。

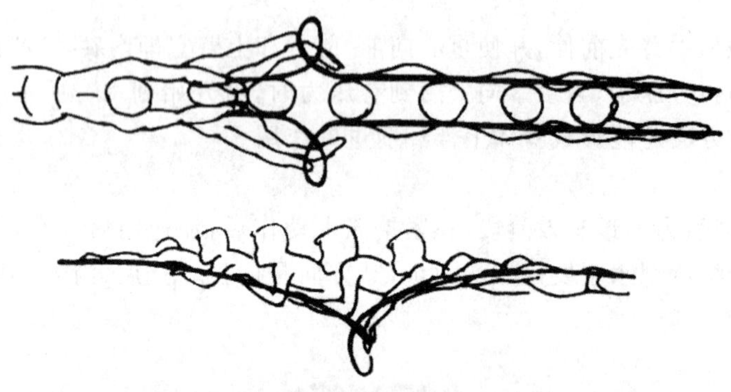

图 12-5　蛙泳臂划水

蛙泳由于是臂腿相互交替产生向前的推进力,因此,臂腿配合的时机是十分重要的。配合得好,游速均匀效果好;配合得不好,出现减速效果差。臂划水时腿伸直放松,收手时收腿,臂将伸直时开始蹬腿,接着臂腿伸直滑行。

(四)呼吸与动作配合

蛙泳的呼吸是和手臂划水动作紧密配合的。呼吸方法是用口吸气,用口或鼻呼气。当前在蛙泳呼吸技术中,有早吸气和晚吸气两种:早吸气是两臂划水开始时,头和口露出水面将气吐完,并迅速深吸气,继而随伸臂低头闭气,当两臂开始滑下时逐渐呼气;晚吸气是随着臂的有力划水动作,头和肩上升时吸气(图12-6)。

图 12-6　蛙泳呼吸技术

对初学者来说,应采用“早吸气”技术较有利,运动员则适合采用“晚吸气”的技术。蛙泳臂、腿,呼吸的完整配合,一般为一次划臂一次蹬腿一次呼吸,也可以二至三次臂腿动作呼吸一次。

（五）蛙泳技术的教学

蛙泳教学顺序是先学腿，后学臂和呼吸，再学臂、腿配合以及完整配合。

1.熟悉水性

熟悉水性是游泳教学中重要的一个环节，是学习游泳的必经阶段。在熟悉水性教学时，应在齐腰深水中进行。

(1)水中行走练习。目的是体会水中的阻力和浮力，初步掌握身体在水中维持平衡的能力。

①扶池边向前、向后、向两边行走。

②集体手拉手向前、向后、向侧行走。

③用两手保持平衡，并变换方向行走。

④各种方向的走、跑、跳、转身、下沉、跃起等。

(2)呼吸练习目的是初步掌握游泳的呼吸方法、呼吸过程、呼吸节奏，适应头浸入水中的刺激，消除怕水心理。

①扶池槽或在同伴帮助下，用口吸气后闭气，慢慢下蹲把头浸入水中，停留片刻后口鼻出水，先呼气后吸气。

②同上练习，要求头在水中停留片刻后慢慢将气呼完，然后起立在水面上用口吸气。

③同上练习，头没入水中稍闭气后，用口鼻开始呼气。随着缓慢地起立而后渐加大气量，口接近水面时加速将气呼完，紧接着用口在水面上快而深地吸气，多次重复。

④两脚左右开立，上体前俯将脸浸入水中，做同上练习，但不同的是随头逐渐向前上抬（或向侧转）时开始加大呼气量。

呼吸是游泳教学的难点，呼吸练习要贯穿游泳教学的始终。

(3)浮体练习

目的是体会水的浮力，学会控制身体平衡和水中站立的方法，为进一步练习打下基础。

①原地站立，深吸气后闭气，下蹲低头抱膝团身，用前脚掌轻轻蹬离池底，自然漂浮于水中。站立时，松手两臂前伸下压抬头。同时两腿下伸，脚触池底站立，两臂侧分水维持平衡。

②在抱膝浮体的基础上闭气，松手两臂两腿自然伸直。站立时，收腹、屈膝、收腿，两臂下压抬头，两腿向下伸，脚触池底站立。

(4)滑行练习

目的是进一步体会水的浮力，掌握水中的平衡和身体的滑行姿势。

①两脚前后开立，两臂前伸，两手并拢，深吸气后屈膝，重心前移，当头和脸浸入水中时，前脚掌轻蹬池底，随后两腿并拢伸直，使身体呈流线型向前滑行。

②背对池壁，一手拉池槽，一臂前伸。同时一脚站立，一脚紧贴池壁，深吸气后低头，上体在水中前倾成俯卧姿势，然后上收支撑腿，两脚贴住池壁，臀部靠向池壁，随即两臂前伸并拢。头夹于两臂之间，两脚用力蹬壁，使身体呈流线型向前滑行。

2.腿部动作的教学

目的是建立蛙泳腿的“收”“翻”“蹬”的概念，学习腿部的完整技术。

(1)陆上模仿练习

①坐在岸上或池边，上体稍后仰，两手后撑，按口令做蛙泳的腿部动作练习（图 12-7），开始分四拍做，体会收、翻、蹬夹、停的动作，再过渡到两拍，最后是一拍的完整练习，注意翻脚动作。

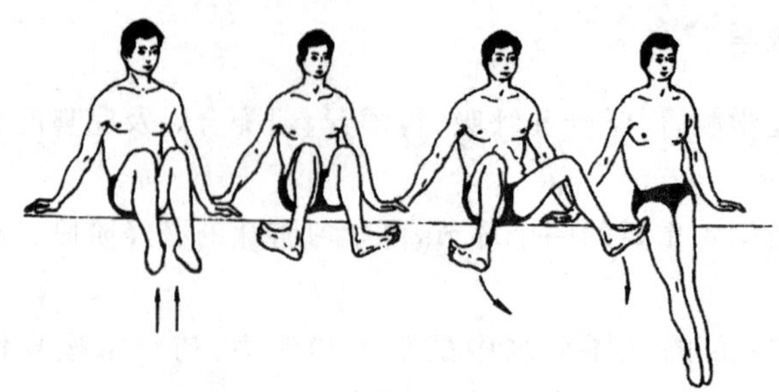

图 12-7　蛙泳腿部动作

②俯卧凳上或出发台上，做蛙泳腿的模仿练习，先由同伴帮自己被动做，再自己主动做；由同伴控制做，最后由自己独立做；先分解练习，逐渐过渡到完整动作练习。注意收腿角度、动作路线和节奏。

(2)水中练习

①一手抓池槽、一手反撑池壁成俯卧姿势，由同伴帮助做同陆上的练习内容，重点练翻脚和弧形蹬夹水动作(图 12-8)。

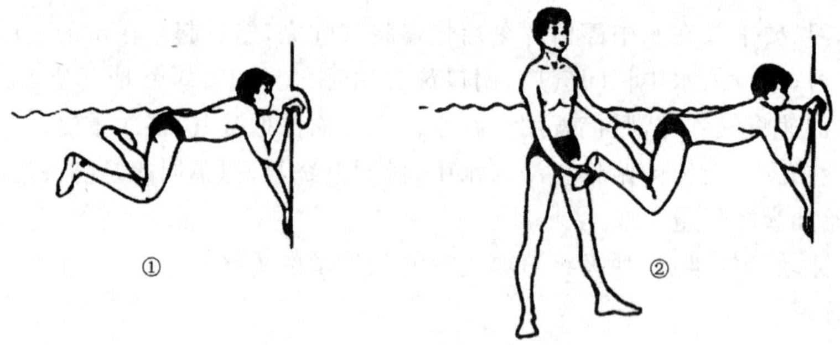

图 12-8　翻脚、弧形蹬夹水练习

②两手扶浮板中后部，两臂向前伸直(图 12-9)。由同伴帮助做同上练习，注意边收边分，翻脚及时，蹬夹连贯，用力恰当。

图 12-9　扶浮板练习

③扶板蹬腿练习(图 12-10)，逐渐加长游距，改进腿的动作，注意动作节奏和放松(踝关节放松)。

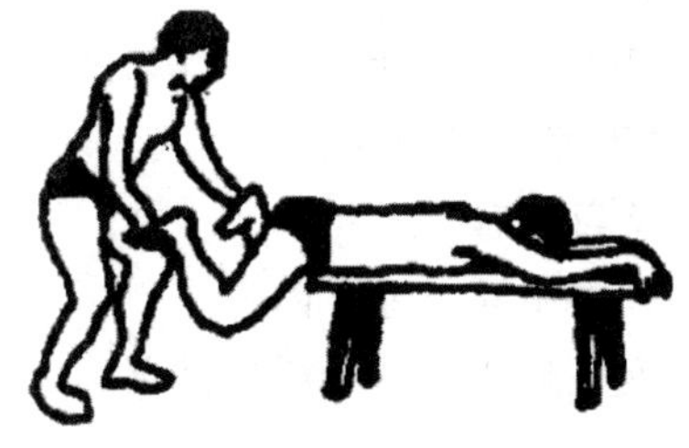

图 12-10　扶板蹬腿练习

蛙泳腿教学的重点，是收、翻、蹬夹动作中的连接、节奏、时机，蹬腿的方向和路线。具体如图 12-11 所示。

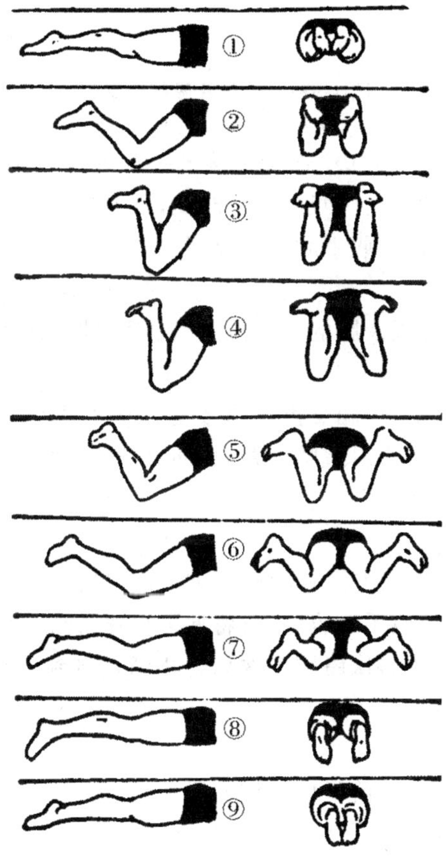

图 12-11　蛙泳腿教学

3.手臂与呼吸配合教学

(1)陆上模仿练习

①两脚开立，上体前倾，两臂向前伸直相并，掌心朝下，先按划、收、伸三拍做蛙泳臂动作，再按划、伸两拍练习，最后只用一拍做完整练习。

②同上练习加呼吸配合，强调滑下时开始抬头，划水时吸气，收手时低头闭气，伸臂时呼气，整个呼气由小到大，开始呼气要小，然后逐渐加大呼气量。嘴将出水时进一步加速将气呼出，呼与吸之前是无停顿，嘴一出水面应顺势快而深地吸气。

(2)水中练习

①站立齐腰深的水中做同陆上练习的连贯动作。划水不要用力,着重体会划水时方向路线,收臂时动作不停,臂伸直稍停。

②同陆上练习内容。

③在水走动中做同上练习内容。

④由同伴抱住腿或大腿夹浮板做臂与呼吸的配合练习(图 12-12)。

图 12-12 臂与呼吸配合练习

开始可多做几次划臂配一次呼吸,逐渐过渡到一次划背一次呼吸,划臂不可过大、过后。教学重点是划水的方向路线和臂与呼吸的配合时间,难点是呼吸动作与节奏,应在水上反复练习。蛙泳臂的动作不宜分解过多,收手时不要停顿。

4.完整动作教学

目的是学习正确的臂与呼吸及腿的配合技术以及手、腿依次用力的相互关系。

(1)陆上模仿练习

①站立,两臂向上伸直并拢,一腿支撑一腿做模仿练习,两臂向两侧划水。收手同时收腿,收腿即将结束开始翻腿,臂将伸直时蹬腿。臂、腿伸直稍停,然后连贯做。

②同上练习加呼吸。

(2)水中练习

①滑行后闭气,做臂、腿配合的分解练习,即划一次臂后蹬一次腿,臂腿依次交替做。

②闭气滑行,做划腿伸直,收手又收腿,臂将伸再蹬腿,臂腿伸直后滑行的配合练习。

③同上练习加呼吸配合,由多次蹬腿一次划臂逐渐过渡到一次臂、一次腿、一次呼吸的完整动作。

④逐渐增加游距,改进技术。

在水中教授完整配合时,开始阶段应强调慢频率、低游速、小划臂,有明显的滑行,以保证学生集中注意力,体会臂领先、呼吸跟臂配合的技术,采用完整技术能游 20 米左右后,应要求学生加长距离游,尽量学习晚吸气配合技术(初学蛙泳时一般均表现为早呼吸)并加大划臂幅度。

5.易犯错误及纠正方法

蛙泳教学中常见错误动作与纠正方法见表 12-1。

表 12-1　蛙泳常见错误动作及纠正方法

部位常见错误	原因	纠正方法
腿蹬水时没翻脚或翻脚一直绷直剪水	动作概念不清；小腿肌肉对翻脚动作未建立感觉或体会；绷脚尖已形成动作定型	讲解示范，明确要领；陆上模仿和躲在水中做翻脚的强制性练习；强调蹬水时保持脚翻勾（勾脚大拇指和指间）状态
平收腿，蹬得过宽	动作概念不清；收腿时两膝外张（向水平方向）；旧动作定型影响	讲解示范，明确要领；陆上模仿；用矫枉过正方法，要求收、蹬腿，用绳子固定两膝距离，限制其外张
收腿时，脚的部位太低，头和上体抬得太高，大腿收得过多，蹬水后关节没伸展	腰部肌肉过于放松，低头提臀，腰部肌肉适度紧张，使身体平卧水面	积极收小腿，控制大腿与躯干夹角。脚沿水面前收缩腿后，小腿应垂直收，小腿速度快于大腿，整个收应慢。蹬水时，大腿发力，大腿带动小腿加速蹬夹水，顺势髋关节展开
收腿过快或收腿过多	动作概念不清，收腿过分用力，动作节奏未掌握好	讲解示范，明确动作要领，强调收腿要放松，慢收，蹬腿时要快、加速进行
收腿蹬腿时，臀部上下起伏	收腿时头肩过低，收腹提臀，收大腿过猛、过多	蹬腿时挺腹，头肩稍抬起，收腿时稍挺腹，不主张收大腿，而应主动收小腿，收腿时不蹬腿时也就不挺腹，大腿用力，髋关节展直
蹬夹分解或只蹬不夹	概念不清；蹬到膝已伸直后再夹水；蹬腿过猛，减速被动并拢两腿	讲解示范，明确要领；腿蹬出去在两膝未伸直就应积极向里夹水；蹬腿应加速进行，蹬腿最后的 1/4 应迅速伸踝关节，加速并拢两腿
收腿时游速突减，蹬水时不走	收腿过快，收大腿过多；蹬腿时脚与小腿不蹬水	强调慢收、跪收、控制大腰与躯干夹角约为 130°；强调慢收腿到位，小腿约与水垂直，并先翻脚后蹬腿，蹬水速度快
臂划水时用手摸水（划不到水）	动作概念不清；划水时拖肘（前臂与水面平行）；手臂力量差	讲解示范，明确要领；开始划水时，臂应稍内旋并勾手腕；划水时肘应高于手，形成臂屈肘高，并加强手臂力量训练
划水路线太后，超过两肩连线；两臂划水至略比肩宽就加速划水	划水加速过晚，急于用力划水，收手过晚；抬头吸气时间过长或吸气时间抬头过晚	用前臂小幅度划水，至两肩夹角 120°时就转入收手；强调划下时开始抬头，划水时快而深地吸气，收手时低头闭气
手臂前伸时边伸边划	动作概念不清；急于划水前进或急于抬头吸气	讲解示范，明确要领；臂要完全伸直并拢，稍有滑行后再做下一次动作
收手后臂停顿在胸前	动作概念不清；收手时减速	讲解示范，明确要领；收手应加速并不停顿前伸
配合蹬腿同时划臂	概念不清；配合节奏紊乱，急于划臂	强调蹬腿后，臂腿伸直并拢稍有滑行，采用蹬三次划腿一次臂再到蹬二次腿划一次臂直到蹬一次腿划一次臂的配合

续表

部位常见错误	原因	纠正方法
蹬腿同时收臂；收手后停顿或划水过后	收腿太早太急	强调先伸手臂再蹬腿（即臂将伸直再蹬腿）；强调划手时收腿，且收腿时速度不应太快
不吸气或吸气时喝水；喝到吸气，呛水	鼻呼气，用嘴吸气水中未呼吸，待抬头出水后再呼气，造成吸气不足，或抬头出水后还有呼气动作，也是呼气不足；嘴尚未出水面就将气呼完，一张嘴时抬头太慢，吸气时间太短	加强水中原地呼吸以及臂与呼吸的配合练习掌握嘴出水瞬间把气呼完；臂前伸时开始呼气，要有节奏，口将出水加速呼气，嘴一出水顺势吸气；划水时吸气用嘴

二、自由泳（爬泳）

爬泳时，人在水中成俯卧姿势，两腿上下交替打水，两臂轮流划水，动作很像爬行，所以称为爬泳。它是四种竞技游泳中速度最快的一种姿势。根据规则，自由泳比赛可采用任何一种姿势，因而人们通常都采用爬泳技术，故爬泳也称自由泳。为了便于分析，将它分成几个部分。

（一）身体姿势

身体较平直地俯卧水中，身体纵轴与水平面成 3°～5°夹角，头部应自然地稍抬起，约与身体纵轴成 20°～30°角（图 12-13）。两眼注视前下方，头的三分之一露出水面。游进中由于受两臂交替划水和转头换气动作的影响，使躯干有节奏地绕身体纵轴转动，转动时肩轴与水平面构成的夹角约 35°～45°。身体自非吸气的一侧比向吸气一侧的转动应减少 10°～15°角。

图 12-13　自由泳身体姿势

（二）腿部技术

它主要是起平衡和保持身体呈流线型的作用。正确的打水动作是脚稍内转，呈“内八字”形，踝关节放松，向上和向下打水的动作应从关节开始，由大腿肌群发力，带动小腿和脚。进行鞭状的打水动作。向上打水结束时，膝关节屈约 160°，脚接近水面，两脚尖上下打水的最大距离不超过 30～40 厘米。整个打水动作应连贯，有节奏，向下打水是产生推进力的主要动作，所以应以较大的力量和较快的速度进行。

（三）臂的动作

爬泳的两臂划水是推动身体前进的主要动力。为了便于分析臂划水的动作，将整个划水动作分为入水、抱水、划水（拉水和推水）、出水和空中移臂几个阶段，但它们是一个不可分割的连续过程。

1.入水

入水时，肘关节略屈并高于手，手指自然并拢，手心朝外以大拇指领先切入水中，或手指斜下方切插入水。臂入水的顺序是：手—前臂—上臂。入水点在身体纵轴线到同侧肩向前的延长线上或之间。

2.抱水

入水后手臂积极插向前下方。当手臂滑至与水平面成15°～20°时，手掌转向斜内后方并屈肘、屈腕，在抱水结束时，大臂与水平面约成40°，肘关节屈至150°左右，此时动作就像用臂前伸去抱一个圆桶一样。

3.划水

划水是产生最大推进作用的主要阶段，划水阶段是从抱水结束至手臂在体后与水平面成15°～20°(约至大腿旁)这一动作过程。整个划水阶段可分为拉水和推水两部分，以肩的垂直为界，从整个臂部划至肩下方与水面垂直之前称拉水，过垂直面后称推水。

(1)拉水：是屈臂进行，抱水结束继续屈肘，当臂划至肩下方时，手在体下靠近身体纵轴，屈肘约为90°～120°，整个拉水动作保持高肘姿势，且前臂的移动速度快于上臂。

(2)推水：是由屈臂到伸臂来完成的。推水时肘关节要向上，向体侧靠近，而手掌在划水过程中，必须始终与水平面保持垂直。从而以最大的面积对水，有利于推水时产生更大的反作用力和手臂向上出水的动作，这就需要在推水时逐渐伸开腕关节，使手展开，与前臂构成200°～220°角。

整个划水动作，手的轨迹从水平面来看，是一条“S”形的路线，即划水的开始阶段，手在肩前；划水的中间阶段，手在胸腹下；划水结束时，手在大腿旁。从侧面看，手的轨迹并不在一个平面上，而实际轨迹是一个复杂的三度曲线。

4.出水

划水结束后，借助推水的惯性，由上臂带动，肘部向外上方做“提拉”动作，将前臂和手提出水面，掌心向后上方。出水时，肩和上臂几乎同时出水，接着是前臂和手掌出水，手臂的出水动作要柔和，迅速而不停顿。

5.空中移臂

移臂开始时，肘的位置较高，微屈，手腕放松，手心向后，由肘带动前臂和手向上向前移动，此时手落后于肘关节。当手前摆过肩时，手和前臂赶上肘部，并逐渐加快移动速度向前、向内和向下伸臂入水，手心向后、向下转向斜外方做入水动作。

6.两臂的配合

爬泳在游进中是以两臂轮流交替划水推动身体前进的。因此，两臂配合的协调、正确是保持匀速和高速的重要条件。划水时，依照两臂所处位置，可以分为三种配合形式，即前交叉、小交叉和后交叉。初学者一般用前交叉配合技术，它容易维持身体平衡，便于掌握呼吸和体会动作。

(四)呼吸动作

游自由泳时，一般在两臂各划一次的动作过程中，做一次完整的口呼气—吸气—憋气—呼气动作。现以右臂为例，当右手入水后和鼻慢慢呼气，头开始转动。右臂划至肩下时，向右侧转头，呼气量加大，右臂向上划水将结束时呼气量进一步加大，右臂出水后，张口吸气，移臂至肩平线时吸气结束并开始向左转头；随着臂继续移动，转头憋气，头部复原。当头部动作稳定时，右臂入水，开始慢慢呼气。

(五)完整的配合技术

主要有三种:其一有 6∶2∶1 的配合,即打 6 次腿,双臂各划 1 次,呼吸 1 次;其二有 4∶2∶1;其三 2∶2∶1 的配合。还有采用不规则的混合次数打腿技术的配合,对不同的人来说,采用何种的配合技术应根据各自不同的情况和特点,选择不同的配合形式。

(六)练习方法

(1)腿打水练习(图 12-14)。

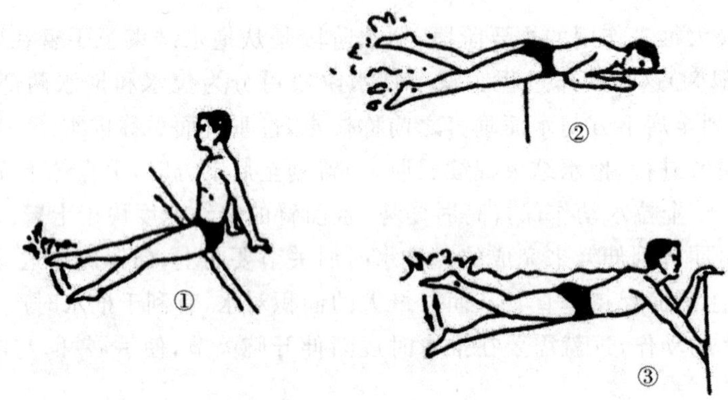

图 12-14　腿打水

(2)体前屈 90°,单臂或双臂的划水练习(图 12-15)。

图 12-15　体前屈划水

(3)手扶板,一手练习(也可配合呼吸)。
(4)水中走动做划水练习(也可配合呼吸)。
(5)腿夹浮板,划水练习。
(6)由同伴托其下肢,划水练习。
(7)憋气配合游。
(8)两臂轮流划水几次,配合一次呼吸。
(9)划水各一,做一次呼吸。

(七)易犯的错误及纠正方法

(1)屈膝过大。
(2)屈髋过大。
(3)勾脚尖打水。

(4)直腿打水。

(1)～(4)纠正方法：强调正确技术概念，多做练习，体会关节依次屈伸的鞭状式。

(5)入水点不正确。

(6)直臂入水和划水。

(7)划水时摸水。

(8)空中移臂没有保持高抬肘姿势，而是直臂移动。

(5)～(8)纠正方法：多做模仿练习，体会动作。

(9)吸气时怕呛水，抬头吸气，或身体翻转过大。

(10)游进时，身体没有伸展为流线型，而是呈“S”形。

(9)和(10)纠正方法：立或俯卧姿势的转头换气模仿练习，建立肌肉感觉。要有意识地控制腰部肌肉的紧张感，保持身体的充分伸展。

第四节　游泳运动竞赛规则

一、比赛项目

在奥运会上，男子和女子各有 16 个比赛项目，除了男子是 1 500 米自由泳，女子是 800 米自由泳以外，其他项目男女一样。奥运会目前正式比赛项目有四种泳姿：自由泳、仰泳、蛙泳和蝶泳。其中仰泳、蛙泳和蝶泳的比赛距离都在 100 米到 200 米之间，自由泳则分 50 米、100 米、200 米和 400 米，以及女子 800 米和男子 1 500 米。个人混合泳也是奥运会的比赛项目，它的长度有 200 米和 400 米两种，运动员必须在比赛过程中分别使用四种不同的泳姿游相同的距离，顺序依次是蝶泳、仰泳、蛙泳和自由泳。而在混合泳接力项目中，四名运动员也必须分别使用不同的泳姿，顺序则是仰泳、蛙泳、蝶泳和自由泳。其他的接力项目还有 4×100 米和 4×200 米自由泳接力。奥运会游泳比赛使用的是 50 米长的标准池，所有距离在 50 米以上的比赛都必须在途中折返。

二、技术规定

1.转身

在转身的时候，自由泳和仰泳允许运动员使用身体的任何部分来触及池壁，这就允许运动员可以在下水转身后，用脚去蹬池壁。转身的一个例外的规则就是在个人混合泳当中，当运动员从仰泳转换泳姿到蛙泳时，他必须保持仰泳的姿势直到触及池壁。

2.开始和结束

奥运会上，任何一个运动员在出发时如果有错误都会被取消比赛资格。在悉尼奥运会，所有的游泳运动员的比赛时间和地点都是由一个电子系统自动决定的。运动员出发的时候，出发台上的压力板将记录数据。每条泳道两边的墙上都有触摸板，当运动员触壁的时候也会被记录。由于触摸板和出发台是互连的，因此赛会的官员可以判断参加接力比赛的运动员是否是在他的队友触壁以后才入水的。接力比赛当中，如果任何一个运动员在他的队友触壁前0.03秒之内离开出发台的话这个队将被自动取消比赛资格，除非犯规队员回到起点重新开始(运动员可以在队友触壁的时候做跳水动作，但是脚必须接触出发台)。自由泳和仰泳中，到达终点的时候，运动员可以只用一只手触壁，而在蛙泳和蝶泳中，必须使用双手触壁。

3.预赛分组和排位

每一项比赛中最快的24名运动员，根据他们的报名成绩分成三组参加预赛，每组8名选手。在游泳比赛中，最快的运动员被安排在最后一场预赛的第4道，第二的被排在第二场预赛，第三名排在第一场预赛，第四名又被排在最后一场预赛，以此类推。如果在一项比赛中有超过24名运动员通过了报名资格，剩下的运动员将被安排参加开始的附加比赛。

在400米或者更长的接力和11项个人项目中，最快的8名选手将直接进入决赛。而对于200米以及更短的所有项目，预赛中成绩最好的16名选手将参加两场半决赛。排位将决定半决赛的形式。预赛中成绩最好的选手在半决赛中排在第4泳道，第二名排在第5泳道，他们被安排在泳池的最中间两道，第三名在第3道，第四名在第6道，以此类推。

4.泳姿

(1)自由泳。自由泳其实并不是规定一种泳姿，而是自由选择，大多数选手都选择了这种传统的爬泳。在混合泳里面，自由泳实际上有着严格的规定：在自由泳阶段，运动员必须使用爬泳。涉及自由泳的主要规则是在整个比赛过程中，身体的一部分必须一直保持在水面以上，运动员不能在水下游，也就是说，除了比赛开始和转身阶段他们可以在水下游15米外，必须一直遵守这条规则。

(2)仰泳。仰泳运动员在开始的位置必须保持他们的脚和脚趾在水面以下。从仰泳这个名字我们可以知道，运动员在游泳过程中，要保持背部朝下脸部朝上，而在整个过程中，运动员也可以做一定数量的旋转动作。在开始阶段和转身时，运动员还可以在水下游最多15米。

(3)蛙泳。蛙泳运动员必须脸朝下，使用水平的划水动作，脚和手在一个水平面内一起运动。在开始和转身阶段，运动员在水下游动时，手和脚分别只能做一次划水和踢腿动作。除此之外，每一次完整的划水动作之后，运动员的头部都必须露出水面。在比赛结束以及转身时，运动员必须双手触及池壁。

(4)蝶泳。蝶泳是从蛙泳的规则中发展出来的，和蛙泳很相像，除了划水和踢腿动作都是在垂直平面上进行，而蛙泳是在水平面上。和蛙泳运动员相比，蝶泳运动员除了开始阶段和每次转身以后可以在水下潜行最多15米之外，必须脸部朝下在水面游。选手们在转身和结束的时候也必须使用双手触壁。在蝶泳中，两臂膀必须一起向前摆动，脚必须一起踢出去(大多数蝶泳运动员都采用海豚踢)。

5.泳池

悉尼奥运会使用的池长50米，深3米。整个泳池分10道，最外面的两道在比赛中不使用。泳道之间使用泳道线来标记，从结束端看，从右向左依次标记1到8号。在奥运会期间泳池的水温必须保持在25℃～27℃。

第五节　游泳时的注意事项

1.游泳是在水中的一项运动。在没有掌握游泳技能前，在水中很容易站不稳失去平衡，而且还会呛水，即使会游泳的人也常会因身体不适、疲劳或准备活动不充分，产生肌肉痉挛（抽筋）、动作失调、发生事故甚至于溺水死亡。俗话讲“打死会拳的，淹死会水的”有一定的道理，所以游泳时不得麻痹大意。

2.参加游泳活动前首先要进行身体检查，凡患有心脏病、高血压、活动性肺结模、传染性肝炎、皮肤病、化脓性中耳炎、精神病以及有开放性伤口等的病人，不宜下水游泳。凡正在生病者也不宜下水游泳，如伤风感冒、扁桃腺炎、腹泻、严重沙眼、红眼病、外伤化脓等。如果勉强下水游泳，反而会加重病情。

3.游泳前要认真做准备活动。人的内脏器官有一定的“惰性”，从安静状态过渡到运动状态需要一定时间，否则会出现四肢无力、动作不协调、关节活动不灵活现象。认真做好准备活动，能提高神经系统的兴奋性，促进血液循环、皮温上升，增强肌肉的弹性，加大关节的活动范围，从而动作协调，有利于身体适应游泳活动的需要，并可防止肌肉痉挛和拉伤。一般准备活动包括慢跑、徒手操、游泳模仿操等，要注意使各关节充分活动开。

4.参加游泳活动的时间应放在饭后 1 h 进行，饱腹参加游泳，受到冷刺激，容易引起胃痉挛、打嗝，出现腹痛或呕吐。空腹时人体血糖降低，游泳需消耗大量能量，饥饿时游泳会产生头昏、四肢绵软无力，甚至昏厥现象。所以，空腹者游泳前 0.5 h 应适当补充食物。一个人身体疲劳时，身体的应激能力下降，肌肉活动不协调，不宜进行游泳。饮酒后，人体的运动功能普遍下降，身体反应迟钝，动作笨拙，在水中极易产生危险，因而酒后不宜游泳。

5.活动时间长短因各人的体能状况而异，如天气寒冷水温较低、身体感到不适，水中活动时间可短些。如出现寒战、嘴唇发紫、皮肤出现鸡皮疙瘩，应立即起水保暖，起水后应迅速擦干身体或热水淋浴，及时穿上衣服。为防止患眼病感染，起水后应点些眼药水。

6.女性月经期因子宫内膜脱落形成创伤面，子宫颈口略扩大，所以不宜下水游泳，以防止疾病。

第六节　游泳救护

游泳救护是保障游泳安全的重要环节。加强游泳救护，贯彻以防为主的精神，对于保障游泳者的生命安全，顺利开展群众性游泳活动，都有重要意义。因此，在广泛开展游泳活动的同时，加强救护工作，掌握和学会一定的救护知识和技能是非常必要的。

游泳救护包括间接救护、直接救护和岸上急救等。

一、间接救护

间接救护是指利用救生器材对溺者施救的一种方法，此法既省力，又安全迅速。常用的救护器材和使用方法有救生圈、竹竿、绳索、木板。

(一)救生圈

在救生圈上系一条绳子，当发现溺者，可将救生圈掷给溺者。如在江河里，就向溺者的上游掷去，溺者得到救生圈后，将其拖至岸边。

(二)竹竿

在溺者距离堤岸(或船)较近时，可用竹竿将其拖至岸边。

(三)绳索

使用绳索时，先在绳索的一端结一鲜明的漂浮物，另一端结一个套，套在左手。然后将盘起来的绳子掷在溺者的前方，以便溺者抓住将其拉回。

(四)木板

在没有其他救生器材的情况下，木板也可以用来救护溺水者。将木板掷给溺者，亦可扶木板游向溺者，然后将其拖带上岸。

以上介绍的救护器材和救护方法是对神志还比较清醒的溺者使用的。

二、直接救护

在没有救护器材，溺者离岸较远，或溺者处在神志不清的状态下，救护者必须入水进行直接救护。这种救护，要求救护者必须具有舍己为人的精神，并有较好的游泳技术和懂得一些救护的基本知识。直接救护包括入水前观察、入水、游近溺者(包括解脱)、拖带、上岸刺激(包括抢救)等过程。

(一)入水前的观察

入水前，要对周围环境做简单的观察，如辨别水流方向、水面的宽窄等。救护者要遵循入水后尽快游近溺者进行施救的原则，迅速选择入水地点。

(二)入水

入水要快，并要注意安全和目标。根据不同的环境，采用不同的入水方法。

(1)在熟悉的水域或游泳池，可采用游泳出发入水，但出水动作要快，以免失去目标。

(2)在不熟悉的水域，则应采取跨步式方法以脚先入水。动作要领是：起跳后，两臂侧前举，两腿前后分开，前腿稍屈前伸，后腿屈膝。当身体接触水面时，两腿向下夹水。手臂迅速压水，使身体处于较高位，头露出水面，这样既能看清目标且入水浅比较安全。

(3)若在离水面较高的地方入水，亦可采用屈膝团身法入水。

(三)游近溺者

游近溺者时速度要快,并保持镇静,不要失去目标,在接触溺者时,为了避免被溺者抱住,一般要从溺者背后接近,若要正面接近,应在离溺者 3～4 米处,深吸一口气后潜入水中,两手扶住溺者将其转体背向自己,然后拖带。另一种方法是游近溺者后,用左(右)手反握住其左(右)手,用力向左(右)边拉,借助惯性使溺者背向自己,然后进行拖带。

(四)水中解脱

在水中救护过程中,遇到头脑不清正在挣扎的溺者时,救护者一定要冷静、沉着。这时溺者只要抓住东西,就不会放手。如被抓住或抱住,则应进行解脱。解脱时要利用杠杆原理,动作要求迅速、熟练、干脆。下面介绍几种常用的解脱方法。

1.虎口反抓解脱法

虎口指溺者拇指与食指之间部位。当救护者臂部任何部位被抓住时,都可采用这样的方法。例如,溺者双手从上抓住救护者的两手腕时,可紧握双拳向溺者的拇指方向外旋,肘内收,即能解脱。若是从下抓住救护者的两腕时,则紧握双拳向溺者的虎口内旋,肘关节向外展,也能解脱。另外,如溺者的两手从下抓住救护者的一只腕时,则该手可紧握拳头,另一手从溺者的两臂中间穿出,握住自己被抓的手突然向下拉即可解脱。

2.托肘解脱法

溺者从正面或后面抱住救护者的头或颈时,救护者可一手抓住溺者的手腕往下拉,另一手将其向上托,自己顺势向下滑脱,并迅速将溺者转至背向自己。

3.推扭解脱法

若被溺者从正面抱住腰部时,救护者可一手接住溺者的后脑勺,另一手托其下颌,并用力向上、向后推,或向外扭转他的头部,并趁势将溺者转至背向自己,即可解脱。

4.扳指解脱法

若被溺者从后面抱住腰部时,则可用两手分别抓住溺者两手的一指,向两侧用力扳开,然后放开溺者的一只手,另一手用力向侧牵拉,使其转体背向自己。

5.外撑解脱法

救护者的上体和两臂同时被溺者抱住时,则用力将自己的两臂向左右两侧撑开,同时身体迅速下沉,然后用两手托住溺者的两肘用力向上举,头从溺者的两臂中间钻出来,解脱后使其转体背向自己。

(五)拖带

拖带溺者一般采用侧泳和反蛙泳两种泳式进行。

1.侧泳拖带法

先使溺者仰卧水中,然后用一手托住溺者的后脑,另一手在体侧划水,两腿做侧泳的蹬剪水动作,游向岸边。另一种是一手从溺者的胸前抱住对侧下腋,用上述动作进行拖带。

2.反蛙泳拖带法

救护者仰卧水中,两手扶住溺者的两颊或两腋,用反蛙泳的蹬腿动作使身体前进。

(六)上岸

遇到处于昏迷状态的溺者,将其拖带至岸边后,还需要把其扶上岸以便抢救。这在浅滩或斜坡的河岸比较容易，如在游泳池或陡坡，上岸就比较困难。其方法是：救护者用一手握住溺者的右臂，并将其右手放在岸上，并用自己的另一手压在溺者的右手上，然后自己先上岸。接着两手握住溺者的两手腕，将其往水中沉一沉，借助水的浮力把他拉上岸。

三、岸上急救

溺者被救上岸后，如已呼吸微弱或停止呼吸，应迅速采取措施进行急救或送医院抢救。

(一)清除口鼻中异物

先将溺者的衣服和腰带解开，擦干身体，清除口鼻中的淤泥、杂草、泡沫和呕吐物，使上呼吸道畅通。如有活动假牙，应取出，以免进入气管内，如溺者牙关紧闭，救护者应用力摩擦其腮上隆起的肌肉，使口张开。或在溺者头后，用两手大拇指由后向前顶住溺者的下颌关节，并用力向前推，同时两手食指与中指向下扳其下颌骨，使口张开。

(二)人工呼吸

人工呼吸的方法很多，这里仅介绍口对口的吹气法和俯卧压背法两种。

1.口对口吹气法

这种方法简便易行，效果比较好。操作方法是：将溺者仰卧，救护者在其身旁，用一手捏住溺者的鼻子，另一手托住其下颌，深吸一口气，然后用嘴紧对溺者的嘴吹气。吹完一口气后，嘴和捏鼻子的手同时离开，并用手压其胸部，帮助呼气。如此有规律地进行，每分钟约做15～20次。开始稍慢些，之后可适当加快，直至溺者呼吸正常为止。

2.俯卧压背法

这种方法的优点是溺者为俯卧位置，可减轻呼吸的阻塞，方法也比较简单，容易掌握。操作方法是：将溺者俯卧平板或平地上，一臂前伸，另一臂弯曲垫于头下，脸向侧边，使口鼻呼吸畅通。救护者两腿跪在溺者大腿两侧，两手按住溺者后背的肋腰部位。操作时要注意拇指相对，靠近脊柱，四指稍分开，俯身向前下方推压，将溺者肺内空气压出，形成呼气。然后，救护者身体还原，同时两手放松，让溺者的胸廓扩张，使空气进入肺内，形成吸气。按上述方法操作，每分钟约做18次，直至溺者的呼吸恢复正常为止。